印章管理指南

每个单位都需要

吴圣奎 著

法律出版社 LAW PRESS · CHINA
北京

图书在版编目（CIP）数据

印章管理指南 / 吴圣奎著. -- 北京 : 法律出版社, 2024. -- ISBN 978-7-5197-9323-4

Ⅰ. D035-62

中国国家版本馆 CIP 数据核字第 2024R0H145 号

印章管理指南
YINZHANG GUANLI ZHINAN

吴圣奎 著

责任编辑 张红蕊
装帧设计 汪奇峰

出版发行 法律出版社
编辑统筹 法规出版分社
责任校对 陈昱希
责任印制 耿润瑜
经　　销 新华书店

开本 710 毫米 × 1000 毫米 1/16
印张 29.25 **字数** 490 千
版本 2024 年 11 月第 1 版
印次 2024 年 11 月第 1 次印刷
印刷 涿州市星河印刷有限公司

地址:北京市丰台区莲花池西里 7 号(100073)
网址:www. lawpress. com. cn
投稿邮箱:info@ lawpress. com. cn
举报盗版邮箱:jbwq@ lawpress. com. cn
销售电话:010-83938349
客服电话:010-83938350
咨询电话:010-63939796

书号:ISBN 978-7-5197-9323-4 **定价**:98.00 元

本书使用指南

一、熟悉的“陌生人”

这个世界上有很多我们熟悉的“陌生人”，恨不得我们每天都能见到他们，似乎非常了解他们，但是细细一想，我们连他们的名字都不知道，对他们的性格、脾气、秉性和行为特点更是一无所知。印章就是这种熟悉的“陌生人”。

我这么说，一定有人不服气。那我提九个问题，你看看能不能回答好。

1. 什么是“萝卜章”？

2. 一个单位可以同时拥有三五枚公章（单位名称章）吗？

3. 商务合同上加盖了财务专用章，管用吗？

4. 公章能借给别人使用吗？

5. 小股东拒不归还印章，公司可以挂失吗？

6. 法定代表人签字的文件与单位加盖公章的文件相互矛盾，哪份文件“说”了算？

7. 印章是伪造的，员工是无权的，员工用伪造的印章加盖在合同上，该合同能与单位扯上关系吗？

8. 单位印章被盗后加盖在商务合同上，单位可以理所当然“甩锅”吗？

9. 伪造印章构成犯罪吗？

如果你能完整地回答好其中三个题目，还能正确说明理由，你可以不买《印章管理指南》一书。如果你连其中的三道题也回答不好，印章对你来说就是熟悉的“陌生人”，那就将这本书带回家吧，置于案头，它一定能很好地帮到你！

二、这是一本什么样的书

（一）一本工具书

就像字典、辞典一样，我们平时可以不用，等遇到问题的时候，随时拿出来，从中寻找答案和解决方案就可以。

当然,本书和字典、辞典有所不同。没有人平时读字典、辞典,但是本书平时也可以读,因为可以把本书当成课本来使用。虽然走马观花读一遍本书不会有太深印象,但是你会对印章管理有一个初步的、系统的感觉。更进一步,当出现某个印章管理问题时,你能迅速查找到问题的答案和解决方案。

(二)一本法律与管理相结合的工具书

本书既具有管理工具属性,也兼具法律图书特点。因此,单位的各级各类管理者、律师和单位的法务人员,都可以将本书置于案头,各取所需。本书尝试将与印章相关的法律问题和管理问题"一网打尽"。虽不能至,颇尽力焉!

三、本书使用地图

(一)本书的结构

本书分为五章。

第一章试图提出和回答所有印章管理基础问题。在这一章中,你能检索到印章的概念、分类、特征、作用、式样、使用范围以及电子印章方面的内容,并将不同单位的印章进行了比较。对于印章的刻制、保管、使用、挂失、回收、销毁等问题,也都进行了详细解释,并提供了风险管理方案。

第二章是第一章的进阶版,印章管理疑难问题一一呈现:单位拥有多枚同类印章的情况非常常见,印章不备案情形广泛存在,单位没有印章管理规定或者管理规定"束之高阁"的情况屡见不鲜,用印流程不规范的情况比比皆是……这些问题在第二章中都有详细论述。谁可以合法持有印章?印章能借给其他人使用吗?印章可以交给别人代管吗?……上述问题本章都有所交代。印章在"生老病死"过程中、变更过程中、丢失、被盗后单位应当如何处理,对立各方如何预防和应对印章争夺战等问题,在本章都能找到可靠答案。与印章有关的违法行为需要承担的行政责任和刑事责任,也是本章的讨论范畴。

第三章对于法律工作者更加熟悉。从作用角度来说,本章提供了极好的涉印章诉讼仲裁案件的参考和指引;同时,诉讼案件分析对管理的反向指引一样重要。对于单位管理者来说,尽管本章存在一些不太熟悉的法律知识点,但是管理者们只要能读懂每一节的核心意思,就已经足够反向指导印章管理工作了。更何况,你身边有那么多的法律实务工作者,一个“问”字扫清全部阅读“障碍”。

第四章对于使用者更加友好。本章精心准备的各类印章管理文书范本,与前几章的知识技能相结合,给予印章管理者的帮助肉眼可见。

第五章列举了各级各类印章管理规定,包括全国性规定、行业性规定、地方性规定以及电子印章相关规定。本章以极简篇幅,让使用者可以迅速检索到印章管理依据和法律依据。

(二)兼具检索性和系统性、可读性和专业性

作为一本工具书,自然强调检索性。本书在目录设计上非常注重让使用者迅速查找到自己想要查找的问题和答案。强调检索性,不以丧失系统性为代价,本书全部五章内容的结构安排充分体现出系统性的特点。

鉴于印章管理者的各方面水平参差不齐,为了照顾到最广大使用者,本书竭尽所能强化可读性。与此同时,本书经过多轮打磨和完善,专业性必然有保障。

(三)精心设计的结构性细节

以第三章为例。每个小节包括“问题简述”“观点参考”“应对方案和流程设计”“防范措施”“经典案例”五个部分。小节的题目便于使用者检索问题,“问题简述”部分对问题作出简明解释,接下来是对问题作出回应,或者说回答问题,即“观点参考”。观点有了,如何进行实际操作,具体操作流程是什么样的,需要“应对方案和流程设计”进行实际操作指引。最后,为了充分认识小节中的问题,“经典案例”为法律工作者提供了更多的参考和指引。

以上内容仅仅是笔者给予使用者如何使用本书的一点小小的意见参考。相信各位使用者会在使用本书过程中不断发现适合自己的图书使用秘籍。

北京·金地中心

2024 年 10 月 1 日

目录

Chapter 01 第一章

印章管理基础问题

Chapter 02 第二章

印章管理疑难问题

Chapter 03 第三章

涉印章诉讼

Chapter 04 第四章

制度和文书

Chapter 05 第五章

法律规定

第一章

印章管理基础问题

第一节　印章及其作用

印章有“公”章和“私”章之分。本书只谈“公”章，不谈“私”章。充满中华文化底蕴的“私”章及其篆刻、使用和鉴赏等不在我们的讨论范围内。

“公”章是一个单位用于签署的工具。常见的“公”章包括公章、合同专用章、财务专用章、发票专用章和法定代表人的人名章等。“公”章是单位的财产，具有识别作用、公示作用，体现公信力，是单位权力的象征和职能的标志，在单位中的地位和作用无可替代。

一、什么是印章

印章是用于签署的工具，又称印信、图章。根据新华字典的解释，“印”为印记，“章”为戳记。

我国有着悠久的印章文化，古代的“玺”“印”“关防”等都属于印章。由于印章使用方面的高效和简便，我国从古至今、从官方到民间都大规模地使用印章。印章自古就有着明显的身份象征意义，大小、形状、材料、规格等方面各不相同的印章象征着不同的地位，从而反映出使用人的身份。直到今天，印章在我国依然具有非常强的身份象征作用，特别是对于单位来说，文件上加盖的印章能够体现出单位的地位，准确而权威地反映出单位在相关文件中的真实意思表示。

二、印章的分类

（一）“公”章和“私”章

1. 何为“公”章，何为“私”章

这里的“公”章是指机关、团体、企业事业单位等主体在本单位对内或对外活动过程中所使用的印章的总称。广义上的公章既包括以机关、团体、企事业单位等主体名称为内容刻制的印章、财务专业章、业务专用章、合同专用章等，也包括前述单位法定代表人、负责人的人名印章等，即广义上的“公”章系出于单位利益而刻制的所有印章。狭义的公章一般指仅刻有单位名称的法定名称章。

“私”章是指私人刻制的用于个人事务的印章，如个人的人名章。机关、团体、企业事业单位等主体的法定代表人、负责人如果以个人名义刻制的仅用于处理个人事务的人名章，也属于“私”章的范畴。

2. “公”章、“私”章之大不同

（1）印章使用主体与功能不同

“公”章的使用主体为机关、团体、企业事业单位等。机关、团体、企业事业单位等主体通过加盖“公”章的方式与其他单位或者个人签订合同或者提供具有证明效力的文件，从而使合同和证明文件具有法律效力。

“私”章的使用主体为个人。个人一般通过加盖“私”章的方式来代替或者部分代替签名，以表示自己对某件事情或者某种法律关系的确定或者认可。

（2）印章刻制程序的要求不同

刻制“公”章，在“放管服”工作开展前，首先要经过单位内部的审批流程，然后凭借单位出具的证明文件或介绍信到本单位所在地的公安管理部门申请批准，最后到指定的刻制机构进行刻制。在“放管服”工作开展后，“公”章的刻制程序被精简，单位在履行完内部审批流程后，仅需要依照相关规定向印章刻制单位提交刻章申请及信息，由印章刻制单位刻制“公”章，并依法向公安机关申报备案。

这里需要强调两点：第一，印章刻制单位需要具有“公”章刻制业特种行业许可证，单位印章一定要找有资质的印章刻制单位进行刻制；第二，单位印章刻制过程中向公安机关申报备案是必备的法定程序。未经备案的单位印章可能存在多种隐患。

刻制“私”章不像刻制“公”章那么复杂，无须向印章刻制单位申请，无须向公安管理部门申报备案，个人只要根据自己的需要刻制“私”章即可。除非“私”章的内容或者式样违背公序良俗，除非刻制有违法内容的“私”章，应该没有人来管“私”章。

（3）印章使用、管理制度不同

对于“公”章，单位一般会建立印章使用制度。很多单位实行专岗专人管理，每次使用单位印章都必须经过严格的印章使用审批流程，从而保证单位印章的安全、合法、正常使用以及合法合规保管。可以说，“公”章从“生”到“死”，通常都会处于严密的“监控”之下。

“私”章在使用、管理方面无须经过他人审批，个人只需要根据自己的实际情况保管和使用。个人愿意让谁用自己的私章，也没有什么限制。

需要说明一下，本书在没有特别说明的情况下，“公章”指单位名称章。

（二）单位印章的分类

在各类单位的日常经营和运转过程中，常见的印章包括公章、合同专用章、财务专用章、发票专用章和法定代表人（负责人）人名章等。不同的印章在使用范围上有所不同，法律效力也不尽相同。在什么情况下使用什么样的印章，法律也有一些强制性规定。

公章，通常用于单位对外事务的处理，对外签署协议、诉讼，处理工商、税务和银行等外部事务多需要加盖公章。财务专用章，通常在单位出具财务票据时加盖，如出具支票时需要加盖财务专用章。合同专用章，通常在单位对外签订合同时加盖。法定代表人（负责人）人名章，通常会配合其他印章使用，如单位对外签订合同、出具票据等要加盖法定代表人（负责人）人名章。发票专用章，依法需要在单位开具发票时加盖。

目前，国内已经颁布实施的法律法规并没有对印章进行法定分类。

三、印章的特征

（一）印章是单位的财产

从形态及归属角度来讲，印章多为有形财产，并且所有权归本单位所有。

《民法典》第二百零七条规定："国家、集体、私人的物权和其他权利人的物权受法律平等保护，任何组织或者个人不得侵犯。"单位为经营需要可以刻制多种不同类别的印章，印章刻制完成后即成为单位的财产。虽然在经营过程中，印章可能由员工进行保管，但员工没有因为保管就取得印章的所有权。印章所有权属于单位，如被他人非法占有，单位有权要求返还。

电子印章虽然不是有形财产，但其实质上是电子签名的一种图形化表现形式。依据《电子签名法》第二条第一款，电子签名属于"数据电文中以电子形式所含、所附用于识别签名人身份并表明签名人认可其中内容的数据"，该数据属于单位所有，是单位的财产。

（二）印章是单位意志的体现

对于个人来说，签名是表达自己意思的重要方式，由于书写习惯及姓名的独特性，个人的签名能够体现个人的意愿，一份合同、一份文件对个人生效的基本标志就是个人签署了姓名，表现出个人对所签署文书的认可。与个人不同，单位作为一个非生物的拟制实体，既无法像个人一样直接签署姓名，更无法以声音、动作来直接表达自己的意思。虽然法定代表人或负责人在文书上的签字也可以被视为单位的意思表示，可推定合意形成、行为真实，但在实践中，由于法定表人或负责人有时不方便签字，加上中国人感觉签字更容易被模仿等多种原因，因此，普遍的做法是单位在文件上加盖印章用以体现单位的意思表示。单位在文件之上加盖适当印章后一般即可体现单位意志，文件也因此对单位产生效力。因此，印章是对外直接体现出单位意志的重要信物。

（三）印章象征着权力

印章具有直接体现单位意志的作用，象征着单位的权力。单位内各式各样的印章同时也反映出单位内部的权力等级，实质性控制各类印章的人往往具备相应的单位治理权。在一定程度上，印章能够体现出单位的控制权归属，特别是公章，在各类组织体的控制权争夺中成为"必争之物"，常常引发诉讼（如证照返还之诉）。

从法律意义上来说，虽然单位的法定代表人或负责人在合同等文件上的签字也能够代表单位的意志，印章（尤其是公章）与法定代表人、负责人签字具备同样的效果;然而,二者所起到的作用不尽相同。实践中,在法定代表人或负责人不在场的情况下,单位其他员工经授权持有印章(尤其是公章)也能够代理单位进行对外活动,如签署合同、在单位内部下发文件等,这为促成交易、方便管理提供了极大的便利。尽管法律法规并未规定印章与法定代表人、负责人签字何者优先使用,但从实践来看,单位印章往往比法定代表人和负责人签字更加高效和便捷。因此,印章使用范围无疑更广泛。出于经营活动的需要,印章可能由不同的人保管并使用,而法定代表人、负责人签字一般需要本人亲力亲为,相对来讲,麻烦很多。所以,很多单位也将法定代表人、负责人的签字"印章化",即刻制法定代表人、负责人人名章,以便需要时随时使用。

四、印章的作用

(一)识别作用

1. 识别行为主体

在一个书面文件资料上使用印章,首先表明的是谁在使用印章,表达的是谁的意思。因为印文直接显示主体的姓名或名称,而且公众通常认为印章当然是由印章所在单位法定代表人或者授权代表控制的,印章的所有者自然会被视为在书面文件上签章、作出相应法律行为的主体。

例如,一份合同书中甲方加盖的印章显示"东方贸易公司"的印文字样,那么一般能确定"东方贸易公司"为该份合同的甲方。

2. 区别文件的不同种类

在单位中,不仅存在多数情况下可以通用的印章——公章,而且还存在合同专用章、财务专用章、发票专用章等用途相对固定的印章。不同的印章依照法律规定或单位内部规定用在不同的文件资料上。

不同种类的印章通常会以印章的名称等进行标明,人们能清楚地知道该类印章的用途、权限等相关信息,相应地能了解到印章所应加盖的文件类别。

(二)公示作用

1. 印章可替代单位法定代表人或负责人的签字

实践中,单位的法定代表人或负责人由于事务众多难以做到事必躬亲,印章的出现有力地解决了这一难题。它具有代替单位法定代表人或负责人行使职权的作用。例如,一份合同中盖有单位的公章,即便没有单位法定代表人或负责人的签字,该份合同一般而言也成立并生效,除非另有约定。

2. 印章能体现对员工或他人的授权

在单位的实际运营过程中,除了单位的法定代表人或负责人之外,单位员工或者他人也经常会代表单位从事相关业务活动,如何向业务相对方证明该员工或者他人有权代表本单位呢?印章的出现解决了这一问题。由于印章对外本身具有很强的公示力,能够体现单位意志,员工或者他人手持盖有印章的授权委托书,就可以表明该员工或者他人有权代表单位行使相应职权,该员工或者他人的行为即可被视为单位的行为。

(三)体现公信力

单位印章是单位权力的象征和职能的标志,具有权威性。如果在文件中加盖了一个单位的印章,就会使他人确信该份文件是印章所属单位作出的真实意思表示。其他人就会基于对盖章文件产生的信赖,从而作出相应的行为,法律一般会保护这种信赖以及相应行为产生的法律后果。这就是印章所具有的公信力。

如果一个单位由于自己的过失在他人伪造、变造的文件中加盖了单位印章,单位就有可能要对该份文件负责。基于信赖文件的真实性而遭受损失的相对人或许就有权要求印章所属单位承担相应的法律责任。

五、认清"萝卜章"

"萝卜章"不是一个法律概念,不是专指用萝卜刻成的章,而是对以私刻、伪造、变造等方式得来的印章比较形象的统称。

由于公安部门已经开展了涉章领域"放管服"改革工作,单位刻制印章时应向专门的印章刻制单位申请刻制,再由印章刻制单位将印模信息、用章单位信息等报送公安机关备案。因此,按照最严格的规定,凡是未经专门机构刻制并报送备案的印章均属于"萝卜章"。

通常来说,"萝卜章"指假章,主要包括伪造的、变造的印章。单位私刻且未备案的印章涉及的法律问题非常复杂,不好直接归类为"萝卜章"。作废的印章不属于“萝卜章”。

1. 伪造的印章

伪造的印章主要包括以下三种情形：第一，在未经权利人授权的情况下，私自制作的印章；第二，冒用他人名义，非法制作的印章；第三，刻制不存在的印章。

使用伪造的印章主要包括两种情况：一种情况是，伪造、私刻本单位的印章，即行为主体是本单位的高层管理人员或内部相关工作人员，基于某种不正当目的伪造、私刻本单位印章，且以单位名义对外使用；另一种情况是，伪造、私刻某单位的印章，使用假章以该单位名义与第三方进行交易活动或者发生其他关系。

2. 变造的印章

变造的印章，是指通过涂改、挖补、拼接等方式将真实印章改制之后所形成的印章。如单位印章上印有注册号码，但变造的印章将注册号码去掉，仍保留其他内容；或者单位印章上有英文名，但变造的印章故意将英文拼错，等等。

上述两类印章，因不是合法刻制，就是人们常常提到的“萝卜章”。

第二节 印章的式样

印章式样的不同主要包括：印章制发单位，印章大小规格，图样、文字和数字等具体内容和编排不同。多数印章在形状（多为圆形）和文字走向（自左而右环行）两个方面一致性强。

不同单位同类印章的式样并不是统一的。单位的性质不同，对印章式样的要求也可能完全不同。例如，国家行政机关、企业事业单位、社会团体和民办非企业单位的印章式样各不相同。不同单位的印章式样，在法律法规中一般有具体的规定。

一、国家行政机关、企业事业单位和社会团体印章的式样

为了更直观地了解各类单位的印章式样要求，根据《国务院关于国家行政机关和企业事业单位社会团体印章管理的规定》（国发〔1999〕25 号），我们对国

家行政机关和企业事业单位、社会团体的印章和钢印式样要求进行了梳理，如表1－1和表1－2所示：

表1－1　国家行政机关、企业事业单位、社会团体的印章式样要求

序号	单位性质	印章式样要求
1	国家行政机关和企业事业单位、社会团体	印章为圆形，中央刊国徽或五角星
2	国务院	印章直径6厘米，中央刊国徽，国徽外刊机关名称，自左而右环行
3	各省、自治区、直辖市人民政府和国务院办公厅、国务院各部委	印章直径5厘米，中央刊国徽、国徽外刊机关名称，自左而右环行
4	国务院直属机构、办事机构	正部级单位的印章直径5厘米，副部级单位的印章直径4.5厘米，中央刊国徽，国徽外刊机关名称，自左而右环行
5	国务院直属事业单位	正部级单位的印章直径5厘米，副部级单位的印章直径4.5厘米，经国家机构编制管理部门认定具有行政职能的单位的印章中央刊国徽，没有行政职能的单位的印章中央刊五角星，国徽或五角星外刊单位名称，自左而右环行
6	国务院议事协调机构和临时机构	印章直径5厘米，中央刊五角星，五角星外刊机关名称，自左而右环行
7	国务院部委管理的国家局	印章直径4.5厘米，中央刊国徽，国徽外刊机关名称，自左而右环行
8	国务院部委的外事司(局)	印章直径4.2厘米，中央刊国徽，国徽外刊机关名称，自左而右环行
9	国务院部门的内设机构和所属事业单位，法定名称中冠“中华人民共和国”或“国家”的单位	印章直径4.2厘米，中央刊国徽，国徽外刊单位名称，自左而右环行
10	自治州、市、县级和市辖区人民政府	印章直径4.5厘米，中央刊国徽，国徽外刊机关名称，自左而右环行
11	地区(盟)行政公署	印章直径4.5厘米，中央刊五角星，五角星外刊机关名称，自左而右环行

续表

序号	单位性质	印章式样要求
12	乡(镇)人民政府	印章直径4.2厘米,中央刊五角星,五角星外刊机关名称,自左而右环行
13	驻外国的大使馆、领事馆	印章直径4.2厘米,中央刊国徽,国徽外刊机关名称,自左而右环行
14	国家行政机关内设机构或直属单位	印章直径不得大于4.5厘米,中央刊五角星,五角星外刊单位名称,自左而右环行或者名称前段自左而右环行、后段自左而右横排
15	企业事业单位、社会团体	印章直径不得大于4.5厘米,中央刊五角星,五角星外刊单位名称,自左而右环行

表1-2　钢印式样要求

序号	单位	钢印式样要求
1	国务院	钢印直径4.2厘米,中央刊国徽,国徽外刊机关名称,自左而右环行
2	地方外事机构、驻外使领馆	钢印的规格、式样,由外交部制定
3	其他确需使用钢印的单位	钢印直径不得大于4.2厘米,不得小于3.5厘米,中央刊五角星,五角星外刊单位名称,自左而右环行

上文主要是国家机关、企业事业单位、社会团体有关印章式样的具体要求,根据表格统计的内容我们可以总结出以下两点:第一,印章中央刊国徽和五角星,自左向右环形;第二,不同的印章,尺寸大小要求不同。根据《国务院关于国家行政机关和企业事业单位社会团体印章管理的规定》,上述的"印章"应指单位公章(单位名称章),不包括单位的其他印章,理由是该规定第二十二条规定,"国家行政机关和企业事业单位、社会团体的其他专用印章(包括经济合同章、财务专用章等),在名称、式样上应与单位正式印章有所区别,经本单位领导批准后可以刻制"。所以,表1-1所述的"印章"应理解为国家行政机关和企业事业单位、社会团体的公章。

二、全国性和地方性社会团体印章式样的特别规定

除《国务院关于国家行政机关和企业事业单位社会团体印章管理的规定》外，民政部和公安部在1993年联合颁布了《社会团体印章管理规定》(2010年修订)，该规定将社团区分为全国性社团和地方性社团，并规定了二者印章式样的差别。全国性社团和地方性社团印章式样要求如表1－3和表1－4所示：

表1－3　普通印章式样要求

序号	单位	普通印章式样要求
1	全国性社团	印章直径4.5厘米，中央刊五角星，五角星外刊社会团体的名称，自左而右环行
2	地方性社团	印章直径4.2厘米，中央刊五角星，五角星外刊社会团体名称，自左而右环行

表1－4　专用印章式样要求

序号	专用印章类型	专用印章式样要求
1	钢印	钢印直径最大不得超过4.2厘米，最小不得小于3.5厘米，中央刊五角星，五角星外刊社会团体名称，自左而右环行
2	其他专用印章	在名称、式样上应与正式印章有所区别

《社会团体印章管理规定》针对社会团体的全部印章，包括公章、钢印、各类型专用章等。

三、民办非企业单位的印章式样

民办非企业单位是一个特别的概念。它是中共中央和国务院领导于1996年针对以往的民办事业单位这一概念所作出的修正，即事业单位是国家开办的，而民办“事业单位”不再称事业单位。

民办非企业单位到底是指什么呢？《民办非企业单位登记管理暂行条例》(国务院令第251号)将民办非企业单位界定为：企业事业单位、社会团体和其他社会力量以及公民个人利用非国有资产举办的、从事非营利性社会服务活动的社会组织。

《民办非企业单位印章管理规定》(2010 年修订)对民办非企业单位的印章式样作出了明确规定。民办非企业单位的印章主要包括三类:名称印章、专用印章和办事机构印章。

从总体上来讲,民办非企业单位的印章式样为:中央刊五角星,五角星外刊单位名称,自左而右环行。

就专用印章的大小而言,民办非企业单位的专用印章必须小于名称印章,且直径最大不超过 4.2 厘米,最小不小于 3 厘米。

另外,办事机构印章中的办事机构名称及财务专用章、合同专用章中的财务专用、合同专用等字样,须刊在五角星下面,自左而右横排。

我们对不同类型的民办非企业单位的印章式样要求进行了梳理,如表 1－5 所示:

表 1－5　民办非企业单位的印章式样要求

序号	性质	印章式样要求
1	国务院民政部门核准登记的民办非企业单位	名称印章直径为 4.5 厘米,办事机构的印章直径为 4.2厘米
2	地方各级人民政府民政部门核准登记的民办非企业单位	名称印章直径为 4.2 厘米,办事机构的印章直径为 4 厘米

四、印章在名称、文字上的要求

1. 国家行政机关和企业事业单位、社会团体的印章名称、文字要求

国家行政机关和企业事业单位、社会团体印章所刊名称,应为法定名称。如名称字数过多不易刻制,可以采用规范化简称。地区(盟)行政公署的印章,冠省(自治区)的名称。自治州、市、县级人民政府的印章,不冠省(自治区、直辖市)的名称。市辖区人民政府的印章冠市的名称,乡(镇)人民政府的印章,冠县级行政区域的名称。

实行民族区域自治的地方人民政府的印章,可以并刊汉字和相应的民族文字。印章所刊汉字,应当使用国务院公布的简化字,字体为宋体。

2. 民办非企业单位印章的名称、文字要求

印章所刊的单位名称,应为民办非企业单位的法定名称;民族自治地方的

民办非企业单位的印章应当并列刊汉文和当地通用的民族文字；有国际交往的民办非企业单位印章，需要刻制外文名称的，将核准登记注册的中文名称译成相应的外国文字，并列刊汉文和外文。

印章印文中的汉字，应当使用国务院公布的简化字，字体为宋体。

第三节　各类印章的使用范围及其比较

每种印章都有自己特定的使用范围。从横向角度看，公章、合同专用章、财务专用章、法定代表人或负责人人名章等各有所用之处；从纵向角度看，单位印章和分支机构印章在效力上存在一定的差异。超范围使用印章，有可能会导致用章单位承担不利的法律后果。

一、各类印章的使用范围

1. 公章

公章，就像一个人的名字，同其“主人”之间具有最为直接的关系。一般来说，除非法律有特殊规定，单位均可以使用公章代表自己的意志，盖了公章的文件就会具有法律效力，对单位产生约束力。在单位内部，单位在声明、内部通知等文件材料上加盖公章，以表明单位的真实意思、某种决定；在单位外部，单位可以使用加盖公章的信函、公文、合同、证明或者其他文件从事相应的活动，以证明上述文件是单位的真实意思表示，表明单位受到相关文件材料的约束，享受相应的权利，承担相应的义务。

2. 法定代表人或负责人人名章

通常，人们将方形的、刻有法定代表人或负责人人名的印章简称为“法人章”，即法定代表人或负责人人名章。实践中，法定代表人或负责人人名章的使用范围较为广泛，办理银行和其他相关事务、签订各类合同、背书支票等，都可能用到法定代表人或负责人人名章。一般而言，法定代表人或负责人人名章需要和公章以及合同专用章等同时使用。

3. 合同专用章

合同专用章，在单位签订对外投资、合资、合作协议等各类合同时使用，可以在签约的范围内代表单位。在合同上加盖合同专用章，代表单位享有由此赋予的合同权利，承担由此约定的合同义务。需要注意的是，合同专用章一般用于经常性业务合同。对于不经常发生的企业战略合作（框架）协议、采购合同、委托服务合同以及其他非业务类合同，合同相对方要求加盖公章的情况可能更多一些。

4. 财务专用章

财务专用章是各单位办理会计核算和银行结算业务时使用的专用章，凡属财务会计领域的事宜均应使用财务专用章。财务专用章主要用于企业内部的现金、银行收付业务（内部借款、往来结算），单位对外的现金、银行收付业务（预留银行印鉴、支票、汇票、业务委托书等），商业汇票的出票以及其他外部业务（如工商部门备案等用途）等。

2011 年 2 月 1 日之前，财务专用章还可以加盖在发票上，但是 2010 年 12 月 20 日修订的《发票管理办法》取消了在发票上加盖财务专用章的规定，发票上只能加盖发票专用章。

如果对外签订的合同中盖了单位的财务专用章，合同是否有效呢？实践中，用财务专用章订立的合同，如果被确认为双方的真实意思表示，该合同具有法律效力。

在新疆五牛建筑安装工程有限公司与周某租赁合同纠纷案［案号：(2012) 乌中民二终字第 285 号］中，新疆维吾尔自治区乌鲁木齐市中级人民法院经审理认为，案涉《建筑设备材料租赁合同》加盖有五牛公司财务专用章，应当认定为五牛公司的真实意思表示。法律并无规定财务专用章不能用以签订合同，五牛公司以印章是财务专用章的理由不能对抗周某向其主张合同项下的权利，亦不能说明双方之间不存在租赁关系。

另外，法院倾向于认为加盖单位财务专用章的借据、账单具有法律效力，单位应承担相应的法律责任。

5. 发票专用章

发票专用章，是指用票单位按税务机关规定刻制、在开具发票时加盖的有其名称、税务登记号、发票专用章字样的印章。用票单位在开具发票时，应在发票联和抵扣联加盖发票专用章。

个人没有法律规定的发票专用章,自然没有开具发票的权利。不过,自然人可以申请代开发票。自然人和一些自身不具备开票条件的小规模纳税人,需要到税务部门申请代开发票。

6. 项目部印章

项目部印章,较多地出现在建筑施工单位中。实践中,因为建筑施工单位施工项目众多而且分散,常常与建筑施工单位住所地不在同一地区。为方便经营管理,建筑施工单位常常以施工项目或施工队为划分依据,分别刻制印章。在使用范围上,项目部印章往往取决于建筑施工单位出具的授权委托书所载明的委托事项和委托权限,项目部印章仅能够在委托事项和委托权限范围内使用。但是,超出授权范围使用项目部印章所加盖的文件并不必然无效,若经建筑施工单位事后追认,则所加盖的文件对建筑施工单位仍然产生约束力。即便建筑施工单位不认可,也不见得一定能摆脱干系。

在南通启益建设集团有限公司与王某建设工程施工合同纠纷案[案号:(2015)一中民终字第04866号]中,北京市第一中级人民法院经审理认为,南通启益公司对王某提交的结算证明的真实性不予认可,但该证明加盖了“南通启益建设集团有限公司小园10号地项目部”印章,且上述印章经鉴定是真实印章,南通启益公司主张王某私自加盖印章缺乏证据证明。结合相关证据,法院对结算证明的真实性予以确认,并且确定应当依据该证明进行结算。

7. 部门印章

部门印章,是指刻有单位内部职能部门字样的印章,如行政办公室章、财务科章、人力资源部章等。部门印章应当在所属部门业务范围内加盖。

部门印章,只能代表该职能部门的意思表示,不能代表法人或组织的意志。由于法人的职能部门一般情形下不能独立从事民事行为,因此,仅仅加盖内部职能部门的印章,不能直接确认该职能部门所在的法人或组织同意合同所约定的内容,或成为合同的一方当事人。但是,善意相对人有理由相信该职能部门表达的意思代表了其所属法人或组织,那么加盖部门印章的签约行为有可能构成表见代理。下述案例中的签约行为就被认定为表见代理了。

在鄂托克前旗时达绿能天然气有限责任公司、安徽埃克森科技集团有限公司买卖合同纠纷案[案号:(2019)皖11民辖终31号]中,安徽省滁州市中级人民法院经审理认为,上诉人鄂托克前旗时达绿能天然气有限责任公司财务部加盖财务章的行为构成表见代理,安徽埃克森科技集团有限公司有理由相信该行为代表鄂托克前旗时达绿能天然气有限责任公司。

8. 分支机构印章

分支机构印章既可以用于对分支机构内部文件进行加盖,也可以用于对外签订合同,代表分支机构的意志。实质上,分支机构作为总部的"四肢",并非完全独立的"人"(法人或组织),分支机构的印章使用范围会受到总部的授权和委托范围的影响。盖上分支机构印章的文件,只要导致分支机构需要承担责任,总部就可能需要出面。

进行过工商或者类似登记的分支机构可以从事民事和商事活动。没有进行登记的分支机构,本质上就是单位的一个部门,从法律上来说,不能作为民事主体独立从事民事或者商事活动。

二、印章使用范围比较

单位作为一个"集团",各类印章宏观上由纵向和横向两个维度构成。纵向指印章分为总部系统与分支机构系统两个甚至多个层级;横向指在总部和分支机构等两个或多个层级内,印章包括公章、合同专用章、财务专用章、法定代表人(分支机构负责人)人名章、部门章等不同类型。

在使用范围上,总部印章和分支机构印章原则上应当分别管理,分别使用。

在纵向上,分支机构的印章使用范围取决于法律的规定和总部的具体授权。

在横向上,一方面,公章作为单位最直接的代表,在所有印章中具有最广的使用范围,除法律另有明确规定外,原则上单位的所有事宜均可通过加盖公章予以确认。同时,法定代表人人名章一般与公章一起使用表示单位认可,因此公章或公章与法定代表人人名章在单位最重要事宜范围内可一起使用,具有最大范围的效力(合同专用章等印章与法定代表人人名章一起使用也很常见)。另一方面,公章之外的印章的使用范围一般取决于该印章的刻制目的或授权范围,当然也必须依据法律的强制性规定,如合同专用章专用于合同签订事宜,财务专用章专用于财务会计事宜,发票专用章专用于发票开具事宜。

实践中,一些规模较小的金融机构,如规模较小的城商行、村镇银行、农商行、保险公司、证券公司(总部)等会将其下设的分支机构或者直属机构的公章收到总部集中管理。这些分支机构或者直属机构对外办理业务如需要加盖本机构公章,需要向总部申请,由总部批准后方可使用本分支机构的公章。

三、超范围使用印章的风险评估

原则上,各类印章并无严格意义上的法律效力高低之分,只要符合法律规定、真实无误,印章所盖文件均为有效,均能代表单位对特定事项和行为的认可。不过在实践中,印章存在使用范围大小之分,往往使人们误以为印章有效力高低之分。

值得思考的问题是,如果印章超出使用范围,其效力如何呢?笔者认为,应当根据"超范围的类型和具体情况"来讨论"超范围"用章的效力以及由此给单位带来的风险。

(一)在横向上,不同类型印章之间错误使用的效力和风险

不同类型印章之间错误使用,相关文件的效力存在一定的不确定性。比如,在应当加盖公章的文件上加盖了合同专用章,在非业务的合同或者其他文件上加盖了合同专用章,对其效力就会存在争议,除非加盖方予以追认,或者文件中所表达的合同当事人的意思的确是真实的。又如,在银行承兑汇票背书时应当加盖法定代表人人名章和公章,却加盖了财务专用章和公章,在这种情况下,应该具有法律效力。

(二)在纵向上,印章效力应当内外有别,风险各异

1. 对内,印章使用应严格遵守印章刻制目的或印章授权使用范围,相关主体越权使用印章的,应对其越权行为负责;由此带来不利后果、造成单位损失的,相关责任人应承担相应的赔偿责任。

2. 对外,在一般情况下,单位内部对印章使用范围的限制不应约束第三人,即便单位工作人员超越印章使用范围使用印章或者分支机构超越授权范围使

用印章对外办理业务，只要第三人是善意的，即第三人对单位工作人员或者分支机构超越印章使用范围并不知情，则该行为很可能对单位有效，单位应当履行因使用印章而对第三人负担的义务。

在东莞市骏宇混凝土有限公司与卓某照买卖合同纠纷案［案号：(2017)粤19民终3135号］中，东莞市中级人民法院经审理认为，尽管购销合同加盖了凤岗建筑公司第四施工队“只限于技术文件、行政事务往来”字样的印章，但骏宇公司在与卓某照的交易中已经尽到合理注意义务，其有充分理由信赖卓某照有权代表凤岗建筑公司签订合同。至于对外采购是否超越了上述印章使用范围的问题，该印章虽注明“只限于技术文件、行政事务往来”，但并未明确注明不得用于对外签订合同，骏宇公司在缔约时信赖该印章并无明显不当，凤岗建筑公司不得以其与卓某照就印章使用范围存在内部约定为由对抗善意第三人。

在合同相对人或者第三人非善意的情况下，即在合同相对人或者第三人明知相关人员超越印章使用范围使用印章，仍同单位签订合同或继续从事相应活动，该次印章使用不应对单位产生约束力。当然，即便印章使用超出使用范围，第三人对此也明知，若单位追认其效力，该越权使用印章的文件对单位同样具有约束力。

在武汉市武昌市政工程总公司与熊某斌企业借贷纠纷案［案号：(2017)鄂民再368号］中，湖北省高级人民法院经审理认为，吴某春既非武昌市政总公司的法定代表人，也未获得武昌市政总公司的授权，在此情况下通过加盖“武汉市武昌市政工程总公司中国中原电子工业园一期工程园区室外工程项目经理部（非合同章）”字样公章的方式以武昌市政总公司的名义出具欠条，因该公章已注明“非合同章”，且欠款单位为武昌市政总公司，欠款人一栏却为吴某春签名，明显矛盾，故吴某春的行为在外观上不存在使相对人相信其具有代理权的理由，只要熊某斌尽到一般注意义务就应当知道吴某春没有代理权，熊某斌因此不属于善意第三人，故吴某春的无权代理行为不构成表见代理，该次印章的使用不对武昌市政总公司产生约束力。

第四节 企业印章与非企业单位印章

实践中，我们会对企业（尤其是公司）的印章问题关注较多。其实，除了企业印章外，还存在很多非企业单位的印章，如国家机关、事业单位（高校、医院等）、村委会、居委会、民办非企业单位、社会团体等的印章。银行等金融机构尽管多为企业，本节还是将其作为“非企业”单位来对待。外国公司和外商投资企业相对“另类”，因此本节赋予它们“非企业”待遇。不同单位的印章在社会治理、商业交往和日常生活中各自发挥着不同的重要作用。

一、企业印章与非企业单位印章的相似之处

1. 刻制流程

无论是企业印章还是非企业单位印章，刻制都需要经过一定的流程。第一，需要经过单位内部审议、审批程序，即在形成内部意见后再行刻制；第二，需要持批准文件到公安机关、有权机构认可的印章刻制机构刻制印章；第三，印章刻制完成同时或之后，需到公安机关或主管机构备案。

2. 使用

印章开始使用时，很多单位会完成印章启用流程，即发布印章启用通知，明确印章名称、启用时间、使用范围、印章管理部门及岗位等信息。

印章在使用前，需要进行有权部门或者领导的审批，包括线上系统的审批、线下的书面审批或者线上、线下相结合的审批模式。加盖印章必须由保管印章的专岗专人负责，对审批程序的完整性进行审查、确认后方可用印，并安排专人监督用印。另外，还需要做好对用印情况真实、完整的登记、统计工作。

3. 保管

对印章的保管，单位应当做到以下几点：(1)制定印章保管制度、保密制度，用制度约束人、管理人；(2)设置印章管理的专属部门、岗位，配备专人进行管理，明确印章管理人的责任；(3)做好所有印章的保存、维护、用印情况统计工作；(4)建立印章的内部检查和稽查机制，保证印章使用的安全，防止印章丢失、被盗、被伪造等情况发生。

4. 作废、销毁

首先，单位通过内外部的审批流程，决定作废、销毁的印章的名称、数量、作废时间等；其次，将拟作废、销毁的印章交由相关部门或自行进行作废、销毁处理；最后，由相关部门或单位自行发布作废、销毁印章的声明或者通知。

二、非企业单位印章的特殊性

虽然不同单位的印章存在诸多相似之处，但是它们又各具特殊性，具体而言：

（一）国家机关

1. 国家机关印章刻制环节有着更加严格的规定

第一，在印章的规格、式样和制发方面，各类国家机关印章比企业类单位印章的规定更细致、具体和严格，具体为：

（1）国务院的印章，直径6厘米，中央刊国徽，国徽外刊机关名称，自左而右环行，由国务院自制。（2）各省、自治区、直辖市人民政府和国务院办公厅、国务院各部委的印章，直径5厘米，中央刊国徽，国徽外刊机关名称，自左而右环行，由国务院制发。（3）国务院直属机构、办事机构的印章，正部级单位的印章直径5厘米，副部级单位的印章直径4.5厘米，中央刊国徽，国徽外刊机关名称，自左而右环行，由国务院制发。（4）国务院直属事业单位的印章，正部级单位的印章直径5厘米，副部级单位的印章直径4.5厘米，经国家机构编制管理部门认定具有行政职能的单位的印章中央刊国徽，没有行政职能的单位的印章中央刊五角星，国徽或五角星外刊单位名称，自左而右环行，由国务院制发。（5）国务院直接批准的全国性公司的印章，直径4.5厘米或5厘米，中央刊五角星，五角星外刊机关名称，自左而右环行，由国务院制发。（6）国务院议事协调机构和临时机构的印章，直径5厘米，中央刊五角星，五角星外刊机关名称，自左而右环行，由国务院制发。（7）国务院部委管理的国家局的印章，直径4.5厘米，中央刊国徽，国徽外刊机关名称，自左而右环行，由国务院制发。（8）国务院部委的外事司（局）的印章，直径4.2厘米，中央刊国徽，国徽外刊机关名称，自左而右环行，由国务院制发。（9）国务院部门的内设机构和所属事业单位，法定名称中冠“中华人民共和国”或“国家”的单位的印章，直径4.2厘米，中央刊国徽，国徽外刊单位名称，自左而右环行，由国务院制发。(10)自治州、市、县级(县、自治县、县级市、旗、自治旗、特区、林区，下同)和市辖区人民政府的印章，直径4.5厘米，中央刊国徽，国徽外刊机关名称，自左而右环行，由省、自治区、直辖市人民政府制发。(11)地区(盟)行政公署的印章，直径4.5厘米，中央刊五角星，五角星外刊机关名称，自左而右环行，由省、自治区人民政府制发。(12)乡(镇)人民政府的印章，直径4.2厘米，中央刊五角星，五角星外刊机关名称，自左而右环行，由县级人民政府制发。(13)驻外国的大使馆、领事馆的印章，直径4.2厘米，中央刊国徽，国徽外刊机关名称，自左而右环行，由外交部制发。

第二，在印章的名称、文字、字体和质料方面，有着严格的规定。

(1)国家行政机关印章所刊名称如果字数过多不易刻制，可以采用规范化简称。地区(盟)行政公署的印章，冠省(自治区)的名称。自治州、市、县级人民政府的印章，不冠省(自治区、直辖市)的名称。市辖区人民政府的印章冠市的名称，乡(镇)人民政府的印章，冠县级行政区域的名称。(2)实行民族区域自治的地方人民政府的印章，可以并刊汉字和相应的民族文字。(3)印章所刊汉字，应当使用国务院公布的简化字，字体为宋体。(4)印章的质料，由制发机关根据实际需要确定。

第三，在专用印章的制发方面，也作了严格规定。

(1)国务院各部委、各直属机构和各省、自治区、直辖市人民政府印制文件时使用的套印印章、印模，规格、式样和正式印章等同，由国务院制发。(2)国务院有关部委外事用的火漆印，直径4.2厘米，中央刊国徽，国徽外刊机关名称，自左而右环行，由国务院制发。(3)钢印直径量最大不得超过4.2厘米，最小不小于3.5厘米，中央刊五角星，五角星外刊机关名称，自左而右环行，经上级领导机关批准后自行刻制。地方外事办公室、驻外使领馆钢印的规格、式样由外交部制定、颁发。(4)其他专用章，在名称、式样上应与正式印章有所区别，报上级领导机关批准后自行刻制。

第四，国家机关印章的刻制还有其他特殊要求。

以财政部印章为例。《财政部行政许可专用章管理办法》规定：首先，财政部门印章应当采用编号刻制。即不同的业务司要有不同的印章。其次，专用章分别标以阿拉伯数字1、2、3、4，由相关业务司自行管理、使用。因此，在识别财政部印章时不仅应当识别印章名称，也应当对印章的编号进行识别。

2. 国家机关印章在使用环节管理最为严格

各级国家机关在所出具的文件上加盖印章,是行使国家公权力和履行职能的体现,代表着它的决策意志,所以,国家机关印章在使用环节上有着最为严格的要求:第一,各级国家机关的印章在启用时,均由官方发布印章启用通知,公示印章启用的情况;第二,经有权的决策机构或者领导批准后方可启动用印审批程序;第三,用印审批流程相对较长、一般会采取线上(系统)审批+线下(书面)审批相结合的模式,审批节点也相对较多;第四,用印信息登记较为严格,往往要求登记的信息类型较多,甚至有些机关在用印人进行纸质登记后,还要录入系统登记;第五,很多国家机关出于印章使用的安全性和便捷性的考虑,大力推广并使用电子印章。

(二)事业单位(高校、医院等)

各事业单位在履行各项社会公共服务职能时,经常会涉及印章的问题。由于事业单位特别是高校、医院等机构的社会地位和职能类型具有一定的特殊性,其印章的刻制和使用方面的要求亦较为严格。

1. 在印章的刻制要求上,学校、医院等事业单位的印章,直径不得大于4.5厘米,中央刊五角星,五角星外刊单位名称,自左而右环行。

2. 在印章的使用上:第一,通常先由该事业单位上级主管部门发布印章启用通知,公示后该印章正式启用。第二,用印材料的记载事项上,重要程度较高的,需要经过校务会、院务会等机构决策;重要程度较低的,可由相关领导审批。第三,事业单位的用印审批流程较为复杂,需要逐级报告审批,审批时间相对较长。

(三)村委会和居委会

1. 村委会

村委会在农村生活中扮演着非常重要的角色,而村委会印章,是村级公共权力的象征,在处理村公共事务和参与公益事业等方面具有重要作用。2001年,民政部和公安部曾发布《关于规范村民委员会印章制发使用和管理工作的意见》,对村委会印章的制发、使用和管理进行了规范。村委会印章有其特殊性,具体如下:

第一，在印章的规格式样方面，直径不得大于4.2厘米，中央刊五角星，五角星外刊县（自治县、旗、市、区）乡（民族乡、镇）村委会名称，自左而右环行，或者名称前段自左而右环行、后段在五角星下自左而右横排。民族自治地方的村委会，应当并刊汉字和相应的民族文字。印章所刊汉字，应当使用国务院公布的简化字，字体为宋体。

第二，在印章的刻制方面，村委会的印章一律由乡级人民政府负责制发。刻制村委会印章，由村党支部、村委会提出意见，交村民代表会议讨论，报乡级人民政府审核，由乡级人民政府到所在地县级人民政府公安机关办理准刻手续，并到指定的厂家刻制。

第三，在印章的使用方面，村委会建立印章使用的审批、登记、备案制度，并纳入村民自治章程或村规民约之中。凡涉及贷款、承包、对外签订合同等重大问题需要使用印章时，村委会应及时召开村民会议或村民代表会，经会议讨论同意并经村委会主任签字后方可使用。

第四，在印章的保管方面，村委会印章要有专人保管，保管人由村党支部、村委会提名，并经村民代表会议讨论后决定。为防止乱用印章，一般情况下印章使用的审批人与印章保管人不得为同一人。村党支部书记、村委会主任一般不宜直接保管印章。换届选举工作结束后，上一届村委会应在10天内向本届村委会移交印章。拒不移交村委会印章的，由制发机关负责追缴，并追究责任。村委会成员在届内被集体罢免的，印章由乡级人民政府暂时代管。乡级人民政府应在重新选举工作结束后及时将印章发给新的村委会。

特别需要注意的是，《中共中央、国务院关于坚持农业农村优先发展做好“三农”工作的若干意见》明确提出，“全面推行村党组织书记通过法定程序担任村委会主任，推行村‘两委’班子成员交叉任职，提高村委会成员和村民代表中党员的比例”，倡导村长、村支书“一肩挑”。目前，农村已经有很多地方实现了村支书兼任村委会主任的安排。鉴于这种大环境的变化，农村工作的岗位设置及职能的重要调整，印章的保管、用印的审批也发生了变化，原来村委会、村党支部的印章管理及用印审批现在都可能完全由村支书统筹安排，非常容易形成村支书“一手两印、大权独揽”的局面。因此，村委会应当在坚持“农村党支部战斗堡垒作用”的原则下，做到村务工作与党务工作分离、印章分别管理。村支部书记虽然在任职上存在交叉，但是一定要根据印章的不同作用，实行印章管理分离机制，不同的工作设置不同的用印审批者和审批流程，从而减小村委会印章的管理风险。

2. 居委会

居委会是居民自我管理、自我教育、自我服务的基层群众性自治组织。《民法典》第一百零一条规定："居民委员会、村民委员会具有基层群众性自治组织法人资格，可以从事为履行职能所需要的民事活动。未设立村集体经济组织的，村民委员会可以依法代行村集体经济组织的职能。"居委会在履行其职能时，也经常会涉及印章的问题。但是，目前来看，国家或部委层面并未出台过统一、明确的有关居委会印章的规范性文件，只有个别地方政府出台过相关文件，如太原市民政局制定的《关于加强社区居民委员会印章使用管理的意见》。

居委会印章具有以下特殊性：

第一，在使用范围上，分为工作职能类用印和证明类用印。工作职能类用印主要包括：居委会主持召开的居民会议决议，以居委会名义上报的各种公文、材料等，社区公开栏内定期公布的居务公开内容，向社区居民发放的通知、告示、宣传材料等，居委会统计报表和档案，社区共建活动和资源共享协议等。证明类用印主要包括：根据辖区居民需要出具的情况属实、不涉及经济及担保事项的证明材料，居民城市最低生活保障金、抚恤金、残疾保障金、子女助学金和减免学杂费等申请手续证明等。

第二，在印章刻制方面，居委会印章一律由所属街道（乡镇）制发；如有遗失，应及时向制发机关报告并申请补发。

第三，在印章使用上，原则上由社区居委会主任审批同意，涉及重大问题需要经公示或由居民会议表决通过的，待公示结束或表决通过后盖章。未经批准程序，印章管理人员有权阻止或拒绝盖章。同时，建立备案制度，将印章使用情况（如用印时间、用印内容、用印份数、签批领导以及经办人员等）在专用登记簿上登记，用印登记簿由印章管理人保管并负责登记，年终归档以备查考。

第四，在印章保管上，居委会印章由社区居委会主任指定专人保管，固定存放，不得随意摆放或出借；无特殊情况未经批准不得带离办公室。印章更换时，原印章上缴制发机关，不得弃置；使用已作废的印章按私刻公章行为处理。

（四）民办非企业单位

民政部于2000年颁布《民办非企业单位印章管理规定》，对民办非企业单位印章的规格式样和制发程序等作出了规定。

首先，上述规定将印章分为名称印章、办事机构印章和专用印章（专用印章分为钢印、财务专用章、合同专用章等），一律为圆形。

其次，民办非企业单位刻制印章应当在取得登记证书后向登记管理机关提出书面申请并附带印章式样，持登记管理机关开具的同意刻制印章介绍信及登记证书到所在地县、市（区）以上公安机关办理备案手续后刻制。

再次，民办非企业单位印章经登记管理机关、公安机关备案后，方可启用。民办非企业单位应当建立健全印章使用管理制度，印章应当由专人保管。对违反规定使用印章造成严重后果的，应当追究保管人或责任人的行政责任和其他法律责任。民办非企业单位因变更登记、印章损坏等需要更换印章时，应到登记管理机关交回原印章，按规定程序申请重新刻制。

最后，民办非企业单位非法刻制印章的，由公安机关处以500元以下罚款或警告，并收缴其非法刻制的印章。对未经公安机关批准，擅自承制民办非企业单位印章的企业，由公安机关依《治安管理处罚法》的规定予以处罚。

（五）社会团体

1. 社会团体印章刻制的特殊要求

《社会团体登记管理条例》和《国务院关于国家行政机关和企业事业单位社会团体印章管理的规定》对于社会团体印章的刻制、使用、缴销等进行了较为详细的规定。比如，团体总部和分支机构的名称要相一致，具备法人资格的社会团体必须按照登记或者核准的名称刻制印章。对社会团体非法刻制印章的，由公安机关视其情节轻重，对其直接责任者予以500元以下罚款或警告；造成严重后果的，对其主管负责人或直接责任人追究法律责任。

2. 社会团体印章使用中的注意事项

第一，社会团体应当建立和健全印章管理制度，印章应由专人保管。对于违反规定使用印章造成严重后果的，追究保管人和责任人的行政或其他法律责任。

第二,社会团体变更需要更换印章时,应当先到社团登记管理机关交还原来的印章,再重新提出申请刻制新印章。经主管机关核准后,才能刻制新印章。社会团体办理注销登记,应将社会团体的全部印章交还社团登记的主管机关封存。

第三,社会团体被撤销,由社团登记主管机关收缴该社会团体的印章。社会团体印章丢失,经声明作废后,可以按照法律规定程序申请重新刻制。

(六)银行等金融机构

1. 金融机构印章的规格式样和制发程序

银行等金融机构有其内部的专用印章。以中国人民银行为例,《中国人民银行印章管理规定》对印章的式样、使用、缴销进行了比较详细的规定。中国人民银行的印章为圆形,由国务院制发;中国人民银行驻外代表处的印章,由中国人民银行制发;中国人民银行印制文件使用的套印印章,其规格、式样与正式印章等同,按照印章管理权限制发,等等。

由于中国人民银行属于国务院的直属职能机构,同银保监会共同监管全国的商业银行,所以《中国人民银行印章管理规定》只适用于中国人民银行总行及各分支机构,不适用于全国各类商业银行,此处不予赘述。

2. 商业银行印章管理

各类商业银行绝大多数以公司形式运营,但是,商业银行属于金融类机构,与一般的公司相比,其在公司管理、业务开展、行业监管方面都具有特殊性,所以,在印章的使用、管理方面也具有特殊性。

(1)商业银行用印审批的特点。

在使用方面,由于银行的日常业务在金额上较其他企业的日常业务大很多,所以银行的用印制度更为完善,审批流程、用印材料审查更为严格,一般采取线上(系统)+线下(书面审批单)相结合的方式。但是,银行用印审批的效率很高,因为各类银行业务对时效性要求高,很多用印流程都是当时批准或者当天批准,隔天批准或者数天后批准的情况比较少见。

(2)商业银行印章管理的特点。

银行的业务体系和机构体系都比较大,所以,涉及的印章种类繁多,印章管理较为复杂,实践中,商业银行的印章管理具有以下特点:

其一,银行印章的分类管理(横向管理)特征。

基于特殊的行业性质,银行的印章种类繁多,梳理如下:一是业务类印章,如业务专用章、合同专用章、信贷审批专用章、法律合规审查专用章(有的是电子印章)等;二是运营类印章,如汇票专用章、本票专用章、结算专用章、假币收缴专用章、受理凭证专用章、转讫章、现金清讫章、财务专用章、清算专用章等;三是机构类印章,如法人机构公章、分支行行章、法人单位内设机构部门章等。在印章使用过程中,必须做到专章专用,严禁交叉盖章、错误盖章、替代性盖章。

其二,银行印章的权限管理(纵向管理)特征。

由于银行的业务类型不同,部门和机构级别不同,不同的部门和机构拥有使用不同印章的权限。例如,中国银行一般会授权一级分行开展金融同业业务,因此,只有一级分行才会有金融市场业务专用章;分行通常会授权一级支行办理信贷业务,所以一级支行才会有信贷业务合同专用章。银行印章的使用以获得授权为前提,没有获得授权或者越权使用印章的人员,对外要承担相应的法律责任,对内要依据银行内部规定被施以相应的处罚。

(七)外国公司

对于非中国国籍的公司而言,其在使用印章方面存在诸多不同之处。很多国家甚至不使用印章,即便有些国家使用印章,其印章的形态等与中国的印章也不一致。因此,在与不同国家签订法律文书时,应当格外关注当地的法律法规规定,避免因为用印或者签字等问题而出现文件无效等情形。

美国、英国和澳大利亚不强制要求刻制印章。印度、俄罗斯、希腊等国规定单位需要刻制印章,并且在印章刻制使用等方面有着自己的特殊规定,单位签订的文件需要加盖单位相应的印章才能够生效。

(八)外商投资企业

外商投资企业与内资公司印章不同,印章正面中央不能刊五角星。

外商投资企业的印章规格为椭圆形,横径为4.5厘米,竖径为3.0厘米。中央虽然不能刊上五角星,但是可以准许刻上企业标志。企业名称自左而右环行,或自左而右横排,根据用章单位的要求,可刻制钢印。

外商投资企业可以根据本单位要求,在公章上刊刻全中文公司名称或者中英文公司名称。外商投资企业公章中文字体为宋体,英文字体要跟宋体相似,为容易识别与阅读的英文字体。外商投资企业公章印迹颜色可以选用蓝色、红色或者紫色。

综上所述,不同用章主体在印章使用的过程中要遵守特别规定,比如在西方国家,在合同上签字较为普遍,因为西方很多国家认为签字更能代表当事人的意思表示,而印章相对容易伪造,并且容易发生印章遗失等各种问题,因此当事人更看重合同中签字的效力。

不论是国内的用章单位还是国外的用章单位,在签署文件前,应调查核实不同用章单位在用章管理和使用方面的特殊规定,尽到合同相对方审慎的注意义务,尽可能地减少和避免可能出现的印章使用过程中的法律风险,防患于未然。

三、关于本书中使用印章的不同类别单位的特别说明

由于使用印章的单位各不相同,限于篇幅,本书无法穷尽不同单位涉及的印章方面的各种问题。不过,笔者会竭尽所能地站在一般单位的位置来讨论印章的相关问题,以便不同印章单位都能够从本书中有所收获。

由于企业、公司类印章的争议相对较多,本书会以企业尤其是公司为主来讨论各类印章的相关问题。在某些章节中,本书会以企业、公司为单位对印章相关问题进行解释、说明和讨论。鉴于不同单位在相关问题上具有很强的共性,因此,其他单位同样可以将相关内容和指引作为参考。

特殊单位的印章在刻制、备案等方面与一般单位相比可能相差甚远,本书无法详述,甚至涉及很少,敬请读者见谅。

第五节　印章的刻制和备案

单位可以刻制的印章种类主要包括公章、专用章(包括财务专用章、合同专用章、发票专用章等)、人名章和钢印等。单位刻制印章应当遵守法律规定和单位内部规定的刻制流程,并经过备案程序。随意刻制印章会给单位埋下隐患,可能导致单位承担不利的法律后果。

一、单位可以刻制印章的种类（以企业和民办非企业单位为例）

（一）企业可以刻制的四大类印章

1. 公章

公章，用于单位对外事务的处理，如涉及工商、税务、银行等外部事务处理。以单位名义出具各类证明和声明等事务需要加盖公章。对外签订各类合同在很多情况下也会使用单位公章（也可以使用合同专用章）。

2. 专用章

专用章，包括财务专用章、合同专用章、发票专用章。

财务专用章，用于公司财务票据的出具。支票等在出具时需要加盖财务专用章。

合同专用章，通常在公司签订各类业务合同时需要加盖，但是必须使用公章的合同不能加盖合同专用章。

发票专用章，在公司开具发票时需要加盖。

3. 人名章

人名单，是指印有个人姓名的印章。在企业中一般只有法定代表人、负责人等部分具有专门职权的人员，才会有人名章。但人名章并不仅仅代表个人，个人往往按照单位的意思加盖人名章。因此，该类印章往往用于特定的事项，如出具票据、证明、签订合同时加盖此印章。

4. 钢印

钢印，是指用钢板刻制的上下阴阳两块印模组成的印章。一般情况下，钢印是权威部门专门使用的用于鉴别证件、文书和文件真伪的重要印章。

（二）民办非企业单位可以刻制印章的种类

根据《民办非企业单位印章管理规定》，民办非企业单位可以刻制的印章主要分为三大类：(1)名称印章；(2)办事机构印章；(3)专用印章（包括钢印和财务专用章）。

二、刻制印章的具体流程

目前，我国关于印章刻制问题的主要法律依据来自国务院发布的《国务院关于国家行政机关和企业事业单位社会团体印章管理的规定》和民政部、公安部联合发布的《社会团体印章管理规定》。其他一些文件对上述文件进行了补充，如公安部发布的《印铸刻字业暂行管理规则》、各地区制定的地方性印章管理办法等。

单位刻制印章，一般先要经过单位内部审批，然后凭借单位出具的证明文件或介绍信，到专门的刻章机构进行刻制。刻制时或者刻制完成后，该印章还需要经过公安机关的备案程序。刻制人名章还应提供本人有效身份证件、单位证明和授权委托书。

目前，各地公章刻制备案等流程都得到了优化，切实做到了便民利民。这里以在北京市申请刻制公章为例，略作解释。

1. 查询公章刻制企业名录

在北京市申请刻制印章的单位刻制企业印章，应先到北京市范围内经公安机关许可的公章刻制企业办理刻制备案。申请人可以进入北京市公安局官方网站，搜索并下载“北京市公章刻制企业名录”。申请人也可以通过手机微信公众号“首都治安微提示”内的“公章备案”板块，对刻制企业名录、公章备案材料、公章备案途径进行查询。

2. 刻制公章备案材料

依据公安机关对外公示的公章刻制备案流程相关规定，企业办理公章备案所需材料包括：(1)刻制企业(含个体工商户)法定名称章，应由企业法定代表人(负责人)持营业执照副本原件和复印件及其有效身份证明办理。企业法定代表人(负责人)无法亲自办理的，可授权他人代为办理，经办人应持营业执照副本原件和复印件、法定代表人(负责人)授权书及其有效身份证明复印件办理。(2)刻制企业内设部门公章、业务专用章，应持营业执照副本原件和复印件、加盖企业法定名称章的介绍信。

企业法定代表人是外国人的，应提供法定代表人签名确认的外文材料中文译本。企业刻制中外文对照的法定名称章，应另行提供企业法定代表人签名确认的外文译本。

3. 公章备案流程

申请刻制印章的单位刻制公章时，由公章刻制企业将申请刻制印章的单位信息通过网上同步报送公安机关备案。

其他地区的印章刻制流程大同小异,申请刻制印章的人需要关注各个地方的相关规定,按照规定办理即可。

三、印章备案的必要性及流程

印章刻制后并非可以直接投入使用,应当依法先到相关部门进行备案登记。

例如,根据《民办非企业单位印章管理规定》,民办非企业单位的印章经公安机关备案后,方可启用。因此,备案是印章投入使用的一个必经环节。单位如果使用未备案的印章,可能导致盖有未备案印章的文件具有法律效力,引起一些纠纷,所以,刻制印章时或刻制完成后应该向公安机关申请备案。

关于印章的备案流程,目前并无统一规定,如公章在刻制后就由刻制单位直接向公安机关报送备案。

第六节　印章刻制过程中的风险和管理

单位印章刻制过程中可能存在民事法律风险,而私刻和伪造印章,则存在行政法律风险和刑事法律风险。无论是新刻制印章,还是补刻印章,各种风险就在那里。从组建和成立单位开始,关注印章刻制过程中的风险是单位和相关负责人的应尽义务。

一、民事法律风险

1. 单位尚未成立,某发起人独自私刻印章,增加单位成立后的法律风险

单位尚未正式成立,其中个别或者部分发起人股东未经全体发起人一致同意,私刻印章后对外签订合同,通常具有法律效力,其法律责任根据具体情况确定,一般会由成立后的单位承担。

为了防止发起人独自私刻印章、利用私刻的印章谋取不当利益,发起人之间可以在发起人协议中对拟成立单位的印章的刻制流程、程序、私刻印章如何处罚等事宜进行明确约定。例如,发起人之间可以约定:“本单位所有印章的刻制均须由总经理办公会讨论通过、报单位董事长审批,未经总经理办公会讨论通过并经董事长批准，任何单位和个人不得擅自刻制本单位的任何印章，违者视情节按照单位问责制度处理，并承担因此产生的一切后果。印章刻制必须备案。”发起人可以根据具体情况，制定详细的规定来规范和管理印章刻制等问题。

在中海信达担保有限公司与姚某辉、北京华商金安投资顾问有限责任公司借款合同纠纷案[案号：(2011)二中民终字第19970号]中，北京市第二中级人民法院经审理认为，尽管协议订立时，华商金安公司未正式成立，该协议上加盖的华商金安公司的合同专用章系伪造，但其公司发起人股东已经代表公司签订协议，协议履行的法律责任也应由公司在成立后实际承担。中海信达公司以协议上华商金安公司的印章存在问题为由主张合同无效，法院不予支持。

2. 不遵守单位内部管理规定，刻制多枚印章，或者刻制印章不备案，隐患多多

从单位内部管理角度来看，单位只能刻制具有法定名称的一般实物印章、钢印和电子印章各一枚；业务专用章可制作多枚，但每枚业务专用章应当以阿拉伯数字相区别。

实践中，有些单位刻制了多枚具有法定名称的实物印章，或者刻制的业务专用章无法区分，由此导致责任认定不清，产生纠纷的风险极高。有些单位不在公安部门指定的单位刻制印章，并且刻完印章不经备案就予以使用，为以后印章使用埋下了隐患。例如，未经授权的人员私刻单位印章使用，在相对方有理由相信印章是单位合法刻制并使用的情况下，单位很可能要对此承担相应的责任。再如，单位不按法定的程序刻制印章且未进行备案，那么想要证明某人所持有的单位印章加盖的文件不能表达单位的意思，真不是一件容易的事情。须知，未经备案公章一经单位使用，对外即具备法律效力。为了防止上述情形出现，单位应当依据法律规定程序刻制印章并备案。

在汪某雄与重庆群洲实业(集团)有限公司、朱某德建设工程施工合同纠纷案[案号：(2016)最高法民申255号]中，最高人民法院经审理认为，单位对外使用的公章只要在某一交易或诉讼中承认其效力，则不论该公章是否经单位授权、是否系他人私刻甚至伪造、是否进行工商备案,均不得在另一交易或诉讼中否定其效力。

3. 单位对印章的刻制缺乏有效监管,风险完全不可控

如果单位对印章刻制的业务流程没有清晰的规定,只要业务需要,单位相关领导或者部门负责人就可以随意刻制印章;那么,单位无法对所有印章进行及时有效的监管,无法统计出所有印章的情况,有关印章的风险完全不可控,有可能导致单位承担不必要的法律风险。因此,单位对印章刻制的流程应制定严格的内部审批手续,刻制前后都应当对印章刻制和使用等相关事项进行切实有效的监管。

在邹某金与陈某深、海南鲁泉实业有限公司、王某英、崔某珍、陈某峰建设用地使用权纠纷案[案号:(2013)民提字第184号]中,最高人民法院经审理认为,单位在经营管理过程中,存在使用两枚公章的情况,没有向行政主管部门申请公章备案,两枚公章在单位年检、经营管理中均先后使用过。因此,两枚公章对外均代表单位,合同上加盖哪一枚公章,不影响合同的效力。

4. 单位印章被盗、抢或丢失后,以非经法定程序私刻的印章加盖在对外文件上,文件对单位发生效力的可能性并不低

单位印章被盗、抢或丢失后,以非经法定程序私刻的印章加盖在对外文件上,只要经单位法定代表人确认,亦能代表单位意志;或者法院通过其他证据可以确认属于单位的真实意思表示;或者签约人的行为构成表见代理,相关文件对单位具有约束力。

在杭州富春江医院与杭州康健医疗器械有限公司买卖合同纠纷案[案号:(2009)浙杭商终字第311号]中,浙江省杭州市中级人民法院经审理认为,由于备案公章遗失,为处置对外债权债务之需要,又重新刻制公章一枚,且该公章已经单位法定代表人确认,因此新印章在各类文件上使用均具有原丢失印章所拥有的法律效力。

5. 在刻制新印章时,未提前对旧印章发布作废、遗失声明和进行注销,风险也不小

许多单位会因为旧印章出现遗失、毁损情况而刻制新印章,在刻制新印章之前,应当向相关利害人告知旧印章已经作废或者遗失的情况,并且应履行必要的遗失声明手续,使旧印章失去法律效力。但很多单位没有做好告知、遗失声明等工作,直接刻制了新印章并予以启用,引发旧印章仍被使用,导致单位承担不利法律后果。

二、行政法律风险

1. 当单位刻制的印章未经法定程序备案时,目前没有明确的法律规定要求对单位或相关人员进行处罚。

2. 当单位内外部人员伪造、变造或者买卖单位印章时,公安机关会对私刻人员作出拘留、罚款的行政处罚。

《治安管理处罚法》第五十二条规定:"有下列行为之一的,处十日以上十五日以下拘留,可以并处一千元以下罚款;情节较轻的,处五日以上十日以下拘留,可以并处五百元以下罚款:(一)伪造、变造或者买卖国家机关、人民团体、企业、事业单位或者其他组织的公文、证件、证明文件、印章的……"

三、刑事法律风险

如果私刻印章,还有可能涉嫌伪造印章类犯罪,依法被追究相应的刑事责任。伪造印章罪的犯罪主体为一般主体,即凡是达到刑事责任年龄、有责任能力的自然人。

当然,需要指出的是,"伪造"印章是指没有制作印章权的人,未经授权、批准而擅自制作印章的行为。公司等单位工作人员在履行单位工作职责的过程中,为了工作方便,未经单位主管人员批准而擅自制作本单位印章,仅用于本单位经营管理工作,甚至得到了单位的认可,则不应将此行为认定为刑法意义上的"伪造",但不排除单位以工作上的过错追究其相应的责任。

1. 伪造、变造、买卖国家机关印章罪

《刑法》第二百八十条第一款规定,伪造、变造、买卖国家机关的公文、证件、印章的,处3年以下有期徒刑、拘役、管制或者剥夺政治权利,并处罚金;情节严重的,处3年以上10年以下有期徒刑,并处罚金。

在郭某伪造国家机关印章、伪造公司印章案[案号:(2015)并刑终字第100号]中，太原市中级人民法院经审理认为，上诉人郭某主观上具有制售伪造国家机关、公司印章的意图，客观上通过制售伪造的国家机关、公司印章牟利，该行为侵犯了国家机关、公司的信誉和对印章的正常管理秩序，应受到刑罚惩罚，其是否明知行为违法不影响其对犯罪所应承担的法律责任。

2. 伪造公司、企业、事业单位、人民团体印章罪

《刑法》第二百八十条第二款规定，伪造公司、企业、事业单位、人民团体的印章的，处3年以下有期徒刑、拘役、管制或者剥夺政治权利，并处罚金。

在白某山伪造公司、企业、事业单位、人民团体印章案[案号：(2018)内22刑终127号]中，内蒙古自治区兴安盟中级人民法院经审理认为，白某山在未经齐齐哈尔工程有限公司授权的情况下，到扎赉特旗公安局指定的刻章地点刻制“齐齐哈尔城建市政有限公司扎旗项目部财务章”一枚，刻此印章后，白某山未向齐齐哈尔工程有限公司备案，在扎赉特旗交通局给“胡尔勒至哈日珠日和”村级公路建设项目拨付给齐齐哈尔工程有限公司工程款的收据上，多次使用齐齐哈尔工程有限公司未授权私自刻印的财务章，其行为构成伪造公司印章罪。

3. 伪造、变造、买卖武装部队公文、证件、印章罪

根据《刑法》第三百七十五条第一款：伪造、变造、买卖武装部队公文、证件、印章的，处3年以下有期徒刑、拘役、管制或者剥夺政治权利；情节严重的，处3年以上10年以下有期徒刑。

在杨某海、梁某雪诈骗、冒充军人招摇撞骗，伪造、变造、买卖武装部队公文、证件、印章案[案号：(2016)皖刑终410号]中，安徽省高级人民法院经审理认为，杨某海伪造“中国人民解放军总装备部后勤保障部”印章的行为有印章、搜查笔录、扣押清单及杨某海的供述等证据证明，足以认定。虽然不存在印章上的单位，但中国人民解放军总装备部是真实存在的，杨某海伪造印章的行为伤害了社会公众的普遍信赖，侵犯了武装部队的信誉和正常履职活动，杨某海的行为构成伪造武装部队印章罪。

4. 利用计算机技术伪造印章类犯罪

随着科技的发展,出现了利用数码扫描方法将真的印鉴影像复制到计算机中,然后通过打印、影印方式加盖印鉴的犯罪手段;行为人从事上述行为时虽然没有出现实物印章,但是该行为同样侵犯了印章所有人的社会公信力。因此,利用计算机技术进行印章犯罪同样具有可罚性。

在滕某恩伪造公司、企业、事业单位、人民团体印章及职务侵占案[案号:(2015)合刑终字第00032号]中,安徽省合肥市中级人民法院经审理认为,上诉人滕某恩未经合肥方吉商贸有限公司的允许,伪造方吉公司进行对外活动和承担法律后果的符号和标记,属于伪造印章,其行为符合伪造公司印章罪的构成要件,应当以伪造公司印章罪追究其刑事责任。

四、印章刻制过程中的风险管理

1. 单位尚未成立时,合伙人之间要对印章的刻制和管理签署必要的协议或合同条款,避免主持事务的合伙人或者其委派的其他人员随意刻制印章,导致风险。

2. 单位成立后,应该有严格的包括印章刻制管理制度在内的印章管理制度。

3. 单位应当遵照法律规定刻制印章,不能任性多刻印章,胡乱刻制印章。刻制印章应当履行印章备案程序。

第七节　印章保管过程中的风险和管理

印章既存在丢失、被盗抢等风险,也存在印章使用监管缺失等问题。因此,单位应当避免印章由一人保管的情形发生。从保管过程角度考量,单位应当完善印章保管和使用制度,安排专人保管印章,明确保管人的义务与责任,并建立印章异常情况的应急处理机制。

一、印章保管过程中的风险

1. 印章保管不善，单位印章被私用或遗窃

如果单位不注意保管印章，或者印章使用后回收监管失当，未得到授权的员工或公司以外的人就有可能私自使用印章。印章得不到妥善保管，非法持有印章者拿着印章，以单位的名义同他人签订合同，只要善意相对人有理由相信印章持有人有权代表单位，就有可能得到法律的保护。单位很难主张印章持有人没有代表单位的权限而拒绝承担合同责任。

在赵某等人与菏泽海港公司、山东宝太金属公司等民间借贷纠纷案[案号：(2016)最高法民申2183号]中，第三人刘某国曾担任菏泽海港公司股东，且负责管理公司公章，后来刘某国对外转让股权退出公司，但未交回其管理的公章，因此有机会以公司名义对赵某等人的借款提供担保，担保合同上加盖公司公章。之后赵某等人要求菏泽海港公司承担担保责任。最高人民法院经审理认为，本案审查重点是刘某国是否构成对菏泽海港公司的表见代理。刘某国未经菏泽海港公司授权，自行以菏泽海港公司名义向赵某出具担保书且未得到该公司的认可。但在出具担保书时，刘某国在为菏泽海港公司处理对外协调工作，其本人在菏泽海港公司仍有办公室，在刘某国提供给赵某的担保书上加盖有菏泽海港公司公章。没有证据证明赵某与刘某国存在恶意串通或者明知刘某国没有代理权而与之签订协议的情形，刘某国出具担保书的地点并非二审判决认定刘某国构成表见代理的主要依据，对表见代理的构成并无实质影响。二审判决依据相关证据认定赵某有理由相信刘某国有代理权，刘某国的行为构成对菏泽海港公司的表见代理，并无不当。

从上述案例可以看出，单位要注意保管印章，尤其是公章，否则可能被判令承担责任。

2. 印章由法定代表人一人持有，监管缺失

印章监管不当的另一个表现是允许法定代表人个人独自掌控印章，而单位对法定代表人缺少监督。某些单位法定代表人的权力非常大，全权决定单位对

外事务，单位公章、合同专用章等印章都被其掌管。一旦法定代表人完全地控制了单位印章，且其私欲极重，极有可能影响到单位的利益和运营。

在王某莲与南宁荣天科学仪器公司、沈某强公司解散纠纷案［案号：（2012）南市民二终字第510号］中，原告王某莲主张荣天公司的法定代表人沈某强控制公司印章，造成公司无法正常经营，进而使公司出现僵局，遂请求法院解散荣天公司。但法院以法定代表人沈某强有权控制印章，且法定代表人控制印章并非造成公司经营困难的原因，驳回了原告王某莲的诉讼请求。

该案中，法定代表人（同时也持有公司50%股权的股东）控制印章，在股东不和的情况下，显然影响到了公司的正常经营。股东在不能证明公司经营确实出现困难的情况下，无法通过起诉要求法定代表人向公司返还印章，也无法解散公司。所以，虽然法定代表人一人持有公司印章的情况在中小公司中较为常见，但公司股东、董事对此要谨慎对待，由法定代表人一人持有印章固然可以提高办事效率，但也容易在出现争执后，法定代表人手执印章控制公司，公司面临无章可用甚至处处受限的处境，股东面临无计可施的局面。

3. 印章遭盗抢或丢失未及时报案，未完成挂失和补刻等完整流程

印章保管工作中，由于单位员工的疏忽或者其他原因导致印章丢失或者遭到盗抢，比如印章被员工携带外出，被弄丢了。在单位印章丢失后，单位未必会立即挂失，尤其是私刻了多枚同类印章的单位。一枚印章丢失后，因为其他同类印章一直在使用，单位可能对此毫不在意。然而，单位会因为不挂失印章或者没有完整走完印章挂失流程，导致各种不利法律后果。

在青岛建发物资有限公司与永辉滨江港建设（南京）有限公司、上海昆宁金属材料有限公司等委托合同纠纷案［案号：（2015）民申字第998号］中，最高人民法院否定了关于永辉公司提出其公章已经遗失、担保函上的印章非其所盖、提供担保非其真实意思表示的主张。最高人民法院经再审认为，担保函上所盖印章与工商登记加盖印章相同，永辉公司虽然主张其原有印章遗失，但未能向法院详细说明其遗失过程，亦未能提供相应证据予以证明。而且其在一审、二审诉讼中均未提出要求对印章的真实性进行鉴定的申请。建发公司作为交易相对方,以担保函上所盖印章系永辉公司的印章为据,其有理由相信永辉公司提供担保是其真实意思表示。在再审审查期间,建发公司提供了一份由最高人民法院作出的(2014)民四终字第32号民事裁定书,该裁定书内容显示:一审被告、二审上诉人为永辉公司,一审被告为郑某平。建发公司以此证明在2011年9月23日郑某平作为受让方,其与永辉公司的股东潘某辉、孙某丽签订了股权转让补充协议,将二人持有永辉公司100%的股权以2.9亿元转让给了郑某平。永辉公司称由于公司的股权纠纷,郑某平不交出公司的公章,于是永辉公司在《南京晨报》上刊登了一份"公章遗失作废"的公告,但事实上该公章并未遗失。据此,最高人民法院认为,永辉公司的股东之间因控制公司而发生的争议,不影响本案中永辉公司出具的担保函的效力。故二审认定永辉公司应依约对建发公司的债务承担连带保证责任,并无不当。

由此可见,单位印章丢失后,应及时采取应对措施。如果单位没有采取任何措施,一旦丢失的印章出现在某一文件之上,单位无从否认该枚印章的真实性,法院很有可能会判令单位承担法律责任。

4. 印章管理混乱,乱用印、盗用印等情况多发

一般情况下,印章管理可以考虑实行"双岗制",即同时设置一名印章保管人和一名印章监管人,避免印章被一人"独管"。但实践中,很多单位由一名印章保管人负责印章保管工作,严重缺乏印章保管的监督,导致"乱用印""盗用印"的情况不时发生。同时,有些单位的领导和印章保管人不重视印章登记簿的建立和使用,对印章的保管和使用缺乏记录和统计,发生"乱用印""盗用印"等情况之后无据可查,使善后处置工作陷入被动局面。以上问题构成了印章保管过程中的潜在风险。

二、印章保管过程中的风险管理

1. 从保管主体看,单位应当避免印章由一人保管

单位印章有多种,每一种印章背后代表着一种权力。如果所有印章都由一个人保管,就有可能因为权力缺少有效制约最终给单位带来极大的风险。比如,保管人在空白纸上私盖公章,之后任意添加内容,形成一份合同,由于民法

中的表见代理制度，单位通常需要承担法律责任。值得注意的是，即使所写内容不在单位经营范围内，只要没有《民法典》规定的无效情形出现，合同就是有效的，单位就需要承担责任。此外，盖章文件通常具有代表单位真实意思表示的作用，如果单位对于印章保管人没有任何制约，印章保管人可能会拿印章去注销公司，去银行骗取单位的大量资金携款潜逃，等等。这类情形在实践中屡屡上演，足以看出印章失控的风险之大。因此，单位应当避免印章由一人保管。同时，应注意法定代表人人名章保管人与公章保管人相分离，考虑建立和完善重要合同或文件需要同时加盖法定代表人人名章与单位公章等用章制度，杜绝公章管理人员与销售、采购人员身份重叠的情况发生。

2. 从保管过程看，单位应当专人保管印章，明确保管人的义务与责任

实践中，很多单位印章不是由专人保管和在固定位置存放，或者虽然由专人管理并且在固定位置存放，但是难免出现盖人情章、公章私盖等情形。这些情形会导致印章丢失或者被别有用心的人盗用，从而给单位带来各种风险和不利后果。为防止上述情况的发生，应专人保管印章，明确保管人的义务与责任。同时，应当建立健全印章的日常保管制度。特别需要说明的是，如果单位内部没有明确规定，根据相关法律法规以及单位章程、财务制度的有关规定，结合实践中单位内部机构运作的惯例，以及具体个案的实际情况，法院有时会认为总经理、财务负责人在任职期间，依据职务身份，为履行职务需要，实际控制、保管了单位的公章、合同专用章、财务专用章、质检专用章、法定代表人人名章等。总经理、财务负责人持相反意见的，其应当提供相应的证据证明上述的单位财产实际并不由其控制、保管。

3. 从保管结果看，应当建立印章异常情况的应急处理机制

实践中，印章遗失的情形在所难免，被盗、抢的情形也时有发生。但是，有些管理人员怕受处罚，对印章遗失和被盗、抢的情形故意不报、瞒报，或者为了规避责任而互相推诿，这些都会阻碍或者推迟对印章异常情况的有效处理，甚至给单位造成严重的不利后果。所以，单位应当建立有效的印章异常情况的应急处理制度，明确印章异常情况的具体形式、报告机制、处理流程和责任承担等具体内容，并且将制度真正落到实处，这样才能避免单位在出现印章异常情况时处理不当而造成损失。

第八节 印章使用过程中的风险和管理

在内容未完善的合同或文件上加盖印章，或者将印章借给他人使用，或者使用私刻或仿冒的印章，或者不能及时收回、移交印章，会将单位置于各种不可预测的风险之中。当然，印章使用中的风险远不止上述这些，以上列举只是想起到“窥一斑而知全豹”的效果。

一、在内容未完善的合同或文件上加盖印章的风险和管理

1. 风险

实践中，因单位印章管理混乱或某些人为了图方便，会预先在内容未完善的合同或文件上加盖印章。事后，会因这些合同或文件被他人（主要是合同相对方）“过度”使用而产生纠纷。

单位将加盖了印章的内容未完善的合同或文件交由合同相对方处分的行为，在法律上几乎是一种无限制的授权行为。也就是说，合同相对方“有权”对合同的内容进行“任性”填充。除非合同或者文件违反了法律的强制性规定，或者除非单位能举证证明合同或文件上所填充的内容不是单位的真实意思表示，否则法院倾向于判令单位受该合同或者文件的约束。

在霍邱县宋店乡人民政府、安徽兴隆律师事务所法律服务合同纠纷案[案号：(2019)皖民申413号]中，宋店乡人民政府曾委托兴隆律师事务所代理某一案件，双方签订了四份《委托代理合同》，合同上加盖了宋店乡人民政府公章。盖章后宋店乡人民政府将协议交给兴隆律师事务所，但交付已盖章合同时宋店乡人民政府联系人、律师代理费用等条款仍为空白。之后，宋店乡人民政府主张律师代理费用等条款均为兴隆律师事务所事后填写，其数额与双方实际约定数额不一致，因此请求法院确认《委托代理合同》对宋店乡人民政府不产生效力。

安徽省高级人民法院经再审审理认为，虽然《委托代理合同》上服务费数额系在合同上预留的空白处手写形成，但宋店乡政府不能证明

该内容系兴隆律师事务所事后单方填写。即便宋店乡政府在合同上加盖公章时服务费数额处为空白，宋店乡政府将加盖公章的服务费数额为空白的合同交给兴隆律师事务所，也应该视为授权兴隆律师事务所对服务费数额的确定；兴隆律师事务所事后填写的服务费数额不违反法律、行政法规及律师服务收费的相关规定。故该服务费数额对宋店乡政府发生法律效力。

2. 风险管理

从上述案例可以看出，虽然在内容未完善的合同或文件上加盖印章可能便于单位的生产经营活动，但是上述操作的风险远大于其便利，且风险的大小也不好评估。为了防止无法预知的风险，单位至少应该做到：

第一，应当尽可能地杜绝在空白的纸张、内容未完善的合同或文件上加盖印章，从根源上防止上述风险发生。

第二，即使在特殊情况下需要在内容未完善的合同或者文件上加盖印章，也要绝对确保对加盖印章的内容未完善的合同或文件的有效、可控管理，防止上述合同或者文件落入不法分子的手中失控，给单位造成损失。

第三，要事先留存有价值的证据，或者事后固定有价值的证据，用以证明合同签订时双方真实的意思表示，防止因意思表示不一致而给单位带来损失。

二、将印章借给他人使用的风险和管理

1. 风险

实践中，部分单位存在持有其他单位印章，或者将本单位印章向他人或者其他单位出借的情况。尤其是在存在挂靠关系的情况下，单位有时会同意向挂靠单位出借印章。根据我国法律的规定，印章是法人财产，除非法律法规存在禁止性规定，单位有权将本单位印章对外出借或者作出其他处分行为。

从法律角度看，无论印章出借人和印章的实际保管人之间是如何约定的，对于不知道双方约定的善意第三人来说，出借印章就视为单位允许印章的实际保管人以单位名义使用印章，视为单位向印章实际保管人进行了无保留的授权，印章出借人和印章实际保管人之间构成代理的法律关系。印章出借人对印章实际保管人的代理行为一般须承担法律责任。

先来看看伪造印章所加盖的文件仍然被认定为视同单位真实意思表示的案例。伪造的印章都可能被认定为代表单位的真实意思表示，更不用说借用印章了。

在刘某国诉汪某剑、朱某荣、天安保险盐城中心支公司交通事故人身损害赔偿纠纷案①中，被告汪某剑驾驶三轮载货摩托车与刘某国驾驶的电动自行车相撞，汪某剑被认定为应负事故主要责任。该载货摩托车处于车主朱某荣在天安盐城支公司投保的第三者综合损害责任险保险期内。苏州市中级人民法院经审理查明，本案中载货摩托车的保险单是天安盐城支公司响水营销部负责人刘某星在任职期间伪造天安盐城支公司的业务专用章、私自印制保单进行销售的。天安盐城支公司不承认该伪造印章的效力，拒绝承担责任。苏州市中级人民法院经审理认为，本案中虽然载货摩托车的保单上加盖的业务专用章为伪造，但保单的内容和形式与真保单一致，作为善意相对人的被保险人朱某荣有理由相信自己购买的保险是真实的，保单的内容也并不违反有关法律的规定，响水营销部的行为在民法上应当视为天安盐城支公司的行为，天安盐城支公司应承担赔偿责任。

2. 风险管理

为了防止因将印章借给他人使用而给单位造成损失，单位至少应当做到以下几点：

第一，严格限制甚至禁止向他人出借印章。

第二，如果确有必要将印章借给他人使用，要求借用人必须在单位（出借人）的严格监督之下使用印章。

第三，单位可与借用人约定出借印章的用途，并及时告知可能的第三方印章已经出借的事实。不过，单位应当始终清醒地意识到，如果借用人肆意违约，相关风险实不可测。

第四，对于分支机构或者项目部门的人员进行严格管理，杜绝出现私刻印章的情形。

---

① 载《最高人民法院公报》2012 年第 3 期。

三、使用私刻或仿冒印章的风险和管理

1. 风险

部分单位由于业务量过大,在公安机关备案的印章满足不了单位随时使用特定印章需要的时候,单位就会有刻制和使用不备案印章的强烈冲动。单位、单位某个员工或单位以外的人员出于不同的目的,都有可能私刻特定的印章。实践中,私刻单位公章的情形最为常见。私刻某种印章导致其他人遭受各种损失的情形发生时,单位也常常会被要求承担各种责任,如前述汪某雄与重庆群洲实业(集团)有限公司、朱某德建设工程施工合同纠纷案[案号:(2016)最高法民申255号]。

2. 风险管理

为了防止因使用私刻或仿冒的印章给单位造成损失,单位应该关注以下几个方面:

首先,单位应杜绝使用未备案的印章。无论是从私刻印章保管难度的角度看,还是从防范他人使用私刻印章的角度看,单位使用私刻印章都存在较大的风险。

其次,严格执行规范的印章管理制度,规范用印审批、用印监督流程,在企业印章遗失,被盗、抢或者发现他人私刻单位印章时,应当及时采取收缴、追回、登报公示、报案等措施。

最后,印章的管理规定(包括印章刻制、使用、保管及授权等管理规定)系单位内部管理规定,必要时可以向交易相对方进行告知,以便防范不利后果的发生。

四、未及时收回、移交印章的风险和管理

1. 风险

单位按规定办理了单位法人的各种变更登记,却未采取有效措施收回原持有人持有的公章或其他印章,风险是非常大的,因为单位无法控制印章持有人会做出什么事情。

在单位(尤其是企业)控制权争夺战中,印章争夺战非常惨烈,因为“印信”的意义太重大了。有些企业因为印章争夺战导致企业治理陷入僵局,企业经营

管理受到严重影响，甚至导致企业发展陷入停滞。类似案例不胜枚举，以下以最高人民法院的再审案例略表一二。

在苏某滨、龙岩市红邦水电有限公司公司证照返还纠纷案[案号：(2019)最高法民申2444号]中，最高人民法院经审理认为，本案再审审查的重点是：(1)苏某滨主张其合法占有红邦公司的公章、土地使用权证等证照的抗辩理由是否有事实和法律依据；(2)苏某滨应否返还红邦公司的相关证照。

最高人民法院经审理认为，《民法总则》第六十一条第一款规定："依照法律或者法人章程的规定，代表法人从事民事活动的负责人，为法人的法定代表人。"公司法定代表人作为代表公司从事民事活动的负责人，在不与公司章程、授权冲突的前提下，有权行使对内管理公司运营、对外代表公司履行职务等行为。本案中，陈某斌作为法定代表人有权代表红邦公司就公司证照返还提起诉讼。一审、二审法院认定陈某斌作为法定代表人有权代表红邦公司就公司证照返还提起诉讼，有法律依据。

苏某滨申请再审主张本案系陈某斌假借公司名义、损害苏某滨及公司利益而引发的纠纷。首先，陈某斌在工商登记信息上确系红邦公司的法定代表人，依法享有公司法定代表人的权利，苏某滨没有举证证明陈某斌系假借公司名义诉讼；其次，苏某滨主张陈某斌损害苏某滨和公司利益，并没有提交证据予以证明，故苏某滨的该项申请再审理由缺乏事实和法律依据。

苏某滨申请再审主张其持有公司证照是有权占有，是基于股东会决议的结果，股东会决议属于公司文件，受到陈某斌控制。但是，在一审、二审阶段以及申请再审期间，苏某滨均没有提供证据证明其该项主张。二审法院以苏某滨没有证据证明其为有权占有为由，认定苏某滨继续占有、管理公司证照依据不足，该认定并无不当。

2. 风险管理

为了防止未及时收回、移交印章产生未知的风险，单位至少可以从以下几个方面考虑防范措施：

第一，当印章需要从前一名保管人向新的保管人移交时，应当实施移交记录，即详细记录移交前后印模、移交人、接收人、监交人及移交时间等信息。

第二，移交印章时，不要给任何保管人印章私用的机会，也不要"试图"考验任何人的道德底线，以防得不偿失。

第三，凡是有可能直接使用或者保管印章的人，都应该签署承诺书，承诺其不当使用、保管印章甚至故意违背承诺时应当承担的责任，以及给单位或他人造成损失时所应承担的损害赔偿责任。

第四，在单位的章程中对印章的保管和使用作出明确规定，并可以规定相关人员（如公司的股东、董事、监事等）违反规定时所应承担的责任，包括明确处罚条款。

第五，单位在规章制度中可以对印章的保管和使用进行详尽规定，如此可以有效避免极个别员工在特殊情况下（尤其是离职时）利用印章"敲诈"单位或者别有用心地做出其他对单位不利的行为。

第九节　印章挂失和风险管理

单位印章若失去控制，既是大事，又是急事，务必即时妥当处理。挂失是处理印章丢失或者被盗抢的紧急和必备流程。这一流程不可或缺，更不能敷衍了事。

一、印章挂失流程

1. 即时向印章备案的公安机关或其他公安机关报案，同时领取并保存好印章遗失证明（报案证明）

报案时，一般应当携带下列材料：(1)单位营业执照副本原件及复印件；(2)法定代表人身份证原件及复印件；(3)经办人身份证原件及复印件、授权委托书和在职证明（不少地区要求法定代表人亲自办理）；(4)印章被盗或者丢失的情况说明（一般在市级以上公开发行的报刊上刊登公告或遗失声明，具体可咨询当地公安机关）。

具体需要哪些材料，务必查询清楚当地公安机关的要求并照办。报案后，可以拿到当地公安机关出具的印章遗失证明(报案证明)。

2. 在报纸上发布印章因丢失或被盗的作废声明

(1)需要在什么级别和类别的报纸上登报声明,最好询问当地公安机关。一般而言,应当在市以上公开发行的报刊上刊登遗失声明。

(2)登报时,需要持报案证明原件和复印件、营业执照副本原件和复印件以及其他文件材料。当然,还具体得看登报报社的要求。

一些地方的报社要求单位全体股东/出资人到场签署同意登报声明才允许将作废声明登报,这也为许多单位的印章遗失补办设置了一道障碍。

3. 办理印章注销登记

《国务院关于国家行政机关和企业事业单位社会团体印章管理的规定》第二十四条规定:"国家行政机关和企业事业单位、社会团体的印章,如因单位撤销、名称改变或换用新印章而停止使用时,应及时送交印章制发机关封存或销毁,或者按公安部会同有关部门另行制定的规定处理。"

另外,即便是印章丢失或者被盗,注销流程这一道"工序"同样是必不可少的。这在我们提供的案例中被多次提到。

4. 重新申请新印章备案登记和刻制

自登报公示若干天(按照当地的规定)后,经办人持整张挂失报纸、营业执照副本原件和复印件、法定代表人身份证原件及复印件、法定代表人签名的丢失印章说明等材料到当地公安机关完成注销登记程序,办理新刻印章备案,取得刻章许可。取得刻章许可后,单位就可以到指定的、具有合格资质的刻章单位补刻新印章并备案。

这里至少需要强调两点:第一,由于各地规定不同,各种印章的具体挂失操作流程和材料要求应当根据各地规定来处理;第二,由于注销流程通常可以与补刻流程连贯起来,很多人会忽视注销流程,导致小事酿成大祸。

二、印章挂失过程中的风险

1. 如果单位未按法定程序办理印章注销登记手续,仅就印章的挂失情况作出登报处理,仍难以对抗善意第三人

在王某与山东滨州运通房地产开发有限公司建设工程施工合同

纠纷案[案号:(2016)鲁民终 884 号]中,山东省高级人民法院经审理认为,虽然运通公司在报纸上就公司的印章挂失事宜作了登报处理,但是其并未在公安机关办理公司印章注销登记的相关手续。另外,公司的印章是需要到公安机关进行备案的,而运通公司财务印章属于已经备案的印章,此时,若没有为该印章去公安机关办理注销登记相关手续,那么仅自行就印章挂失作废的事宜进行登报处理,并不足以使该印章失去效力,同时,面对善意第三人时就不能以此为由进行抗辩。因此,使用该印章与善意第三人签订的合同,对运通公司产生约束力。

但是,笔者也搜索到了不同裁判观点的案例。

在海宁市兴达汽车货运有限公司与朱某良合同纠纷案[案号:(2015)浙民申字第 2082 号]中,浙江省高级人民法院结合被采信的相关证据和具体案情认为,兴达公司 2012 年 12 月 18 日已经在《海宁日报》刊登业务专用章遗失声明,故即使该收据上有盖印,也不能证明兴达公司仍在使用该印章。朱某良对欠条来源陈述不清,且欠条落款时间 2013 年 3 月 27 日在印章挂失之后,故该欠条不能单独作为认定尚存在 236,600 元箱包代理费的依据。

经笔者查阅相关案例,前一个案例体现了目前法院的主流裁判观点。办理注销登记相关手续并不难,也不需要什么成本,为什么不做呢?

另外,在实践中,还需要提醒单位,当发生印章遗失或者被盗、抢等情形后,一方面要即时办理挂失和注销登记流程,另一方面也要即时通知相关单位,避免不法分子趁着这样的空隙,做出违法犯罪的事情。

单位可以即时以电话和书面两种形式通知即将签约的客户以及其他与本单位用印有关的单位,明确告知该单位,"自本通知到达时起,以本单位名义加盖原公章(公章号码:××××××××)的行为无效"。这样的话,再结合完整的印章挂失流程,印章遗失后的风险就控制得差不多了。

2. 单位在办理印章挂失注销的过程中,该印章被使用与他人签订合同,在单位无法证明该印章系由他人盗用的情况下,单位仍可能受所签订合同的约束

在王某军与山东豪骏建设工程有限公司民间借贷纠纷案[案号:(2015)甘民一初字第 19 号]中,被告豪骏公司提交了《菏泽日报》的挂失声明，证明豪骏公司公章丢失后公告作废，原告协议书上的印章系伪造或由原告擅自加盖。原告王某军质证认为，关于《菏泽日报》的挂失声明，是豪骏公司单方法律行为，实际是否丢失无法查证，遗失声明的时间是2014年3月15日，《协议书》签订的时间是2013年11月4日，具有单方法律行为的遗失声明无论如何也不具有溯及力。甘肃省高级人民法院经审理认为，该证据只能证明豪骏公司印章挂失的事实，不能证明《协议书》上公章系王某军擅自加盖的事实。

3. 印章在被正式注销前，单位加盖印章的文件可能被认定为有效

在寿光市圣海渔业网具有限公司与山东省寿光市宝利丰海洋捕捞有限公司船舶物料和备品供应合同纠纷案［案号：(2014)鲁民四终字第108号］中，宝利丰公司认为圣海公司提供的欠条上所加盖的其公司公章系他人伪造，而公司该枚公章已经丢失，并且宝利丰公司已经向公安机关进行报案，并在报纸上发表了印章挂失声明，该印章处于补刻过程之中。因此，圣海公司出具的该份证据应属无效。但是经过鉴定，法院发现加盖在欠条上的宝利丰公司的印章与其在公安机关备案的印章一致。山东省高级人民法院认为，宝利丰公司出具的寿光市公安局刑警大队的情况说明的内容，仅是宝利丰公司在寿光市公安局备案日期为2012年5月17日的公章的补办过程，但该情况说明并未否定该印章被加盖后的民事法律行为效力。法院认为印章在被正式注销前，单位加盖印章的文件都是有效的，因此，圣海公司提供的加盖有宝利丰公司公章的该份证据应认定为有效。

4. 如果单位在印章挂失作废的声明中未注明该作废声明具有溯及既往的效力，则印章正式作废前所加盖的文件对单位可能产生约束力

在北京港源建筑装饰工程有限公司与徐某彬、北京东郊四惠桥宏杰石材经销部(经营者：徐某彬)买卖合同纠纷案［案号：(2017)京01民终7403号］中，港源公司认为宏杰经销部提交的材料结算协议、材料结算清单中加盖有港源公司项目经理部的印章已经登报挂失作废，因此，宏杰经销部提交的该份证据应属无效。但是，北京市第一中级人民法院认为，港源公司挂失作废的声明刊登于2017年3月16日，该作废声明并未写明有溯及既往的效力，因此，不能证明本案中形成时间为2015年9月29日的材料结算协议上的公章已失去相应的确认效力。因此，法院认定该份证据有效。

三、印章挂失过程中的风险管理

1. 防患于未然，加强常规管理

作为用章单位，需要制定完善的印章制度，包括但不限于公章和专用章的管理制度。另外，要严格落实各类印章管理制度，从源头上减少印章保管、管理、使用上的问题，降低印章丢失的可能性。

2. 查资料，咨询专业人士

一旦发生印章丢失或者被盗的情况，一定立即询问专业人士相关风险以及如何控制风险，询问有经验的律师或者向公安机关咨询，都是可行的办法。

在网上查询靠谱资料并进行总结后再向专业人士咨询，肯定是不错的选择，但是应该强调时效性，绝不能贻误时机。在了解了一些专业知识之后再咨询专业人士，甄别专业人士的水平相对会高一些，找到靠谱的人的概率自然也会大一些。

3. 尽到书面通知义务

尽早以电话和书面两种形式通知即将签约的客户以及与本单位用印有关的其他单位，明确告知该单位，"自本通知到达时起，以本单位名义加盖原公章（公章号码：××××××××××）的行为无效"。之所以要采取书面形式就是为了防止万一发生纠纷，单位可以有证据证明其是尽到了通知义务的，对方至少存在非常大的疏忽，甚至并非心存善意。

4. 依法走完挂失和注销印章的全部流程

单位印章遗失或者被盗，如果立即向公安机关报案并在报纸上进行了公示，则该行为可以阻却遗失或被盗的印章达成的交易对于印章所属单位的效力。原来的印章声明作废，自然无法代表单位的意志，这是强有力的证据。尽管每个案件的具体情况不同，裁判结果也不见得相同，但随着"同案同判"规则越来越被司法机关强调，挂失和注销印章的流程完整，必然在减少乃至避免单位权益受到侵害方面起到重要作用。

需要特别强调的是，挂失流程不可或缺，是绝对不能马虎的。依法、完整地完成严谨的挂失流程，可以让单位避免很多不可预测、无法评估的风险。

5. 高度关注挂失文件的细节

比如，在登报时，在印章挂失作废的声明中注明该作废声明具有溯及既往（可明示溯及印章丢失之时）的效力。这句话在诉讼程序中不一定能够得到裁判者的认可，但是在谈判或者其他非诉讼的环节中可能就很有价值。

第十节　印章的回收、销毁和风险管理

印章的存在体现在法律上的存在和物理上的存在两个方面。印章依法回收和销毁完成了印章法律身份上的丧失和物理上的消失两个过程。及时依法从法律上让一枚印章失去其法律身份（注销），从物理上让一枚印章从地球上消失（销毁），是最干净彻底地解决旧印章"惹是生非"问题的有效方法。

一、印章回收

1. 印章应当回收的情形

单位印章一经刻制、备案后，其合法地位就得到了法律的确认。加盖了单位印章的文件上的内容就可以代表单位的真实意思表示。于是，单位印章正式、合法投入使用。

有始就有终，印章也有自身的"生命周期"。在以下情况发生时，单位应当回收正在使用的印章：

（1）印章无法正常使用。

印章无法正常使用是指章体被毁损、章体缺角、刻印字迹模糊、印记不清等情况。用比较专业的话来说，就是印章的物理特征发生变化而不宜再被继续使用时，印章就应当回收。

（2）印章完成了历史使命。

承载了特殊历史使命的印章，在其特殊历史使命完成后，同样需要回收。例如，有的公司为了某个特定的工程项目或者为了某种特殊的法律载体（如SPV，即特殊目的公司或机构）而刻制的印章，应当专章专用，在特定项目结项、

特殊载体终结后,这些印章就没有了继续存在的必要。

(3)印章对应的单位名称变更,或者单位本身"没有了"。

单位章、单位部门章、机构章在单位、部门、机构发生更名、撤并或者其他调整的情况导致旧的印章不能再被继续使用的,涉及的单位务必要回收相应的印章。

(4)印章遗失、被窃,或者被盗抢,已经被依法挂失,又被找了回来。

2. 印章回收的步骤

(1)发布印章回收的内部通知。

单位应当在内部发布印章回收的通知,通知内容包括:被回收印章的名称、启用时间、回收原因、负责回收工作的部门/负责人、联系方式、申报回收的流程等。

(2)在印章回收登记簿上进行登记。负责印章回收的部门接收回收的印章,并按照内部规定进行详细登记。

(3)保管好回收的印章,要求专门保管、封存。

(4)按照单位、上级单位、主管部门的印章回收管理制度,完成印章回收的逐级审批流程。

(5)上述工作完成后,根据单位、上级单位、主管部门的相关管理制度或者具体情况进行印章回收后的处置工作:①达到销毁条件时进行销毁;②继续以合适的方式保管、封存。

二、印章销毁

1. 单位应当重视印章的销毁工作

印章销毁,是指印章在停止使用之后,经过一定程序将该印章注销毁灭的行为。《国务院关于国家行政机关和企业事业单位社会团体印章管理的规定》第二十四条规定:"国家行政机关和企业事业单位、社会团体的印章,如因单位撤销、名称改变或换用新印章而停止使用时,应及时送交印章制发机关封存或销毁,或者按公安部会同有关部门另行制定的规定处理。"

2. 印章停用

发生以下情形时,印章应当停用:

(1)有关单位、部门、项目部或机构被撤销、注销的;

(2)有关单位、部门、项目部或机构名称发生变更的;

(3)印章发生损坏的;

(4)印章遗失、被窃或者被盗抢,被声明作废的。即便印章后来又被找回,或者曾经在空白纸上盖过印章,均不得再行使用。

3. 印章销毁流程

印章销毁程序是发生在印章停止使用并回收之后的处置行为,具体流程如下:

(1)制定待销毁印章的清单,将待销毁印章登记造册。

(2)完成印章销毁的内部审批流程。

(3)将待销毁印章送至曾备案或批准刻制的公安机关,公安机关对于交回和收缴的印章,需要预存两年,无特殊情况的,预存期满后予以销毁。如果属于可以自行销毁的印章,可以由单位、上级单位、主管部门根据内部管理制度的具体规定自行组织销毁。法律另有规定的,依照相关规定处理。

(4)单位在销毁时应当制作销毁报告,销毁报告上应当记载:①印章名称;②销毁人;③见证人;④批准人;⑤销毁时间等。销毁完毕后,单位应当编制印章销毁清单,与销毁报告一同备存于单位档案室。

三、印章在回收和销毁中的风险管理

印章回收环节往往不受重视,但也是事故多发环节。

根据《国务院关于国家行政机关和企业事业单位社会团体印章管理的规定》第二十四条,在印章应当被回收并销毁的情形下,如果单位没有回收并销毁印章,相关的印章可能会被单位内部人员使用,可能导致损害单位利益。甚至,尽管原有印章停止使用,但由于单位对回收和销毁印章流程重视不足,导致印章遗失或被窃,单位因此承受不可估量的风险。

以施工单位的项目部印章为例。项目竣工之后可能仍有未完成结算的工作,项目部印章仍有使用的现实需要。但是,由于项目部人员撤离,项目经理另有项目安排,仍由原保管人员保管或由原项目经理负责印章保管工作明显不妥。为保证印章安全,在项目竣工到结算完毕期间,项目印章应当交由与工程项目相关的分公司或者总公司保管和使用。

因此,建议单位将不再使用的印章及时按照法定程序移交至印章制发机关进行封存或销毁处理，或者按照法律规定采取其他方式封存和销毁。否则，印章回收和销毁不及时，单位仍有可能承受本不该有的法律风险。

在台州坤茂置业有限公司与丁某灿民间借贷纠纷案[案号：(2018)闽01民终8939号]中，坤茂公司认为，丁某灿向法院提供欠条上所加盖的坤茂公司印章属于伪造，并且坤茂公司提供了该印章的回收凭证。但是，福建省福州市中级人民法院经审理认为，在无其他证据予以佐证的情况下，仅提供关于作废印章的回收凭证并不足以证明该借条所盖印章系伪造。因此，在无相反证据的情况下，应推定案涉借条具有真实性、合法性以及与本案的关联性，可以作为本案的定案证据。

上述案例中，法院认为，仅有作废印章的回收凭证不足以证明相关文件上的印鉴系伪造印章所加盖。下面的案件中，因为新旧印章一直被混用，尽管新旧印章的更换曾经在公安机关进行了备案，加盖旧印章的文件对单位依旧有约束力。

在杨凌博力科技印务有限公司申请破产清算案[案号：(2019)陕04民终179号]中，博力公司于2018年8月2日以其公司严重资不抵债且不能清偿到期债务为由，向法院申请破产清算。审理过程中，博力公司的债权人对博力公司申请破产时使用的印章提出了异议。法院业已查明，2014年10月23日，博力公司在公安部门办理更换公章业务，且进行印章备案审批，但是对旧印章没有销毁，且博力公司在公司业务经营过程中一直存在新、旧印章混用的事实。因此，陕西省咸阳市中级人民法院经审理认为，虽然博力公司已经在公安机关就新旧公章的更换进行了备案，但是因为其旧公章未被销毁，且仍然被使用，所以加盖旧印章的文件应当对博力公司产生拘束力。因此，虽然博力公司提供的申请书、债权人清册、债务人清册等材料均使用了应当销毁的旧印章，但是上述文件仍然是博力公司的真实意思表示。因此，法院应当受理博力公司提起的破产清算申请。

第十一节　了解电子印章

为了适应时代发展的需要，我国在2004年通过《电子签名法》，该法在2015年和2019年已经经过了两次修正。《电子签名法》的通过、施行和逐步修正完善，极大地推动了电子交易、电子政务的发展，随之而来的，是电子印章的出现和越来越广泛地被应用。全国各地关于电子印章的规定如雨后春笋般涌现。

一、什么是电子印章

关于电子印章的定义，目前没有形成一个统一的标准，只是散见于一些政府部门的文件中。

1. 相关规定中的定义

(1)2019年4月26日颁布的《国务院关于在线政务服务的若干规定》第十五条第二项规定："电子印章，是指基于可信密码技术生成身份标识，以电子数据图形表现的印章。"这是目前国内最高级别的对于电子印章的定义。

(2)2019年2月3日发布的《西安市电子印章管理暂行办法》第二条规定："本办法所指电子印章，是以密码技术为核心，将数字证书、签名密钥与实物印章图像有效绑定，用于实现各类电子文档完整性、真实性和不可抵赖性的图形化电子签名。"

(3)2019年12月25日发布的《天津市电子印章管理暂行办法》第二条规定了电子印章的定义和效力："本办法所称电子印章，是指基于可信密码技术生成身份标识，以电子数据图形表现的印章。电子印章与实物印章具有同等法律效力，不得因其采用电子化表现形式而否定其法律效力，相关法律明确电子签名不适用的情形除外。"这个定义和国务院对电子印章下的定义保持了一致。

(4)2019年4月，北京市公安局制定的《关于电子印章管理工作意见》规定："电子印章是指电子数据表现形式的公章和具有法律效力的个人名章。其中，电子公章是指本市范围内的国家机关、人民团体、社会组织、企业单位、事业单位、个体工商户以及其他组织(以下简称单位或者机构)的法定名称章、以法定名称冠名的内设机构章和分支机构章、业务专用章(合同、财务、发票、审验、报关等相关业务使用)的电子化形式;电子个人名章是指单位或者机构的法定代表人、经营者、主要负责人、财务负责人、单位或机构授权代表人等人员用于单位或者机构事务办理的个人名章的电子化形式。电子印章的图形化特征与实物印章的印模完全一致。”

(5)2022 年 4 月 19 日发布的《广东省电子印章管理暂行办法》第四条规定:“本办法所指电子印章主要分为电子公章、电子职务章两类。(一)电子公章。指本省范围内的国家行政机关、社会组织、企业单位、事业单位、个体工商户以及其他组织(下称单位或机构)的法定名称章、以法定名称冠名的内设机构章和分支机构章、业务专用章(证照、公文、审验、报关、合同、财务、发票等相关业务使用)的电子化形式。(二)电子职务章。指单位或机构的法定代表人、经营者、主要负责人、财务负责人、单位或机构授权代表人等人员用于单位或机构事务办理的个人名章的电子化形式。”

各地在优化营商环境条例和电子印章规定中,也有对于电子印章的定义。

2. 电子印章的特点

第一,可以取得与传统印章一样的视觉效果;第二,具有与传统印章一致的示信功能;第三,由信息安全技术支撑,可以防盗用、防复制、防伪造;第四,与数字证书、签名密钥绑定;第五,用于电子文书的签署。

3. 电子印章的本质

电子印章虽然以电子图像形式显示,其本质却是数据。《电子签名法》第十六条对电子签名的认证进行了规定,电子印章作为一种电子签名,需要专门的机构制作生成,需要专业的手段进行认证。由此可见,电子印章是以密码技术为核心、具有电子签名功能、具有与实物印章图像相一致的视觉效果、可以对各种电子形态下的数据电文进行电子签章的组织机构电子印章以及具有法律效力的个人电子名章。《国务院关于在线政务服务的若干规定》第十五条第二项也确认了电子印章属于电子数据,是基于可信密码技术生成的身份标识。

二、中国电子印章的发展状况——从法院裁判文书角度来看

1. 第一起电子印章案例

笔者查询 Alpha 和威科先行等法律检索平台,最早涉及电子印章纠纷的案例是上海市浦东新区人民法院 2008 年 8 月 5 日审结的陈 × 与 × × 公司委托合

同纠纷案[案号:(2008)浦民一(民)初字第7732号]。在该案中,上海市浦东新区人民法院经审理认为,俞×作为被告××公司的工作人员,持有印有被告单位电子印章的合同与原告签订合同,俞×的行为系职务行为,由被告××公司承担相应的法律后果。

2. 案例综述

随着电子印章的广泛使用,涉及电子印章的案件越来越多。以下为截至2023年1月31日的数据:

在中国裁判文书网上,可以查到以“电子印章”为关键词的民事案件2670件、刑事案件361件、执行案件266件、国家赔偿案件3件、行政案件111件。在Alpha,可以查到以“电子印章”为关键词的民事案件2811件、刑事案件453件、行政案件157件、国家赔偿案件5件、执行案件176件。从最高人民法院到基层法院,均有涉及电子印章的案件。在威科先行,可以查到以“电子印章”为关键词的民事案件2696件、刑事案件438件、行政案件152件、国家赔偿案件9件、执行案件231件。涉电子印章案件从普通法院到专门法院,从基层法院到最高人民法院,从民事案件到刑事案件,都可以在法律检索网站上查询到。

另外,从2008年开始,法院审理的涉电子印章纠纷案件数量呈现逐年递增的基本趋势。由此可见,电子印章其实早已悄然进入并大量存在于政务活动、商务活动和人们的日常生活之中。

3. 最高人民法院案例中的电子印章

在江西赛维LDK太阳能高科技有限公司与广西玉柴机器集团有限公司买卖合同纠纷案[案号:(2015)民二终字第36号]中,赛维太阳能公司在二审期间向法院提交了一份《鉴定申请书》,请求法院委托有关单位对玉柴集团公司在一审中提供的《补充约定》的签订时间及《补充约定》上“江西赛维LDK太阳能高科技有限公司”字样是否系真实电子印章予以鉴定。最高人民法院经审理认为,《补充约定》虽为复印件且赛维太阳能公司在一审、二审中对其真实性不予认可,并申请法院对其上面所盖印章和签署时间进行鉴定,但鉴于:第一,赛维太阳能公司在其向法院申请鉴定之前从未提出过《补充约定》上所盖公章虚假的主张或疑问;第二,一审中赛维太阳能公司承认该公章为其“公司的扫描章"(并曾提出系被盗用或冒用的怀疑),而其起诉时据以支持其诉讼主张所提交的《供货协议书》上的印章同样是其扫描章;第三,根据两级庭审相关情况,赛维太阳能公司在有关《补充约定》问题的表述上矛盾重重,且其自行制发的《法务联系函》应该视为已经对《补充约定》的现实存在予以认可。所以,应当认为该《补充约定》虽为复印件,但与其他相关证据及已知事实能够相互印证,故对于该份证据的真实性、合法性及其与诉争事实的关联性应当予以确认,该《补充约定》可以作为认定本案有关事实的证据,没有再行鉴定的必要。

尽管笔者只查到了这一个最高人民法院审理的直接涉及电子印章纠纷的案例,但是,结合对于各级、各类、各地法院有关电子印章纠纷案件的检索和阅读,笔者发现,电子印章在现实生活中早已被普遍使用,与之相伴而生的与电子印章有关的纠纷不断增多并越来越复杂是自然而然的事情。

4. 刑事案件中电子印章早已经被作为定案证据。不仅如此,行政司法机关也充分认可电子签名和电子印章的法律效力

2020年《公安机关办理行政案件程序规定》(公安部令第160号)第二百六十三条第三款规定:"公安机关可以使用电子签名、电子指纹捺印技术制作电子笔录等材料,可以使用电子印章制作法律文书。对案件当事人进行电子签名、电子指纹捺印的过程,公安机关应当同步录音录像。"

2020年《公安机关办理刑事案件程序规定》第三百八十七条作出了与《公安机关办理行政案件程序规定》完全相同的规定。

两个规定均涉及电子签名、电子印章的应用,说明公安机关从根本上认可了电子签名、电子印章的法律效力。

我们再来看看司法机关在审判实务中的裁判观点。

在舒某职务侵占,伪造公司、企业、事业单位、人民团体印章刑事案[案号:(2017)粤刑申183号]中,广东省高级人民法院经审理认为,综合相关证据和分析,足以认定舒某借公司搞活动需要使用公司公章的名义,委托他人伪造鸿兴公司电子印章的事实。原审裁判认定舒某犯伪造公司印章罪并无不当。

无论是伪造普通印章,还是伪造电子印章,从法律性质上分析,是没有区别的,都构成伪造印章的事实,都涉嫌伪造印章等刑事犯罪。下面的案例与前案观点一致。

在许某某伪造公司、企业、事业单位、人民团体印章刑事案[一审案号:(2021)沪0106刑初784号;二审(撤诉)案号:(2021)沪02刑终982号]中,2020年4月起,被告人许某某为牟取非法利益,伪造“西安高新医院体检专用章”“上海市同济医院体检专用章”等39枚公司、事业单位实体印章或电子印章,用于制作虚假的体检报告、新冠病毒核酸检测报告、病假证明、检验单等。许某某通过58同城等网络平台发布广告招揽买家,以每份40元至200元的价格,将上述伪造的报告和证明贩卖给多人。上海市静安区人民法院经审理认为,被告人许某某伪造39枚公司、事业单位印章,其行为已构成伪造公司、事业单位印章罪,依法应予惩处。公诉机关指控的罪名成立,判决许某某犯伪造公司、事业单位印章罪。许某某上诉,后撤回了上诉。

三、电子印章的优势

1. 电子印章的安全性更高

电子印章签署后,虽然表面看起来是印章图形,但和传统印章相比,其背后是通过数字证书的技术来支持的,能够快速识别签署身份,同时还具有签署时间精确记录、签署内容不可篡改等功能。传统印章在鉴定时,需要对印鉴(也就是印章盖在文件上的印迹)进行鉴别,而电子印章的鉴定则完全不同,只需要通过在线查看电子印章签署时的数字证书是否被破坏即可快速判定。如果数字证书被篡改,就会提示签名无效或者数字证书被破坏。

相比而言,电子印章的安全性更高。普通印章作为实物印章,如果管理不善,很容易遗失或者被盗;由于过度使用或者材质本身的质量问题,印章也可能发生损坏;其更容易被伪造、变造。所以安全性比较低。

2. 电子印章的使用更加便捷高效

电子印章更加便捷高效。电子化合同签章采用电子方式传输,不受地域和时间的限制。另外,电子印章的识别也是由计算机系统自动完成,无须电子印章控制者和接受者个人进行识别。普通印章受到地域的制约,盖章并不方便。

3. 电子印章的使用随时可控

电子印章不存在携带方面的问题，电子合同管理、查询方式更方便。与纸质单据的存储和查询相比，电子合同文档的管理和查询非常方便。对于印章持有者可以做到随时控制，并可以监控其盖章行为。普通印章由于携带、保管等方面的问题，对于印章持有人不能实时监管。对于普通印章的盖章行为，即使监管再严，疏漏也难免存在。

4. 电子印章的可视效果更好

电子印章利用图像处理技术，实现将电子签名操作转化为与纸质文件盖章操作相同的可视效果。同时，电子印章可以利用电子签名技术，保障电子信息的真实性、完整性以及签名人的不可否认性。普通印章盖印的效果会受到环境的影响，印章容易模糊和走形。

5. 电子文书的生成方式更加便捷

电子印章适用于电子文书，通过专用的电子印章打印机打印，就可以生成文书原件。对于普通印章而言，需要将纸质文书先打印出来，然后在上面加盖印章，才能够生成文书原件。

四、可以启用电子印章的单位

根据《电子签名法》，民事活动中的合同或者其他文件、单证等文书，当事人可以约定使用或者不使用电子签名、数据电文。但是，涉及婚姻、收养、继承等人身关系的，涉及停止供水、供热、供气等公用事业服务的，或者法律、行政法规规定的不适用电子文书的其他情形，不得使用电子签名。只要没有法律明文禁止，对于电子印章的使用持一种鼓励支持的态度。因此，有条件的单位都可以启用电子印章。

《天津市电子印章管理暂行办法》第十三条规定："本市各类政务办公、政务服务事项可使用电子印章，对公文、证照、协议、凭据、流转单等各类电子文档进行签章。鼓励自然人、法人和非法人组织在经济和社会活动领域中使用电子印章。本市各级行政机关、履行公共管理和服务职能的事业单位不得拒绝电子印章的使用，法律法规规定不适用的情形除外。"

北京市公安局制定的《关于电子印章管理工作意见》鼓励自然人、法人和其他组织在经济和社会活动领域中使用电子印章。北京市电子印章管理服务平台免费向各级党政部门提供签章、验签等应用服务接口,免费向电子印章制作单位提供电子印章签发、签章、验签等应用服务接口,免费向社会企事业单位、社会团体提供签章、验签基本服务功能。

《广东省电子印章管理暂行办法》与《天津市电子印章管理暂行办法》的规定基本一致。

上海市已经做到了送“货”/“服务”上门。《关于做好企业电子营业执照和电子印章应用工作的通知》(沪市监注册〔2020〕907 号)指出,上海市将全面推广企业电子营业执照、电子印章,加快推进企业电子营业执照、电子印章应用。以“统一规范、全面覆盖”为原则,构建全市统一的企业电子营业执照和电子印章制作、发放、使用服务体系,为每户新设企业免费同步发放企业电子营业执照和电子印章。

五、电子印章的申请和制作

全国多地出台了自己的电子印章管理办法(包括暂行办法),对于电子印章加强管理,这里以首都北京为例。《北京市人民政府办公厅转发市公安局〈关于电子印章管理工作意见〉的通知》(京政办发〔2019〕8 号)对电子印章的申请管理和制作管理进行了详细的规定。

1. 加强申请管理

单位或者机构可申请制作法定名称的电子印章一枚,同一业务专用电子印章可制作多枚,并用阿拉伯数字予以区别。已有单位或机构申请制作电子印章,应当向印章制作单位提供以下材料:

(1)依法批准设立或者登记的证件、文书;

(2)有上级或者主管部门的,应当出具上级或者主管部门的介绍信;无上级或者主管部门的,提供法定代表人、经营者或者主要负责人的委托授权书;

(3)提供经办人有效身份证件原件、复印件及联系方式;申请制作具有法律效力的个人名章的,应当提供本人有效身份证件、单位介绍信、委托授权书;

(4)需要制作包含外文或者少数民族文字电子印章的,应当提供经本单位或者机构确认的翻译文本。

为便利企业和群众办事,新设单位或机构在登记注册时,由登记注册部门将相关信息与公安机关共享,其在申请制作电子印章时,无须再向印章制作单位提交材料。新设国家机关、人民团体申请制作电子印章的，按照国家有关规定执行。

2. 加强制作管理

电子印章由经公安机关许可的公章制作单位制作，其规格、式样、存储介质要符合国家有关规定。印章制作单位应当遵守下列规定：

(1)采集用章单位或者机构的基本信息，法定代表人、经营者、经办人的有效身份证件信息和联系方式，经办人的现场影像信息，电子印章制作信息；

(2)电子印章制作完成后的24小时以内，应当将规定的信息向公安机关备案；

(3)电子印章应当存储于符合国家密码管理要求的专用设备中，严格保管；

(4)不得擅自更改、删除电子印章制作信息；

(5)不得泄露、非法使用因经营活动而获取的单位或者机构及个人相关信息；

(6)电子印章档案材料至少保存5年，以备查验；

(7)经营场所的视频监控资料至少保存90日，不得擅自删改、复制、泄露；

(8)对超过3个月未领取的电子印章，应当登记造册、注销，并向公安机关备案；

(9)发放电子印章时应当向单位或者机构出具电子印章制作证书。

因单位或者机构变更、名称变更、法定代表人或经营者变更、电子印章损坏等需要更换电子印章的，应当申请注销原印章并重新制作；电子印章暂停、恢复或者停止使用的，由单位或者机构出具委托授权书，携带法定代表人或经营者、经办人有效身份证件到印章制作单位办理。印章制作单位办理电子印章注销时，应当向用章单位(机构)出具电子印章注销证书，并向公安机关备案。

六、电子印章的法律风险及其管理

根据《电子签名法》，除当事人另有约定外，同时符合下列条件的，视为可靠的电子签名：电子签名制作数据用于电子签名时，属于电子签名人专有；签署时电子签名制作数据仅由电子签名人控制；签署后对电子签名的任何改动能够被发现；签署后对数据电文内容和形式的任何改动能够被发现。电子印章具有很多传统印章没有的优势，但是电子印章不可能是完美无缺的。电子印章的独特性决定了电子印章与众不同的风险点。

相对于实物印章,电子印章本身具备更高的安全性,尤其是对于电子领域本身来说更是如此。例如,电子合同的内容难以被篡改,电子合同签署的日期难以被篡改,电子签名自带的身份识别功能对防范冒名签署具有基础性价值。从电子领域跨越到现实生活中,这一过程必然存在风险。这样的风险不是技术本身的风险,而是电子印章在身份材料管理、密钥管理等实际操作中的风险。另外,实物印章在日常生活和商务活动的普遍性风险,也必然会存在于电子印章中。

(一)电子印章的法律风险

1. 违反法律强制性规定,很可能会导致法律文件无效

根据《电子签名法》的规定,下列法律文书不得使用电子签名、数据电文的文书:(1)涉及婚姻、收养、继承等人身关系的;(2)涉及停止供水、供热、供气等公用事业服务的;(3)法律、行政法规规定的不适用电子文书的其他情形。如果当事人在上述法律文件中使用了电子印章,可能会导致相关法律文件无效。

2. 电子印章被冒用

电子印章一般在两个阶段会被他人冒用:一是身份认证阶段,二是电子合同的签署验证阶段。

(1)电子印章在身份认证阶段被冒用

从形式上来说,电子印章是属于张三的,实质上却是李四申请的。原因是什么呢? 举个例子:李四通过非法甚至合法的手段取得了张三的身份证或者身份信息,利用张三的身份证(真的或者假的)欺骗银行和通信运营商,办理了银行卡和手机卡,完成了张三的身份认证,非法获得了电子印章并使用。

一旦他人冒用单位的名义和其他人签署了协议,进行了交易,单位免责的概率并不会太高。他人冒用单位名义,构成冒名合同,但是冒名合同并不必然对单位不发生效力。即便是冒名人构成犯罪,也同样如此。另外,根据《电子签名法》,电子签名人的各种过错导致电子签名依赖方和电子认证服务机构各种损失的,需要承担过错责任。

在袁某与合肥梦川玖贸易有限公司等小额借款合同纠纷案[案

号:(2018)京03民终4843号]中,京汇公司作为甲方与袁某作为乙方签订《最高额保证合同》,合同落款处“袁某”系电子签名。袁某称其身份证被冒用以注册账户并签订《最高额保证合同》,其对于借款及保证关系均不知情,刘某红利用该身份证签订借款及保证合同,应当由刘某红承担还款责任。京汇公司对袁某的陈述不予认可。北京市第三中级人民法院经审理认为,袁某所主张的他人冒用其身份证且其完全不知情,与其本人当庭陈述自相矛盾,且缺乏事实依据,不予支持;仅从案涉《最高额保证合同》中袁某的电子签名并不能直接证明该《最高额保证合同》系袁某的真实意思表示且合法有效,京汇公司以袁某账户通过实名身份认证且《最高额保证合同》进行了电子签名为由主张《最高额保证合同》系袁某的真实意思表示,并提交了相关证据证明,在袁某未能提供反证的情况下,对京汇公司的主张予以采信。

上述案例尽管是自然人的电子签名问题,但是与单位的电子签名/电子印章在法律性质和法律后果上相似。因为京汇公司证明了《最高额保证合同》是袁某的真实意思表示,袁某虽然以他人冒用其信息注册电子签名作为抗辩理由,并表示对担保行为毫不知情,但是缺乏事实依据,最终袁某的抗辩没有得到法院的支持。

在广西南宁环汇支付服务有限公司与广东京邦达供应链科技有限公司公路货物运输合同纠纷案[案号:(2020)京02民终10291号]中,南宁环汇公司主张本案系案外人罗某银在未经授权的情况下擅自申请了南宁环汇公司的电子公章与京邦达公司签订合同,京邦达公司在签署合同过程中存在明显过错,明知罗某银无权代理,南宁环汇公司的经营范围不涵盖运输业务,京邦达公司未尽审慎义务,不属于善意第三人。北京市第二中级人民法院经审理认为,南宁环汇公司与京邦达公司签订的《配送服务合同》系根据线上电子合同的流程签订,根据查明情况亦可以认定该合同签订后存在已经履行及部分费用结算的客观事实。南宁环汇公司虽辩称上述《配送服务合同》系案外人罗某银借用其公司营业执照复印件等材料申请电子公章后签订,但根据南宁环汇公司自述亦可认定该公司许可罗某银借用包括公司营业执照等材料用于电子商城经营,现并无证据表明京邦达公司在合同签订过程中存在恶意或者其他不当行为,京邦达公司作为善意相对人,构成表见代理。

与实物证照一样,法律没有禁止单位将电子证照借给他人使用。但是,单位可能需要承担向其他人出借电子证照的法律后果。上述案件即是如此。当南宁环汇公司自认将公司营业执照等材料借用给罗某银使用时,罗某银擅自申请南宁环汇公司电子印章并与京邦达公司签署协议的行为构成表见代理。南宁环汇公司的身份被冒用,但却免除不了承担合同上约定义务的责任。

(2)电子印章在电子合同签署验证阶段被冒用

单位认可电子签名/电子印章是其申请注册,但是以各种理由主张其他人冒用其名义签署了某个合同。

在北京龙腾鑫世纪科技有限公司、庄某海申请确认仲裁协议效力案[案号:(2018)粤08民特39号]中,关于龙腾鑫公司是否以电子签名的方式签署了含有仲裁条款的《提供担保合同》的问题,龙腾鑫公司认为,庄某海与黄某之间的借贷关系与龙腾鑫公司无关,龙腾鑫公司未与庄某海签订过任何书面协议及仲裁条款,庄某海依据不存在的书面协议及仲裁条款申请仲裁违法,为此,龙腾鑫公司请求法院确认《提供担保合同》中的仲裁协议条款无效。广东省湛江市中级人民法院经审理认为,本案中龙腾鑫公司除言语否认外,未提供任何证据进行反驳、亦未对《电子合同信息登记确认书》及法大大公司出具的《报告书》提出任何有理据的异议,龙腾鑫公司对其向法大大公司申请电子签名的事实及采用电子签名的后果是知晓的,亦表示愿意用电子签名签订的电子合同表达出其真实意思,故对其否认签署电子合同的主张不予支持。法院确认龙腾鑫公司采用电子签章的方式签署了含有仲裁条款的《提供担保合同》,《提供担保合同》中的电子签名为可靠签名。

单位主张他人冒用单位身份签署电子合同,一定要提供相应的证据来支撑。如果单位的证据不够充分,甚至没有证据,裁判机构不会支持单位的主张。毕竟,有了合法存在的电子签名/电子印章,裁判机构会依法推定电子签名/电子印章为单位所为,除非单位有相当充分的证据足以推翻裁判机构的事实认定。

(3)电子签名使用人数据失密

《电子签名法》第二十七条规定:"电子签名人知悉电子签名制作数据已经失密或者可能已经失密未及时告知有关各方、并终止使用电子签名制作数据,未向电子认证服务提供者提供真实、完整和准确的信息,或者有其他过错,给电子签名依赖方、电子认证服务提供者造成损失的,承担赔偿责任。"因此,电子签名使用人除需要谨慎保管电子签名的使用密码之外,对于已知的失密或可能存在的失密状态都负有及时告知相关方的义务,否则要对给相关方造成的损失承担赔偿责任。

与传统的实物印章加盖合同的情形相比,使用电子印章由于涉及签约平台、认证机构等多方主体,信息流转的环节随之增加,信息泄露的风险也必然增加。对于使用电子印章的单位来说,保守秘密、高度重视数据安全是必须做好的事情。

3. 电子认证服务提供者(认证机构)失信,导致电子签名不再有效

认证机构失信是一种罕见的情形。认证机构失信可能是基于认证机构及其工作人员存在主观恶意,自行或者与他人勾结伪造电子印章或电子签名;也有可能并不是认证机构及其工作人员的原因,比如,认证机构的密钥生成算法被人破解,导致他人有机会伪造电子签名。

《电子签名法》第二十八条规定:"电子签名人或者电子签名依赖方因依据电子认证服务提供者提供的电子签名认证服务从事民事活动遭受损失,电子认证服务提供者不能证明自己无过错的,承担赔偿责任。"电子认证服务提供者依法承担的是过错推定责任,即电子签名人或者电子签名依赖方因依据电子认证服务提供者提供的电子签名认证服务从事民事活动遭受损失的,如果电子认证服务提供者不能自证清白,就要承担赔偿责任。这对认证机构提出了很高的要求,专业认证服务机构应当采取各项措施保证电子签名的安全性,否则将面临巨额索赔的法律风险。

当然,电子印章所有人不能因为可能有机会找到认证机构赔偿损失,就无视认证机构信用的重要性。作为电子印章使用者,应当留存好电子印章认证结果,作为万不得已时维权的基础证据。

(二)电子印章的法律风险管理

电子印章的法律风险管理是一个系统工程,需要来自单位的全方位关注和制度支持。

1. 建立和完善电子印章管理制度和具体实施办法

越来越多的地区和单位开始使用电子印章。很多单位存在实物印章和电子印章同时使用的情况。因此,单位应该将电子印章的管理和使用纳入印章管理制度和办法之中。单位应该注意对电子印章的全生命周期进行规范,明确管理主体,明确密钥的持有人和相关责任,明确电子印章的使用以及其他方面的管理规定。

2. 进行电子印章管理的宣传和培训

鉴于电子印章有其自身的特点,不少人对于电子印章还比较陌生,所以单位应当加强有关电子印章保管和使用的宣传和培训。电子印章的法律风险与实物印章的法律风险有着很大的区别,单位相关人员不能以实物印章的特点套用到电子印章中类推适用。加强电子印章的宣传和培训,让单位员工了解电子印章的特点和优势,提高印章保管人和其他管理人员的风险防范意识,对其进行实际操作方面的专项培训,全面推进实物印章和电子印章的合规管理。

3. 避免电子签名人的过错责任

《电子签名法》第二十七条规定:"电子签名人知悉电子签名制作数据已经失密或者可能已经失密未及时告知有关各方、并终止使用电子签名制作数据,未向电子认证服务提供者提供真实、完整和准确的信息,或者有其他过错,给电子签名依赖方、电子认证服务提供者造成损失的,承担赔偿责任。"对于使用电子签章的单位来说,法律对于其可能存在的过错责任进行了规定。

为了避免出现上述过错责任,电子印章使用者至少应该从以下几个方面尽可能做好工作,降低单位使用电子印章所导致的风险。

(1)搞清楚什么是电子签名和电子印章

尽管《电子签名法》已经施行多年,电子印章和电子签名已经广泛普及,但还有些单位和个人对电子印章和电子签名存在错误的认识。有些人认为通过网络系统签署的协议就属于电子签名,有些人认为实物印章所盖之印用在电子文件或者网络信件中就属于电子签名。殊不知,这些操作仅仅属于书面签署协议电子化的一种形式而已，绝对不是电子印章和电子签名。有些平台单方发起的网签协议也难以被认定为电子合同，因为这种平台既是运动员又是裁判员，其效力也因此存在天然的缺陷。

另外，上述各类网络上的协议由于很难鉴定真伪，如果没有其他相关材料或者实际履行相印证，单位或者协议相对方不一定能说服裁判机构认可上述协议的真实性。因为协议的真实性不好认定，单位的法律风险就比较大了。

（2）使用可靠的电子签名和电子印章

电子签名，是指数据电文中以电子形式所含、所附用于识别签名人身份并表明签名人认可其中内容的数据。《电子签名法》第十三条规定："电子签名同时符合下列条件的，视为可靠的电子签名：（一）电子签名制作数据用于电子签名时，属于电子签名人专有；（二）签署时电子签名制作数据仅由电子签名人控制；（三）签署后对电子签名的任何改动能够被发现；（四）签署后对数据电文内容和形式的任何改动能够被发现。当事人也可以选择使用符合其约定的可靠条件的电子签名。"

法定的电子签名的可靠条件在法律中有了明确的规定，法律同时允许当事人自己约定电子签名的可靠条件。为了保证约定的可靠条件的有效性，建议签约人采用不低于法定条件的可靠条件来约束电子签名。为了提升业务效率，签约人可能会约定低于法定条件的可靠条件标准来约束电子签名。但是，从控制风险的角度考虑，一般不建议约定低于法定条件的可靠条件。

（3）妥善保管好相关证件，避免单位身份被冒用

无论是在电子印章/电子签名申请之前、当时还是之后，单位都应该妥善保管好各类重要证件、相关信息、各种密码和验证码，避免给他人冒用自己身份的机会。在万物互联时代，互联网终端设备的保存和保密永远都是我们需要关注的。如果确实发生了证件遗失、密码泄露等情形，应当及时挂失、重新设置密码，并向对方/各方发出遗失/变更声明，以此否定原有电子印章/电子签名的效力，保护自己的合法权益。

发生单位身份被冒用的情况，并不必然导致合同对单位不发生法律效力的后果。作为单位，首先是全力否定合同对自己的效力。如果不能做到，就需要向冒用人主张权利。涉及犯罪的，应当积极主动向公安机关报案，并配合相关部门对了解的事项进行核实。

（4）严格数据保护，强化密码安全管理

单位应当妥善保管电子签名制作数据和相关认证材料（包括但不限于客户开户申请书、账户信息、数字签名认证书等）。司法实践中，裁判机构倾向于认为，使用私人密码的行为就是本人行为属于基本原则。如果单位不能妥善保管各种数据和密码，导致他人有机会操作电子签名系统，所有法律后果应当由单位自行承担。

单位办理了电子签名证书等文件后，应当妥善保管，不随意出借他人、任意摆放甚至丢弃。当用以制作电子签名的数据已经被公开或者可能被其他人知道，应当及时告知相关各方，并停止使用。单位还应当建立健全电子签名/电子印章内部管理制度，及时有效地监控用于验证的手机、U 盾等设备的状况，加强有关电子签名方面的员工培训。单位还可以与签约平台协商，设计符合单位特点、安全性强的审批流程和验证手段。另外，在建立内部数据保护制度的基础上，慎重挑选具有相应数据保护能力的签约平台，对数据保护相关事项作出明确的约定，并根据不同业务涉及的数据重要性选择不同的电子合同存证模式。

在发现相关数据信息被盗取或失去控制时，单位应当及时告知相关方有关失密的事实，尽可能控制损失的范围，避免单位承担额外的法律责任。

4. 从纵向和横向两个维度全方位管理电子合同

从纵向角度考虑，要对电子合同的签订实施全过程的不间断管理，从签署人员的身份管控，到签署内容的信息保密，再到签署过程的可追溯性，最后是签署过程的审计或监督。签署人员的身份管控，不仅包括对方人员的身份确认，而且包括己方人员的身份确认。因为是线上签署，所以远程签约主体的身份识别是无比重要的环节。目前，实践中已经有了很多切实有效的身份认证方式，单位可以根据电子合同的重要程度，采取合适的身份鉴定方式。签署内容要做好保密措施，既包括事前的保密协议签署，也包括过程中保密制度和保密协议等内容的遵守。签署过程可以通过录像、数据存证、公证、认证等方式，达到简单可追溯的效果，以备不时之需。必要时，单位可以随时调查相关电子合同的签署过程，进行审计、监督。

从横向角度考虑，将电子合同管理、电子印章管理和人员管理三者有机结合，统一管控，避免发生系统性问题和错乱，降低电子印章使用风险。首先是人员管理，不同级别、不同岗位的人员分别有不同的权限，分别进行不同种类的操作。在用章种类上,根据不同的印章(包括公章)规定不同的使用范围,避免公章、合同专用章以及其他专用章的滥用和错用。另外,对印章使用记录进行强监管,保证每一次、每一枚印章的使用次数、使用文件、使用人、审批人、签章执行人等都可以通过系统进行查询,解决实物印章和纸质合同使用记录不完全可控的顽疾。

5. **谨慎选择第三方认证机构**

《电子签名法》第十六条规定:“电子签名需要第三方认证的,由依法设立的电子认证服务提供者提供认证服务。”由此可见,《电子签名法》并没有强制性地要求单位的电子签章必须进行认证。实践中,电子合同涉及的电子签章存在两大类:一类是经过认证的电子签章,另一类是未经过认证的。

由于电子证据具有容易被篡改、伪造、容易丢失的特点,也由于电子证据存储上的特点(存储于电子设备、网络系统或者云端),举证难是一个十分需要关注的问题。从裁判者谨慎判断的角度出发,如果仅有电子合同,证明力不一定能够达到裁判者的要求。因此,单位更要注重证据链的完整性,提供尽可能充分的间接证据,以便能够实现多个证据相互印证、环环相扣的证据链效果。除了洽谈交易的聊天记录、交易和履行过程中的各种记录外,签订电子合同过程中的身份认证和承诺作为基础性的证据也不可忽视。

> 在秦某与纽海电子商务(上海)有限公司网络购物合同纠纷案[案号:(2014)浦民一(民)初字第9378号]中,秦某主张自己是1号店老用户,其从未点击过新版服务协议。纽海公司主张,2013年12月7日之后用电脑首次登录1号店,必须点击公告和新版服务协议,秦某是用电脑下单的,因此必然点击过新版服务协议,应当适用新版服务协议的相关约定。纽海公司申请对1号店服务器进行痕迹鉴定,以证明其所述真实性。秦某承认案涉4笔订单均通过电脑下单,并最终确认曾经点击过1号店网站弹出的公告与新版服务协议,故纽海公司不再申请痕迹鉴定。

上述案例中,如果平台单位与消费者之间的协议经过第三方认证,就不需要进行复杂的举证过程。当然,如果单位认为认证费用过高,可以考虑将重要协议/文件、基础性协议/文件进行认证,或者将相关协议或者文件进行公证,也能达到相对轻松且有效进行举证的效果。

对于经过认证的电子签名，可以在诉讼、仲裁程序中请第三方认证服务机构提供认证证书，以证明电子签名的真实性和关联性。最高人民法院《关于民事诉讼证据的若干规定》第九十四条规定："电子数据存在下列情形的，人民法院可以确认其真实性，但有足以反驳的相反证据的除外：……（二）由记录和保存电子数据的中立第三方平台提供或者确认的……"只要第三方认证服务机构依法设立和执业，第三方认证服务机构又是依法对电子合同的签署进行认证，其就可以将电子签章等电子证据以法律规定的方式予以呈现，获得裁判机构的认可和支持。

单位应当谨慎选择第三方认证机构。发生纠纷后，裁判机构首先会通过审查电子认证服务机构是否取得了相应资质、电子数据是否通过了认证机构的认证等因素，判断电子印章的可靠性。单位应当通过浏览工业和信息化部网站以及各级管理部门网站，查询经公示的电子认证服务许可核发情况，了解有哪些具备电子认证资质的第三方认证机构；通过浏览国家和各级密码管理局公示的电子认证服务密码许可证核发情况，了解具有使用密码许可的第三方机构。选择符合资质的、专业的第三方认证机构，单位使用电子签章的法律风险会大幅降低。

6. 及时关注当地关于电子印章的最新政策

由于经济社会的发展和科技的日新月异，电子印章相关的法律和政策始终处在不断且快速地变化和发展过程中。单位应当认真学习国家和地方上的关于电子印章的法律规定和政策，并积极关注最新的法律规定和政策，严格依照法律法规使用电子印章，降低相关法律风险。

第二章

印章管理疑难问题

第一节　单位能否刻制多枚同类型印章

单位的公章以及法定代表人人名章，一般均只能刻制一枚。除单位公章和法定代表人人名章外，单位的主要印章还包括合同专用章、财务专用章和发票专用章等。一般而言，用章单位可以根据本单位实际情况，在公安机关批准的印章刻制单位刻制多枚同一类型的印章，但是均应当完成印章备案。

一、单位不得私刻多枚同类型印章

除单位公章和法定代表人人名章外，单位可以依法刻制多枚同一类型的印章，但是单位刻制印章只能在公安机关批准的刻制单位刻制，不得私刻。单位私下刻制印章，不进行备案，就属于不合法刻制印章。

值得注意的是，申请刻制印章的单位并不是伪造印章类犯罪的犯罪主体，我国刑法仅追究伪造印章罪的个人的刑事责任。但是，如果单位利用私刻的印章进行犯罪活动，仍然可能会被追究相应的刑事责任。另外，如果用章单位私刻单位印章，其员工持有该私刻的印章与他人签订合同，给他人造成损失，单位应当承担相应的过错责任。

二、多枚同类型印章对单位内部管理的影响

单位拥有多枚同类型印章，从有利的方面来说，会更加便捷地支持单位进

行正常的经营活动，特别是对于用章需求比较多尤其是不同地域需要同时用章的单位来说，单位拥有多枚同类型印章（如合同专用章），便于单位在不同地域同时开展业务。但是，单位在拥有多枚同类型印章的情况下也面临较高的管理、使用风险。

1. 多枚同类型印章会增加单位印章管理的压力

印章种类、数量较多，容易造成印章内部管理混乱，监管缺席，使单位印章管理的压力显著增加：首先，印章管理人员可能无法有效监督印章的使用情况，不了解印章是否会被他人私自使用；其次，单位需要制定更加详细复杂的用印审批流程，配以更多的印章管理人员，这无疑会增加单位的管理成本。即便如此，是否能够做到对印章进行有效管理，也要看单位的管理规定和实际的实施状况。

2. 单位如果存在多枚同类型印章，印章被私刻、盗用时更不容易被发现

如果单位存在多枚同类型印章，其中一枚印章丢失了，使用其他印章自然可以弥补印章丢失所带来的不便，而单位常常会忽视印章丢失所隐含的巨大风险。

在这种情况下，丢失的印章即使被私刻、盗用，通常也不会轻易被单位发现。况且，他人私刻、盗用印章的行为可能经过较长时间后才会被单位发现，而盗用、冒用印章的行为未必无效，单位因而承受“无妄之灾”的可能性还是不小的，承担相应责任或者过错责任的概率会大得多。

三、多枚同类型印章对单位对外活动的影响

对于单位刻制多枚同类型印章的情况，最高人民法院的裁判观点认为，单位使用的印章不具有唯一性，即使单位能够证明案涉印章属于私刻或者伪造，但出于保护善意相对人的考虑，单位也可能被要求对加盖了该印章的合同承担相应的责任。

在吉林省金鹤房地产开发有限责任公司与汝阳县天湛矿业有限公司联营合同纠纷案［案号：(2014)民抗字第84号］中，最高人民法院指出，根据公章管理的有关规定，企业只能有一枚正式的公司法人印章，但金鹤公司提交了四枚其均认可的、不同的公司法人印章作为样本，虽然在鉴定后认定案涉印章与金鹤公司提交的四枚样本印文均不是同一枚印章加盖形成，但上述事实足以证明金鹤公司的印章管理和

使用混乱。这种印章管理和使用混乱的状态，客观上使交易相对人在判断文件上所加盖印章是否为金鹤公司真实意思时，容易发生偏差，因此最高人民法院经审理认为，金鹤公司印章管理和使用混乱，对私刻印章的使用存在可归责性，案涉合同对金鹤公司产生效力。

四、单位管理好多枚同类型印章的方法

1. 确立对各类印章专人专管的制度

当公司存在多枚同类型印章时，公司要有明确的专人管理印章的制度。印章必须由专人妥善保管，禁止擅自委托他人保管。通过完善的专人专管制度，可有效防止印章保管过程中损毁、遗失和被盗等情况的发生，减少给单位因印章管理不善所带来的风险。

2. 明确保管人的责任

首先，印章保管人必须妥善保管印章，不得遗失。如印章不慎遗失，必须在第一时间向单位有关领导汇报。其次，必须严格依照单位对印章的使用规定使用印章，未经规定的程序，不得擅自允许任何人使用任何一枚印章。最后，因保管人保管印章不善，给单位造成损失的，由单位对违纪者依照法律和单位相关规定予以处分，给单位造成严重损失或情节严重的，依法移送有关机关处理。

3. 完善印章的使用流程

当单位存在多枚同类型印章时，尤其要关注印章的使用流程，防止在印章使用环节给单位带来不必要的风险。

具体而言，单位应当制作统一规范的印章使用登记表，申请使用印章的部门和个人必须按印章管理规定严格履行审批手续，经过有权部门和主管领导的批准后，填写统一的印章使用登记表。印章管理人员对用印文件要认真审查，审核申请用印内容、用印次数是否一致，审核通过后才能允许用印部门及个人在相关文件上用印。用印时必须由印章保管人员操作，不能让他人代为用印，同时不能让印章离开印章保管人员的视线。

4. 多枚同类型印章应当列明序号，或者能够清晰显示同类印章之间的不同之处

这样既便于单位对同类型印章进行有序管理，各枚印章各司其职；也便于万一出现问题时，查明问题到底出在哪里、是谁的责任。

第二节　单位印章不备案的法律风险

单位的所有印章都应当按照法律规定进行备案。如果单位印章未经备案，可能面临无法确定使用印章的行为是否为单位真实意思表示、印章所载单位的主体身份难以确认、无法证明他人使用的印章系伪造印章等法律风险。

一、无法确定使用印章的行为系单位真实意思表示

单位印章的作用在于推定盖有印章的相关文件所代表的系单位的真实意思。换言之，所盖印章真实，一般就可以推定该文件中所载的内容为公司的真实意思表示。因此，如果单位没有对印章进行备案，他人一旦模仿、伪造该单位的印章，该单位向法院主张别人系仿冒、伪造印章的难度便会增加，承担不利后果的可能性也就更大。

在胡某、罗某与贵州省余庆恒森房地产开发有限公司等民间借贷纠纷案[案号:(2019)最高法民申 1506 号;(2018)黔民终 1046 号]中，余庆恒森公司在本案诉讼中提出申请，要求对案涉借款合同及借条上加盖的“余庆恒森公司”的印章进行真伪鉴定，后因余庆恒森公司主张该公司印章未在相关部门备案，撤回了鉴定申请。随后，余庆恒森公司申请以 2013 年 11 月 2 日借条上加盖的“余庆恒森公司”的印章与案涉的借款合同及借条上加盖的“余庆恒森公司”的印章进行对比鉴定，一审法院认为，由于余庆恒森公司印章未在相关部门备案，即使对比鉴定确定两枚印章不一致，由于双方当事人并未约定以 2013 年 11 月 2 日借条加盖的“余庆恒森公司”的印章作为余庆恒森公司真实印章，因此，对比鉴定的结果并不能确认本案所涉借款合同及借条上加盖“余庆恒森公司”印章的行为不是余庆恒森公司的真实意思表示。余庆恒森公司在借款合同以及借条上均加盖其印章，应当认定余庆恒森公司是借款债务人之一。二审法院贵州省高级人民法院和再审法院最高人民法院对一审法院的上述意见均未有不同意见。

在上述案例中，法院的意思很明确，公司的印章没有备案，申请对印章进行鉴定缺乏一个具有值得信任的样本基础。我们再来看看山东省烟台市中级人民法院判决的相关案例。

在中国工商银行股份有限公司烟台芝罘支行、栖霞市华商小额贷款有限公司等民间借贷纠纷案[案号：(2021)鲁06民终2836号]中，工行芝罘支行申请对分管信贷业务的副行长签字的承诺书中加盖的“中国工商银行股份有限公司烟台芝罘支行业务专用章”的真实性进行鉴定。后因案涉印章未备案，无法进行真实性鉴定，遂变更申请对印章进行一致性鉴定。因工行芝罘支行提交的证据无法充分证实案涉印章的唯一性，且其已经提交的用于鉴定比对的样本与检材存在肉眼可见的明显区别，因此，合议庭当庭认为继续鉴定已无必要，遂决定终止对印章一致性的鉴定，对此案涉双方均无异议。一审法院经审理认为，根据当事人的陈述和经审查确认的证据，工行芝罘支行提交的证据无法否定承诺书中相关印章的真实性，可以认定工行芝罘支行向华商公司出具承诺书的事实存在。二审法院山东省烟台市中级人民法院判决驳回上诉，维持原判。

二、印章所载单位的主体身份难以确认

印章未经备案，若单位以该印章所盖文件向他人主张权利，他人可能会以印章未备案为由而否定印章上所反映的单位是合同的相对方。这就涉及鉴定、备案印章和未备案印章之间的关系、工商底档中存在的印章的比对等问题。处理这类事情，各个法院的裁判倾向并不完全一致，由此导致单位面临的风险更大，承担责任的不确定性也更强。

在临沂富凯建筑工程有限公司等与济南港友商贸有限公司买卖合同纠纷案[案号：(2018)鲁01民终155号]中，富凯公司等认为其已在购销合同中盖章确认，盖章行为本身就是对合同主体身份的确认，然而，山东省济南市中级人民法院经审理认为，案涉购销合同在首部需方处明确载明为石某德，落款需方处亦是石某德签名，石某德并未在代理人处签字；就购销合同的付款情况看，均为石某德向港友

公司付款；就案涉项目与建设单位的结算情况看，富凯公司虽称系富凯公司与建设单位结算，但未提交任何证据；关于石某德与富凯公司的关系，富凯公司称石某德系其员工，亦未提交任何有效证据证实。二审法院最终认定，虽然案涉购销合同盖有富凯公司寨子项目部印章，但该印章未备案，案涉合同上加盖该印章，仅能说明案涉工程的项目和地点，不能否定与港友公司签订的案涉购销合同需方主体为石某德的事实。因此，该盖章行为并不能确定合同主体身份。对于富凯公司主张案涉购销合同需方为富凯公司的上诉理由，法院不予采信。

三、无法证明他人所使用的印章是假章

由于印章备案不是印章被使用的强制性条件，因此，盖有未备案印章的文件并不因此无效，而是要通过鉴定该印章的真实性、合法性并结合其他证据来最终判断文件的效力。

实践中，部分单位对印章管理不够规范，对部分甚至全部印章未进行备案，面临诉讼时，就以印章未备案为由主张相关文件、合同不具有法律效力。对于这样的主张，法院通常的做法是要求对该印章进行鉴定，并结合相关的证据来认定文件的效力。根据“谁主张，谁举证”的举证原则，一方如果主张自己一方或者相对方文件上所盖的印章不真实，就需要提供相应的证据，来否定该文件上的印章的真实性。

先看北京市高级人民法院的一个案例。

在新疆昆仑路港工程公司等与吴某等融资租赁合同纠纷案［案号：(2017)京民终334号］中，关于新疆昆仑公司印章的真实性，北京市高级人民法院经审理认为，在2016年12月29日之前的一审庭审中，新疆昆仑公司坚称己方只有一枚印章，并在工商行政管理机关备案。但在2016年12月29日的一审庭审中，新疆昆仑公司承认己方共有3枚印章，一枚为简体汉字印章（增刻），两枚系维汉双语印章，其中一枚维汉双语印章在工商行政管理机关备案，其中一枚增刻的维汉双语印章未在工商行政管理机关备案。因此，不能排除新疆昆仑公司还

有其他印章，也不能排除在《应收账款质押合同》《应收账款质押登记协议》上加盖的公章的真实性。因此，新疆昆仑公司关于一审法院对公章真伪认定错误的上诉意见，因没有证据支持，北京市高级人民法院不予采信。

再看上海市的一个案例。

在广东雅威生物科技有限公司与黄某娟经济补偿金纠纷案［案号：(2018)沪01民终13572号］中，上海市第一中级人民法院经审理认为，双方对黄某娟的工作年限发生争议。劳动手册记载黄某娟与雅威公司的劳动合同于2012年4月1日起，加盖有雅威公司人事部印章。虽然雅威公司提出该印章未备案，但仅此并不足以证明该印章系伪造。雅威公司主张黄某娟的工作年限不应从2012年起算，而应从2016年8月起算，虽有黄某娟填写的应聘人员登记表记载“2012年6月起至A公司工作”作为证据，但黄某娟对此亦作了解释。鉴于雅威公司在一审、二审中均未提供相应的证据，一审法院认定自2012年4月1日起计算黄某娟的工作年限并无不当。

最后再来看湖北省的一个案例。

在湖北鑫恒鼎建筑工程有限公司与湖北润立建筑租赁有限公司租赁合同纠纷案［案号：(2019)鄂96民终188号］中，湖北省汉江市中级人民法院经审理认为，因为鑫恒鼎公司武公被服项目部的印章未在相关部门备案，润立公司在鉴定过程中因无法确认鑫恒鼎公司一审提交检材的真实性和唯一性而未予认可，具有合理性；但是，润立公司为了使鉴定程序顺利开展，进而查清本案事实，经调查从第三方处收集了鑫恒鼎公司武公被服项目部与第三方签订的两份合同，并要求以鑫恒鼎公司持有的相应合同原件作为检材进行鉴定，但鑫恒鼎公司以公司管理不规范、相应合同遗失为由拒不提供，导致本案鉴定不能，鑫恒鼎公司应承担相应的法律后果。因此，法院对于鑫恒鼎公司上诉所称的本案系虚假诉讼以及《建筑租赁合同》上的项目部印章系润立公司伪造的相关理由，证据不足，法院依法不予采纳。

由上述内容可以看出:单位想以印章未备案为由,逃脱法律责任,绝非那么容易,切莫“聪明反被聪明误”!

第三节　单位没有印章管理规定的风险

印章刻制、保管、使用等管理制度缺失,印章保管人员缺乏责任意识,会使单位处于多重风险之中。因此,单位要建立健全印章刻制审批制度、印章分类管理和使用制度、印章保管制度、印章回收与销毁制度以及印章交接等制度。

印章是单位在对外经营活动和对内管理工作中的基础性工具,是单位意思表示的根本标志,是单位最具权威和效力的资产和物件。它对单位的重要性不言而喻。

实践中,很多单位对印章的管理没有足够重视,没有印章管理制度,或者有制度却束之高阁,从而使单位处于一系列的风险之中,随时可能导致单位遭受损失。下文中,笔者将对单位因缺乏印章管理规定可能导致的各种问题和面临的法律风险予以简单介绍,希望引起单位对印章管理规范和制度的足够重视。

一、印章管理制度缺失的若干具体表现

1. 印章刻制制度缺失

印章刻制制度缺失或者业务流程设置不合理,导致有些单位领导或者部门只要有需要就随便刻制印章,印章不备案情况常见。结果,有些单位无法对所有印章进行及时有效监管,甚至出现不知道自己单位印章数量和种类的具体情况。

印章刻制后,没有下发正式启用文件,没有明确印章使用范围和使用时间,结果给某些图谋不轨的人留下了可乘之机,利用职权或者其他便利条件窃取印章,签订非单位真实意思的合同和协议,或者在其他各种各样的文件上留下了不该加盖的印章。

印章刻制不在公安部门指定的单位进行刻制,不在公安部门备案,刻完就用,必然为以后发生印章使用问题制造了风险,埋下了隐患。一旦发生别人伪造本单位印章的情形,单位有可能会陷入说不清道不明、只有承担责任的尴尬

境地。

2. 印章保管制度缺失

保管制度缺失,导致印章保管人的选择、保管人的数量、保管人的责任、保管的方式等诸多问题出现,保管印章的随意性加大。有些单位的印章均由个别人(比如法定代表人、财务人员)保管,存在被盗、丢失、被乱用的隐患。印章保管不好,使用上的问题就自然而然不可避免了。

保管环节是印章"生命"全流程中最主要的环节。保管制度的缺失潜在的风险巨大,对单位可能产生的不利后果无法衡量。

在北京健奥伟业餐饮有限公司与王某伟劳动争议案[案号:(2021)京03民终4168号]中,北京市第三中级人民法院经审理认为,根据王某伟于一审中提交的《关于结束合作的赔偿协议》记载,健奥伟业餐饮公司应支付王某伟未签劳动合同经济赔偿。健奥伟业餐饮公司认可其上印章确系由其公章加盖形成,但是称加盖公章并非其真实意思表示,健奥伟业餐饮公司就此主张既未提交充分证据予以佐证,亦未举证证明其印章保管制度及印章使用流程,因此法院对健奥伟业餐饮公司的相关主张亦不予支持。

3. 印章使用管理制度缺失

单位印章主要分为公章、财务专用章、合同专用章、法定代表人人名章、发票专用章、项目章等。公章的使用范围最广,通常可以用于各种文件,其他专门印章一般有专门用途。个别单位将各种印章混用,不加区分。当然,除非法律明文禁止,单位印章的混用没有限制。不过,混用产生的不利后果,需要具体情况具体判定了。

个别单位未建立印章使用台账登记制度,印章随时加盖,不进行任何登记和统计。有些单位根本没有印章使用审批流程制度。有些单位虽有用印审批制度和流程,但是却未严格执行,在未经相关领导或部门全流程审批的情况下使用印章,缺失了领导把关的环节。很多单位缺少用印情况定期内控核查制度,缺少防范各类风险的有效措施。上述情况较常见,会给一些企业时不时带来"恶果"。

在中国华融资产管理股份有限公司河南省分公司、中国建设银行股份有限公司珠海丽景支行票据回购纠纷、买卖合同纠纷案[案号:(2017)最高法民终313号]中,最高人民法院经审理认为,中国建设银行股份有限公司珠海市分行丽景支行(以下简称丽景支行)时任行长黄某良为吸收资金和谋取个人好处费,伙同他人伪造印章、证件,与华信支行签订《回购合同》,华信支行依约交付1.3亿元,而丽景支行未依约回购。根据《合同法》第五十条"法人或者其他组织的法定代表人、负责人超越权限订立的合同,除相对人知道或者应当知道其超越权限的以外,该代表行为有效"的规定以及最高人民法院《关于在审理经济纠纷案件中涉及经济犯罪嫌疑若干问题的规定》第三条"单位直接负责的主管人员和其他直接责任人员,以该单位的名义对外签订经济合同,将取得的财物部分或全部占为己有构成犯罪的,除依法追究行为人的刑事责任外,该单位对行为人因签订、履行该经济合同造成的后果,依法应当承担民事责任"的规定,追究黄某良的刑事责任并不能免除其单位即丽景支行依法应当承担的民事责任。法院认定本案所涉《回购合同》属于无效合同。根据《合同法》第五十八条"合同无效或者被撤销后,因该合同取得的财产,应当予以返还;不能返还或者没有必要返还的,应当折价补偿。有过错的一方应当赔偿对方因此所受到的损失,双方都有过错的,应当各自承担相应的责任"的规定,最高人民法院认为双方各有过错,丽景支行的过错主要在于用人不善、印章管理不规范,而黄某良的行为为信用程度本来较低的商业承兑汇票增加了银行信用,为票据转贴现提供了更高的信用基础。法院最终维持原判,让双方平均分担了损失后果。

4. 印章保管人员缺乏责任意识

印章出问题,追根究底是单位主要负责人的问题,但是,保管印章的人员在其中会起到非常大的作用,主要表现为:(1)不认真履行保管职责。比如,印章保管工作混乱,随意将印章置于非安全位置,不能及时收章锁柜,等等。(2)违规加盖印章。一些印章保管人员加盖关系印,即违规为关系好的同事用印,并且在印章丢失、被盗后推卸责任或者瞒报真实情况,贻误了印章风险处置的最佳时机,等等。(3)泄露印章机密信息。一些印章保管人员玩忽职守,将印章刻制的基本信息泄露给不法之人，导致印章被伪造，形成巨大的印章管理风险。

二、印章制度缺失时单位面临的多重风险

1. 法律风险

(1)表见代理风险

单位印章是单位对内管理、对外交往的信物。单位在某一特定的文件上加盖单位印章，一般即可代表单位真实的意思表示。因此，加盖了单位合适印章的文件、合同、信函等，一般推定为单位意志的体现。印章管理制度缺失，从法律看，会增加单位构成表见代理中被代理人的可能性，单位可能会对不是自己作出真实意思表示的文件、合同承担责任。

例如，员工在合同上私盖、偷盖印章，就可能引发表见代理关系，虽然签订该合同并非单位的真实意思表示，但是单位要受到该份合同的约束，由此可能会给单位造成重大的经济损失。

又如，单位法定代表人在任职届满、被剥夺任职资格后，仍然拒不交还单位印章或者私自刻制单位印章。对相对人而言，法定代表人是否使用私刻的印章签订合同不属于相对人应当主动审查的范围。只要该法定代表人具有有权代理的表象，相对人是善意的，该无权代理由于穿着有权代理的"外衣"，相应的权利义务由单位承担。虽然事后单位可以对这种无权代理人追责，但造成的损失或许永远无法挽回了。这类表见代理行为是印章管理纠纷案例当中出现频率很高的风险行为。

在大理兰林阁置业有限责任公司昆明分公司、大理兰林阁置业有限责任公司与杨某杰民间借贷纠纷案[案号:(2019)最高法民再236号]中，最高人民法院经过再审认为:首先，案涉借贷关系形成于杨某杰与杨某文之间，兰林阁昆明分公司并非案涉借款的借款人。其次，苏某荣在2013年6月7日兰林阁昆明分公司成立之日起至2015年6月15日一直担任兰林阁昆明分公司的负责人。苏某荣于2015年1月23日、2015年12月31日以兰林阁昆明分公司负责人的身份向杨某杰出具借条，并加盖了兰林阁昆明分公司的印章。作为兰林阁昆明分公司负责人，苏某荣以该分公司名义出具借条的行为，兰林阁昆明分公

司的案涉行为构成债务加入。再次,对于苏某荣以兰林阁昆明分公司的名义加入债务行为的效力,尚需要进一步予以具体分析。对于苏某荣以兰林阁昆明分公司的名义而为债务加入行为是否构成有权代表及相应效力,法院参照适用担保法的相关规定加以评判。没有任何证据证明兰林阁公司授予苏某荣可以以兰林阁昆明分公司名义对外提供担保或者加入既存债务的权限,故苏某荣实施案涉行为显然构成越权。杨某杰并未向兰林阁昆明分公司直接交付过借条记载款项。无论从是否存在明确的授权委托,还是从相关当事人的有关行为看,均无法得出兰林阁公司授权苏某荣以兰林阁昆明分公司的名义为债务加入的结论,故该债务加入应为无效。最后,苏某荣越权代表兰林阁昆明分公司加入债务的行为虽然不能产生债务加入的法律效果,但兰林阁昆明分公司是否可因此免于承担民事责任,尚需要进一步分析。就兰林阁昆明分公司而言,如前所述,基于苏某荣时任兰林阁昆明分公司负责人的职务身份,苏某荣出具借条行为的法律后果应由兰林阁昆明分公司承担,而兰林阁昆明分公司乃至兰林阁公司自身的经营管理不规范显然亦是导致苏某荣越权出具借条并进而使债务加入无效的重要因素。因此,本案各方当事人均存在一定过错,基于上述,最高人民法院认为,兰林阁昆明分公司应当对未偿还借款本金及利息的1/3承担民事责任。最高人民法院再审改判兰林阁分公司支付杨某杰借款本金23,604,747元及利息,兰林阁公司就分公司承担不足部分承担还款责任。

本案涉及企业分支机构及其负责人在无授权的情况下,超越职权范围对外进行加入债务的问题。最高人民法院对本案再审改判,明确了分支机构及其负责人如未获得法人授权,债务加入属于无效。但即使是债务加入无效,当事人各有责任,该法人仍承担了债务金额1/3的过错责任。因此,本案尤其警示了设立分支机构的企业法人应加强印章管理,其对法人分支机构的印章管理的重要性并不亚于对企业法人的印章管理。

(2)侵权责任风险

一般来说,除了工作人员故意的情形外,单位印章保管不当导致的第三人权益损害,实际上属于单位工作人员职务行为导致单位对外承担法律责任问题。

《民法典》第一千一百九十一条第一款规定:“用人单位的工作人员因执行工作任务造成他人损害的,由用人单位承担侵权责任。用人单位承担侵权责任后,可以向有故意或者重大过失的工作人员追偿。”印章保管人基于岗位职责,对印章负有保管义务。其保管不当导致该印章被非法使用,从而引发的第三人权益受到损害,本质上仍然属于单位印章管理不当问题,因此作为单位应当对第三人承担相应法律责任。至于单位能否向印章保管人要求承担责任,进行追偿,就是另外一个问题了。根据《民法典》和《劳动法》的相关规定,单位的这种主张获得支持的实际效果通常并不理想。

在北京中泰通科技发展有限公司与张某伟等侵权责任纠纷案[案号:(2016)京01民终字3869号]中,王某岭、张某伟以侵害实用新型专利权纠纷为由,将北分公司、中泰通公司诉至法院,要求北分公司、中泰通公司承担侵犯专利权的侵权责任。中泰通公司认为王某岭、张某伟伪造其公司公章,但其用于支持其诉讼主张的证据,仅为在知识产权诉讼中取得的、由王某岭和张某伟作为证据提交的涉诉合同。虽然涉诉合同上确有另行加盖的中泰通公司公章,但结合本案中北京市第一中级人民法院在审查诉讼手续过程中发现的中泰通公司公章使用和管理情况,加之中泰通公司向法院就公章使用不一致所作的书面说明,使法院有理由相信,中泰通公司对其公章使用情况并不清楚,且确实存在多种类型的公章同时使用的情形。同时,诉讼中,根据上海公安局工作人员向法院提交的合同复印件,可以确认,涉诉合同的原始合同确实存在。中泰通公司作为该合同的一方当事人,经法院询问,却对于原始合同落款处自身公章的真实性亦不能作出明确说明,更进一步证实该公司自身管理方面的混乱。在王某岭、张某伟对于涉诉合同的来源、用途、原始文件保存等情况可以作出合理说明的同时,中泰通公司并无其他证据证明王某岭、张某伟有伪造或者另行使用中泰通公司公章的行为,故中泰通公司提出的全部诉讼请求,因缺乏事实和法律依据,法院不予支持。

2. 业务风险

很多单位在发生业务交易过程中，违规用章，错误用章，用假章，往往造成合同的无效、可撤销等情况，最终导致交易失败，除了需要承担违约责任或者侵权责任之外，还蕴藏着巨大的业务风险，产生程度不同的经济损失。同时，如果这种业务属于行政监管范围内的特殊业务，还可能会遭到监管部门的行政处罚，由此导致该项业务暂停甚至终止经营。

3. 声誉风险

声誉对任何单位的生存和发展都至关重要。单位如果因为印章管理出现问题，会给客户和公众造成一种内部管理混乱、管理层管理素质低、缺乏诚信和责任感等不良印象，导致公众尤其是客户对单位的信任度降低，不看好单位的发展前景，因此会给单位信用造成不利影响，从而影响单位对外经济活动和获得经济利益。

三、单位需要建立健全的印章管理制度

1. 建立健全印章刻制审批制度

单位印章一经刻制后，即可以盖印方式表示本单位的意志。虽然我国明令禁止单位私刻印章的行为，但是私刻印章仍然屡见不鲜，究其根本原因可能还是在于相关法律制度不够完善。既然大环境“过于宽松”，单位就应该关注和营造相对有利的小生态环境。单位应当建立健全印章刻制审批制度，从印章的“出生”开始加强管理，从源头抓起，防微杜渐，防止日后因印章刻制的问题给单位带来麻烦和损失。

印章刻制审批制度应当有明确的审批指引，有责任到人的规范，并且应当方便实施。

2. 建立健全印章日常分类管理和使用制度

总有单位出现混用、错用印章的情况。还有的单位没有规范的印章使用审批流程，导致印章被偷盖在空白的纸张上。为了防止类似情况出现，单位有必要建立印章日常分类管理和使用制度。

例如，单位应当建立统一的印章使用台账，制作印章使用申请表；申请使用印章的部门和个人必须按印章管理规定履行申请和审批程序，经过有权部门和主管领导批准后，填写统一的用印登记表。单位印章管理人员对用印文件要认

真审查，审核申请用印内容、用印次数是否一致，审核通过后才能允许用印部门和个人在相关文件上用印。用印时必须由印章管理人员操作，不能让他人代为用印，同时不能让印章离开印章保管人员的视线。

3. 建立健全印章保管制度

单位因管理的需要可能存在多枚同类型印章，为了防止在日常管理过程中因印章保管人存在的问题而给单位带来不必要的损失，单位有必要建立印章保管制度。如印章必须由专门保管人妥善保管，不得擅自委托他人代管，并应在印章保管人岗位职责中予以明确；单位印章最好能够采取分级保管的制度，各类印章由各岗位专人依职权需要领取并保管；在用印时，印章保管人对文件和印章使用单签署情况予以严格审核，同意的准许用印，否决的退回；印章保管室应当实施印章使用监控设施；严禁他人直接使用印章，等等。

4. 建立健全印章回收、销毁制度

印章回收、销毁环节通常是最不受单位重视的环节，也是事故多发环节。如果本应废弃的印章没有经过法定程序回收、销毁，就可能被单位内部人员私自使用，损害单位利益。甚至，尽管原有印章停止使用，但单位对废弃印章保管不善，导致废弃印章遗失或被窃，单位将承担不可估量的风险。单位应当高度重视印章回收、销毁环节，建立健全印章回收、销毁制度。印章回收、销毁过程中的风险隐蔽性很强，发现周期长，因此在制度构建过程中，更应当将风险系数高的细节把握好，纳入制度中；同时，应当格外强调责任人制度，严格落实责任到人和有责必究制度。

5. 建立健全可控的印章交接制度

司法实践中，法院可推定印章的保管人为该单位的法定代表人。在无法认定印章已向某当事人进行交接的情况下，单位虽主张某个员工为印章保管人，但并未能举证证明印章交接已经完成，应承担举证不能的法律后果。

在陆丰市耀星房地产开发有限公司、邓某其、莫某荷与李某劳动合同纠纷案[案号：(2015)汕尾中法民二终字第25号]中，原审法院根据加盖耀星公司印章的《工资报酬的意见》认定李某的月工资为3万元，年度奖金为60万元，但耀星公司认为公司公章由李某掌管，该证据是李某事后制作的，提出鉴定盖章形成时间的申请，而李某则辩称其没有掌管公司印章，该证据是耀星公司以书面形式确定并告知其工资标准的规范性文件。广东省汕尾市中级人民法院经审理认为，公司公章是公司处理内外部事务的印鉴，公章移交须办理手续，签署移交证明，注明移交人、交接人、监交人、移交时间、图样等信息，但耀星公司没有提供将公章移交给李某掌管的相关证据，应承担举证不能的法律后果，应认定耀星公司公章由其法定代表人执掌。所以耀星公司提出鉴定盖章形成时间的申请没有实际意义，法院不予采纳。

印章交接制度应当明确以下内容：印章保管人移交印章应当办理移交手续；签署移交手续时，应当书面明确印章的移送人及接收人、交接监督人，注明印章交接的时间、所交付印章的图样等；单位将印章交付新的印章保管人，应当办理完成上述交接手续，并留存完整、有痕迹的印章交接记录。

第四节　规范用印流程记录

建立健全用印流程相关制度，做好用印工作完整记录和统计，完善用印登记台账，对于单位防范印章各类风险具有重要意义。实践中，各个单位的印章使用、审批及记录制度不可能相同，或侧重对印章使用情况的登记，或注重印章使用前的审批流程，或二者兼顾。忽视用印记录中的任何一个环节和细节，都会将单位置于风险之中。

一、用印流程记录是解决问题的基础

1. 没有用印流程记录，单位更难否认盖过相关印章

当单位对文件、合同上的印章是否由单位印章所盖产生异议时，根据司法判例，由于印章本身具有公示效力，在没有其他证据作出相反证明的情况下，法院倾向于推定印章使用人有权代表单位加盖印章，相关的文件可以反映单位的真实意思表示。

在乐视网信息技术（北京）股份有限公司等与张某劳动争议案［案号：(2019)京01民终2072号］中，北京市第一中级人民法院经

审理认为，由于协议上已加盖乐视控股公司人力资源部印章，且乐视控股公司未提交证据证明使用该印章存在违反相关规定的情形；加之根据乐视控股公司与乐视网公司就印章管理情况、办公地点、公司股东重叠情况、协议的签署是张某办理离职同期进行的结算等情况，综合判断得出的结果是认定协议中加盖印章的行为属于乐视控股公司真实的意思表示，因此应当对乐视控股公司发生效力。

本案中，案涉合同上加盖的印章为乐视控股公司人力资源部印章，而人力资源部非印章的实际控制人，乐视控股公司及其他关联公司的印章均由专人进行保管，但该事实显然无法令法院认可印章非乐视控股公司所加盖。一方面，张某无须证明印章的确为人力资源部所盖，仅需要证明合同上加盖的印章在形式上合法即可。另一方面，关联公司的印章均由一人管理，足见其在管理上的混乱。如果乐视控股公司建立了完善的流程，并且严格按照流程进行审批、用印、记录登记，做好印章管理工作，就有可能为本案中“加盖印章行为非本公司真实意思表示”提供证据，如果还能加上其他有力的证据佐证，不排除乐视控股公司的主张获得法院支持的可能性。

2. 用印流程记录并不能证明单位已经或未在文件上加盖印章，还需要其他证据相佐证

单位存在印章使用记录的，当然可以在诉讼中进行举证，增强己方主张的证明力度，但前提是单位严格遵守了用印审批程序并且做好了用印记录。但是，单独的用印记录及审批记录的有无，毕竟属于单位内部事务，难以证明印章确属或确非单位所盖。有的单位即便能够证明其存在规范完整的用印记录，但若缺乏其他有价值的证据相互佐证，法院基本上也会以用印流程记录属于单位内部管理事项、无法对抗合同相对方为由认定印章确为单位授权所盖，判令单位承担相应的责任。

在江苏鸿兴市政建设工程有限公司与中建四局安装工程有限公司、张某富等建设工程分包合同纠纷案［案号：（2017）苏05民终6185号］中，聚美优品科技公司就其苏州工业园项目工程涉及土方开挖、平整的工程发包给中建四局安装公司施工，中建四局安装公司负责该工程的现场施工人员吴某经张某富介绍，将该工程转包给鸿兴市政建工

> 公司实际施工，未得到聚美优品科技公司同意。鸿兴市政建工公司于2016年6月14日进场，于2016年6月28日施工完毕。2016年7月10日，鸿兴市政建工公司与吴某、张某富签订结算单，确认鸿兴市政建工公司于2016年6月14日至6月28日进行现场土方施工，吴某作为该工程项目负责人签字并签署日期2016年8月17日，同时注明“以上情况属实”。
>
> 吴某为证明其身份，曾出具一份中建四局出具的授权委托书复印件，其上加盖了中建四局印章，落款的时间为2016年8月16日。后鸿兴市政建工公司提起诉讼，要求被告中建四局等支付工程款，在一审阶段中建四局不认可吴某的授权委托书效力，也拒绝认可其签订的结算单，但中建四局在一审中承认给予吴某的授权委托书原件在张某富处。
>
> 一审法院认定吴某能够代表中建四局，并相应认可案涉结算单的效力，并判决中建四局承担支付工程款的责任。
>
> 在二审阶段，中建四局提交证据，证明其公司内部是在2016年8月17日才给予吴某一份授权委托书，因此一审鸿兴市政建工公司提交的授权委托书复印件为伪造，请求法院改判。
>
> 苏州市中级人民法院经审理认为，中建四局在一审中认可其授权委托书由张某富保管，在签订案涉结算单时，鸿兴市政建工公司根据吴某提供的授权委托书复印件及张某富认可吴某所提供授权委托书复印件，足以认定吴某有权代表中建四局，因此其在结算单上签字对中建四局产生效力。中建四局安装公司对项目负责人员的规章制度属于内部规定，不影响中建四局安装公司对外承担相应付款责任。

本案中，中建四局及鸿兴市政建工公司就授权委托书的真伪产生争议，该授权委托书决定了吴某是否能够代表中建四局在工程结算单上签字，进而决定了中建四局是否应按照工程结算单支付工程款。虽然中建四局提供证据证明公司实际出具授权委托书的时间与吴某所提供授权委托书的时间不一致，但中建四局在一审中承认授权委托书由张某富保管，而后者在吴某出具授权委托书时未表示异议，据此法院认定鸿兴市政建工公司有理由相信吴某具有代表中建四局的权利。本案法院观点表明，单凭公司内部的规定或者流程不能证明公司实际完成或未完成盖章，难以否认案涉合同上用印的真实性，也自然难以否定案涉合同不是单位的真实意思表示。

下面宁波市中级人民法院的一个案例，从另一个角度说明了法院的裁判倾向。

在南京蓝燕石化储运实业有限公司与青岛恒昌国际贸易有限公司买卖合同纠纷案[案号：(2017)浙02民终3357号]中，恒昌公司向蓝燕公司发送了一份编号为20140904已经盖章的《购销合同》的传真。后，蓝燕公司于2014年9月3日与中基公司另外签订了一份《购销合同》，内容与上一份恒昌公司版的《购销合同》大多相同。后因蓝燕公司未履约，中基公司向法院起诉，双方以和解方式结案。

之后，蓝燕公司向法院提起诉讼，要求恒昌公司基于编号为20140904的《购销合同》承担违约责任，恒昌公司则主张由于蓝燕公司未回函进行承诺，该《购销合同》从未成立，而蓝燕公司则提供证据证明公司已经启动用章程序，以证明其已向恒昌公司发送回函。

宁波市中级人民法院经审理认为，蓝燕公司提交了其于2014年9月3日公司内部提交印章使用申请表、2014年9月3日形成的恒昌公司单方盖章的购销合同电脑扫描件、载明签订时间为2014年9月4日的蓝燕公司与中基公司之间的《购销合同》各一份，拟证明蓝燕公司于2014年9月3日收到恒昌公司、中基公司盖章的传真件后，启动公司印章使用流程。蓝燕公司提交的上述证据仅能证明蓝燕公司已经启动印章盖章程序，并不能证明其向恒昌公司寄送了回函作为承诺。然而，法院同时认为，蓝燕公司与中基公司签订了一份内容与恒昌公司要约内容大致相同的协议，加上恒昌公司派遣专员随同蓝燕公司工作人员前往取样，这两个事实就表明蓝燕公司通过行为表明其有与恒昌公司签订《购销合同》的意思，恒昌公司派遣专员的行为表明其知晓并同意蓝燕公司的履约行为，因此双方的《购销合同》已经成立，蓝燕公司有权要求恒昌公司承担违约责任。

法院认为，公司单凭内部的用印流程不能证明公司是否实际在合同或者文件上加盖或使用印章。但本案的特殊之处在于,公司除了内部的用印程序,还有实际的行为证明公司已经开始履行合同,且通过对方公司的行为表明对方已经知晓己方接受要约并履行合同的事实。法院结合公司及对方公司的其他行为能够弥补内部用章程序的不足,这对公司应对诉讼具有很大的启示,除了公司可提供的用印流程,公司应提供其他证据佐证单位已经实际开始履行相关的合同。

二、遭遇印章诉讼,单位的证据和逻辑

1. 提供能证明单位进行过或没有进行过任何审批工作的证据材料

如果单位内部没有规范的台账或其他记录,但是存在严格的印章审批流程,单位在诉讼发生后应当尽量提供材料,证明单位确实没有进行过或进行过相关审批工作。是否经过审批这个事实,并不能证明单位是否在某个文件上盖章与否,因此,单位必须同时提供其他材料,如印章存放在单位,案涉合同签订时印章并未取出等相关证据。当然,一般而言,"印章并未取出"之类的事实,单位很难举证证明,即便证明了这个事实,可能还有一系列待证事实等待单位的证明。毕竟,倒签合同也是经常发生的事情,一段时间没有取出印章,不能代表合同一定是某段时间签署的。

司法实践中,单位主要想否认曾经在某个文件上加盖过该印章,因此下文主要集中阐述单位如何否认曾经用过印章。

2. 提供能证明印章在合同签订当天不可能被该合同使用的证据材料

如果单位内部存在某些流程或台账等记录,但因疏于使用和监管,无法确切证明印章未曾使用,单位可以通过证明印章在合同签订当天正被其他员工或他人使用来证明印章未曾被用于案涉的文件。

但是,由于很多文件可能涉及倒签问题,而倒签并不被法律禁止和限制,即便法律对其予以禁止和限制也不能否定倒签事实存在的可能性,所以,上述做法在很多情况下是很不容易操作的。另外,印章被一个或者几个人使用,并不能排除一定不能被案涉当事人使用。因此,按照上述方法所搜罗的证据很难单独作为证据,使法院和仲裁委采信单位的主张。

3. 提供规范完整的用印记录作为证据

如果单位内部存在规范完整的用印流程或者用印台账等记录,且能够通过

记录来证明印章一直处于公司控制之中，未被任何人使用过，单位应当尽可能地将用印记录及其他能够证明印章未曾被他人使用的证据（如监控视频等）向法院、仲裁委出示。即便合同相对方主张合同印章为单位所盖，法院也可能会综合其他相关证据，认定单位印章没有被实际使用，所盖印章不能反映单位真实意思表示，从而判定合同对单位不产生任何效力。

作为一个非常重要的基础性证据，规范完整的用印流程记录必然具有其存在的意义。

4. 单位也应当尽力搜集其他证据予以证明，单位未在该文件上使用过印章

如果单位内部既无台账记录也无流程，那么，单位想证明未曾加盖过印章，只能靠搜集其他证据予以证明了。如印章被偷盗后加盖；印章被越权加盖；案涉文件加盖印章时，单位印章正在他用而根本不可能在案涉文件上加盖，等等。

有时，单位可以通过逻辑推演，表明单位不可能将印章盖在案涉文件之上。尽管仅凭一点推论，很难让法院、仲裁委采信单位的观点，但是如果单位的证据不止于此，法院、仲裁委也会充分考虑一系列证据的可信度。

三、规范用印流程记录，防范法律风险

1. 建立严格规范的审批流程并保存规范完整的用印记录

单位应建立严格规范的审批流程并保存规范完整的记录材料。印章在专门保管的情况下，尽可能地采取监控、跟踪记录等措施，保证单位在第一时间能够了解到印章的实际使用和保管情况。

对于单位来说，即便用印流程记录规范完整，也不能说明单位的用印确实是如此操作的。单位应当做好建立严格规范的审批流程并保存规范完整的用印记录工作，因为这既是单位合规管理的需要，也会成为诉讼程序中的基础证据。

2. 杜绝刻制多枚公章，刻制多枚同类印章时均应当备案

单位应杜绝刻制多枚公章。特殊类型单位确需刻制多枚同类印章时，或者单位因为业务需要确需刻制多枚同类印章时，应当编写序号并将多枚同类印章进行备案，以防止印章管理方面出现疏漏，导致印章因管理不善被不法之人利用。

3. 尽量不将印章携带至单位外使用

单位应尽量不将印章携带至单位外使用。如果对方要求签订合同，尽量要

求对方来单位有监控的办公区域签订合同，并将之作为单位制度长期坚持落实，从而减少风险。

4. 携带印章外出使用，应当经过更加严格的印章审批程序并详细记录，同时携带印章员工应签署用印承诺书

凡是员工违反单位印章管理办法保管、使用印章，给单位造成损失的，均应当视为严重违反单位规章制度的行为，单位有权要求员工赔偿相应的损失。同时，单位应当建立并落实印章携带外出使用的相关制度，做好携带印章外出的审批、保管、使用及登记工作。

特别需要注意的是，如果确实需要将印章携带外出使用，建议由两名员工一起外出，印章的保管和使用的全程应当由二人共同参与，以尽可能避免出现一名员工可以随时使用印章的情形。

5. 全体员工进行印章保管、使用、审批等方面的培训

对单位全体员工进行印章使用、审批方面的培训，要求员工严格按照规定申请和使用印章，并对相应法律后果予以说明，提升员工的防范印章法律风险意识。

第五节　审查文件上加盖的对方印章及风险

单位在审查文件上加盖的对方单位印章时，既要学会“察言观色”，又要考察用章的逻辑及印章的形式。单位对对方提供的文件上所加盖的印章未尽到合理注意义务，文件可能无法按照预期发生效力，单位可能因此承受各种损失。为了防范相对方违法违规使用印章，单位可以考虑从多方面着手，做好与签约相关的各项工作。

一、审查文件上加盖的对方印章的方法

（一）“察言观色”

1. 看印章字体

印章的种类不同，其使用的字体也不一样。如国有企业和民营企业的公章

印文使用简化的宋体字,发票专用章印文使用仿宋体。如果对方加盖的印章并非上述两种字体,应提高警惕。

2. 看颜色虚实

真正的公章是在物体的表面刻出来的,印章坯子的表面难以做到绝对光滑,再加上沾印泥盖印的过程中油墨不均匀,盖印的力度不一致,白纸以及下面的桌面都不可能是绝对光滑的,所以最终呈现出的颜色不见得会特别均匀。真正印迹的轮廓难以完美平滑,偶尔会有一些小缺口、小棱角或者小空白存在。电脑制作的假印章一般是非常均匀的红色,整个印章没有一点色差,也没有一点杂质和空白。

3. 看形状

既要看字的形状,也要看周围圆圈的形状。因为印章是圆形的或者椭圆形的,所以字的形状总体来看不会是横平竖直的,但是每个字单独来看必然是规规矩矩的。另外,印章周围圆圈的边缘不可能那么平滑,经常会存在或大或小的缺口或者空白,这是油墨盖印的必然结果。电脑直接制作的印章不存在这些问题,看起来就很假。

4. 看盖章位置

一般而言,真印章都盖在公司名称上,而电脑制作的印章为避免盖在文字上挡住后面的文字,可能会置于空白处。也有一些人为避免怀疑,将印章盖在文字上,这时候需要适当放大仔细观察印章上的字和纸上印刷的字重合的地方,若为真印章,即使重合,后面的文字仍然可以透过油墨显示出来;如果使用的是电脑制作的印章,就会完全挡住下面的文字。

5. 看角度

电脑会“追求”百分之百的正,但是自然人盖章,无论怎样追求盖正,都难免存在角度上的偏差。

6. 看编码数字

公章下方的13位数字是公安局备案刻章的防伪码,每一枚公章都有其特定的备案号。公章上的数字在刻章的时候是最难模仿的。在印迹对比时,要特别注意数字的字体和模样,必要时可以到公安局查询验证编码的真伪。

7. 看盖章手续

一般情况下,单位公章以及合同专用章都有专人或专门的部门保管,使用印章需要进行申请并经过审批,这些流程都会留下手续或者用印“痕迹”。单位在收到对方提供的文件时,如果认为可能会出现问题,可以请求对方提供印章使用的申请手续,或者与对方的相关机构、领导沟通,以此判断该印章的使用是否合规,规避合同效力风险。

(二)考察用章的逻辑及印章的形式

判断文件上加盖的对方印章的真实性,除从形式上进行观察外,还需要从用章逻辑及印章的形式等方面进行考察。

1. 判断印章类型是否正确

针对不同的事项,单位会有不同的专用章。如果文件本应加盖公司公章却加盖了财务或合同专用章,或本应加盖总公司印章却加盖了分公司印章,那么该文件上加盖的对方印章的真实性或者公司用章的本意都需要高度关注。

2. 判断用印人员是否具有用印权限

单位内部通常都会设置印章管理流程,不同人员的用印权限有所不同。如果按逻辑本无权限使用对方单位公章的人员使用了该公章,则应该要求该人员出示授权证明,以确保其加盖公章行为的合法性,避免风险发生。

3. 判断印章的单位名称与合同当事人的名称是否完全一致

印章所示单位名称应与合同当事人名称完全一致,如合同当事人名称与印章名称不同,司法实践中一般以公章所示单位作为合同当事人。

> 在杨某东、大连幸福物业管理有限公司物业服务合同纠纷案[案号:(2019)辽02民终4294号]中,辽宁省大连市中级人民法院经审理认为,关于杨某东主张《庄河市红光美苑前期物业管理委托合同》中,受托方和乙方盖章主体不一致,存在合同主体名称的认定问题。法院认为,书面合同系记载及证明相对方当事人之间意思表示的文件,本案中《庄河市红光美苑前期物业管理委托合同》签章方为钰腾房地产公司与幸福物业,两公司以加盖印章的方式彰显其意思表示,愿以合同记载为限,受双方合意的约束。

二、单位对加盖的对方印章未尽到合理注意义务，可能承受的风险

1. 单位签订的文件可能系对方使用伪造印章所盖，影响文件效力

这种情况并不罕见，多出现在刑事案件之中。

2. 印章及法定代表人签名效力紊乱，影响文件效力

如果单位未对交易相对方的印章进行仔细审核，极易出现加盖公章的合同和对方法定代表人的真实意思表示不一致的情况。双方当事人对合同的内容一旦产生争议，则不利于保护己方的合法权益。

在辽宁华龙贸易有限公司与王某、辽宁金域食府餐饮有限公司股东资格确认纠纷案[案号：(2014)辽民二终字第00205号]中，金域食府公司因与华龙公司、金域公司股东资格确认纠纷一案，不服辽宁省高级人民法院作出的生效判决，向最高人民法院申请再审。在最高人民法院审查过程中，金域食府公司法定代表人王某玲向法院提出撤回再审申请，称本案的再审申请书系金域食府公司股东王某擅自加盖公司印章所形成，金域食府公司并不同意就本案申请再审。同日，持有金域食府公司55%股权的华龙公司亦向法院提交说明，称华龙公司作为金域食府公司的大股东，从未同意就本案申请再审，王某擅自加盖金域食府公司印章所形成的再审申请书等材料，未经过华龙公司的同意。最高人民法院裁定准许金域食府公司撤回再审申请。

上述案例中的情况看似荒唐，在现实生活中却屡见不鲜，原因主要是公司控制权不明。公司印章之间、公司印章和法定代表人之间、不同的法定代表人之间到底谁可以代表公司，发生了混乱。在这种情况下，公司内部和生产经营可能一团糟，甚至可能导致一些本来很好的、很有发展前途的公司走向败落甚至消失。

3. 合同可能无法按照预期发生效力，单位还可能因此承受各种损失

如果对方公司法定代表人私刻公章，而己方未能对该公章的真实性尽到合理的注意义务，且对方公司法定代表人从事的行为明显超越代表权，则己方不构成善意。在此种情况下，单位没有履行审查义务，无权主张合同签订人的签

字行为构成表见代理，单位对某一交易的准备和各种支出都可能付诸东流。不仅如此，单位还可能不得不承受其他各种各样的损失。

在江门市新会区通心粉厂发展有限公司与莫某、韦某、柳州市凯力德粮油食品科技有限公司、莫某1承揽合同纠纷案[案号：(2023)粤0705民初2744号]中，广东省江门市新会区人民法院经审理认为，首先，被告莫某私刻柳州市凯力德粮油食品科技有限公司(以下简称凯力德公司)的印章，冒用其名义与原告江门市新会区通心粉厂发展有限公司(以下简称通心粉厂公司)签订合同。根据现有的在案证据，未能证明被告凯力德公司及其法定代表人被告莫某1对此存在过错。其次，案涉合同加盖印章非凯力德公司印章，莫某未获得凯力德公司授权，且凯力德公司对其行为不予追认，原告通心粉厂公司与莫某签订《江门市新会区通心粉厂发展打包间改造安装合同》过程中未尽应有的谨慎和合理注意义务，存在过错，不属于善意第三人，被告莫某的行为不构成表见代理，故《江门市新会区通心粉厂发展打包间改造安装合同》对凯力德公司不发生效力。因此，原告通心粉厂公司诉请被告凯力德公司、莫某1承担连带责任，法院不予支持。

三、相对方违法违规使用印章的防范

相对方违法违规使用印章，有可能对合同效力产生影响，导致合同被撤销、效力待定或者无效。单位在合同签订过程中如果不能尽到合理注意义务，贸然签订、履行合同，可能在各个方面都受到损失。为了规避风险，单位在实践中可以考虑从以下几个方面进行防范：

1. 要求对方加盖单位名称章(公章)

在谈判与合同起草、修订过程中，可以明确要求对方加盖公章。因为经过公安机关备案的单位名称章应该只有一枚，如果发生争议，或许有利于己方将来进行印章鉴定。其他各种专用章并不一定是唯一的，也未必到公安部门进行了备案，即使进行鉴定也不见得有利于己方。

2. 要求对方法定代表人签字

除加盖公章外，应优先考虑增加法定代表人签字一项。注意，是法定代表人签字,而不是其他授权代表签字。法定代表人签字通常可以直接代表其单位,且法定代表人的身份比较容易核实。

3. 要求对方预留印鉴

在合同签订过程中,可要求对方留存基本信息,在相关表格中填写公司名称、注册地址、法定代表人、联系人、联系电话、银行账户等信息,并加盖单位公章(预留印鉴)。在后续签订业务合同时,可随时比对预留印鉴。

4. 在对方注册地或实际经营地进行面签

在对方注册地或实际经营地进行面签,一方面,能给予经办人一定的心理压力,让其不敢贸然违法违规使用拟签约单位印章甚至是伪造的印章;另一方面,也可以通过实地考察,判断其是否为该公司的员工(授权代表),同时了解拟签约单位的实际状况。

5. 将对方名片进行对照

在签订合同之前,保留对方经办人的名片,并核对名片中的公司名称等信息,且与交易对方其他职员的名片(如有)进行对照,在一定程度上能形成法律保护的交易信赖。

6. 拍照留痕

任何合同都可以采用拍照的办法降低风险,尤其是初次和对方交易签约时,可要求双方拍照留念。拍照可以锁定对方的面容和合同的内容,锁定合同的签约场景,以留存证据。

7. 通过企业邮箱、微信等沟通方式互认非面签合同

单位可以要求对方将签字盖章后的合同先扫描或拍照后通过对方企业邮箱发给己方企业邮箱留存。

收到对方邮寄回来的合同原件后,单位通过微信、邮件等方式回复对方收到合同,同时附上合同的具体内容,并将邮寄信息(如 EMS 等外包装)保留一段时间(如 6 ~ 12 个月不等)备查。

8. 充分关注合同中的银行账户

在涉及支付款项的合同中,如果交易对方的收款账户不是其单位账户名,一定要高度警惕。在合同实际履行过程中,付款方向收款方公司账户支付了合同款项,且收款方并未表示任何异议,则付款方有理由相信收款方实际已经收取合同款项并认可交易的正常履行。事后,收款方如以合同上的公章系伪造等

为由否认合同效力,通常难以获得法院支持。另外,合同相对方单位使用非公账户进行交易容易被认定为非法操作,不排除会给本单位带来困扰、麻烦、负面影响和不利后果。

9. 关注双方交易习惯,保留双方交易历史

如对方经办人(授权代表)曾多次代表交易方与己方签订合同,并且之前的合同得到了交易方的认可,即便该经办人后期私刻印章与己方签订合同,交易方也难以否认之后的合同的效力。保留双方交易历史的痕迹,也可以在必要时提供相应的证据,证明本方的善意,证明本方已经尽到了足够的注意义务。

10. 合同备案

部分合同(如建设工程施工合同、房屋买卖合同等)签订后,需要向主管机关进行备案。如果相关合同进行了备案,即便为履行该备案合同所签订的其他合同上加盖了伪造的印章,法院也不可能轻易否定相关合同的效力。

第六节　印章的合法持有

公司系拟制的法律主体,其本身并不能保管、使用公司印章。因此,印章要由公司具体的管理人保管、占有和使用。关于公司印章的合法持有人,法律上并无明确规定。因为公司印章的管理属于公司内部自治事项,一般可通过内部机制(公司章程、股东会决议和董事会决议等)决定保管的人选和使用权限。司法实务中,对于公司印章纠纷,法院主要审查谁是公司印章的合法持有人。公司印章合法持有的依据包括法定持有、约定或规定持有以及其他合法持有。

一、法定持有

法定代表人对公司印章的控制和占有原则是:如果公司章程或者公司有效内部决议未明确排除法定代表人占有,法定代表人以其公司意志代表人的身份当然地享有公司印章的控制权。如果法定代表人与实际控制人不一致,且公司章程或者股东会决议等未明确规定由公司实际控制人等人占有、控制公司印章,则法定代表人有权要求公司印章的实际占有、控制人返还印章。

在王某等与北京昆仑梦想体育发展有限公司公司证照返还纠纷案[案号:(2019)京03民终8408号]中,北京市第三中级人民法院经审理认为,公章为公司所有,公司章程可以确定公司公章的保管人,任何单位和个人均不得自行占有公章,其他主体占有或控制公司的公章应当有公司的授权。上诉人(原审被告)王某认为其担任公司监事,负有监管职责,在公司股东会形成合法有效决议之前,有权保管印鉴、证照。王某无证据证明其对公章的管理和控制有股东会、董事会决议的有效授权,且昆仑公司称其未授权王某持有印章证照,公司章程及公司相关管理制度未规定由王某持有公章,所以其持有上述物品无事实和法律依据,因此,王某应将昆仑梦想公司的相关印章、营业执照正副本返还给昆仑公司,其无权继续控制或管理印章。在未明确规定公章持有人时,陈某颖作为北京昆仑梦想体育发展有限公司的法定代表人,当然享有公司印章的控制权。

二、约定或规定持有

公司股东、实际控制人、高级管理人员或者其他人对公司印章的控制和占有原则是:股东会协议、公司章程、公司内部决议、公司相关制度明确授权相关人员控制和占有,方为有权控制或占有人,其权源来自授权,无授权即无权力。

1. 公司可以通过董事会制定印章的管理制度,授权他人持有公司印章,这对公司、股东、高级管理人员、普通员工均具有约束力。

《公司法》第六十七条规定:"有限责任公司设董事会,本法第七十五条另有规定的除外。董事会行使下列职权:……(九)制定公司的基本管理制度……"

在郭某晓与兴旺投资有限公司公司证照返还纠纷案[案号:(2016)京03民终6878号]中,北京市第三中级人民法院经审理认为,公司是企业法人,有独立的法人财产,享有法人财产权。公司公章、证照等物都是公司的合法财产,他人无权占有和控制公司的公章、证照时,公司依法有权要求其返还。从《公司法》第四十六条的规定不难看出,对于有限责任公司的组织构成和管理职责,法律均有明确规定,兴旺公司及其股东应当依法遵守。郭某晓系兴旺公司的股东,时代风华公司的员工，基于2012年5月29日的"股东协议"管理案涉兴旺公司的公章、证照。但是该"股东协议"约定"双方同意兴旺公司成立早期各方面的日常经营管理工作委托时代风华公司由其指定的人员进行"，即该协议的有效期限是公司成立早期。2014年至2015年，兴旺公司制定了公司章程，并成立了董事会，依法行使管理公司职责。公司章程明确规定董事会可以"制定公司的基本管理制度"，并对全体股东、董事会均具有约束力。兴旺公司董事会于2015年7月22日第二次会议审议并通过了《兴旺投资有限公司印章管理办法》，所以，在《兴旺投资有限公司印章管理办法》和公司成立前的"股东协议"内容相冲突的情形下，公司章程和《兴旺投资有限公司印章管理办法》的效力明显优于"股东协议"的授权，故郭某晓的该项抗辩意见，法院难以采纳。

时代风华公司是兴旺公司的股东，而郭某晓是时代风华公司指定的员工，代表时代风华公司。此证照返还之诉涉及的问题存在于公司内部。《兴旺投资有限公司印章管理办法》优先的原因主要在于2012年"股东协议"的时效为公司成立早期，在效力发生的时间段上是有相对明确限制的，而《兴旺投资有限公司印章管理办法》由2015年董事会通过，董事会拥有这项职权，并且时间上比"股东协议"更新且有效。

2. 公司可以通过股东会决议的方式确定印章的掌管者。

在福建江源投资发展有限公司与许某春、丁某公司证照返还纠纷案［案号：(2016)闽01民终1669号］中，福州市中级人民法院经审理认为，上诉人许某春在担任江源公司经理期间，公司印章、证照等均由其控制使用，至于印章、证照等由其指定的何人具体负责保管，并不改变上诉人许某春系返还印章、证照的义务主体。并且，《福建江源投资发展有限公司2014年度第一次临时股东会会议决议》明确要求许某春将公司印章印鉴、公司证照、资料等返还给公司，该决议亦经生效判决确认效力，对时任江源公司经理的许某春具有拘束力，其应当依照决议履行返还义务。

3. 法定代表人是公司的法定意志代表者，其可依公司规定授权公司相关人员持有印章。

在北京辰宇实业总公司与北京同信齐家投资管理有限公司确认合同无效纠纷案[案号:(2014)二中民(商)终字第09768号]中,北京市第二中级人民法院经审理认为,公司的公章代表公司意志,张某被免去辰宇公司总经理职务后,辰宇公司应当积极采取合法有效的途径向张某主张权利,保护自身利益。2012年5月24日至2013年3月13日长达近10个月的时间里,辰宇公司的公章一直由张某实际控制,辰宇公司未提供任何证据证明其采取了合法有效的措施向张某索取公章。且2013年3月11日,张某作为辰宇公司的法定代表人与黄某签订授权委托书,委托黄某代为负责辰宇公司的日常生产经营管理等工作,黄某在受托人处签名认可。3月13日,辰宇公司印章、辰宇公司办公室印章以及辰宇公司的营业执照等资料,由张某移交黄某控制。综合辰宇公司公章的交接情况以及2013年3月11日的授权委托书,现有证据不能证明辰宇公司对于张某实际控制公司公章的行为持否定态度。辰宇公司如果认为张某被免去总经理职务后仍然实际控制公司公章的行为侵害了辰宇公司的利益,可另行向张某主张,本案不予处理。

三、其他合法持有

保管单位印章的主体,除上述两类单位内部成员外,还可以是单位之外的其他人。其他主体在经过一定程序后,也可以合法有效地持有另一单位的印章。其他合法持有形式主要有以下几种:

1. 代管

将印章交予他人代管,属于对印章的权利处分行为,是将印章的实际占有从所有权人转移至代管人,而所有权人与代管人之间签订的代管协议使代管人对印章的占有属于有权占有。

在珠海市特力集团有限公司、珠海市嘉宝华健康药房连锁股份有限公司证照返还纠纷案[案号:(2017)粤04民终32号]中,广东省珠海市中级人民法院经审理认为,单位作为印章的所有权人,有权对其进行处分,只要双方就印章代管事项达成一致意思表示,则代管人对印章的占有系有权占有。特力公司拥有土地使用权,嘉宝华公司欲受让土地使用权及地上建筑物,双方就该转让事宜签订《框架协议》,并约定由嘉宝华公司代替特力公司偿还部分负债以冲抵受让款。为保证《框架协议》的履行,防止特力公司增加债务,双方口头达成约定:将特力公司的印章放于保险箱,再将保险箱置于嘉宝华公司处,保险箱的密码或钥匙由双方共同持有。一审及二审法院均认可这一行为系公司自行处分民事权利,此类约定合法有效。

2. 托管

托管是企业所有者将企业的经营管理权交由具有较强经营管理能力并能够承担相应经营风险的法人或自然人有偿经营的一种经营方式。企业托管包括协议托管和强制托管两种。在这两种托管方式中,受托方均有可能获得委托方印章的合法持有权。

(1)协议托管

在西安欣森医药有限责任公司与西安新大华医院有限公司买卖合同纠纷案[案号:(2015)雁民初字第09883号]中,西安市雁塔区人民法院经审理认为,杨某琴持被告新大华医院公司公章与原告欣森医药公司发生的买卖行为是原、被告双方的真实意思表示,内容合法,属于有效民事行为,具有法律约束力。2014年8月4日,新大华医院公司与杨某琴签署《合作协议书》,将医院的经营管理权托管给杨某琴,托管期限为10年,并且将印章也交其管理。杨某琴在托管期间,与欣森医药公司签订《供销协议书》,并且出具了欠条,该协议书与欠条均加盖有"西安雁塔新大华医院"印章。欣森医药公司向新大华医院公司供货,新大华医院公司理应支付货款。通过法庭调查、双方举证及当事人陈述,可以证实新大华医院公司应付欣森医药公司的欠款金额为11万元,双方之间已经形成明确的债权债务关系。至于2014年8月1日至2015年8月新大华医院公司将所属医院经营管理权以及印章托管给杨某琴,属于新大华医院公司内部管理事务,对欣森医药公司不发生对抗效力,故新大华医院公司抗辩其对托管期间债务不承担责任的说法不能成立。

(2)强制托管

正在生产、经营中的企业同时也是被执行人,在该企业的全部固定资产和流动资产已不足清偿债务,或者与债务相等,或者虽然超出债务但数额不大,被执行人没有其他履行能力时,通过强制委托代管的方式,最终将被执行人整体交付申请执行人的执行方法。申请执行人通过此种方法也可以合法持有被执行企业的印章,拥有该单位印章的合法持有权。这是强制托管的常见情形。

在宁夏路星物资有限公司与宁夏齐天园公墓有限公司借款合同纠纷案[案号:(2017)宁01民初284号]中,宁夏回族自治区银川市中级人民法院经审理认为,被告所称"借款及利息是强制管理人原告路星公司利用掌握两家公司经营权、印鉴及财务的便利条件,编造虚假证据,提起虚假诉讼"的观点不能成立,法院不予支持。宁夏回族自治区高级人民法院在执行(2007)宁民商初字第16号民事判决书过程中,于2008年10月9日作出(2008)宁高法字第8-1号民事裁定书,裁定由路星公司对齐天园公司进行托管。路星公司在托管齐天园公司期间,因齐天园公司无流动资金归还其他债务,无法开展正常的经营活动,为了使齐天园公司得以正常经营,路星公司又向齐天园公司借款。截至2016年5月31日,齐天园公司尚欠路星公司借款本金1,497,580.87元及利息3,754,279.45元。经路星公司多次催要,齐天园公司不予偿还,故提起本案诉讼。齐天园公司辩称,宁夏回族自治区高级人民法院将齐天园公司强制交付路星公司托管经营长达8年之久。在此期间,齐天园公司的印鉴、财务均由路星公司掌控把持,齐天园公司根本无法向路星公司借款,更无法与路星公司签订所谓的"借款手续"。因此,本案所谓"借款及利息"根本就是强制管理人路星公司利用掌控两家公司经营权、印鉴及财务的便利条件,编造虚假证据而提起的虚假诉讼。但最终宁夏回族自治区银川市中级人民法院在综合案件事实与路星公司提出的各项证据后,认为本案证据能够反映双方的债权债务关系,故对路星公司请求判令齐天园公司偿还借款及利息的诉讼请求中符合法律规定的借款本金和利息部分予以支持。

3. 借用

实践中，司法机关对一般单位（尤其是企业）出借自身印章行为的法律效力表示肯定。只要不违反法律的强制性规定，出借印章的行为有效，他人对单位印章的占有属于有权占有。

在宋某、山东船舶管理有限公司股东损害公司债权人利益责任纠纷案[案号：(2020)鲁民终878号]中，山东省高级人民法院经审理认为，合同订立后，山东船舶管理公司依据合同约定内容向万邦公司支付前四期租金，万邦公司亦通过山东海运公司向山东船舶管理公司支付管理费用。双方就船舶经营通过邮件形式进行过多次沟通，表明合同已经开始履行。宋某认为公章是山东船舶管理公司未经宋某同意自行加盖，宋某对此不知情，没有进行过相关签署，也没有参与经营管理，宋某主张合同未实际履行，法院认为与事实不符。又由于宋某在本案中未行使撤销权，法院对于上述合同是否违背万邦公司真实意思表示的理由不予审理。基于此，万邦公司将自己的公章借给他人，借用公章人以万邦公司的名义与山东船舶管理公司订立船舶光租合同、船舶期租合同和船舶管理协议，该借用公章人所从事的上述行为应视为万邦公司的行为，该行为的后果也应由万邦公司承担，万邦公司与山东船舶管理公司签订的上述合同不违反法律规定，为有效合同。

第七节　法人和分支机构印章使用界限不明的法律后果及风险防范

根据《民法典》的规定，分支机构以自己的名义从事民事活动，产生的民事责任由法人单位承担；也可以先以该分支机构管理的财产承担，不足以承担的，由法人单位承担。在商事活动中，单位和其分支机构之间经常存在印章使用界限不明确的情况。在使用界限不明确的情况下，一旦发生纠纷，会有什么法律风险以及后果呢？本节以公司为例进行解释。

一、分公司的权利能力和责任能力

1. 分公司具有诉讼权利,可以作为民事诉讼的当事人。

首先,从程序法角度看,根据最高人民法院《关于适用〈中华人民共和国民事诉讼法〉的解释》第五十二条的规定,当分公司以自己的名义对外开展经营活动,具有完备组织机构和固定的办公场所,有经公司授权经营管理的资产,在当地工商管理机关单独领取了营业执照,分公司能够作为民事诉讼程序的当事人。

其次,《公司法》第十三条的规定并未否认分公司的诉讼主体资格,仅规定分公司责任由总公司承担。所以,分公司有权作为民事诉讼的当事人参加诉讼。

2. 从责任能力上讲,分公司无责任能力,不能作为独立承担民事责任的主体,其责任最终应当由总公司来承担。

《公司法》第十三条规定:"公司可以设立子公司。子公司具有法人资格,依法独立承担民事责任。公司可以设立分公司。分公司不具有法人资格,其民事责任由公司承担。"基于该条规定,分公司虽然可以作为民事诉讼的当事人参加诉讼,但因其不具有法人资格,其民事责任仍然应当由总公司承担。在实践中,分公司可以先用自己的财产承担对外的民事责任,不足清偿部分,由总公司补充清偿。

二、加盖分公司印章的效力

分公司虽然没有独立法人地位,但如果分公司已领取营业执照,且分公司开展的业务活动在营业执照记载的经营范围内,在合同上加盖分公司印章一般认定为合同有效。由此可见,分公司以自己的名义对外签订合同是否有效,其是否拥有营业执照是根本标准。

(一)分公司以自己的名义签订合同的效力

1. 分公司领取了营业执照,且以自己的名义对外签订合同,发生纠纷时,即使总公司基于对分公司公章的异议不认可分公司对外签订合同的效力,总公司仍应承担责任。作为原告的相对方可以将分公司和总公司列为共同被告。

在孙某征与中扶建设有限责任公司、中扶建设有限责任公司徐州分公司等建设工程施工合同纠纷案[案号:(2015)苏民终字第00648号]中,江苏省高级人民法院经审理认为,2011年10月30日和2012年3月18日,中扶徐州分公司与利邦公司分别签订了《建设工程施工合同》及《协议书》,两份合同均由时任中扶徐州分公司负责人的刘某林代表中扶徐州分公司签订,系履行职务的行为。基于刘某林系中扶徐州分公司负责人的身份及施工合同上加盖中扶徐州分公司公章的代表权表象,利邦公司有理由相信刘某林有权代表中扶徐州分公司签订施工合同。关于公章真实性问题,由于刘某林系中扶徐州分公司的负责人,即便施工合同中不加盖中扶徐州分公司的公章,中扶公司、中扶徐州分公司也要对刘某林的行为承担责任,故中扶公司、中扶徐州分公司基于对公章的异议而主张免责,于法无据,法院不予支持。

2. 如果分支机构没有营业执照,且以自己的名义对外签订合同,发生纠纷时,作为原告的相对方只能以总公司为被告。最高人民法院《关于适用〈中华人民共和国民事诉讼法〉的解释》第五十三条规定:"法人非依法设立的分支机构,或者虽依法设立,但没有领取营业执照的分支机构,以设立该分支机构的法人为当事人。"因为未领取营业执照的分支机构无经营资格和责任能力,所以,其签订的合同的法律后果应由设立它的公司来承担。

(二)分公司以总公司名义签订合同的效力

1. 有权代理。若分公司以总公司名义对外签订合同,且分公司在总公司的授权范围内签订合同,属有权代理,其签订的合同有效。

2. 无权代理。若分公司以总公司名义对外签订合同,但分公司无总公司的授权,或分公司超越总公司的授权,属无权代理,其签订的合同对总公司可能不直接发生法律效力,但构成表见代理情形的除外。分公司承担责任的,总公司因此承担最终的责任,不属于此处讨论的内容。

3. 表见代理。若分公司无总公司的授权,虽属无权代理,但合同相对方有理由相信分公司有代理权的,属于表见代理,其签订的合同仍然有效。但在判断是否构成表见代理时,不仅应考虑相对人是否知情,还应判断表见代理人是否属无权代理。

(三)总公司使用分公司印章的效力

总公司使用分公司印章签订合同,可以分为两种情况:一是总公司控制分公司印章,以分公司名义签订合同;二是总公司以总公司名义签订合同,盖的却是分公司的章。

对于以上两种情况,无论是总公司控制分公司印章,以分公司名义签订合同,还是总公司以总公司名义签订合同却加盖了分公司的印章,只要分公司领取了营业执照,就能够成为民事诉讼主体,因此在合同上加盖了分公司印章,一般认定为合同有效。法院会探寻总公司的真实意思表示。但是,无论如何,总公司需要承担最终的民事责任。

三、总、分公司印章混乱使用的风险防范及应对

为了有效防范总、分公司之间印章混乱使用的风险,应当加强对分公司的印章管理,具体如下:

1. 建立分公司合同签订的审批、备案流程。业务人员以分公司名义对外签订合同前,应当将合同内容报部门负责人及分公司负责人审核,相应的书面审批文件或授权委托凭证均应进行留档,分公司对外签订的合同应当在总公司进行备案。

2. 建立并完善分公司的印章管理制度。刻制印章时,分公司的印章应交由专人进行管理,使用前需要核实使用人是否取得合同审批部门及审批负责人的书面审批文件,同时也要核实合同内容与报批内容是否一致。

3. 明确相关责任机构、责任人和相应的奖惩制度。除了制定印章管理制度,加强对业务人员有关合同签订注意事项的培训外,还应明确承办合同的业务人员及负责合同审查、批准的负责人或部门在印章使用方面的具体责任。

4. 建立和完善授权管理制度。未经授权,严禁分公司以总公司名义对外签订保证、抵押、质押等担保合同。即便是在总公司授权的情况下,该书面授权必须载有明确的担保范围,否则将存在一定的担保法律风险。

第八节　单位项目部印章管理混乱的法律风险

项目部属于单位的内部机构，项目部印章属于单位进行内部管理的一类印章。某些单位（尤其是建筑施工企业）存在内部印章（包括但不限于项目部印章）胡乱使用的情况，导致单位经常性地处于各种法律风险之中。只有建立完善的项目部印章管理制度并严格执行，尽可能将项目部职权对外进行有效公示，并加强对包括项目部印章在内的物品和事项的有效监督，对违法违规人员依法依规进行惩戒，才能最大限度地规避用人单位的上述法律风险。

一、项目部和项目部印章的法律地位

1. 项目部的法律地位

在实践中，由于建筑施工企业的工程项目具有分散性的特点，施工企业往往会以项目部的形式运作，有的大型建筑施工企业甚至会设立二级管理部门——工程部，再由各工程部具体管理施工项目部。无论是工程部还是项目部都属于该建筑施工企业的内设机构，具有临时性，项目建成后项目部随之撤销。项目部系建筑公司的内部机构，未办理工商登记，不具备法人资格。

2. 项目部印章的法律地位

不少建筑施工企业会根据企业的组织架构和工程管理的需要刻制工程部、项目部印章。从法律上看，上述印章通常只能用于内部管理活动，不能用在对外的民事活动中，对外签订合同等民事活动一般使用企业公章或合同专用章。不过，某些单位仍存在内部印章（未备案）胡乱使用的情况。

如果项目部领取了营业执照，公司许可其刻制并使用自己的印章，那么项目部通常可以以自己的名义对外签订合同，加盖项目部自己的印章。

二、项目部印章使用过程中存在的不规范情形

在工程项目管理实务中，项目部印章的使用存在比较多不规范的现象，企业法律风险的大小和可控性都不好评估。归纳起来，主要包括以下几种：

1. 实践中,有些建筑施工企业按施工项目分类,有多少个项目就有多少枚项目部印章;有些建筑施工企业按施工队分类,有多少支施工队就有多少枚项目部印章,导致项目部印章管理混乱。

2. 项目部超越法律权限与相对人签订合同并加盖项目部印章(甚至是伪造的印章)后,建筑施工企业拒绝承认合同的效力,发生不必要的纠纷。

3. 以项目部或者企业名义对外签订专业分包、劳务分包、材料采购、设备租赁等合同,合同中加盖的是项目部印章,但该印章的使用没有经过施工企业的合同管理流程进行审批,导致施工企业无法掌握项目部合同的签署及履约情况,不利于施工企业审核合同条款、监督履约情况和规避风险。

4. 在建筑施工项目已经签订主合同的情况下,项目部与建设单位书面签订补充协议并加盖项目部印章,在补充协议中对建筑施工合同的工期、价款等作出实质性修改,可能导致建筑施工企业承担非预期责任。

5. 在借款协议、担保协议等其他的协议书、合同上加盖项目部印章,可能导致建筑施工企业承担不必要的债务。

三、关于项目部印章使用过程中的争议类型

根据实践情况,笔者归纳出以下几种主要的争议类型:

1. 建筑施工企业未出具授权,但认可项目部印章的真实性,此时盖章合同的法律效力及于建筑施工企业。

> 在李某东与大连永和圣地建设集团有限公司、尚某敏等买卖合同纠纷案[案号:(2016)最高法民再5号]中,最高人民法院经再审认为,尽管永和公司主张依据分包协议,在无特别授权的情况下,尚某敏不能对外代表圣达公司,但是美馨庄园项目部是圣达公司设立的具体负责案涉工程施工的部门,尚某敏是圣达公司委托任命的项目负责人,且圣达公司对于尚某敏所出具欠条上加盖的美馨庄园项目部印章无异议。因此,圣达公司应当被视为尚某敏与李某东钢材购销合同法律关系的当事人,受到该购销合同的约束。

2. 建筑施工企业未授权,并否认项目部印章的真实性,合同效力是否及于建设单位,取决于建筑施工企业项目部的行为是否构成表见代理。

在广西建工集团第五建筑工程有限责任公司、黑龙江必艾斯捷建材有限公司买卖合同纠纷案[案号:(2017)黑民终561号]中,黑龙江省高级人民法院经审理认为,《工业品买卖合同》由广西五建公司设立的五建云南项目部签订。必艾斯捷公司主张与古某某协商合同事宜,古某某作为实际施工人,其以广西五建公司名义施工,又以五建云南项目部名义对外签订合同,必艾斯捷公司将合同标的运至施工现场,其有理由相信古某某代表广西五建公司,即古某某构成表见代理。广西五建公司主张该合同上加盖的五建云南项目部印章与备案不一致,但该项目部印章备案时间在案涉合同签订之后,不能以此确定合同不真实,且合同标的已实际交付广西五建公司,并用于烟囱工程,必艾斯捷公司的合同义务已履行完毕,广西五建公司对欠付的货款负有偿还责任。

3. 行为人私刻项目部印章签订合同,合同效力是否及于建筑施工企业,需要判断合同签订行为是否构成表见代理。

在庆阳市恒泰房地产开发有限责任公司与庆阳陇东建筑工程有限公司、庆阳市恒泰房地产开发有限责任公司联建花园项目部建设工程施工合同纠纷案[案号:(2019)甘民终56号]中,甘肃省高级人民法院经审理认为,恒泰公司出具授权委托书,委托王某林办理土地开发事宜,王某林等人以恒泰公司名义办理了国有土地使用权证、建设用地规划许可证、建设工程规划许可证等证书,足以使陇东建筑公司相信王某林等人具有代理权,能够代表恒泰公司进行联建花园的开发事宜。即使恒泰公司联建花园项目部的相关印章系王某林私刻伪造,也属于恒泰公司内部管理问题,应由恒泰公司承担相应的法律责任。恒泰公司承担责任之后,依法有权向设立联建花园项目部的自然人追偿。

四、不规范使用项目部印章的法律后果

(一)有权代理

根据《民法典》第一百七十条第一款"执行法人或者非法人组织工作任务的人员,就其职权范围内的事项,以法人或者非法人组织的名义实施的民事法律

行为,对法人或者非法人组织发生效力”的规定,项目部获得建筑施工企业的授权,并在委托书载明的授权委托范围内行使职权,项目部对外从事的民事活动产生的法律后果由建筑施工企业承担。因此,此类以项目部名义对外签署的协议为有权代理,虽然合同中仅盖有项目部印章,但是此时合同中的内容应被视为建筑施工企业的真实意思表示,加盖印章行为的法律效力当然及于被代理人建筑施工企业,对其产生法律上的拘束力。

实践中,建筑施工企业出具的授权委托书记载的授权范围往往不明确。如果授权范围不明确,但项目部以建筑施工企业名义从事的与工程项目紧密相关的民事活动,且与形成债务对应的相关权益由该建筑施工企业享有,那么,建筑施工企业应当对其管理过失承担法律责任,该民事活动对建筑企业产生法律效力。例如,项目经理(或项目负责人)使用项目部印章对外签订合同的,很可能被认定为职务行为,由建筑施工企业承担民事责任。

在河北中凯建设工程有限公司、南通鼎业脚手架工程有限公司建设工程合同纠纷案[案号:(2019)豫04民终1060号]中,河南省平顶山市中级人民法院经审理认为,中凯建设公司认为中凯建设公司汝州项目部印章系伪造或者私刻,但未提交证据证明,且印章管理问题属于中凯建设公司内部管理问题,在没有证据证明鼎业公司对印章问题明知或者存在恶意的情况下,鼎业公司有理由相信中凯建设公司汝州项目部的存在。中凯建设公司汝州项目部的负责人是张某乔,张某乔的行为应被视为职务行为,相关法律后果应由中凯建设公司承担。

(二)表见代理

若建筑施工企业对项目部或项目负责人的授权范围未作公示,项目部或项目负责人隐瞒相关事实,造成有权代理的假象,而善意相对人即使通过合理审查或尽到注意义务也难以发现超越授权权限从事民事行为,相应法律后果也应由设立项目部的建筑施工企业承担。因为项目部或其负责人的行为在客观上形成有权代理的表象,若相对人履行了合理的审查和注意义务,则因此签订的合同或从事的民事法律行为构成表见代理,对建筑施工企业产生法律效力。在实践中,项目部虽然没有获得建筑施工企业具体事项的授权,但事后企业认可项目部印章的真实性,则项目部对外签署协议的法律后果应由建筑施工企业承担。

根据《民法典》第一百七十一条第一款“行为人没有代理权、超越代理权或者代理权终止后,仍然实施代理行为,未经被代理人追认的,对被代理人不发生效力”以及第五百零三条“无权代理人以被代理人的名义订立合同,被代理人已经开始履行合同义务或者接受相对人履行的,视为对合同的追认”的规定,虽然建筑施工企业不认可项目部使用项目部印章对外签订的合同,但建筑施工企业表示追认的或者已经开始履行合同义务的(被视为追认),该合同仍然对建筑施工企业发生法律效力。例如:

1. 项目部工作人员使用项目部印章对外签订合同的,一旦被认定为构成表见代理,建筑施工企业就应当承担民事责任。

> 在中余建设集团有限公司与杨某海、沈某锋买卖合同纠纷案[案号:(2017)最高法民申1722号]中,最高人民法院经再审认为,沈某锋带领工人在该工地施工,要求杨某海将购买的模板、方木送到该工地,故沈某锋具有外观表象。杨某海与沈某锋在案涉工地签订了《材料购销合同》,该合同落款处加盖了中余公司新华街棚户区改造工程项目部的印章,虽然该印章并非中余公司真实印章,但作为一般的商事交易主体,杨某海无法辨别印章的真伪,已尽到了普通人的注意义务。因此,沈某锋的行为构成表见代理,相应的法律后果应由中余公司承担。

2. 施工企业不认可项目部使用项目部印章对外签订的合同,但有证据证明建筑施工企业已经默认或履行了该合同的,被视为建筑施工企业对合同的追认,相关民事责任由建筑施工企业承担。

> 在徐州正诺金属材料有限公司与中国建筑第七工程局有限公司买卖合同纠纷案[案号:(2016)苏民终1135号]中,江苏省高级人民法院经审理认为,黄某学以中建七局新闻中心项目部委托代理人的身份与正诺公司签订的工业品买卖合同上虽加盖的项目部印章注有“非合同印章,仅限业务联系”的字样,但正诺公司的实际供货始于案涉合同签订之前,中建七局新闻中心项目部已收到正诺公司供应的钢材,且已将收取的钢材用于案涉工程。材料、设备进场使用报验单上不仅加

盖有该枚项目部印章，且同时有中建七局派驻项目经理李某增的签字确认，李某增在二审中确认该签字系其指定他人所签、能代表其真实意思。上述均能反映中建七局新闻中心项目部已知晓其承建的工程使用正诺公司钢材，应被视为系对黄某学合同签订行为的追认。

（三）无权代理

建筑工程实践中，项目部印章常常被滥用，典型的表现形式是未经建筑施工企业授权使用项目部印章，或者越权使用项目部印章。这种行为属于无权代理，除非其代理行为经被代理人追认，否则对被代理人不产生法律效力。根据最高人民法院《关于当前形势下审理民商事合同纠纷案件若干问题的指导意见》第十四条的规定，人民法院在判断合同相对人主观上是否属于善意且无过失时，应当结合合同缔结与履行过程中的各种因素，同时考虑合同缔结时间、以谁的名义签字、是否盖有相关印章及印章真伪、标的物的交付方式与地点、购买的材料、租赁的器材、所借款项的用途、建筑单位是否知道项目经理的行为、是否参与合同履行等各种因素，作出综合分析判断。在出现项目部明显超出建筑施工企业明示或公示的授权范围，或项目部提供的授权法律文件出现重大瑕疵的，或项目部负责人私刻印章的，法院会倾向于认定不构成表见代理，属于无权代理，此时盖有项目部印章的合同对建筑施工企业不产生法律效力。

例如，建筑施工企业未出具授权委托书，且事后不追认项目部人员使用项目部印章对外签订合同的行为，由行为人承担合同责任，建筑施工企业不承担责任。

在汪某举与红谷滩园林建设集团有限公司、康某雷民间借贷纠纷案［案号：(2015)民申字第1063号］中，最高人民法院经再审认为，案件中没有足够的证据证明汪某举出借的款项已然用于该项工程建设，显然不能认定为施工企业已经在履行合同权利义务；而且案涉《项目管理责任书》约定项目部印章由红谷滩公司管理并只能用于工作联系单、鉴证单及与业主（或监理）联系的函，而康某雷在超越授权范围内使用项目部印章对外签订协议实施借款行为且相对人汪某举对于案涉工程系康某雷承包、项目部印章使用范围应为明知，证据不足以证明施工企业进行追认或者形成表见代理,因此该行为应被认定为个人行为,施工企业无须承担民事责任。

五、项目部印章管理风险的防范

对于企业(尤其是建筑施工企业)而言,为避免不必要的法律风险,应采取必要的印章风险防范措施,具体如下:

(一)建立完善的项目部管理制度

1. 企业应制定完善的管理制度,在设立项目部时应严格履行公司的内部管理规定,加强项目部审批设立流程的管理,明确项目部的职责范围。尤其对于授权挂靠人、承包人或实际施工人组建项目部的,不仅应审查其商业信誉、履约能力,还应当严格限定项目部的委托授权范围。

2. 完善企业授权制度。在审批设立项目部时,应以授权委托书的方式明确项目部的授权事项、授权范围、授权期限,明确限制或者严格禁止项目部从事的事项,同时将书面委托授权作为相关协议的附件,不给某些人可乘之机。

(二)建立完善的项目部印章管理制度

1. 制定严格的项目部印章刻制审批流程。项目部印章不仅需要企业决策机构审批,刻制的项目部印章还应当采取统一制式、文字和格式等。

2. 项目部印章刻制应由企业管理部门委托专人负责,避免私刻多枚项目部印章。

3. 刻制的项目部印章不仅应当在企业内部留存备案,也应当在公安机关备案。

4. 应规范项目部印章的使用和保管,制定明确的用印细则,明确规定项目部印章的使用范围、审批流程、用印流程,印章交由除项目部负责人之外的专人保管,防止项目部负责人滥用印章。

5. 项目部已用印的材料应建立完善的档案,定期向企业报备,及时发现问题并整改。

6. 对于由挂靠人、承包人或实际施工人组建项目部的,项目部印章应由建筑施工企业委派专人保管,不应交由挂靠人、承包人或实际施工人保管。

7. 项目部授权期限届满或项目结束，应当及时收回并销毁项目部印章和相关印章。

在此需要说明的是，项目部印章被他人盗用或私刻、擅自使用的，根据最高人民法院有关司法解释，行为人盗用单位公章签订经济合同，单位对因行为人的犯罪行为造成的损失，不承担民事责任；行为人私刻、擅自使用公章，除非有证据证明单位在印章的保管方面存在明显过错，且该过错与被害人所遭受的经济损失之间存在因果关系，否则单位不承担民事责任。因此，企业发现印章被他人盗用或私刻或擅自使用的，应及时向公安机关报案，在公众媒体上发布醒目声明，并向合作方或潜在合作方发送书面提示通知。

（三）项目部职权对外公示

建筑施工企业应对项目部授权的职权范围和事项以多种方式对外公示，例如将项目部职权范围及项目部印章使用范围向社会公示，尤其是与建设项目紧密相关的各方主体，包括发包人、材料供应商等；或将限制或者严格禁止事项以合适的方式对外公示；或在建设项目设立的办公场所设立公示栏、公示项目部职权范围等。在将项目部职权范围对社会公示的同时，注重保存好公示证据。

（四）加强监督和惩戒

企业应加强项目管理，通过定期检查或抽查方式，组织开展对项目部印章使用管理的监督，及时处理隐患和漏洞，避免损失扩大。发现项目部存在违规使用印章的情形应及时进行通报追责，加大惩处力度。对违规使用印章造成经济损失的，追究民事责任；涉及犯罪的，要依法追究刑事责任。

第九节　印章代管的法律风险和管理

除非法律存在禁止性规定，印章交由他方代管是司法机关认可的行为。印章所有人将印章交由他方代管，可能存在不可控的法律风险。为了防范风险，印章所有人应当与代管方签订印章代管协议或印章共管协议，或者通过建立有效的印章代管制度并严格执行，以此规避印章代管风险。鉴于印章代管风险巨大，单位也应当对印章代管引发的各类诉讼做好各方面准备。

一、印章代管的合法性

印章是单位的财产。根据《民法典》第二百四十条，单位作为印章的所有权人，有权对印章进行处分。将印章交予他人代管，是将印章的实际占有从所有权人转移至代管人，而单位与代管人之间签订的代管协议使代管人对印章的占有属于有权占有。从法律上来讲，单位作为印章的所有权人，有权依法对印章进行处分，印章代管合法性的主要来源是单位对于代管人合法占有印章的授权。在实践中，单位通常与代管人签订代管协议、授权协议或共管协议授权代管人占有印章，而上述协议也受《民法典》的约束和保护，即只要双方就印章代管事项达成一致意思表示，且该协议不存在法律规定的无效情形，代管人代管印章的行为就是合法的。

关于印章代管的法律效力，法院也持肯定意见。

在辽宁卫星生物制品研究所（有限公司）、辽宁卫星制药厂（有限责任公司）技术转让合同纠纷案[案号：(2020)辽民再53号]中，关于时某1作为卫星研究所的总经理对外签订合同、参与诉讼是否有效的问题，辽宁省高级人民法院经再审认为，卫星研究所于2003年4月11日下发通知由时某1代管公司的印章、财务章、法定代表人人名章及其他一切相关印章；卫星研究所于2003年4月18日召开董事会任命时某1为公司总经理；时某2于2003年4月28日签署授权委托书授权时某1为其全权代表，在国家法律法规所赋予的权利范围内实施的法律行为和签署的一切文件，时某2本人及卫星研究所均予以认可；卫星研究所于2003年5月5日召开临时董事会，其中一项决议为由时某1代为行使公司董事长及法定代表人职权，并出任公司总经理职务，全权负责公司的经营管理。卫星研究所的上述行为表明，时某1的总经理职务及由时某1保管并使用公司相关印章的权限是明确、合法的。

二、印章代管的法律风险

(一)常见的印章代管种类

实务中,一般存在三种印章代管的情形,即债权人代管债务人印章、母公司代管子公司印章和法人(总部)代管分支机构印章。另外,还有印章出借和代管以及印章共管。

1. 债权人代管债务人印章

实践中,为了保证债务的履行,债权人与债务人会约定将债务人的印章及其他证照交由债权人保管。此种代管从本质上来讲:一方面,公司把印章作为其财产质押给债权人;另一方面,公司的基本行为严重受限。这种情况下的代管,对于债权人和债务人双方来讲均存在风险。对于债务人来说,因丧失了对印章的直接占有与控制,会存在债权人在本债权之外使用印章的情形,比如未经债务人许可或者明确同意,债权人随意使用债务人印章,从而侵害债务人的合法权益。对于债权人来说,其对债务人的印章负有安全保管义务,一旦其出现管理上的疏忽,导致债务人的印章丢失、被盗用等,债权人应当承担相应的民事责任。

2. 母公司代管子公司印章

母、子公司之间约定印章代管出于以下几种原因:(1)作为股东的母公司对子公司(多数情况下是全资子公司)管理比较严格或者不够信任,为避免子公司经营出现异常,损及母公司的利益,所以要求子公司将印章交由母公司保管,以方便母公司控制与管理;(2)子公司的人员及制度不够健全,无法妥善保管印章,为了避免因印章保管不当而损害母、子公司的利益,而由母公司统一管理印章;(3)基于成本控制等考虑。

母、子公司人员混同时,常常出现上述情况。母、子公司人员混同导致印章保管和公司管理混同,最终导致母、子公司人格混同,由此导致母、子公司的独立人格被否定。当这种情形发生时,对于母、子公司而言都非常不利,因为母、子公司可能都需要为对方的各种债务承担连带责任。

3. 法人(总部)代管分支机构印章

一方面,对于总部而言,分支机构的财产是属于总部的,印章作为财产,总部有权将印章收归于己保管;另一方面,分支机构不具备独立承担法律责任的能力,其一切行为的法律后果均由总部承担,因此,总部为了避免不可预知的法律风险,会将分支机构印章放于己处保管。

4. 印章出借和代管

单位可以向他人或挂靠单位出借并允许使用印章,这种行为也是将印章交由其他单位保管,但这种保管不是"印章代管",并非全都合法有效。单位印章的产生和消灭一般需要经过行政管理部门的许可和备案(至少是备案),其处分必然受到法律法规的限制。《民办非企业单位登记管理暂行条例》禁止民办非企业单位出借印章,而《行政单位国有资产管理暂行办法》虽然规定行政单位出借财产须上报同级财政部门批准,但实际上印章不属于财政部门批准的可以出借的国有资产范畴。不过,实践中法院对普通单位(尤其是企业)出借自身印章的效力和法律后果不持异议。出借印章的行为构成授予他人代理权的行为。因此,除法律另有规定外,单位有权将印章向他人出借,包括向挂靠单位出借。

出借印章一般是基于特定目的,通常是临时性的。代管印章相对而言时间较长,具有一定的稳定性。一般而言,出借印章情况下的印章持有人的权限可能比较大,而代管印章的印章持有人除了保管印章,没有太多的权利。

5. 印章共管

由于公司并购等,印章会出现共管的情况:在保管方面,印章由双方或者几方共同保管,任何一方都无法单独拿出印章来使用;在使用方面,双方或各方约定,没有双方或各方的一致同意,不得使用印章处理相关事项。

但是,具体到实践中,一方对印章实际上的控制力会导致其在印章保管和使用方面具有优势,于是就产生了共管中的权利滥用和违约情况。

(二)印章代管过程中可能存在的风险

在特定情况下,单位将印章交予他人保管,这样做虽然便于单位的经营或管理,或者便于单位实现特定目的,但也存在很大的风险。

1. 印章存在被偷盖、私刻的风险

将印章交予他人保管,尤其是债务人将印章交予债权人保管,最大的风险在于印章被保管人或第三方偷盖、私刻,即保管人私刻印章或者将印章加盖于无关的交易文件上。此类事件一旦发生,各方将面临诸多麻烦,保管人甚至存在刑事犯罪的风险。

2. 返还印章存在的风险

第一,印章代管合同属于当事人自由创设的“无名合同”。印章代管合同适用《民法典》合同编通则的规定,并可参照分则“保管合同”的规定,如果不存在《民法典》规定的合同无效的情形,则此类代管合同合法有效,双方均应受其约束。对于印章所有者的单位而言,在合同有效且返还印章的条件未触发的情况下,单位要求返还印章的诉讼请求很难得到法院支持,这将加大印章持续“在外保管”的风险。即便是保管期限已到,想顺利拿回印章,也没那么容易。

第二,对于印章所有权人而言,印章代管合同的法律适用可参照“保管合同”的规定,即寄存人可以随时领回印章。如果寄存人和代管人对保管期限没有约定或者约定不明确的,代管人可以随时请求寄存人领回印章。此时,若是债权人代管债务人印章,则债务人作为印章的所有者,有权随时要求债权人返还印章,如此一来,就意味着债权人失去了债权实现的“砝码”,希望债权人同意自然很有难度。

第三,大部分人认为印章共管的法律风险很低,但是由于巨大利益的引诱等,某一方滥用权利或者违约的情况时有发生,也会产生各种法律问题。

首先,我们来看一个印章代管的案例。

在杜某东与南京和乐园林景观有限公司公司证照返还纠纷案[案号:(2020)苏01民终3062号]中,朱某发、杨某华、杜某东三人签订《南京和乐园林景观有限公司股东补充协议》(以下简称补充协议),载明:经三方股东共同讨论,本着股东三方相互负责、信任的原则,完善公司后期资金回笼、合理分配明确以下补充:对公司的财务章、法人章保管工作合理分配,财务章由朱某发保管、法人章由杨某华保管、公章由杜某东保管。南京市中级人民法院经审理认为:其一,关于杜某东是否合法占有和乐公司印章的问题,处理公司纠纷应当坚持内外有别、双重标准的原则,如杜某东系公司内部人员,依据公司章程或内部规章制度占有公章,则公司可以随时要求其返还,但杜某东并非公司内部人员,其占有公章的依据系案涉补充协议,该协议性质虽名为股东补充协议,但杜某东、朱某发均系公司外部人,杜某东依据补充协议合法占有公章，并非非法占有。其二，关于补充协议是保管合同关系还是制衡合作关系的问题，《公司法》①第三条第一款规定："公司是企业法人，有独立的法人财产，享有法人财产权。公司以其全部财产对公司的债务承担责任。"本案诉争标的物为公司印鉴，印鉴作为特殊财产，其所有权由公司享有，是法人的重要财产。杜某东既非和乐公司法定代表人，亦不是公司高级管理人员，其持有和乐公司公章的依据是补充协议。补充协议明确约定，和乐公司公章由杜某东保管。该约定表述清晰，意思明确，赋予杜某东公章保管人身份，和乐公司与杜某东形成保管合同关系。《合同法》第三百七十六条第一款规定："寄存人可以随时领取保管物。"双方当事人均确认和乐公司公章由杜某东持有的事实。和乐公司作为公章所有权人和寄存人，享有保管物领取权，有权随时领取保管物，要求杜某东返还和乐公司公章。故杜某东以其与和乐公司并非保管合同关系，而是制衡合作关系为由，拒绝返还公章的上诉理由，缺乏事实和法律依据，法院不予采纳。

接下来，我们再来看最高人民法院审理的一起有关印章共管的纠纷。

在天津维多利亚房地产开发有限公司、万某萍民间借贷纠纷案[案号：(2019)最高法民终1970号]中，关于万某萍作为重组投资方以其持有的维多利亚公司印章与万某萍签署的《借款合同》和《抵押合同》是否有效的问题，最高人民法院经审理认为：第一，印章处于各方共管的状态，需要两方同时出具手续才能用印，维多利亚公司认可万某萍在某些情形下可以对公司印章进行使用；即使签署《借款合同》《抵押合同》时，是由万某萍的相关重组投资方以其持有的维多利亚公司印章与万某萍签署，但金龙集团、维多利亚公司控股股东金某平及其女儿金某欧代表案涉公司在之后的《终止协议》中已签字捺印确认了万某萍对维多利亚公司的案涉借款债权真实合法。第二，案涉借款发生后至《终止协议》签订之间有近10个月的时间，维多利亚公司作为借款一方，声称是在不了解该笔巨额款项在其公司账户转入转出情

① 指2018年《公司法》。——笔者注

况下签订的《终止协议》，有违常理。第三，维多利亚公司的公章交由万某萍保管是为了让万某萍进行案涉公司重组。按一般商业逻辑，即便维多利亚公司实际控制人金某平在重组过程中因万某萍控制相关案涉公司公章等，不了解该笔款项的流转情况，但至少在签订《终止协议》终止重组时，双方也应就万某萍对案涉公司进行重组期间的债权债务情况进行清理后交接。也即，维多利亚公司实际控制人金某平在签订《终止协议》时，应当知道案涉款项的流转情况。最高人民法院结合案件其他事实，判定维多利亚公司关于案涉借款并非其真实意思表示的上诉主张不能得到支持。

通过上述案例我们可以知道，无论是印章代管，还是看起来保险系数似乎更高的印章共管，总会有这样那样的问题存在。即便是代管协议或共管协议约定得非常到位，也难免出现各种问题。因此，要尽可能避免印章代管或共管。

三、印章代管风险的防范

（一）签订印章代管协议或印章共管协议

在签订印章代管协议时，需要注意风险防范措施。

1. 在印章代管合同中要明确双方的权利义务、代管期限、合同的解除条件等重要条款，以防止出现合同纠纷。

2. 印章代管时，要防止印章丢失、毁损，做好用印记录，并由双方签章，必要时可以拍照或录视频，以防止出现前述以“私自盗用印章”为由的诉讼主张。

3. 当发现潜在风险时，可以双方协商并补充合同条款，防范被诉风险。印章既是单位权力的象征，也是单位法人人格的象征，因此，其对单位的重要性不言而喻。作为单位重要的财产，将印章掌握在自己可控的范围内是很有必要的，因此，即便印章不得不由他人代管，只要存在可能性，最好与代管人之间就印章的代管签订共管协议，从而使单位不至于丧失对印章的控制权。

（二）建立健全有效的印章代管管理制度

单位应当建立健全有效的印章代管管理制度，明确印章代管的类型、发生条件、保管期间的印章使用、代管各方的责任义务、代管过程中的责任承担和违约责任问题。同时,完善印章代管的审批制度,保证印章代管制度的有力执行,防止出现以印章代管名义损害公司合法权益的情况。

(三)积极应对印章代管引发的诉讼

从代管人角度看,一旦涉诉,诉讼策略主要是:首先,积极主张印章代管合同合法有效,当然,如果不存在证明合同无效的证据,则法院一般会认定代管合同有效;其次,提供相关证据证明己方完全按约履行了代管义务,可以通过提供用印记录、照片等证据来证明并未妨碍被代管公司的正常经营活动。

对于印章所有者来说,诉讼策略主要包括:第一,主张印章代管协议的有效性并提供相应证据;第二,举证证明代管人因疏于管理造成代管的印章丢失、被盗用、被滥用的事实,代管人主观上存在过错;第三,举证证明在印章代管期间,本单位未发生过"争议业务",亦未在"争议业务"的相关文件上加盖过本单位的任何印章,本单位因此无须承担任何责任;第四,印章返回的条件已经触发,代管人应该返还本单位的印章。

第十节 单位印章的借用

对于单位印章是否可以借给别人使用这一问题,法院的基本观点是,只要不是特殊受限主体,单位授权他人使用(借用)印章是合法的。但是从公共管理等角度看,某些单位对印章的处分权必然受到法律法规的限制。单位出借印章的行为构成授权,使用人持印章签订文件的,相对人有权认定其代表印章的所有权人。印章出借单位与印章持有人之间的出借约定难以对抗善意第三人。

一、法律并未禁止单位将印章借给他人或挂靠单位使用

现实中,出于各种原因,单位可能将印章出借给(授权)挂靠单位使用,或者借给(授权)本单位以外的其他单位或者个人使用。上述借用行为是否合法呢?

根据我国《民法典》的规定,印章属于财产,其所有人为所属单位,单位对印章享有占有、使用、收益、处分的权利。从所有权的角度来看,单位对于其财产享有自由处分的权利,作为单位财产的印章,单位自然可以允许他人使用。

但是，“可以允许他人使用”与是否合法并不是一回事。

单位的印章是一种特殊的财产，其产生和消灭都需要经由行政管理部门的许可和备案（至少是备案）。因此，从公共管理角度看，单位对印章的处分权必然受到法律法规的限制。例如，行政法规和规章对特定主体出借印章的行为进行了限制。

《民办非企业单位登记管理暂行条例》禁止民办非企业单位出借印章。该条例第二十五条规定：“民办非企业单位有下列情形之一的，由登记管理机关予以警告，责令改正，可以限期停止活动；情节严重的，予以撤销登记；构成犯罪的，依法追究刑事责任：（一）涂改、出租、出借民办非企业单位登记证书，或者出租、出借民办非企业单位印章的……”

《行政单位国有资产管理暂行办法》规定，行政单位出借财产须上报同级财政部门批准。这个办法适用于各级党的机关、人大机关、行政机关、政协机关、审判机关、检察机关和各民主党派机关的国有资产管理行为。但是，笔者坚定地认为，印章并不包括在财政部门批准的可以出借的国有资产范畴之中。《行政单位国有资产管理暂行办法》第二十五条规定：“行政单位出租、出借的国有资产，其所有权性质不变，仍归国家所有；所形成的收入，按照政府非税收入管理的规定，实行‘收支两条线’管理。”试想，行政单位将印章借了出去，该印章怎么形成收入，获得的收入到底怎么算呢？

实践中，法院对一般单位（尤其是企业）出借自身印章的行为并没有明确的否定性裁判。只要不违反《民法典》关于合同无效的规定，授权他人使用印章（乃至出借印章）的行为一般被视为有效，并构成授予他人代理权的行为，因此，除法律另有规定外，单位将印章向他人出借，包括向挂靠单位出借，不会被视为非法行为。只要不是权限受到限制的特殊主体，出借印章目前不受法律规制。换言之，一般情况下，单位授权他人使用印章或者出借印章给他人是未被限制和禁止的。

二、单位将印章借给他人使用的法律后果

1. 单位出借印章的行为构成授权，使用人持印章签订文件的，相对人有权认定其代表单位。

在陕西千万家商贸有限公司、张某某等租赁合同纠纷案[案号:(2017)陕01民终1310号]中,兰某(乙方)与千万家公司、郭某、周某(甲方)签订《租赁合同》一份,约定:甲方出租给乙方的场地;租金一次性支付,租金标准为8万元;合同签订后,乙方须向甲方交纳4万元人民币作为履约保证金;因甲方自身原因提前解除合同的,应按约定支付违约金,并退还保证金。后郭某持盖有千万家公司的合同与兰某签订合同,兰某交纳了8万元租金以及1万元保证金,收据上加盖被告千万家公司财务专用章。关于合同公章以及收据上的财务专用章,千万家公司、张某某均认为是周某私自使用,两者根本不知情且拒绝承认租赁合同,后主动停止了租赁场地的运营。兰某遂请求法院解除《租赁合同》。甲方则主张合同上的公章为郭某私自借出使用,合同对千万家公司不产生效力。

一审法院经审理认为,甲乙双方签订的《租赁合同》,不违反法律、行政法规的强制性规定,应有效,各方均应全面履行义务。兰某已履行交付租金和保证金义务,千万家公司、郭某、周某应提供经营场地。美食广场未到租期便停止经营,致使兰某租赁房屋的目的不能实现,故兰某主张合同解除,法院予以支持。关于千万家公司辩称未授权任何人签订合同一事,法院认为,不论千万家公司是否在不知情的情况下由郭某或周某私自使用公章,出借印章的关系存在于千万家公司以及郭某或周某之间。出于保护交易安全的需要,除非千万家公司能够证实作为合同相对人的兰某存在恶意或者在订立合同时明知该印章是被骗借出,否则千万家公司的主张不能对抗兰某向千万家公司主张合同项下的权利,因而判决被告千万家公司、张某某、郭某、周某返还剩余租金及押金。二审阶段,西安市中级人民法院认可了一审法院认定的事实及理由,维持原判。

笔者认为,本案中公章所有人千万家公司与使用人郭某之间是否存在出借公章事实有疑问,但法院以兰某所签订合同上具有千万家公司公章的事实认定郭某是借出千万家公司的公章后以千万家公司的名义签订了合同,且后来兰某收取的发票上也加盖了千万家公司的财务章,法院认为这使兰某有理由认定郭某等人是得到了千万家公司的授权。

本案中,印章出借事实是否存在并不是核心焦点,但法院也间接认可了单位出借印章给他人使用的权利。公司的出借行为构成授权,使用人持印章签订合同的,相对人有权认定其代表公司。

2. 印章出借单位与印章持有人之间的出借约定不能对抗善意第三人。

在河北胜达永强新型建材有限公司、中信银行股份有限公司天津分行以及河北宝硕股份有限公司银行承兑汇票协议纠纷案[案号:(2007)民二终字第35号]中,中信银行与胜达永强公司签订《汇票承兑协议》(以下简称承兑协议)。根据该协议的约定,中信银行在收取了宝硕公司30%的票款、计人民币914.4万元保证金后,即对3048万元的银行汇票予以承兑,票据期限为2005年10月27日至2006年4月27日,逾期按6.786%计收罚息。三方另外签订《保兑仓业务合作协议书》(以下简称合作协议)约定,宝硕公司为上述承兑协议提供连带保证责任。

票据到期后,胜达永强公司未按照承兑协议的约定向中信银行支付剩余70%的票款,计人民币2133.6万元,宝硕公司亦未履行合作协议约定的连带保证付款责任。中信银行于2006年6月18日向天津市高级人民法院提起诉讼,请求判令胜达永强公司偿还本金人民币21,252,199.69元,及至实际给付之日止的相应罚息,宝硕公司承担连带保证责任。

一审法院天津市高级人民法院经审理认为,中信银行依约履行出票放款义务,票据到期后,胜达永强公司未履行还款义务,宝硕公司也未履行相应的保证责任,属于违约行为,应承担违约责任,遂判决胜达永强公司于判决生效10日内偿还所欠逾期贷款本金及罚息,宝硕公司承担连带给付责任。

胜达永强公司将案件上诉至最高人民法院称,案涉合作协议、《开立银行承兑汇票申请书》、承兑协议是在公司受到宝硕公司欺骗的情况下,误将公章、财务章及法定代表人私人印章借出,在胜达永强不知晓的情况下,宝硕公司私自办理的相关手续并签订了一系列的协议,应属于无效的民事行为，因此请求最高人民法院撤销一审判决。

最高人民法院经审理认为，出借印章的关系存在于胜达永强公司与宝硕公司之间，除非证明合同相对人中信银行存在恶意，胜达永强公司以印章是被骗出借的理由不能对抗中信银行向其主张合同项下的权利。另外，宝硕公司曾向胜达永强公司承诺，不会因出借印章而致胜达永强公司遭受损失，如果宝硕公司并未经营失败，承诺向胜达永强公司偿还相应的欠款，并且在签署合作协议后的3日，即2005年10月30日，宝硕公司再次向胜达永强公司作出《关于以"保兑仓"形式融资的承诺》。此时，胜达永强公司明知公章被借出，且未提出任何异议，应被视作其接受此项安排。

笔者认为，本案存在两大类法律关系：一是胜达永强公司与宝硕公司之间因出借公章事实而存在的代理关系；二是两公司与中信银行关于承兑汇票后的债权债务关系与相对应的保证关系。

本案的主要争议焦点并非公章是否能出借，或是胜达永强公司与宝硕公司之间是否存在出借印章而形成的代理关系，而是在中信银行基于承兑协议、合作协议承兑汇票后，中信银行有权要求胜达永强公司支付欠款是否取决于宝硕公司是否骗取印章及该事实是否为中信银行所明知。

最高人民法院及一审法院即便未明确表示，但判决书实际上认同了胜达永强公司出借公章的权利，即公司有权将公章出借给他人。不过，印章所有人与印章使用人之间的出借约定不能对抗善意的第三人，即印章使用人在第三方善意的情况下所签订的合同对印章所有人产生效力。

3. 挂靠人(承包人)使用单位印章签约的，被挂靠(发包)单位受所签协议约束。

在中十冶集团有限公司与甘肃金盾混凝土工程有限公司分期付款买卖合同纠纷案[案号：(2014)兰民二终字第320号]中，2011年11月6日，金盾公司与中十冶公司榆钢项目部签订了《预拌混凝土销售合同》，合同约定：(1)金盾公司向中十冶公司承建的榆钢公辅公项综合管线2标段工程供应预拌混凝土；(2)每月20日前中十冶公司一次性付清上月混凝土货款；(3)中十冶公司若不及时付款，向金盾公司支付从约定付款之日起欠款总额的榆中农村合作银行同期贷款双倍利率的违约金。当时,中十冶公司签订合同的人员为张某雷、马某刚,二人主张其为中十冶公司员工,且在合同上加盖中十冶公司榆钢项目部公章。后金盾公司向中十冶公司多次催要款项,后者仍未予付款,因此金盾公司向法院提起诉讼,要求中十冶公司偿还货款及违约金。中十冶公司则主张,其与二人之间存在承包关系,依据承包协议,马某刚、张某雷应与中十冶公司就对外债务承担连带责任,二人持借来的项目部公章签订合同,也应当对债务承担责任。

一审法院经审理认为,马某刚、张某雷均以中十冶公司职工的名义签字,且加盖中十冶公司榆钢项目部的印章,对此,金盾公司有理由相信马某刚、张某雷的行为代表的是中十冶公司,因此,中十冶公司对此应承担相应的民事责任。

中十冶公司上诉后,兰州市中级人民法院经审理认为,中十冶公司对中标工程负责管理,对张某雷以项目部公章并以中十冶公司名义施工是明确知晓的,其与张某雷之间的内部协议不能对抗第三人金盾公司,金盾公司有理由相信张某雷签署合同、结算货款等行为是代表中十冶公司,因此张某雷与金盾所签合同的法律责任应由中十冶公司承担,遂判决驳回上诉,维持原判。

本案中,印章所有人中十冶公司的确将项目部的印章借给使用人张某雷等人,双方承包协议约定张某雷等人须对使用印章对外签订的合同承担连带责任,中十冶公司与张某雷等人的关系与单位间的挂靠关系较为类似。无论如何,只要出借印章行为是单位的真实意思表示,挂靠方均有权使用被挂靠单位的印章。

法院一方面认可中十冶公司出借印章的行为,另一方面认为中十冶公司出借印章后应对张某雷等人使用印章的后果知悉,即张某雷与相对人签订的合同对中十冶公司生效。同时,中十冶公司与张某雷等人的约定不得对抗第三方,合同当事人应当是中十冶公司与金盾公司,因此法院没有判决张某雷等人承担连带责任。

三、危机应对和风险管控

（一）出借印章后的危机应对

1. 如果单位印章已经向他人出借，未约定归还时间和归还条件，单位作为印章所有人可以随时要求他人返还。即便约定了归还日期和归还条件，单位也可以考虑尽快向印章持有人索回单位印章。当然，在这种情况下，印章持有人是否答应，单位的诉讼请求能否得到法院支持，得看具体情况。

2. 如果单位印章系员工私自出借，但相对人（此处指印章的实际持有人）是善意的，为保证公司的正常运营，单位应当立即向相对人发送书面告知书，告知其真实情况，并告知其不得使用印章作出任何行为，同时立即返还印章。同时，单位可以在合适范围的网络或者报纸上公告印章被他方（明确说明印章实际持有人的姓名、名称）持有的情况，或许可以降低潜在的法律风险。

3. 如果相对人（此处也指印章的实际持有人）使用印章，给单位造成损失，单位可以要求相对人承担损害赔偿责任，并对印章出借人依法依规进行处理，承担相应的法律责任。如果单位的负责人对出借印章、导致单位损失有过错的，单位可以依法依规对负责人进行处理，也可以要求负责人承担相应的法律责任。

（二）印章出借的风险防范策略

1. 挂靠关系在建设工程、交通运输等多个领域普遍存在。允许他人挂靠，绝非一个简单的收点管理费的“小买卖”，而是一个可能隐藏着巨大经营/商业风险的“炸药包”。根据最高人民法院的类案裁判观点，挂靠关系的存在，可以使交易相对人对挂靠方产生其有权代表被挂靠方签订合同的合理信赖，即挂靠方的行为对被挂靠方可构成表见代理，挂靠方对外签订的合同可直接约束被挂靠方，被挂靠方不得以挂靠方未经授权为由拒不承担相关责任。因此，切勿轻易允许他人挂靠本单位实施各类生产经营活动，更不用说将印章借给挂靠方使用了。

2. 即使是同意他人挂靠，也应当切忌将对外签订合同、作出承诺、代为结算等权利授权给挂靠方。确需授权的，只能对挂靠方作某一事务的特别授权，绝不能作涵盖多项事务甚至所有事务的概括授权。

3. 严禁挂靠方背着被挂靠方以被挂靠单位的名义对外从事商务谈判、承接业务或签订合同。挂靠方处理上述事项时，被挂靠方应该始终有人参与其中，充分了解全部相关事项。被挂靠方最好能在挂靠协议中就上述事项与挂靠方约定相应的违约金条款和/或合同解除条款。

4. 单位应建立严格的印章使用和审批制度，未经允许，严禁任何人出借印章。印章由专人管理，无特殊情况，印章应留存于公司。

5. 如果单位确实不得不向他人（包括挂靠单位）出借印章，应约定严格的使用条件和使用时间，最好约定单位拥有立即要求返还印章的权利，他人使用印章前须得到单位的书面许可，否则任何使用行为均属于违约，应向单位承担赔偿责任。

6. 为防止印章向挂靠单位出借后自身正常经营活动受到限制，单位可依法刻制多枚同类印章，并予以备案，备用印章在正常情况下不得使用。常用印章不出借，只出借备用印章。这种情况下，印章是谁盖的，责任会相对清晰，追责也会变得容易一些。

第十一节　公司“生老病死”过程中的印章管理

公司在设立阶段、发展变更中以及解散、注销阶段都需要关注印章的管理，但是管理重点和方式各有不同。公司设立时主要关注点应当是建章立制，加强相关人员培训，严格遵照制度、规范和指南来管理印章。公司发展过程中对子分公司、办事处等机构和内部机构印章的管理要做到权责清晰明确，避免出现公司治理和管理中的各种混乱局面。公司解散、注销时要更加注意印章的保管、封存和销毁等问题。

公司作为法人，具有独立人格，并以自身财产对外行使权利、履行义务，独立承担责任。与自然人一样，公司会经历出生（设立）、成长（发展）、死亡（注销）这一生命周期。印章作为公司的财产，对外代表着公司的意志，是公司独立法人人格的重要表征之一，对公司发展的重要性不言而喻。在公司发展的不同阶段，对印章管理的侧重点也应有所不同。

一、公司设立阶段的印章管理

公司设立，即公司成立的过程，具体流程包括但不限于股东出资、制定公司章程、办理公司设立登记、制定各项管理制度等。在这一阶段，公司对印章管理的重点应当放在以下几个方面：

（一）制定印章管理的各项制度

俗话说，没有规矩，不成方圆。在公司设立阶段，应当将公司的相关管理制度以成文形式进行具体规定。印章作为公司管理必不可少的工具，建立健全完善的印章管理制度对公司管理是至关重要的。公司应当制定印章刻制、使用、保管、封存、销毁等一系列印章管理制度，搭建印章各项制度的操作流程，设置专门的印章管理部门和岗位，明确印章管理职责、违规操作的责任及惩戒措施，为后续公司印章的正式使用提供完善的制度保障。

> 在成都泰达中欧建设有限公司与成都中欧经济发展建设有限公司公司证照返还纠纷案［案号：(2012)成民终字第3608号］中，成都泰达中欧建设有限公司以成都中欧经济发展建设有限公司违反《关于公司印鉴管理的请示》，要求判令成都中欧经济发展建设有限公司将公司印鉴按照《关于公司印鉴管理的请示》的规定交由股东共管。成都市中级人民法院经审理认为，成都中欧经济发展建设有限公司《关于公司印鉴管理的请示》是公司履行其内部管理规定的行为，属于公司内部治理的事项。对违反公司内部规定的行为，只能通过公司内部解决。故成都泰达中欧建设有限公司的起诉不属于人民法院受案范围，驳回成都泰达中欧建设有限公司的起诉。

在公司设立之初，股东间应该就印章如何保管、由谁保管等问题达成一致，并在公司的运营过程中严格遵守约定。否则，一旦发生纠纷，通过诉讼方式解决印章的保管问题或许都成了奢望。

（二）刻制印章

刻制印章是公司使用印章的前提。公司在领取营业执照后才能启动印章刻制工作，只有公司领取了营业执照，才属于法律意义的设立完成。在此之前的公司设立过程中，如果公司对外签订合同，是无法加盖公司印章的。印章刻制阶段，应注意以下问题：

1. 确定公司印章的种类。每个公司必备的印章一般包括公章、法定代表人人名章、财务专用章、税务专用章、合同专用章。但是，每个公司因为管理架构、业务开展、授权制度等因素的不同，个性化的印章需求也会有所不同，有的公司根据实际需要，还会刻制部门章、业务专用章、项目章、结算章等，所以，每个公司在刻制印章前，一定要根据公司的具体情况和实际需求确定需要刻制印章的种类。如果刻制的印章种类过多，会增加印章管理的压力；如果刻制的印章种类过少，既不能满足公司的实际需要，也会影响公司的发展。所以，公司要合理统筹刻制印章的种类。

2. 按照规定的流程刻制印章。在正式刻章前，应当按照公司内部的刻章审批流程完成内部审批。公司应当授权经办人处理具体印章刻制事宜，在授权委托书中一定要特别明确授权的期限、委托事项等内容，防止授权期限或者委托事项不明，经办人私刻印章等情况发生。公司应当按照规定持相关申请材料到公安机关指定的有法定资质的印章刻制单位刻制印章。

3. 及时做好印章备案工作。公司在刻制完印章后、正式启用前，应当到所辖的公安机关及时办理备案登记手续。印章备案既是印章合法合规的必要前提，又可以有效规避印章持有、使用风险，如果刻制印章后未进行备案即使用，当发生印章纠纷时，特别是遇到伪造的印章时，公司无法以公司印章已备案为由进行抗辩，会使公司陷入相当被动的境地。

4. 杜绝刻制、使用多枚同类印章（必须使用多枚同类印章且标注印章序号的情形除外）。实践中，有的公司出于各种不同的目的，或者因为管理经验上的缺乏，刻制了多枚同类印章并在对外签订合同中使用。这样既增加了公司印章管理工作的压力，又给公司的印章管理和正常经营增加了风险隐患。因为公司只要是对外在不同的文件上使用了除备案印章之外的其他印章，那么公司就很难否认其他印章对公司的法律效力。如果公司以加盖的印章未经备案或系伪造为由进行抗辩的，往往不会得到法院的支持，公司应当就加盖该印章的合同承担相应的法律责任。

5. 做好印章刻制后的移交、启用工作。公司印章刻制、备案完成后，应当移交给相关职能部门，与相关部门做好印章移交、接收工作。同时，公司启用印章应当履行规范的印章启用流程，拟制并发布印章启用通知，包括印章的名称、使用范围、启用时间、管理职责部门等。

（三）印章管理责任和风险意识的培养

在印章刻制、使用、保管过程中，经常会发生违法操作的情况，导致印章管理风险的发生。对此，公司应当对高管和员工加强印章管理培训，防患于未然，着重加强对印章管理人员、印章使用人员的制度培训、操作流程培训、责任和风险意识培训，提升员工的责任感和印章风控意识，对潜在的违规用章人员形成威慑，并在危险实际发生时追究相关人员的责任。

在赵某颖与齐齐哈尔温商房地产开发有限公司民间借贷纠纷案［案号：(2016)最高法民申771号］中，最高人民法院经审理认为，企业法人的法定代表人和其他工作人员，以法人名义从事的经营活动，给他人造成经济损失的，企业法人应当承担民事责任。本案中，黄某寿是温商公司的总经理、股东，其以温商公司名义向赵某颖借款，借款合同、借据加盖了温商公司的公章。后双方又协商以房产为案涉借款提供抵押担保，签订了商品房买卖合同，也加盖了温商公司的公章。黄某寿的上述行为足以使赵某颖对黄某寿有权代理温商公司借款产生合理信赖。行为人擅自使用单位公章签订合同，单位有明显过错，且该过错行为与受害人的经济损失之间具有因果关系的，单位依法应当承担赔偿责任。由于温商公司存在公章管理混乱、开发资质管理混乱等过错，本案即使黄某寿未经授权，温商公司也应当对案涉借款承担责任。由此，温商公司关于案涉借款系黄某寿个人行为的主张不能成立。

二、公司发展变更过程中的印章管理

（一）公司设立子公司时应当注意的印章管理问题

根据《公司法》的规定，公司可以出资设立子公司，子公司具有独立的法人人格，依法对外独立承担民事责任。母公司与设立的子公司是两个独立的法人，在公司经营、责任承担等方面均是各自独立的，据此，在印章问题上，也应当各自独立管理，即母公司和子公司分别刻制自己的印章，在对外签订合同时，分别使用各自的印章，不能交叉、混淆使用。

（二）公司设立分公司和有营业执照的办事处等分支机构时应当注意的印章管理问题

根据《公司法》的规定，公司可以设立分支机构，分支机构应当向登记机关申请登记，领取营业执照。分支机构不具有独立的法人资格，其民事责任由总公司承担。为了对外开展经营活动，分支机构可以刻制、使用自己的印章。但是，因为这些分支机构的民事责任最终可能会由总公司来承担，总公司为了把控印章风险，应当对分支机构的印章进行严格管控。比如，可以规定分支机构的印章由公司统一管理，刻制、使用前均须经过公司的有权部门和人员的审批，用印后须在公司进行统一登记，接受公司的统一检查等，从而防止分支机构私刻、使用印章，避免出现公司为分支机构的违规操作承担责任的情形。

（三）公司设立无营业执照的办事处或者项目部时应当注意的印章管理问题

公司设立的无营业执照的办事处或者项目部，虽然也属于公司的分支机构，但是因其无营业执照，分支机构不能以自己的名义对外从事活动，对外签约时必须加盖公司的印章，所以，公司最好不要许可该类分支机构刻制印章并自行使用。如果确有必要单独刻制印章并使用，公司应当将该类分支机构的印章纳入公司印章的统筹管理范围，由公司统一刻制、备案、保管、审批使用和销毁，严禁该分支机构自行管理、任意使用。同时，公司如果许可该分支机构加盖该类印章对外签约，应当做好授权管理，明确被授权的主体、授权期限、授权内容等，同时以合理的方式告知合作方，避免被授权人在无授权、超授权时继续对外签约，损害公司的合法权益。

三、公司解散、注销阶段的印章管理

公司解散、注销意味着其法人民事能力的终结，这一阶段印章管理的重点是印章的销毁。从解散到注销，其间还要经历一个清算阶段，在此阶段，公司需要成立清算组对公司存续期间的债权债务、剩余资产、税收等各个问题作出妥善的处理。清算组成立后,公司的印章就应当交由清算组保管使用,并仅限用于清算相关活动。待清算工作全部结束、公司进行注销登记时,注销登记过程仍有很多地方需要用到公司印章,所以不要过早封存或销毁公司印章。

在公司注销工作全部完成后,方可对公司印章进行最后的处理。根据《国务院关于国家行政机关和企业事业单位社会团体印章管理的规定》,国家行政机关和企业事业单位、社会团体的印章,如因单位撤销、名称改变或换用新印章而停止使用时,应及时送交印章制发机关封存或销毁,或者按公安部会同有关部门另行制定的规定处理。印章封存和销毁有两种方式:一种是送交印章制发机关封存或销毁,另一种是按公安部会同有关部门另行制定的规定处理。第二种方式规定得不是很明确。建议公司采用第一种方式,以减少不必要的麻烦。

四、公司注销后,印章销毁过程中的相关法律问题

1. 注销后的公司,即便公司印章没有及时销毁,但因为已经没有了法人主体,印章被私用于合同协议中产生纠纷和违约等情况,已经注销的公司是不可能为此承担任何责任的。

2. 印章持有人在明知印章的法人主体已经被注销,依然私自使用印章与他人签订合同,可构成合同诈骗罪,由印章持有人承担所有责任。被注销公司印章遗失或被盗,非法持有印章人假借该印章所属公司的名义从事经营、招聘及其他各类活动,所有责任由非法印章持有人承担。

第十二节　公司变更过程中的印章管理

公司在经营过程中,可能会发生公司名称变更、公司分立或者合并、公司内部机构、部门变更等情况,这些变更往往会涉及公司各类印章的变更和调整。在公司的各类变更过程中,公司应及时、正确地控制各种涉印章风险。当公司名称发生变化或者公司及分支机构设立、注销时,应当及时依法变更、刻制或者注销、销毁印章。公司变更中的印章交接程序值得高度关注。

一、公司更名后的印章处理及风险管理

（一）公司更名后的印章处理

公司更名后，载有公司旧名称的原有印章应作废处理；同时，刻制载有公司新名称的新印章。一般来说，公司更名后应当按照以下流程（所需具体材料和流程应当询问当地公安机关）刻制新印章：第一，公司应当完成法人名称的变更申请，在当地市场监督部门进行公司名称的变更登记。第二，公司从市场监督部门领取新的营业执照，再持新的营业执照、刻章申请书、法定代表人身份证复印件等材料前往公安机关申请重新刻制印章。第三，公司应适时向外界公告、向重要客户通知原来的印章自公司名称变更登记完成之日起不再使用；在公司内部，除确有必要，应立即停止原有印章的使用。第四，持公安机关准许刻章的批复文件前往专门的刻章机构进行刻制。第五，公司将原有印章以合适的方式封存或销毁。特别需要说明的是，当地印章刻制和作废等行政管理上的要求与上述内容不同的，依据当地的规定处理。

（二）公司更名后的印章风险管理

虽然公司的名称、印章发生了变更，但是公司以原名称、旧印章对外签订的合同的法律效力如何，要视具体情况而定。

1. 公司名称变更后，员工在获得公司授权或在公司明知的情况下，使用旧印章对外签订合同的，合同效力不因公司名称变更而受到影响。公司变更名称前使用公司旧印章实施的法律行为若无其他无效事由的，仍然有效。比如，公司变更名称前使用印章与他人签订的合同的效力不因公司名称变更受到影响。

在红阳建工集团有限公司诉新区钱建永五金建材经营部、赵某杰买卖合同纠纷案[案号：(2016)沪01民终3627号]中，2010年11月，红阳建设公司中标一工程施工项目，红阳建设公司将上述工程交由赵某杰负责。从2010年11月至2013年9月，赵某杰以红阳建设公司的名义向钱建永五金采购各类材料（未签订书面合同）。2013年8月1日，红阳建设公司在《解放日报》上刊登声明：红阳建设公司已经正式更名为红阳建工公司，自2013年5月8日启用新企业名称和相关印

章，以红阳建设公司为抬头的印章作废。2015 年，公司委托的赵某杰仍以原来名称的印章代表公司与债权人钱建永五金建材经营部签署对账单。虽然赵某杰使用了刻有公司原来名称的印章，但上海市第一中级人民法院考虑赵某杰一直代表红阳建工公司进行采购工作，且红阳建工公司未明确表示反对，法院因此认定红阳建工公司应当承担支付账单显示货款的义务。

该案虽然涉及使用原有印章签署书面文件，但该书面文件系对公司改名前已经履行的非书面合同进行确认，旧公章不是本案的核心争议点，公司也没有主张赵某杰因使用了旧公章而致使账单对公司不产生效力，而是抗辩称赵某杰购买货物超越了其代理权限，因此法院没有否认对账单本身的效力。

2. 在公司名称变更后，如果合同的相对方与持有公司旧印章的个人签订合同，则合同效力取决于相对方是否知道或者应当知道公司已经将旧印章作废。如果相对方明知该情况，则合同对公司可能不产生效力；如果由于工商登记不及时、公司未通知或未公示等造成相对方不知道或不应当知道原有印章已经作废，则合同对公司产生效力。

在商丘市金利丰棉业有限公司、方某峰民间借贷纠纷案[案号：(2018)豫民申 5643 号]中，商丘市王振棉花加工有限公司的原法定代表人是王某。2015 年 11 月 5 日，方某峰收到一份证明，内容为："2010 年 11 月 5 日，王某杰(系王某之子)借方某峰现金 230,000 元，截至 2015 年 11 月仍欠方某峰 147,000 元。"证明上加盖有王振棉花公司的公章。2012 年 9 月 26 日，"王振棉花加工有限公司"的名称变更为"商丘市金利丰棉业有限公司"，法定代表人由王某变更为王某宗。后方某峰起诉金利丰棉业公司，要求偿还剩余 147,000 元借款，并提供了银行转款凭证。金利丰棉业公司认为公司在 2012 年变更了名称，旧公章已经失效，不对公司产生效力。一审法院认可了金利丰棉业公司的主张，驳回了方某峰的诉求。

然而，二审及再审法院经审理均认为，金利丰棉业公司是由商丘市王振棉花加工有限公司变更而来，二者之间存在权利义务的一致性、存续性。原公章的情况不为公司债权人所知，也不能对抗善意的债权人,金利丰棉业公司亦没有对加盖的旧公章的真实性提出异议,因此法院认定出具证明的行为是职务行为,金利丰棉业公司应当对借款的偿还承担责任。

本案中,旧公章的使用直接关系到借贷关系是否成立,证明的效力成为本案的焦点。该案旧公章的使用距离公司更名已经过去了3年,但商丘市中级人民法院在终审判决中认定,旧公章的保管和使用不为善意债权人所知晓,因此在债权人不知情,且公司在庭审过程中未明确表示对旧公章的真实性提出异议的情况下,二审和再审法院最终认定盖有旧公章的证明对公司发生效力。

二、公司收购时的印章处理及风险管理

(一)公司收购时的印章处理

1.股权收购

公司股权被收购时,由于公司并未丧失法人资格,无须对公司名称进行变更登记,所以公司原有的印章不需要废止,也不需要刻制新的印章。但是,由于股权收购过程中往往伴随着公司控制权的转移,公司股东、董事、高级管理人员等都可能会发生变化,因此,新的管理层需要从旧的管理层接收印章。

在印章移交过程中,在恶意收购或者融资方控制印章恶意阻止收购方收购进程等情况发生时,不排除原管理层拒绝交出印章,新老股东、管理层等就印章进行争夺进而影响公司正常运营的情形发生。因此,公司收购过程中必须注意印章的移交和保管,采取妥善的计划安排收购协议和相关工作,一方面要避免公司的经营出现问题,另一方面也要尽力避免收购方和融资方发生纠纷。

在韩某平、周某明股权转让纠纷案[案号:(2017)粤19民终7112号]中,2016年4月19日,周某明、王某、韩某平签订《协议书》,约定周某明将其在广运公司的股份转让给韩某平。此时,广运公司的股东为周某明(占股82%)和王某(占股18%)。协议签订之后,周某明、王某并未按约定办理股权变更登记手续,同时二人未向韩某平正式办理公司财务、公章交接手续,更是拒绝韩某平及韩某平的工作人员进入公司工作。随后韩某平向法院起诉,以股权未变更登记、拒绝交接公章等为由,要求解除三方签订的《协议书》。

一审、二审法院经审理均认为，韩某平没有提出足够的证据证明其曾通知或催促周某明、王某办理股权变更手续且被拒，庭审中王某等人也同意办理；另外，王某拒不交付公司公章及财务账册，该事实是就经营广运公司产生的问题，不属于《协议书》约定的履行事项。因此，法院认定韩某平解除《协议书》的主张不成立。

本案中，收购方韩某平在收购目标公司82%的股权过程中，出现了公司股东、法定代表人王某拒绝交付公章、不予配合变更登记的情形，收购方以此诉至法院请求解除合同。但庭审中王某表示愿意配合变更登记、交付公章，故法院认为解除合同的条件并未成就。但在实践中，我们还是要警惕控制权上的风险，即在签订协议书后，收购方虽然获得了股东资格，却不能实质性地行使股东权利、管理公司。

2. 资产收购

资产收购，是指公司将其拥有的资产转让给他人，受让人直接拥有公司部分或者全部资产的行为。由于资产收购不涉及公司管理权的转移，原来的管理层不发生变化，公司印章无须向他人转交。

3. 公司兼并

在公司被吸收合并的情况下，被兼并的公司按照《公司法》相关规定应予解散，或组成新的公司，或并入收购方公司。此时，由于被兼并的公司将会消失，所以需要进行注销登记，同时需要上缴公司原有的印章并进行封存或销毁。

（二）公司收购时的印章风险管理

在公司收购与被收购过程中，主要做好如下印章风险防控：

1. 在收购过程中，如果出现公司变更、需要作废旧印章并刻制新印章时，应当及时做好旧印章的作废、声明工作，加强加盖旧印章的合同及文件资料的管理，防止出现非法使用已作废旧印章的情况；同时，及时刻制、备案、公示、使用新印章，做好新旧印章的过渡工作。

2. 在收购过程中，如果不涉及印章的变更，只涉及公司控制权的交替时，应当及时做好印章的交接工作。为了避免印章相关纠纷，最好能够在交易协议中明确约定包括印章在内的公司证照的交接细节、纠纷防范措施以及对应的违约责任。如果印章原持有人拒绝或者不配合交接,应当加强沟通,或者通过公司相关决议等内部合法程序要求原持有人交出印章,确有必要时,可以诉讼方式解决印章纠纷。

在重庆瑞恩农业有限公司与刘某雨损害公司利益责任纠纷、返还原物纠纷案[案号:(2014)渝五中法民终字第02635号]中,刘某雨系瑞恩公司原总经理,因该公司内部纠纷,经股东大会开会决定罢免刘某雨总经理职位,但因其拒不交出瑞恩公司印章、财产等非私人物品,导致瑞恩公司陷入无法运转的境地。之后,瑞恩公司通过报刊发布遗失声明公告的方式宣告营业执照正副本、公章遗失并作废,继而向重庆市江津区工商行政管理局要求补办营业执照等证件,但因刘某雨的行为并未成功补办。

重庆市第五中级人民法院经审理认为,刘某雨作为公司的高级管理人员,依法对公司负有忠实义务和勤勉义务,不得损害公司利益,否则应当承担赔偿责任。瑞恩公司召开董事会,依法解除了刘某雨的总经理职务,要求刘某雨应于当日交出公章、营业执照等证照。但刘某雨并未交出相关证照,此外,瑞恩公司亦无法补办相关证照,其合法权益已受损。鉴于此,刘某雨的总经理一职被解除之后,其继续持有瑞恩公司证照及将证照转交他人的行为已侵犯了瑞恩公司的合法权益。作为瑞恩公司的原总经理,刘某雨并未在该职务解除前后履行忠实勤勉义务,其在主观上存在过错。二审法院维持了一审判决,判令刘某雨向瑞恩公司支付20多万元的赔偿金。

由上述案例可知,公司印章等证照属于公司财产,须依照公司管理制度进行管理。当特定人员因公司内部决议不再具有持有并使用印章的权限时,法院认为其有义务配合移交印章,以保障公司正常运营。否则,印章持有人需要承担相应的法律责任,赔偿公司的损失。

三、公司合并、分立时的印章处理及风险管理

(一)公司合并过程中的印章处理及风险管理

公司合并分为新设合并和吸收合并。新设合并是两家及两家以上的公司

合并成一家新的公司,参与合并的公司解散且原有名称均不保留;吸收合并是指一家公司吸收其他公司,被吸收的公司解散,名称不再保留。现实中,相较于新设合并,吸收合并更多一些。

1.公司合并过程中的印章处理

对于吸收合并中继续存续的公司(吸收方),如果名称并未发生变化,则无须对公司印章进行更改。但如果公司名称发生了变化,则不仅需要办理变更登记,而且需要作废公司旧印章,并重新刻制载有新公司名称的印章。

其余被合并公司均解散,实践中公司被合并的一般流程如下:第一,公司内部作出合并决议;第二,申请主管部门(监管部门)批准合并决议(如果涉及国有资产变动、外资的进出、上市公司合并等情形),签订合并协议;第三,依法通知债权人,并将合并信息进行公告;第四,编制资产负债表和财产清单;第五,办理税务注销手续;第六,办理注销公司登记,同时封存/销毁公司印章。被合并的公司销毁印章应在合并流程的最后阶段进行。公司参与合并,必须使用印章处理税务、工商登记等内容,所以公司印章必须在之前程序圆满完成后才能封存/销毁。

2.公司合并过程中的印章风险管理

在公司合并过程中,如果各种原因导致被合并方未销毁公章,债权人及合并方可能面临一定的风险。被合并公司的印章如果没有被及时销毁,仍然被拿来与其他人签订合同,最终合并方公司可能被判令承担责任,债权人也可能面临讨债无门的尴尬境地。

在中国环境保护集团有限公司、黄山金马集团有限公司股东出资纠纷案[案号:(2017)最高法民再350号]中,1997年10月20日,黄山市国有资产管理局同意将朝阳微电机厂划拨给金马集团公司。1998年3月12日,朝阳微电机厂向工商行政管理局提出注销申请。但在2000年3月14日,当地工商局给朝阳微电机厂颁发了企业法人营业执照。2000年3月3日,朝阳微电机厂与节能公司签订协议,约定节能公司将国债资金1000万元作为股本金与朝阳微电机厂合资设立祁门太阳能公司。后祁门太阳能公司向工商局提交公司注销登记申请,并注明无债权债务,注销后,朝阳微电机厂并未向节能公司返还1000

万元项目款。后节能公司划转国债项目国家资本金，转增为环保公司的注册资本金，朝阳微电机厂也同意将节能公司的所有权利和义务转由环保公司承担。2004年9月3日，当地工商行政管理局出具行政处罚决定书，吊销朝阳微电机厂的营业执照。由于朝阳微电机厂已经不存在，环保公司起诉金马集团、众泰公司，要求其就1000万元借款及利息的返还承担连带责任。

一审、二审法院经审理均认为，黄山市国有资产管理局虽同意将朝阳微电机厂整体划拨给金马集团公司，但并未实际完成。环保公司无权以该理由要求金马集团公司、众泰公司承担责任。再审法院也认定朝阳微电机厂未并入金马集团公司，但考虑到金马集团公司子公司实际享有1000万元的项目资金，且该子公司全部财产被置换入众泰公司，最高人民法院最终判令众泰公司向环保公司返还1000万元资金。

该案中，被合并的企业作为独立法人，一直没有销毁公司公章，且以自己的名义对外接受补贴款，法院遂认定合并没有完成，债权人环保公司无权要求进行合并的金马集团公司以此为由承担责任。从该案可以看出，在合并发生前后，不知情的债权人与被合并的公司签订合同，如果被合并的公司一直未注销，公章仍然存在，债权人就可能无法要求合并后的公司承担责任，法律风险很大，若被合并公司在之后被吊销营业执照，债权人就会追债无门，可能遭受惨重损失。同样地，进行合并的公司也要注意这一问题，防止公司在不知情的情况下承担赔偿责任。

（二）公司分立过程中的印章处理及风险管理

1. 公司分立过程中的印章处理

公司分立同样包括两类：新设分立和派生分立。公司将全部财产分割新设立两个以上公司的为新设分立，公司以其部分财产设立另一公司为派生分立。

按照《公司法》的规定，公司分立先由董事会制订方案，然后报经股东会决议通过。被分立公司应当通知债权人并进行公告。在公司分立开始前及结束后，被分立的公司都应出具资产负债表及财产清单。如果公司新设过程中原公司仍然存续的，可能会相应地减少注册资本，此时原公司应进行减资登记。

无论是新设分立还是派生分立，新设立的公司均需要进行登记，确定公司名称后办理公章的刻制。在分立过程中存续的公司就没有必要重新刻制印章，但应当做好印章的保管，避免出现纠纷。如果公司新设分立过程中被分立公司解散，则被分立公司应当注销登记，然后将公司印章销毁。在被分立公司解散的过程中，公司印章必须在分立的决议、公告、注销登记等事项完成后予以上缴并销毁。

2. 公司分立过程中的印章风险管理

第一，公司分立必然涉及公司的变更，应当及时做好原有印章的作废、交接工作和新印章的刻制、启用工作。厘清新旧印章的管理界限，避免新旧印章的保管、使用出现混乱。

第二，公司分立后，原公司的债权债务由分立后的公司承继，分立后的公司应当及时梳理加盖原印章的债权债务合同和履行情况，必要时，可以分立后的公司的名义重新确认或者签订合同，加盖旧印章的合同作无效处理，力争避免印章管理风险的发生。

四、分公司设立、撤销过程中的印章处理及风险管理

（一）分公司设立、撤销过程中的印章处理

1. 分公司设立

依据《民法典》和《公司法》的相关规定，公司可以设立分公司。公司设立分公司既可能是为了在外地拓展业务，也可能是为了方便进行人员的管理，还可能是为了更好地完成某个项目。

公司在设立分公司前后，一般需要经过以下流程：首先，公司决定设立分公司；其次，公司向拟设立分公司所在地市场监督管理部门进行登记；再次，完成分公司设立登记，取得分公司营业执照；最后，公司人员持印章刻制申请材料、分公司设立登记的证明前往当地印章刻制单位，刻制分公司的印章。

2. 分公司撤销

公司撤销分公司时，公司内部应首先作出撤销决定，然后在分公司所在地登记机关申请撤销分公司登记，且上缴分公司的营业执照。要完成分公司的撤销程序，公司应及时封存/销毁分公司的印章。如果在分公司撤销后公司仍然

没有封存/销毁分公司印章，员工或者公司以外的人就可能持该印章与第三方签订合同，公司可能需要因此承担相应的法律责任。

在郭某臣、江苏顺通建设工程有限公司合伙协议纠纷案[案号：(2019)黑06民再46号]中，2006年9月10日，泰州二建将其享有的工程转包给顺通分公司施工。同日，万某唐以顺通分公司的名义与郭某臣签订了一份《合作协议》。后郭某臣与万某唐又签订《补充条款》一份，双方约定：若因顺通分公司原因，不能实现合作施工协议目的，由顺通分公司给付郭某臣实际投资金额，并支付双方约定的违约金。《合作协议》及《补充条款》均由万某唐签字并加盖顺通分公司的印章。协议签订后，双方开始进行合作施工，但因泰州二建方面的原因终止。2006年11月10日，万某唐以顺通分公司的名义为郭某臣出具收条一份，该收条加盖顺通分公司公章，并由万某唐在经办人处签字。2007年7月16日，万某唐以顺通分公司的名义与郭某臣签订《合作协议终止双方进行清算》确认：顺通分公司欠郭某臣工程投资款及应得施工报酬共计828,762元。后在2007年8月29日，郭某臣起诉顺通分公司，但法院发现顺通分公司已于2006年11月13日办理了注销登记，于是郭某臣起诉顺通公司，要求后者支付投资款、报酬及利息等。一审法院经审理认为，因顺通分公司已于2006年11月13日办理了注销登记，而此后万某唐仍以分公司负责人的名义代表"顺通分公司"与原告进行结算，出具清算单，承认对顺通分公司负有债务。但万某唐的行为并未被顺通公司追认，故顺通公司无须承担责任。二审黑龙江省大庆市中级人民法院维持一审法院判决。后，郭某臣向黑龙江省人民检察院申诉，黑龙江省高级人民法院裁定指令大庆市中级人民法院再审。黑龙江省大庆市中级人民法院经再审审理认为，本案的焦点为顺通分公司的主体问题以及其是否构成违约。顺通分公司系经过工商行政管理部门审批正式注册成立，尽管顺通公司主张对该"分公司"的成立不知情，其在注册登记时使用的相关申请文件及公司印鉴均不真实，但万某唐私刻顺通公司印章一事，经公安机关侦查，未确认并出具最终结论，顺通公司亦无其他充分证据证实。同时，顺通公司确实存在同时使用两枚以上公司印章的情形，也未向工商登记机关申请撤销“分公司”登记，而是同意由万某唐自行办理“分公司”注销登记，应视为顺通公司对顺通分公司设立及注销的默认及对万某唐具体实施“分公司”设立及注销行为的追认，故应当认定顺通分公司系依法设立。由于在合同实施过程中，顺通分公司违反了与泰州二建的约定，顺通公司应当承担返还部分投资款的责任。分公司不具有法人资格的，其民事责任应由公司承担。因此顺通公司在本案中应承担相应责任。故最终撤销原一审、二审判决，改判顺通公司给付郭某臣投资款30万元，并支付利息。

（二）分公司设立、撤销过程中的印章风险管理

分公司应当刻制并使用自己的印章开展业务，这样可以区分总公司与分公司、分公司与分公司之间的业务及管理。根据《民法典》的规定，分支机构以自己的名义从事民事活动，产生的民事责任由法人承担；也可以先以该分支机构管理的财产承担，不足以承担的，由法人承担。所以，公司出于风险防控的考虑，应当制定完善的印章管理制度，明确分公司印章的使用范围、审批流程、登记管理、接受公司监管等具体内容，尤其是在分公司设立、变更和撤销等过程中更是如此，防止分公司脱离公司的监管而任意、非法使用印章，最终损害公司的利益。

五、公司内部变更或撤销部门、机构过程中的印章处理及风险管理

公司成立的部门或者内部非常设机构，不具有独立的法人资格。登记的部门、机构在法律性质上与分公司类似。除非公司需要部门（如公司就某一项目成立的项目部）或者机构进行某一独立的业务工作，否则该部门或者机构一般无须单独刻制部门章或者机构名章。如果该部门或者机构因独立进行特定业务需要刻制部门章或者机构名章，可以参照分公司设立、撤销的内容，公司可参考的步骤如下：第一，公司决定设立部门或者机构；第二，如需批准、登记，公司应向拟设立部门或机构所在地主管机关申请批准、登记；第三，完成部门或机构的批准和登记工作；第四，公司持刻章申请、机构设立登记的证明前往当地印章刻制部门，刻制公司部门或者机构所需印章，该印章刻制的名称应为“×××公

司×××机构”,式样与公司一般印章式样无差别。

如果公司部门或机构发生变更,涉及名称的变更,则公司应及时申请重新刻制该部门或机构印章;如果部门或者机构被撤销,公司除经过法定的申请撤销登记程序,还应在最短的时间内进行公告并通知加盖该印章的合同的相对人以及其他潜在客户,并及时收回印章,依法进行销毁,避免风险发生。

第十三节　单位印章丢失或被盗后的应对

单位印章丢失或被盗后,印章管理人员应当第一时间向单位相关负责人报告,单位负责人在接到报告后立即启动应急预案;单位负责人应当自行或指派人员立即到公安机关报案,领取报案证明;单位应当尽快去报社刊登印章遗失作废声明,并即时书面通知与印章使用密切相关的客户。

一、单位印章丢失或被盗后的应对方案

日常生产经营中,任何单位都非常忌惮印章出现意外。即便单位对印章采取了最严格的管理措施,也难以完全杜绝出现印章丢失或者被盗的情形。印章丢失或者被盗,会让单位处于无法预测的风险之中,甚至会给单位造成无法估量的损失。

在得知印章丢失或者被盗后,如何在第一时间做好应对工作,最终有效处理印章丢失或被盗的问题呢?

1. 在单位内部,印章管理人员要第一时间向相关负责人报告,启动应急预案

印章丢失或者被盗后,印章管理人员应当在第一时间向单位负责人报告,说明丢失或被盗印章的情况,由相关负责人决策,启动后续工作的应急预案。

在单位尤其是比较大一些的单位内部,一定要有印章应急系统的第一责任人,可由主管行政、人事或者财务的副总担任。如果单位有紧急事件的领导小组,也可由领导小组组长负责。领导小组组长应当排除一切困难,尽可能第一时间组织相关人员,采取合适措施,应对印章丢失或者被盗这一紧急事件。

2. 到公安机关报案,领取报案证明

由于单位印章需要在公安机关备案,所以印章丢失或者被盗后应该立即由法定代表人带身份证原件及复印件、营业执照副本原件及复印件到丢失地点的管辖公安机关报案,领取报案证明。不同地区对报案材料的要求可能有所不同,单位可以提前和公安机关电话沟通,再前往报案,避免耽误时间,增加风险。

3. 刊登印章遗失作废声明

印章丢失或者被盗后,单位应当即时在合适范围内(一般为地级市以上范围)公告该印章已经丢失或被盗的情况,并持报案证明的原件及复印件、营业执照副本的原件及复印件通过公开发行的报纸刊登声明,声明单位印章丢失作废。具体选择哪个级别的报纸进行刊登,需要哪些携带材料,可以询问当地公安机关。需要注意的是,有些报社有很特别的要求,比如,会要求单位全体股东到场签署同意登报声明才准予刊登。因此,登报前要咨询相关报纸的负责部门,明确刊登印章遗失作废声明的具体材料要求。如果确有特别要求,比如要求股东一致到场,那么,单位尽量将丢失印章的事情迅速向股东说明,以便股东达成一致意见,办理遗失声明。

4. 申请刻制新印章

单位应当持下列文件到专门的印章刻制机构申请刻制新的印章:营业执照副本和复印件、法定代表人身份证原件和复印件、企业出具的刻章申请书、法定代表人签署的单位的委托授权书、所有股东身份证复印件各一份、股东证或者工商局打印的股东名册、派出所报案回执及登报声明的复印件。申请刻制新印章,每个地方的要求不同,按照各地的具体要求办理即可。具体要求可以咨询当地的公安部门或者工商行政部门。

印章刻制完成后,刻章机构会将印章刻制信息上传公安机关的信息系统进行备案。

5. 及时通知与印章使用密切相关的客户

单位印章丢失或者被盗后,在采取相关应急措施的同时,单位应当及时通知与印章使用关系密切的客户,告知客户"自本通知发出/收到之日起,凡使用已丢失或者被盗印章与任何人员签订合同进行业务往来的行为,本单位均不予认可",并将该印鉴作为附件一并发送给客户,从而降低因印章丢失或者被盗所带来的法律风险。

应急领导小组也应该审查近日签订的合同，看是否存在异常。如果单位怀疑有些合同存在问题或者存在可疑之处，一定要严格审核，确定无误后才继续履行。另外，根据具体的情况，及时采取报案、通知相对方以及其他必要、合适的措施，避免给单位造成各种损失。

二、引以为戒，未雨绸缪，进一步加强对印章的管理

对于单位而言，在印章丢失、被盗，重新刻制印章之后，应当完善印章管理体系，避免此种情况再次发生，具体而言，可以采取以下措施：

1. 设计、制定和完善单位印章刻制规范，明确印章刻制流程。即使法律规定刻制印章的主要工作由法定代表人负责，单位也可以制度化地指派监事等人员协助，并监督印章的刻制和备案程序。

2. 主动将新刻制印章到县级以上公安部门备案，避免日后承担因他人私刻印章举证不能而承担赔偿责任等印章使用风险。

3. 设专人保管印章，明确保管人义务与责任要求。一旦发现印章丢失、被窃等情况，保管人应当全力保护现场、向上级报告，听从领导指挥，向公安机关报案，并及时登报处理。保管人员因为疏忽大意等丢失印章或者导致印章被盗的，应当承担相应的责任。保管人员如果在进行应急处理时存在其他问题，则应进行追究；如果存在违法犯罪行为，一定要严肃处理。

4. 不要将单位印章随意出借他人或者其他单位，或者随意授权他人、其他单位使用印章。在与其他单位合作开展项目过程中，即使需要频繁使用印章，单位也应当指派专人监督、管理印章的持有和使用，合规使用后应当第一时间将印章收归单位保管。笔者建议，可以通过协议、制度化的方式落实印章监管事项和监管人员的费用支出，在降低风险的同时降低单位的风险控制成本。

5. 即便没有出现印章丢失或者被盗等问题，也应当未雨绸缪，进行印章管理制度的构建和完善，并严格实施，以期更好地防范印章丢失、被盗的法律风险。

第十四节　印章被私刻/伪造的表现、不利后果及应对

加盖私刻/伪造(为行文方便,本节统一简称为伪造)印章的文件并不必然导致无效。法院和仲裁机构在某些情况下“看人不看章”,即善意相对人有理由相信行为人有代理权的,代理行为可能会被认定为有效,即便印章是伪造的。

单位知道印章被伪造的,应当即时向公安机关报案,并追究伪造者的法律责任,在网络、报纸上发布足以澄清事实的声明,及时知会潜在/重要客户,即时通知加盖伪造印章的合同相对人,力争否定相关合同的效力。

一、加盖伪造的印章的文件并非必然无效

印章虽小,却举足轻重。实务中,因单位印章管理混乱而产生的各类纠纷屡见报端。比如,人们熟悉的印章纠纷就有单位印章被伪造类、盗盖类、偷换印章类、一企多章类等。

单位印章被伪造可以细分为三种情形:第一,法定代表人伪造印章;第二,单位工作人员伪造印章;第三;其他人员伪造印章。在上述三种情况下,被伪造的印章加盖的文件并不必然无效。在满足一定条件的情况下,即使印章属于伪造,对单位仍然产生约束力,具体情况如下:

1. 单位法定代表人伪造单位印章

对于单位法定代表人伪造单位印章的情况,如果该法定代表人的行为满足表见代理的构成要件,则其对外签订的合同有效。《民法典》第一百七十二条规定:“行为人没有代理权、超越代理权或者代理权终止后,仍然实施代理行为,相对人有理由相信行为人有代理权的,代理行为有效。”

单位法定代表人、负责人在职权范围内处理相关事项,通常是有效的,用假章也很难否定相关文件的效力。如果单位法定代表人、负责人超越权限处理相关事项,行为还是有效的吗?

《民法典》第六十一条规定:“……法定代表人以法人名义从事的民事活动,其法律后果由法人承受。法人章程或者法人权力机构对法定代表人代表权的

限制，不得对抗善意相对人。”根据该条规定，即便法定代表人或负责人超越权限实施民事法律行为，只要相对人是善意的，法定代表人或者负责人的行为就构成代表行为。在此种情况下，即使单位法定代表人、负责人使用伪造的印章，被伪造的印章所加盖的文件对单位也会产生效力。

在中国石油天然气股份有限公司河北石家庄销售分公司、中国石油天然气股份有限公司河北石家庄销售分公司第七加油站借款合同纠纷案[案号：(2018)冀01民终5074号]中，最高人民法院经审理认为：(1)本案借款行为发生时，满某凯任加油站经理，是加油站的负责人，具备表见代表的身份特点，也满足了表见代表适用于法人或者其他组织负责人的要求。辛集市人民法院作出的(2013)辛刑初字第00017号刑事判决已经生效，该判决认定满某凯在非法集资期间始终担任加油站经理。(2)在集资过程中，出具的借条加盖了“中国石油天然气股份有限公司华北销售河北石家庄市第七加油站”的印章，虽然是过期公章，但集资人无法辨别，具备了表见代表的表象特征。(3)满某凯借款用于倒油，而加油站又是经营成品油的主体，具备了表见代表的行为要求。从上述分析看，满某凯的行为从外观上完全具备履行职务的表象，谈某(合同相对人)没有理由知道或者应当知道满某凯超越权限而仍然与之签订合同。

上述案例中，需要相对人主观上是善意的。此处所称善意，是指相对人在订立合同时不知道且不应当知道法定代表人超越了权限。

如果合同相对人不被认定为善意，那么结果就不一样了。

在宁波绣丰彩印实业有限公司、浙江杭州湾汽配机电市场经营服务有限公司、慈溪逍新投资咨询有限公司、慈溪逍新汽配贸易有限公司、慈溪市一得工贸有限公司、孙某生合同纠纷案[案号：(2012)民提字第208号]中，最高人民法院经审理认为，孙某生私刻公章，以机电公司(孙某生为其分立前的法定代表人)财产偿还其个人及个人控制的一得公司(孙某生为其法定代表人和总经理)的债务，属于违反法定忠实义务的无权代表行为。我国《合同法》第五十条规定：“法人或者其他组织的法定代表人、负责人超越权限订立的合同，除相对人知道或者应当知道其超越权限的以外，该代表行为有效。”相对人是否知道或者应当知道法定代表人越权，应当结合法律规定、交易的性质和金额以及具体交易情境予以综合判定。本案所涉的协议条款使机电公司只承担巨额债务而不能获得任何对价，不属于公司正常的经营活动，且孙某生同时代表公司和个人签约，行为后果是将公司利益转移给个人，具有明显的超越代表权的外观。公司为股东及法定代表人直接对外承担债务而不能取得经营利益，如未经股东会同意，将构成侵占公司财产的行为。绣丰公司知晓机电公司由几名股东组成，并专门聘请律师草拟协议，在孙某生不能提供股东会同意证明的情形下，绣丰公司根据协议内容理应知道孙某生的行为不是为机电公司经营活动所从事的职务行为，而是违反公司法强制性规定的侵占公司财产行为。综合考虑本案的交易过程和事实，绣丰公司应当知道孙某生的签约超越代表权限，绣丰公司不属于《合同法》第五十条保护的善意相对人。机电公司对本案协议的签订并不知情，对孙某生私刻公章的行为也不具有管理上的失职，绣丰公司要求机电公司承担责任的诉请于法无据，法院未予支持。

2. 工作人员伪造单位印章

工作人员伪造单位印章对外签订合同，如果其行为满足表见代理的构成要件，即存在工作人员以被代理人名义订立合同的行为、相对人善意、单位工作人员具备代理权限这几个要件，则法院倾向于认为该合同对单位发生法律效力。

在中国银行股份有限公司太原并州支行与太原市大复盛房地产开发有限公司借款担保合同纠纷案[案号：(2011)民提字第316号]中，王某民原系本案被告大复盛公司法定代表人，在其担任法定代表人期间私刻了公司公章并在企业年检时进行了工商备案，并以此办理公司有关业务。该公司于2003年12月16日办理工商登记，将法定代表人由王某民更改为赵某宏。2003年12月25日，王某民以大复盛公司的名义及法定代表人的身份签订案涉《抵押合同》，以大复盛公司名下的土地使用权设定抵押权。最高人民法院经审理认为：第一，大复盛公司明知王某民持有自行刻制的公章但并未要求其交回并销毁，对王某民可能利用该公章对外从事民事活动采取漠视态度，因此对导致本案抵押合同签订有放任之嫌；第二，王某民的行为虽系无权代理，但没有证据证明原告中国银行并州支行签订《抵押合同》时明知或者应当知道法定代表人已发生变更。结合上述事实，最高人民法院认定王某民以大复盛公司的名义签订《抵押合同》构成表见代理，《抵押合同》具有法律效力。

值得注意的是，即使工作人员私刻、伪造印章的行为构成犯罪，在构成表见代理的情况下，单位仍然需要承担相应的合同责任。

在靖江市润元农村小额贷款有限公司、陆某、江苏天盛工程设备制造有限公司与潘某英借款合同纠纷案［案号：(2014)民申字第1544号］中，最高人民法院经审理认为，案涉借款合同是否有效，应当依照《合同法》的规定进行判断，并不因为陆某构成骗取贷款罪而必然导致其与润元公司签订的借款合同无效。陆某以加盖伪造印章的方式，提供虚假证明文件，骗取润元公司贷款的行为，在刑法上，构成骗取贷款罪，应当据此承担刑事责任；但在合同法上，其行为构成欺诈。根据《合同法》第五十四条第二款的规定，相对人润元公司享有撤销权。但润元公司未主张撤销案涉借款合同，故该合同有效。

在下述案例中，公司高级管理人员私刻单位公章，骗取银行贷款，给银行造成损失的，公司应当承担损害赔偿责任。尽管涉及刑事案件，单位依然因为存在明显过错等，最终承担了民事赔偿责任。

在兴业银行广州分行与深圳市机场股份有限公司借款合同纠纷案［案号：(2008)民二终字第124号］中，最高人民法院经审理认为：第一，根据最高人民法院《关于在审理经济纠纷案件中涉及经济犯罪嫌疑若干问题的规定》，行为人私刻单位公章或者擅自使用单位公章、业务介绍信、盖有公章的空白合同书以签订经济合同的方法进行的犯罪行为，单位有明显过错，且该过错行为与被害人的经济损失之间有因果关系的，单位对该过错行为所造成的损失，依法应当承担赔偿责任。单位规章制度不健全、用人失察、对其高级管理人员监管不力，属于单位具有明显过错的具体表现。第二，表见代理是指行为人没有代理权、超越代理权或者代理权终止后仍以代理人名义订立合同，而善意相对人客观上有充分的理由相信行为人具有代理权的，该代理行为有效，被代理人应按照合同约定承担其与相对人之间的民事责任。如果合同系以合法形式掩盖非法目的，则合同依法为无效合同，在此情况下不应适用合同法关于表见代理的规定。根据本案查明的事实，本案所涉贷款系崔某先等人伪造文件，虚构贷款用途，通过私刻公章以深圳机场公司的名义与兴业银行广州分行签订借款合同诈骗而来，上述行为符合《合同法》第五十二条第（三）项规定的合同无效情形。深圳机场公司在本案中有明显过错，应依法对兴业银行广州分行的损失承担主要的赔偿责任。兴业银行广州分行在本案中也存在一定过错，对本案的损失应承担相应的民事责任。

3. 单位分支机构负责人伪造单位印章

从法律地位上说，单位分支机构负责人和分支机构之间的关系，与单位法定代表人和单位之间的关系，是一样的。因此，单位分支机构负责人即便是伪造单位印章，即便是越权从事民事法律行为，其行为对单位分支机构也常常是发生法律效力的。

在达州市建筑工程总公司与北京金梁博宇商贸有限责任公司买卖合同纠纷案［案号：（2016）最高法民申2338号］中，被告达州公司的进京许可证及北京分公司负责人人名章由非本公司员工符某国保存，其用私刻的印章对达州公司北京分公司的进京许可证进行了年检，并委托袁某与本案原告金梁博宇公司签订买卖合同。后符某国因涉嫌伪造公司印章罪被公安机关立案侦查，符某国在公安机关的讯问笔录中亦承认其用私刻的达州公司印章签订买卖合同。最高人民法院经审理认为，该案涉工程系以达州公司的名义承包的，袁某在签订本案买卖合同时出具了加盖达州公司印章及该公司的北京分公司负责人人名章的授权委托书，金梁博宇公司有理由相信袁某有代理权，其与达州公司的委托代理人袁某签订钢材供应合同，并无明显过失，因此要求达州公司对该买卖合同承担责任。在这种情况下，公司对于进京许可证及负责人人名章的管理存在重大过失，而交易相对人已经尽到合理的审查义务，为了保护交易相对人的合理信赖，法律一般承认民事行为的效力，要求单位对其过错承担责任。

4. 挂靠方伪造被挂靠单位印章

作为非单位的人员，其伪造印章签订的合同一般难以被法院认定有效。但是，如果合同相对人是善意的，且合同相对人有理由相信行为人代表被挂靠单位签署相关协议，法院还是会倾向于认定合同对被挂靠单位发生法律效力。

在江山市江建房地产开发有限责任公司、雷某程与江西四季青生态科技有限公司、吴某旺、俞某貂民间借贷纠纷案[案号：(2014)赣民一终字第32号]中，吴某旺通过挂靠江建公司，取得了"金迪商厦"项目的开发人资格，吴某旺是该项目的实际控制人，其向雷某程借款用于"金迪商厦"项目的开发。后，吴某旺与雷某程达成《还款协议》并在担保人处加盖了其伪造的江建公司的公章。最高人民法院经审理认为，吴某旺多次使用该枚公章从事一系列经营活动，且该公章已为施工单位和相关政府职能部门确认，上述事实使雷某程对于该公章形成合理信赖，雷某程的合理信赖利益应当受到保护，江建公司应当按照《还款协议》的约定承担担保责任。

在上述各种情况下，裁判者主要不是看章，而是看人。换句话说，印章是不是伪造的，并非不重要，但相对于人而言，可能就成为次要的问题了。假设合同相对人几乎一眼就看出来印章是伪造的，还是与对方签订了合同，那么法院就很难认定合同相对人构成善意。

如果合同相对方不属于上述情况，即印章从形式上来说并不容易辨别真伪，这时候主要就是看人了。所谓看人，就是要看这个人有无代表单位签订合同的权限。无论他是单位法定代表人或者负责人、单位分支机构负责人、单位员工甚至是单位之外的其他人员。如果签约人有代表单位签约的权限，无论印章是真是假，只要合同相对人是善意的，合同都会被倾向于认定对单位发生法律效力。

二、得知印章被伪造后单位应该采取的措施

1. 单位得知本单位印章被伪造，应当及时向公安机关报案，并追究伪造者

的法律责任。在单位印章被伪造并对外签订合同的诉讼中,单位已就印章被伪造的情形向公安机关报案是单位否认相关合同效力的有力武器。

2. 单位应当在网络、报纸上发布澄清事实的声明。若单位曾发布过某个印章被伪造的声明,或者公开否认过伪造印章的效力,合同相对人被法院认定为“知道该单位印章异常”的可能性会增加。如此一来,单位打赢官司的可能性也会增加。

3. 单位应当及时一一通知重要客户和潜在客户。这样做可以表明单位对潜在客户尽到了充分的提示和警示义务。一旦涉及诉讼,单位需要证明合同相对方明知或者应当知道单位印章被伪造。如果单位在相关合同签署之前已经告知合同相对人印章被伪造的情况,法院很可能就不会认定合同对单位发生效力。即便是合同签订之后,在合同履行过程中,或者发生纠纷之后,单位的及时告知行为也可能会对单位产生非常重要的保护作用。

4. 单位应当及时通知加盖伪造印章的合同相对人,否认相关合同的效力。若合同相对人执意要求单位履行该合同,单位应当积极通过法律途径否定合同的效力。单位在知道他人伪造单位印章与合同相对人签订合同时,断不可草率地以为“一人做事一人当”,放任合同相对人依照该合同约定履行合同。单位知情但不及时否认的行为可能会使法院认定单位对伪造者的行为进行了追认,默许了该伪造印章的效力,从而认定合同对单位发生法律效力。

第十五节　印章持有纠纷和防范

与印章持有相关的纠纷(为行文方便,本节均简称为印章持有纠纷),既包括备案印章的持有纠纷,也包括私刻印章的持有纠纷;既大量存在真印章的持有纠纷,也时不时发生假印章的持有纠纷。

备案印章发生持有纠纷是很正常的,非备案印章的持有纠纷也不少见,因为单位印章不备案者不在少数。真印章的持有纠纷是比较常见的,假印章发生持有纠纷乍看起来似乎没有可能性,但实际上并非如此。因为当假印章被法院等机构认定为对单位有约束力的时候,假印章的持有就存在现实意义了。

一、印章持有纠纷的表现和主要原因

1. 公司控制权争夺导致的股东与股东、股东和公司之间的印章持有纠纷。这可能是最常见的印章持有纠纷，也常常是斗争最惨烈的，甚至会发生刑事案件的印章持有纠纷。

> 2020 年 4 月 26 日上午，一则消息迅速在当当集团内部传开。当当集团再次上演“宫廷政变”。网传截图显示，北京当当网信息技术有限公司创始人李某庆在“四大金刚”的护驾下，闯进公司的印章保存处，取走多枚印章扬长而去，并在公司张贴《告当当网全体员工书》。网络上流传的告员工书显示，李某庆已于 4 月 24 日依法召开临时股东会，李某庆当选董事长和总经理，全面接管公司，负责公司的经营管理。俞某不再担任公司执行董事、法定代表人及总经理。俞某无权在公司行使任何职权，无权向公司员工发出任何指示，无权代表公司对外作出任何意思表示或者行为。据称当时俞某不在公司，现场无人敢拦，只有行政人员报了警。公司随后声明称：李某庆抢走公章，已经报警，公章即日作废。目前公司掌握在俞某手中。
>
> 在此次夺权之前，李某庆已经离开公司。2019 年 2 月 20 日，李某庆发表《离开当当创办书友会的公开信》，表示自己正式辞职，愉快“出走”，开始全新的行程。随后公司公告称，2019 年 1 月开始，李某庆不再担任公司的任何职务，仍是公司股东。董事长俞某女士兼任公司 CEO，公司的日常管理决策由俞某带领公司高管完成。李某庆此次以抢公章的方式回归，令人意外。不过，很少人注意到，李某庆公开信所说的愉快“出走”是带着双引号的，为后来矛盾的爆发埋下了伏笔。
>
> 2019 年 11 月 29 日，李某庆夫妇离婚案开庭。俞某要求李某庆只能拿走公司 25% 的股权，然后双方和平离婚。李某庆不同意，要求平分股权。李某庆同时表示，公司谁来管理，由公司股东决定。李某庆还是想获得公司的管理权，于是在法院离婚判决结果出来之前，发动了这场“政变”。俞某没有出现在离婚案庭审中，笔者认为，俞某不出庭或许是经过精心设计的，毕竟离婚后股权结构可能发生很大变化，

所以“暂不离婚”或许对俞某来说很有价值。

2020年7月8日，北京市公安局朝阳分局对李某庆作出行政处罚决定书，查明李某庆于2020年7月7日7时许纠集他人在公司办公场所内采用强力开锁、限制人身自由等方式，扰乱公司秩序，决定给予李某庆行政拘留10日的行政处罚。

后来，据媒体报道，李某庆在一次直播预告时拿“抢公章”一事说起了段子。他向网友展示了公司的公章，说公章就藏在自己的裤腰带上，天天别着。据悉，当时在抢走公章后，李某庆也曾说过：“在新的章印管理办法出台前，我独自保管这些章，白天绑在裤腰带，晚上放被窝里，期间我承担掌印责任。”

后来，公司对李某庆等人提起诉讼，要求李某庆等人承担“抢公章”给公司所造成的损失的损害赔偿责任。作为股东和前法定代表人，不仅被抓起来受到行政处罚，还被起诉要求承担损害赔偿责任，不禁让人唏嘘不已。

下面是有关控制权争夺的一起经典案例。

在雷士照明（中国）有限公司与王某雷公司证照返还纠纷案[案号：(2015)渝五中法民终字03216号]中，重庆市第五中级人民法院经审理认为，解决本案的关键是吴某江一审中是否有权代表雷士中国公司提起本案诉讼。《公司法》规定，公司法定代表人变更应当办理变更登记。对法定代表人变更事项进行登记，意义在于向社会公示公司意志代表权的基本状态。公司登记的法定代表人对外具有公示效力，如果涉及公司以外的第三人因公司代表权而产生的外部争议，应以工商登记为准。对于公司与股东之间因法定代表人任免产生的内部争议，则应以有效的股东会任免决议为准，并在公司内部产生法定代表人变更的法律效果。本案即是公司内部因为法定代表人变更产生的纠纷。根据查明的事实，2014年8月7日，雷士中国公司的独资股东香港雷士照明有限公司作出决议，免去吴某江雷士中国公司董事职务，之后，其不再担任董事长及法定代表人职务。虽然吴某江以雷士中国公司名义提起本案诉讼时雷士中国公司的工商登记中法定代表人尚未变更，但此时雷士中国公司的股东已经作出的决议免去了吴某江的法定代表人职务。该决议没有被生效法律文书确认为无效，因此，本案起诉状上仅有吴某江的个人签名，未加盖雷士中国公司印章，吴某江不能代表雷士中国公司提起本案诉讼，其起诉应被驳回。

吴某江和王某雷之间对公章的争夺，只不过是雷士照明控制权腥风血雨争夺战中的一个小小插曲而已。类似的控制权争夺战和印章持有纠纷，在不同的地方、不同的单位中，每年不知道要上演多少起。

在周某与无锡思尔科技有限公司公司证照返还纠纷案[案号：(2020)苏民终26号]中，江苏省高级人民法院认为：周某应当向思尔公司返还该公司全部印章、证照和财务账册等。主要理由如下：

第一，思尔公司印章、证照、财务账册等均由周某实际控制。一审庭审中，周某多次陈述思尔公司“一直是我实际经营”，公司印章、证照、财务账册等均“在我雇佣的会计手中”“我不同意返还公司公章、法人章、财务章、营业执照正副本”。由此可见，周某认可其实际占有控制思尔公司印章、证照和财务账册等。

第二，思尔公司有权提起诉讼要求周某返还公司印章、证照和财务账册等。最高人民法院《关于适用〈中华人民共和国公司法〉若干问题的规定(二)》第十条规定，公司依法清算结束并办理注销登记前，有关公司的民事诉讼，应当以公司的名义进行。公司成立清算组的，由清算组负责人代表公司参加诉讼。本案中思尔公司已经进入清算程序，并由管某担任清算组负责人。思尔公司2019年1月8日作出的临时股东会第三项决议，要求周某将公司印章、证照以及财务账册移交给管某，亦系为实现思尔公司清算之用。思尔公司有权以自己的名义起诉周某，要求其返还公司相关印章、证照和财务账册等。

第三，周某有义务执行思尔公司股东会决议，移交公司印章、证照和财务账册等。《公司法》第一百四十七条规定，董事、监事、高级管理人员对公司负有忠实义务。周某作为思尔公司执行董事，应当依照公司股东会决议，向公司清算组移交公司印章、证照和财务账册等。并且，思尔公司章程并未对公司证照及相关材料保管人及权限作出规定，在公司已启动清算程序的情况下，为顺利完成公司清算事宜，周某亦应当将公司印章、证照和财务账册等移交公司，并由清算组统一管理使用。

上述案例中管某和周某为夫妻关系。周某是法定代表人和执行董事，本来是拥有合法的印章、证照持有权的。但是，管某通过临时股东会会议形成决议，“要求法定代表人周某在该议案通过之日起3天内将公司的印章、财务章、法人章、营业执照正副本等全部印章、证照以及财务账册移交给管某保管”，由此合法“剥夺”了周某曾经拥有的印章、证照持有权。这也是公司控制权争夺的一个常见案例。

印章的非法持有多数情况下是从合法持有开始的，因为各种情形后来才变为非法持有，通常无法通过刑事诉讼来解决问题。如果一开始就属于非法持有，就涉嫌行政违法和犯罪了。如果涉嫌行政违法和犯罪，就应当通过举报、报案和刑事诉讼来解决。

印章的非法持有在诉讼程序进行过程中也是很常见的。

在威海双联起重挖掘有限公司、于某波金融借款合同纠纷执行审查类执行程序案[案号：(2017)最高法执监412号]中，因不服威海市中级人民法院(2017)鲁10执异31号执行裁定，孟某代表威海双联公司向山东省高级人民法院申请复议。在复议案件审查过程中，山东省高级人民法院收到以双联公司名义提出的撤诉申请，请求法院准许其撤回复议申请。山东省高级人民法院认为，双联公司的请求是其真实意思表示，并不违反法律规定，应当予以支持，准许双联公司撤回复议申请。孟某代表双联公司申诉，请求撤销山东省高级人民法院(2017)鲁执复176号执行裁定，重新审理复议申请，主张山东省高级人民法院(2017)鲁执复176号执行裁定所依据的撤诉申请非双联公司真实意思表示，由股东邵某私自加盖公章发函。

最高人民法院经审理认为，本案的争议焦点为撤回复议申请是否为双联公司的真实意思表示。公章是公司对外作出意思表示的重要外在表现形式，一般情况下，公章持有者具有公司授权，盖有公章的文书反映了公司的意思。但文书盖有公章，仅使该文书具有代表公司意思的外在形式要素，在公章持有者非基于公司意思持有公章等情况下，盖有公章的文书并不当然代表公司意思。本案中，威海市中级人民法院(2017)鲁10执异31号裁定表明，孟某在代表双联公司提出异议时已经明确，双联公司公章被他人非法占有，索要公章的诉讼已经法院受理，案号为(2016)鲁1002民初5057号，案由为返还原物纠纷，法定代表人孟某代表公司启动执行异议程序。由于孟某已经明确了公章被他人非法占有，仅盖有公章的撤诉申请是否可以代表双联公司的真实意思，存有异议。综上，最高人民法院裁定撤销山东省高级人民法院(2017)鲁执复176号执行裁定，指令山东省高级人民法院重新审查。

公司控制权纠纷导致的公司印章非法持有纠纷不仅发生在公司日常经营管理中，也不时发生于诉讼、仲裁程序中，对公司控制权的正常把握，对公司的日常经营和管理以及发展壮大都会产生非常大的影响。

2. 公司印章持有人员(包括普通员工、高管乃至法定代表人，但不具有股东身份)因为与公司有这样那样的矛盾，因为希望向公司讨要相关利益，因为想要得到比较满意的离职补偿，将持有的印章作为谈判的砝码，所以拿着公司的印章，拒不返还。

在沈某莉、采埃孚销售服务(中国)有限公司深圳分公司劳动合同纠纷案[案号:(2019)粤03民终20752号]中，广东省深圳市中级人民法院认为，本案系由采埃孚深圳分公司以上诉人沈某莉拒绝返还公司印章、证照、严重违反劳动纪律为由解除双方的劳动合同，沈某莉上诉主张其没有拒绝返还公司印章、证照，没有严重违反劳动纪律，采埃孚深圳分公司系违法解除双方的劳动合同。对此，法院经审理认为，沈某莉保管公司的印章、证照，直至采埃孚深圳分公司与沈某莉另案劳动合同纠纷判决生效后，采埃孚深圳分公司申请法院强制执行才取回，沈某莉拒绝返还采埃孚深圳分公司公司印章、证照的事实存在，法院予以确认。沈某莉的行为性质恶劣，为任何单位的劳动纪律所不能允许，一审法院认定沈某莉违反劳动纪律和职业道德，采埃孚公司不构成违法解除劳动合同，无须向上诉人沈某莉支付解除劳动合同赔偿金，法院予以认可。

上述案例中，员工非法持有公司印章、证照拒不返还，在生效裁判文书已经判令员工返还公司印章、证照时，员工仍然不予返还，直至申请强制执行后公司才得以取回印章、证照。法院认为员工的行为极为恶劣，为任何单位劳动纪律所不允许，因此采埃孚公司解除劳动合同并不支付任何补偿的行为应该得到支持。比起控制权争夺战中的印章持有纠纷，员工非法持有印章拒不返还的情况相对较少。

3. 关联关系或者债权债务关系产生的印章持有纠纷。

企业之间存在关联关系是常见现象。有些企业之间在法律上的关联性非常密切，直观表现也与法律关系高度一致，甚至印章都由关联企业掌控。一旦关联关系发生变化，如法律上的关联关系消失，印章的保管和持有纠纷就随之发生。关联企业之间偶有纠纷，印章的保管和持有纠纷也会因此产生。

另外，企业之间因为债权债务关系，也会发生印章持有方面的纠纷。比如，甲公司是债权人，要求债务人乙公司将公司相关印章交给甲方保管。有时，甲公司和乙公司会设计共管印章的方案。在乙公司要求甲公司返还印章或者取消共管方案的履行时，甲公司持有乙公司的印章是否合法是一个需要解决的问题。

(1)关联关系引发的印章持有纠纷。

在万泽集团有限公司等与天实和华置业(北京)有限公司公司证照返还纠纷案[案号:(2021)京民申2165号]中，北京市高级人民法院经审理认为，公司对其财产享有占有、使用和依法处分的权利。公司的印章、证照等是其合法财产，当印章、证照被他人无权占有和控制时，公司依法有权要求返还。天实公司股权结构先后历经多次变更：2012年5月7日天实公司由鑫星公司100%持股;2012年7月3日，万泽集团持股99%，鑫星公司持股1%。万泽集团认可其于2012年8月从鑫星公司处收到了案涉证照材料。后因股权争议，辽宁省高级人民法院作出(2017)辽民终746号民事判决书，该判决生效后，天实公司股权已经恢复至转让前的状态，万泽地产、万泽集团已不再是天实公司股东，无权占有天实公司的证照材料。根据编号为2012063004的《补充协议书》，鑫星公司与万泽集团就天实公司管理权移交的物品包括但不限于公司印章、营业执照、机构代码证、公司账簿等涉及公司经营权的全部物品。鑫星公司就此出具的证明也显示，其已经将上述物品移交给万泽集团。另，在天实公司多次发送催告函件后，万泽地产、万泽集团并未提出其不持有案涉证照材料。没有证据证明案涉证照材料交给他人。天实公司已通过挂失声明作废的相关证照亦应由天实公司收回处置为宜。原审法院判令万泽集团返还全部证照、印鉴及项目的全部文件等物品，并无不当。

在上述案例中，当公司情况发生变化时，以前有权保管、持有公司证照的人员不再继续有权保管、持有公司证照，此时就应将公司证照返还给公司。如果相关人员不履行公司证照返还义务，公司有权向人民法院提起诉讼。北京市高级人民法院认为，经过人民法院生效判决，天实公司股权已经恢复至转让前的状态，万泽地产、万泽集团已不再是天实公司股东，无权占有天实公司的证照材料，天实公司当然有权要求返还公司证照。

(2)印章混乱持有导致的关联单位人格混同。

实践中，关联单位印章持有、管理和使用混乱会引发另外一个常见问题，即关联单位人格混同。通常来说，印章混乱持有和管理有如下表现：一是关联单位印章保管人员重合，用印流程不清晰，缺乏审批程序，印章的使用时间与范围等不明确，一旦业务需要，印章管理人随便用印的情形难免发生；二是关联单位之间用印混合登记，难以区分此单位与彼单位的业务往来，单位的独立人格难以确立；三是单位印章管理人不能仔细核查需要加盖印章的文件，直接在关联单位的文件中使用本单位印章，从而可能导致关联单位之间发生财务混同的情形。关联单位的印章独立管理与否，是决定关联单位是否构成混同的因素之一。法院认定关联单位之间人格混同，会倾向于判令一个单位为其关联单位的法律责任承担连带责任。

为了避免出现关联单位人格混同的情形发生，在印章管理上，关联单位至少应当做好以下几点：第一，要确保各关联单位的印章保管人员不重合；第二，要避免不同单位的印章混合使用，确保专章专用；第三，要对关联单位印章建立独立的用章登记簿。

(3)因为债权债务关系导致的印章持有纠纷。

通常来说，债权人与债务人之间不会涉及印章持有问题。但是，如果因为合作协议涉及印章转移持有和代管的问题，就必然涉及印章持有的问题，当然需要考虑到协议履行过程中的各种情况以及协议解除或终止后的印章持有问题。另外，债务人欠付欠款，债权人要求持有和保管/共管债务人的印章，也可能引发印章持有纠纷。

在上海盈泰石化有限公司与上海汇通船务有限责任公司企业承包经营合同纠纷案[案号：(2020)沪01民终11932号]中，上海市第一中级人民法院经审理认为，本案应系公司证照返还纠纷，主要争议是盈泰公司应否向汇通公司返还洋浦分公司的证照、印章及财务资料等。洋浦分公司系汇通公司的分支机构，其与汇通公司之间的关系应受《公司法》调整。《公司法》[①]第十四条第一款规定："公司可以设立分公司。设立分公司，应当向公司登记机关申请登记，领取营业执照。分公司不具有法人资格，其民事责任由公司承担。"根据该规定，可以认定分公司的财产属于公司所有。本案中，虽然洋浦分公司系因汇通公司、盈泰公司之间基于合作而设立，但这并不改变分公司财产归公司所有的属性。《分公司承包经营协议书》关于"母公司不承担分公司的任何债权、债务、税金等一切费用"的约定，系双方对承包经营期间的债权债务及税费的安排，并不涉及分公司证照、印章及财务资料归属的约定。况且，基于分公司证照、印章等具有代表分公司表象的属性，故此类财产权亦不宜通过协议方式约定归属他人。至于洋浦分公司是否应依法予以注销，亦不影响其证照等财产权的归属。洋浦分公司的负责人已变更登记为汇通公司委派人员。因此，盈泰公司以洋浦分公司系双方合作而设立、公司法没有明确规定分公司财产归公司所有、洋浦分公司应依法予以注销等理由主张洋浦分公司的证照等不归汇通公司所有的上诉理由，缺乏事实和法律依据，法院不予支持。案涉《分公司承包经营协议书》约定的承包经营期限已经届满，盈泰公司已不再经营洋浦分公司，故其再继续占有、控制洋浦分公司的证照等，没有合同依据，亦于法无据。

---

① 指2018年《公司法》。——笔者注

在上述案例中,盈泰公司依据承包经营协议可以依法占有和控制洋浦分公司的证照、印章,但是当承包经营协议履行期限届满、合法占有证照、印章的事由不再存续,盈泰公司就应当向汇通公司返还证照、印章,因为此时盈泰公司对洋浦分公司证照、印章的持有就转变为非法持有了。

因为关联关系、各种合作关系或者债权债务关系,由一个单位持有另一个单位印章的,应当通过清晰的协议对权利义务关系作出约定,避免事后纠纷发生时找不到解决问题的依据。

4. 单位不作为导致的印章持有纠纷。

在发生单位印章被盗、被抢或丢失,有人盗盖单位印章,有人私刻单位印章签署合同等情况时,单位需要立刻采取行动。如果单位不作为,没有在合理时间内采取行动,就可能基于倦怠和过错需要承担各种各样的法律责任。

对于印章持有纠纷而言,常见的特殊情况包括,印章被盗、抢或者丢失没有及时处理(如挂失);单位印章被伪造或者私刻,单位视而不见;单位印章被注销,却没有按照法律规定或者单位规定进行销毁或者封存,等等。单位在发生以上情况时,即便立即采取了措施,也难免发生纠纷,难免被裁判承担责任。如果单位不作为,不在合理时间内采取适当措施,承担责任几乎在所难免。

(1)印章被盗抢、盗用,单位没有及时报案。

在河南方鼎置业有限公司、魏某亮建设工程施工合同纠纷案[案号:(2020)豫14民终4447号]中,商丘市中级人民法院经审理认为,一审判决将案涉欠条和对账单作为定案依据并无不当。方鼎公司虽对该欠条及对账单提出异议,但法院认为其异议理由不成立,理由在于:(1)单位法定代表人签名并非合同生效的必要条件,除非合同对此有特别约定;(2)方鼎公司对欠条及对账单中加盖的单位公章及财务印章的真实性不持异议,该单位公章及财务印章应为方鼎公司有关人员掌控。如方鼎公司不予认可,理应对正常情况下印章在欠条及对账单中如何形成作出合理解释,或印章被盗用而非正常情况下加盖,选择向公安机关报案。在印章是方鼎公司工作人员掌控、其公司不选择向公安机关报案印章被盗用等情况下,其公司否定欠条及对账单真实合法性的理由不能成立。

在一些诉讼、仲裁案件中,一方当事人表示,单位印章被盗抢或者盗用,因此相关盖章文件并非其真实意思表示。法官或仲裁员要求单位拿出印章被盗抢或者盗用的证据,单位却无法拿出。因此,及时向公安机关报案并留存报案材料,必要时依法在报纸网络上进行公示,是减轻甚至免除自身责任的必要措施。

(2)印章丢失,单位没有及时处理。

在刘某才与徐州鸿润达电动车有限公司买卖合同纠纷案[案号:(2019)苏03民终2910号]中,徐州市中级人民法院经审理认为,根据双方当事人的陈述及欠条的记载,案涉欠款系电动车生产过程中所欠付的电动车配件的货款,当事人之间的往来属于商事行为。从保护商业动态交易安全的角度讲,对商事行为的评价不应当忽视行为的外观表象。庭审中双方对案涉货物究竟是供给刘某才的还是供给案外人宋某欣的,究竟应由谁负担货款,产生争议。首先,根据刘某才的陈述,其之前与宋某欣有过合作,2016年刘某才与宋某欣在同一个院里进行经营。其次,经鉴定并结合当事人的陈述,案涉欠条中欠款客户处"鑫阳公司"的印章确系鑫阳公司曾使用的印章。最后,鑫阳公司有责任妥善保管印章,其负责人刘某才虽称2014年年底后该印章丢失,但对此未有证据证实,且即便丢失其亦未及时有效地采取措施防范交易风险。在上述背景下,鸿润达公司有理由信赖出具欠条时案涉货款的欠付主体应是鑫阳公司。鉴于鑫阳公司于2015年1月22日变更为一人有限公司,于2017年11月2日登记注销,法院综合股东刘某才与公司的财产状况,认定由刘某才支付本案货款,并无不当。

单位发现印章丢失,应当及时报案,并依法采取在报纸或者网络上公示遗失情况说明,再申请刻制新的印章。某些单位在印章丢失的情况下,只是在内部进行处理,如此一来,单位就很难拿"印章丢失"的理由摆脱责任,因为"印章丢失"的效力并不能及于不知情的第三人。如果有人拿着盖有单位印章的合同让单位履行合同义务,单位以"印章丢失"作为抗辩理由,裁判机关倾向于不予认可。

(3)印章被私刻或者伪造,单位置之不理。

在中国银河证券股份有限公司、中国银河证券股份有限公司中山小榄证券营业部与关某、李某英、蔡某强、蔡某坡、蔡某倩、梁某伟侵权纠纷案[案号:(2014)粤高法民申字第145号]中,梁某伟向关某、李某英、蔡某强、蔡某坡、蔡某倩推销某定向资产管理合同,该合同为银河证券公司的格式合同。在推销过程中,其伪造银河证券公司和银河证券公司小榄营业部的公章、业务用章、财务专用章在定向资产管理合同上及对账单上进行加盖。梁某伟于上班时间在银河证券公司小榄营业部的办公场所制作、打印、存放伪造的合同及对账单,并与其客户洽谈、签订伪造的合同。后因合同无法继续履行,关某等人起诉银河证券公司,要求公司承担赔偿责任。

一审、二审及再审法院均认为,梁某伟为证券公司的员工,且梁某伟也是证券公司某些投资项目对外公布的联系人。关某等人无法识别梁某伟所使用的相关印章是伪造的,也无法得知梁某伟是违背公司意愿、私下签订合同的事实。另外,合同的签订多发生于银河证券公司办公场所,所使用合同也是银河证券公司的格式合同,关某等人有充分理由相信梁某伟能够代表银河证券公司。与此同时,广东证监局的函件及复函也称,银河证券公司小榄营业部存在岗位管理不规范、员工管理不严、个别客户的开户资料信息不准确、信息系统安全等方面问题。所以,法院认定银河证券公司存在一定的过错。但是,由于关某等人没有将资金直接汇入公司,而是交给梁某伟个人,原审认定关某等人对资金损失产生存在重大过错,因此判令关某等人承担60%的责任,银河证券公司承担40%的责任。

上述案例判令交易相对人承担了更多的责任,因为法院考虑到拥有丰富投资经验的投资人为追求高额收益,轻信梁某伟,即对所签订的定向资金管理合同上的公章缺少股份的“份”字,应当可以识别和发现,但其未发现也未采取任何防范措施,以及最后有违常理地将资金存折、密码和身份证均交给梁某伟个人的事实,认定交易相对人自己也没有尽到足够的审查义务,不符合一般社会经验法则,法院判决交易相对人自身承担高达60%的责任。

但是,站在银河证券公司或类似单位的角度,我们更需要关注的是,单位疏于管理,任由员工进行各种不符合单位规定的违法违规行为,对于单位的风险是很高的。如果上述案例没有判令交易相对人承担这么大的责任,单位承受的损失会大许多。

(4)印章被注销,单位处理不当。

在西宁金穗苑物业管理有限公司与仁某某合同纠纷案[案号:(2020)青01民终1671号]中,青海省西宁市中级人民法院经审理认为,仁某某一审提交的赔偿协议书上加盖了金穗苑物业公司的公章,但金穗苑物业公司对加盖公章的行为不予认可,认为赔偿协议书不是金穗苑物业公司的真实意思表示。虽然,西政司法鉴定中心〔2020〕鉴字第0220号司法鉴定意见书鉴定意见为:"1. 送检时间为'2018年9月26日'的赔偿协议书原件正文处'西宁金穗苑物业管理有限公司'红色印文形成于同部位印刷体文字之前。2. 不能确定送检的上述赔偿协议书原件落款'甲方'处'仁某某'署名字迹处红色指印与落款'乙方'处'西宁金穗苑物业管理有限公司'红色印文是否为同时形成",青警院司鉴中心(2019)文鉴字第036-1号鉴定意见为"2018年9月26日赔偿协议书中盖印的两枚'西宁金穗苑物业管理有限公司'印章印文与该单位在公安机关备案的相同内容的印章印文样本不是同一枚印章盖印形成。"但是,青警院司鉴中心(2019)文鉴字第036-2号司法鉴定意见书鉴定意见为:"2018年9月26日赔偿协议书中盖印的两枚'西宁金穗苑物业管理有限公司'印章印文与委托方提供的2018年5月14日、2018年6月13日两份入住证明中盖印的2枚相同内容的印章印文样本是同一枚印章盖印形成。"且该两份入住证明由金穗苑物业公司向一审法院提交并交由鉴定机构鉴定。由此至少可以确定,赔偿协议书上加盖的印章属于金穗苑物业公司注销前使用的公章。金穗苑物业公司提交了印章注销证明、印章注销声明、启用新印章声明以及向公安机关报案材料用以证明赔偿协议书上的公章是在其公司原印章注销的情况下加盖、仁某某通过不法途径获得原公章并加盖的主张,但是其提交的上述证据并不足以证明赔偿协议书加盖的公章非其公司所为或仁某某通过不法途径获得公章并加盖。公司以加盖公章的方式在对外活动中确定双方的权利义务关系，加盖公司公章可认定公司对行为的认可，本案中即使赔偿协议书上的公章不是金穗苑物业公司授权的工作人员本人所为，在赔偿协议书上加盖了公章，且该公章为金穗苑物业公司注销前使用的公章，也可以确定金穗苑物业公司对赔偿协议书内容的确认，故金穗苑物业公司对该赔偿协议书有真实的意思表示。综上，金穗苑物业公司应当按照赔偿协议书确定的权利义务全面履行己方义务。

上述案例的本质不是印章持有纠纷，而是注销之后的印章究竟是谁加盖的问题。该案例足以提醒单位：印章注销之后，要么妥善保管好，不得再使用；要么依法销毁，避免出现印章注销后又"还魂"的情况出现。

(5)类印章持有纠纷列举。

所谓"类印章持有纠纷"，就是尽管本质上不属于印章持有纠纷，不存在印章返还的问题，但是常常存在与印章持有纠纷相类似的情节，产生与印章持有纠纷相类似的法律后果。这里列举两例，目的在于引起单位的充分注意。

在武某与都邦财产保险股份有限公司天津分公司侵权责任纠纷案[案号：(2019)津02民终7254号]中，天津市第二中级人民法院经审理认为，吕某的行为已构成合同诈骗罪并被法院判处相应刑罚，吕某的行为造成武某5万元财产损失，事实清楚，根据已经生效的刑事判决书，吕某犯罪是造成武某资金损失的直接原因。在刑事案件追赃无果的情形下，武某作为受害人主张民事赔偿，于法有据。根据最高人民法院《关于在审理经济纠纷案件中涉及经济犯罪嫌疑若干问题的规定》第五条第二款"行为人私刻单位公章或者擅自使用单位公章、业务介绍信、盖有公章的空白合同书以签订经济合同的方法进行的犯罪行为，单位有明显过错，且该过错行为与被害人的经济损失之间具有因果关系的，单位对该犯罪行为所造成的经济损失，依法应当承担赔偿责任"的规定，都邦保险天津分公司虽然不是直接侵权人，但吕某在案发时作为其员工推销保险产品，并使用都邦保险天津分公司真实有效的印章和保单为武某出具保险单，都邦保险天津分公司作为专业金融机构未对其印章、制式保单进行严格管理，亦缺乏对员工在岗期间行为进行监管，为吕某犯罪提供了重要条件，存在过错，该过错行为与武某的资金损失后果之间具有一定的因果关系，故都邦保险天津分公司应承担相应的赔偿责任。

上述案例中并不存在印章持有纠纷问题，但是都邦保险天津分公司作为专业金融机构，不能严格监管员工的在岗行为，不能严格管理单位印章和制式保单，最终依据其自身过错承担了相应的赔偿责任。印章保管和监管不力，虽然不似印章持有纠纷对单位的“杀伤力”那么大，但是也难免给单位造成或大或小的困扰和损失，需要引起单位注意。

在郴州市北湖区诚意民间资本服务有限公司、李某平民间借贷纠纷案[案号：(2018)湘民申2756号]中，李某平在任职郴州新田汉公司法定代表人时，预留给诚意民间资本公司为永兴县碧塘乡榕禄煤矿融资而加盖公司公章的空白合同书，郴州新田汉公司于2015年4月24日为段某毛的借款提供担保。2015年2月9日，李某平转让所持郴州新田汉公司股份并辞去公司法定代表人身份后，未及时收回该盖章的空白合同。湖南省高级人民法院最终认定郴州新田汉公司的担保行为有效，且由于李某平的过错，在其无权代表郴州新田汉公司对外行使法人权利时，仍然以郴州新田汉公司名义进行民事活动，应与郴州新田汉公司共同承担本案连带清偿责任。

与真正的印章持有纠纷相比，类印章纠纷相对单纯，毕竟不存在类似于“抢公章”的问题。但是，类印章纠纷照样会给单位造成损害，有时损害后果还非常严重。因此，将类印章纠纷的案件列举如上，是为了提醒单位，将盖有单位印章的空白合同书、空白纸张留给他人的情况是应该杜绝的。

二、印章持有纠纷的防范

做好印章持有纠纷的防范工作，有利于降低单位印章持有纠纷的发生概率。凡事预则立，不预则废。从以下几个方面做好印章持有纠纷的防范工作，既有必要，也可以促进单位治理水平和管理水平的提升，为单位的健康稳定发展起到极大的推动作用。

第一,构建和完善规则。单位应当精心设计、建立健全各种治理和管理的规则与制度,包括与各级各类人员签署各类协议书和承诺书等文件。第二,选好人和用好人,尤其是单位内外合作对象的选择,以及重要岗位上人员的选择和任用。这是一项非常艰难的工作,单位如果用心来做,通常会达到事半功倍的效果。第三,严格执行规则,包括日常工作的规则执行以及紧急情况或者异常情况下的规则执行。严格执行规则,不仅要一视同仁、一碗水端平,也要一以贯之、坚持不懈,而且要关注细节,尤其是关键细节,将规则落到实处。第四,电子印章的使用,也应纳入印章持有纠纷防范方案中。

(一)构建和完善规则

单位规则主要由出资人(包括但不限于股东、合伙人、举办者等)之间的协议、单位章程、单位规章制度、单位与员工之间的劳动合同或聘用协议以及其他协议、文件组成。关于印章的规则也体现在上述各类规则之中。

1. 出资人协议

通常来说,控制权争夺战的主角是出资人,包括初始出资人和所有后续的出资人。鉴于控制权争夺战在公司中频发,因此下文将以公司中的股东为例来讨论出资人协议。

公司股东之间的协议对于避免控制权争夺战以及减轻控制权争夺战对公司和股东的伤害是具有直接意义的。避免控制权之争,股东协议至少应当在法定代表人和印章两个方面做好约定。我们主要讨论关于印章方面的约定。

股东协议对于印章的约定可以包括以下几个方面:一是印章刻制方面的约定;二是印章合法持有、使用、交还和异常情况下处理方式的约定;三是印章非法持有和使用等的确定;四是违约责任。

印章通常由创始股东刻制或者委派他人刻制。此时的印章刻制可能存在以下几个问题:一是刻制的随意性,包括刻制多枚同类印章(不标明序号)、任意刻制各种印章,导致公司自己都不知道到底有多少枚印章、多少种印章;二是刻制印章不予备案;三是私藏所刻制的部分印章。公司创业之初,相关问题不会显露出来,但是随着时间的推移和各种矛盾的逐步显露和激化,当初的一般问题、小矛盾可能演变为尖锐问题和重大矛盾。因此,公司在创业之初,对上述问题进行约定,既不会在股东之间产生不断被激化的矛盾,又可以防患于未然。

公司印章一般交由某人/某二人保管,常常涉及印章的返还问题。在特殊情况下,比如发生控制权争夺时,还会涉及公司印章的使用和处理方案设计问题。通常情况下的印章保管和使用在公司规章制度以及公司与员工之间的协议中就可以约定好。对于股东来说,需要处理好的是万一发生了控制权争夺,或者股东之间发生其他争议,如何解决印章保管、使用和返还纠纷。

为了预防控制权争夺以及股东间争议,笔者认为,可以考虑确定法定代表人为公司的权威代表。法定代表人没有发生变更,印章的保管和使用应当由法定代表人全权决定;当公司决议变更了法定代表人,从决议变更之日起,印章的保管和使用就应当由新法定代表人全权确定。凡是没有遵从法定代表人的行为,都视为违规行为,应当相应的法律后果。在违约责任中,可以约定惩罚的条款,比如要求违约股东承担各种违约责任,包括其他股东可以以一定的价格购买违约股东的股权,等等。

相关人员的印章使用权限也可以在股东协议中进行约定。这种约定难以约束其他人,但是在股东之间具有约束力。另外,单位在与交易相对人进行交易的时候,究竟采取"印章+法定代表人"还是"印章或法定代表人"的签署方式,也可以在股东协议中进行约定。在处理重要合同的时候,约定可能对单位的权益起到保护作用。

2. 单位章程

还是以公司章程为例。

公司章程的约束范围首先会由法律规定。《公司法》规定,章程能够约束股东、公司、董事、监事和高级管理人员。但是,实践中,公司章程对于了解其内容的交易相对方也会产生约束力。

《公司法》第十五条规定:"公司向其他企业投资或者为他人提供担保,按照公司章程的规定,由董事会或者股东会决议;公司章程对投资或者担保的总额及单项投资或者担保的数额有限额规定的,不得超过规定的限额……"参照《全国法院民商事审判工作会议纪要》(法〔2019〕254 号),为防止法定代表人等人随意代表公司为他人提供担保给公司造成损失,损害中小股东利益,《公司法》对法定代表人等人的代表权进行了限制。根据《公司法》的规定,担保行为不是法定代表人等人所能单独决定的事项,必须以公司董事会或者股东会决议作为授权的基础和来源。法定代表人等人未经授权擅自为他人提供担保的，构成越权代表，人民法院应当根据《民法典》关于法定代表人等人越权代表的规定，区分订立合同时债权人是否善意分别认定合同效力：债权人善意的，合同有效；反之，合同无效。

如果债权人并非善意，不要求公司提供董事会或者股东会相关决议，或者明知公司章程对于公司担保有特殊的要求，还任由公司超章程限额提供担保，或者任由公司违反章程来进行担保，即便是相关的合同加盖了公司印章，并有授权代表签字确认，公司的担保可能依旧不会发生效力。因此，对外公示的或者交易相对方了解的公司章程可能会成为公司的一道“护身符”。

3. 单位规章制度（包括印章管理相关制度）

单位规章制度对单位员工具有约束力。几乎所有的单位都会制定一套印章管理制度，对印章的刻制、保管、使用和审批、丢失及责任、销毁和封存等作出规定，大多数单位能做到印章专人保管、用印审批和用印后文件存档等基本印章管理，也有单位在章程和规章制度中对印章尤其是公章使用权限作出限制。建立健全规范的印章管理制度是印章管理的基础，单位印章管理制度作为单位内部的规章制度，经过法定的必经程序（如单位涉及劳动者切身利益的规章制度应当经过民主程序）在单位内部具有拘束力，在一定程度上有助于强化单位印章管理，防范企业经营风险。

与印章持有相关规章制度的主要内容包括：印章的刻制，印章的保管，印章持有异常时的紧急处理方法，印章非法持有时的返还规定，印章不再使用时的封存和销毁。

第一，印章刻制务必备案，单位不得有未备案印章，更不能使用未备案印章。刻制印章是印章规范化管理的源头，刻制印章不当会造成单位印章管理和使用上的混乱。印章越多，单位印章管理难度越大，容易给单位的经营活动带来巨大的法律风险。

第二，印章保管规定务必完善。(1)应该确定印章管理主体。如果条件允许，公司章程和管理制度都可以规定印章管理主体，以免管理主体不明，引发印章控制权纠纷。(2)确定分级分类保管制度。单位印章类别不同，在作用和具体的效力上会各有差异。单位应当按照印章的不同种类对印章分门别类进行管理，分级分类进行保管，专人专职保管，不得擅自委托他人保管。(3)明确保管人和保管人责任。任务到人、责任到人是印章管理的基本原则，因此不仅需要明确保管人，还需要明确保管人的责任。任何人（包括保管人）违反规定给单位造成损失的，应当承担相应的法律责任。印章保管人应当妥善保管印章，防止遗失和被盗抢，发生任何异常应当立即向单位报告。对印章保管人违规违纪违法犯罪行为应当依法追究相关责任。（4）印章保管人应当按照单位规定、严格依据申请使用印章，在使用印章的过程中应当严格审核印章的使用情况，将所有用印记录严格依据事实进行登记。

第三，印章丢失、被盗抢等异常情况发生时，单位需要有明确的预案。临时性的预案是有必要的，但已经被制度化的操作过程才是发生突发情况时解决问题的基石。因此，单位需要构建印章异常时的基础性制度，以备不时之需。

第四，单位印章出现控制权争夺或者其他情形，导致非法持有，往往是非常棘手的事情，耗时费力，对于公司的存在和发展都会形成巨大的影响。因此，单位应该防患于未然，不仅在股东协议和章程中做好有价值的约定，也可以在规章制度中进行明确，让非法持有印章的成本更高，更不容易操作。

第五，印章由于单位变更等不再使用时的封存和销毁也应该制度化。单位相关印章封存和销毁的方式、流程、主管人员等都可以制度化，相关印章的申请和用印记录等应该按照单位档案管理规定存档。封存的印章不得再行使用。

4. 劳动合同、聘用协议和单位内部其他协议

劳动合同和聘用协议可以约束单位和员工。对于单位来说，可以用劳动合同和聘用协议来约定关于印章的权利义务。与规章制度相比，劳动合同和聘用协议的约束力通常不容置疑。只要不违反法律的强制性规定，协议对协议双方或者各方就会有法律约束力。因此，建议单位就印章持有的相关规定与相关人员进行约定，将印章持有的风险控制落实到员工层面。

单位可以通过印章保管协议和其他协议，加强印章管理的力度和质量。

5. 关于印章的外部协议（印章保管协议、共管协议等）

单位可能会基于债权债务等原因控制别人的印章，也可能基于这个原因导致单位的印章被其他单位或者个人保管，也可能是双方或者各方共管。这时候，印章保管协议和共管协议就无比重要。有些单位会有一些误解，认为别人控制自己单位的印章，风险很大，自己单位控制其他单位的印章没有什么问题。其实，无论由谁控制和保管印章，都可能发生各种问题。签署内容相对细致的

保管协议或共管协议，对任何一方来说，都会起到很好的保护作用。

当本单位印章交由其他单位管理，或者由双方或者若干方共管时，印章返还约定非常重要。如果没有明确的约定，后续一旦出现纠纷，就会比较麻烦。

（二）选好人和用好人

无论是选择合伙人，还是选择管理者，对于任何一个单位来说，或者一个单位的投资人、主要负责人来说，都是天大的事情。

1. 合伙人的选择和任用

对于任何一位创业者来说，合伙人都是最重要的人选，因此一定要慎重选择。所以，选择的合伙人，最好是有过比较深刻交往的人。这就需要创业者或者投资人、单位进行相对周全的权衡，在把握底线的基础上，以一种适度的评估标准来寻找合伙人。

另外，选择人和用好人是合作的两个不同的环节，都需要把握好。与人合作，容人是非常重要的。在可以发挥灵活性的地方保持灵活性（规则中留有灵活性），在不可突破的底线（规则中的底线和不可突破的原则性）上寸步不让，维护各方利益。

总之，在把握底线的基础上寻找合作伙伴，抓住合作者的闪光之处用好人，再将确定性较强的规则制定和完善好，发生大问题的概率就比较低了。

2. 公司高级管理人员和其他重要人员的选择和使用

选择公司高级管理人员和单位的其他重要人员，要像选择合伙人一样慎重。

其实选择所有的人员都很重要，毕竟任何一个员工都可能对单位产生各种各样的影响。但是，这并不能否定，公司高级管理人员和重要岗位上的人员对于单位存在和发展的基础性影响。

3. 重要交易对象的选择

单位应当牢牢把握底线，不与存在严重信用问题的单位进行交易。在与任何一个单位进行商业往来之前，最起码应该通过网络查询商业伙伴的基础信用。如果发现商业伙伴的信用存在问题，应该十分留意。即便没有发现商业伙伴存在各种信用问题，也一定严格按照商业规则来进行交易。对于常年的贸易伙伴，一是要将商业惯例相对固定化，避免给某些人违法犯罪的机会，影响单位的利益;二是当交易伙伴在交易过程中出现一些不同寻常的变化时,要格外关注。

(三)严格执行规则

1. 严格执行规则,做好规则的常规落实工作

良好的规则非常重要。规则贵在落实,良好的规则,如果不能得到规范的运用,就起不到应有的作用。

2. 在紧急和异常情况下,要把握原则,掌握灵活性,及时处理好相关问题,避免单位出现巨大风险,承担不该承担的法律责任

印章丢失或者被盗抢、盗用时,要及时报案,避免单位利益遭受损害。单位长期未发现印章被盗或遗失,或者发现了也熟视无睹,会被视为印章管理不规范。如果违法犯罪者借机以单位的名义与不知情的交易对手签订合同,可能会给单位带来损失。

单位如果知道他人使用伪造、私刻的单位印章,应当及时制止并向公安机关报案,必要时可以通过登报公告他人伪造、私刻印章的事实。单位如果知道他人使用真伪不明的单位印章对外签订合同,不加以制止或实际上接受了交易相对人的合同履行,则使用该真伪不明的印章签订的合同对单位具有约束力。

单位印章被他人非法控制,单位应该采取各种措施取回印章。非经诉讼不能取回印章的应当立即提起诉讼。在尚未取回印章时,单位应该采取各种法律风险防范措施,力争将印章失控情况导致的风险最小化。

印章注销后要及时销毁或者封存。封存的印章不得再拿出使用。

(四)使用电子印章

电子印章的虚拟性特征,有利于降低持有纠纷发生的概率。电子印章的特点决定了谁在使用电子印章,在什么地方、什么时间使用了电子印章,都会留下真实的使用记录。电子印章让非法"持有"和使用电子印章的人不管做了什么都有可能被人发现。因此,比起实物印章来说,非法持有电子印章、密钥等资料的人可能不敢"恣意妄为"。

另外,如果单位对电子印章相关资料的控制权进行比较妥善的约定和规定,非法"持有"电子印章纠纷发生的概率就更小了。

第十六节　印章争夺战——公司印章返还纠纷

公司印章属于公司财产,公司有权要求无权占有人返还公司印章。公司法定代表人作为公司的意思表示机关,有权代表公司要求他人返还公司印章。在发生人章冲突、章章冲突、人人冲突等非常情况时,印章争夺战往往会变得格外惨烈。印章返还纠纷是一个非常棘手的公司治理难题,常常耗时耗力,却得不到很好的解决,有些人甚至为了争夺印章的控制权受到行政处罚甚至锒铛入狱。

法定代表人有法定的印章持有权,而公司的股东、董事、经理或公司内外的其他人等也可通过规定、约定等方式合法持有公司印章,从而获得印章的合法持有权。

实践中会出现大量非法持有公司印章的情形,即某人未经授权持有公司印章,或者授权期限已过、授权被剥夺仍然拒绝返还公司印章,或者根本就无权占有、使用公司印章,却持有公司印章。此时,公司如果要求相关人员返还公司印章,相关人员应当返还;如果相关人员不返还,就会产生印章返还纠纷。如果双方协商不成,公司可能通过诉讼途径拿回印章。

一、公司有权主张持有人返还印章

1. 公司印章属于公司财产,公司有权要求无权占有人返还公司印章

在北京兴园顺达市政工程有限公司与唐某华公司证照返还纠纷案[案号:(2015)三中民(商)终字第08974号]中,北京市第三中级人民法院经审理认为,公司是企业法人,有独立的法人财产,享有法人财产权。公司公章、证照是公司的合法财产,公司对其所有权受法律保护,任何单位和个人不得侵犯。当公司的公章、证照由他人无权控制、占有时,公司有权要求返还。本案中,唐某华主张其持有公司公章、证照的依据为其是公司股东、办公室主任,但唐某华未能提交证据证明其对公章、证照的管理和控制有公司章程规定或公司决议等有效授权,且唐某华已于2014年10月25日离开兴园顺达公司,故唐某华无

权继续持有相关公章和证照。兴园顺达公司作为上述公章、证照的所有权人,主张唐某华予以返还,于法有据,应予支持。

2. 公司法定代表人作为公司的意思表示机关,有权代表公司要求他人返还公司印章

在滨州市中金豪运置业有限责任公司、于某河与青岛中金实业股份有限公司、司某彬公司证照返还纠纷案[案号:(2013)鲁商终字第145号]中,山东省高级人民法院经审理认为,滨州中金公司起诉主张青岛中金公司返还公司证照,而青岛中金公司二审中主张股东会决议应予撤销,根据《公司法》①第二十二条第二款"股东会或者股东大会、董事会的会议召集程序、表决方式违反法律、行政法规或者公司章程,或者决议内容违反公司章程的,股东可以自决议作出之日起六十日内,请求人民法院撤销"的规定,青岛中金公司应在法律规定的期间内另行提起公司决议撤销之诉。至二审法庭辩论终结前,青岛中金公司并未提起公司决议撤销之诉。作为滨州中金公司的股东,青岛中金公司应受2012年8月29日股东会决议的约束。

本案股东会决议已产生了新的法定代表人田某国,其作为公司法人的意思表示机关,对外有权以公司的名义从事法律行为,对内有权主持公司的经营管理工作。公司证照、印章等作为公司财产和公司经营活动中进行意思表示的手段,应当由公司法定代表人进行管理。本案青岛中金公司持有滨州中金公司的证照、印章等,并利用持有的印章对案外人的借款提供担保,导致滨州中金公司的工商变更登记无法进行,公司活动无法正常开展,损害了滨州中金公司的利益,青岛中金公司应当将上述证照印章等予以返还。一审判决认定事实清楚,适用法律正确,依法应予维持。

3. 公司办理新的证照后,为保护公司财产安全,仍有权要求无权占有人返还原证照

在北京顺鑫建筑规划设计研究院有限公司与邢某融公司证照返

① 指2018年《公司法》。——笔者注

还纠纷案[案号:(2016)鲁02民终3806号]中,青岛市中级人民法院经审理认为,邢某融取得山东分公司相关证章是基于其与顺鑫公司签订的承包经营协议及延期协议,双方的承包合同关系终止,未经顺鑫公司同意,邢某融无权继续以山东分公司的名义对外开展新的业务,顺鑫公司虽然通过刊登遗失公告的方式办理了新的证章,但这并不妨碍邢某融向顺鑫公司返还原来的证章,否则将使山东分公司的民事行为能力受到限制,财产安全处于风险之中。

二、有权代表公司主张返还印章的主体

公司印章持有返还纠纷在实践中较为常见,往往发生在公司股东之间、管理层之间出现重大变动或者矛盾激化之时,各方为了能够强力控制公司而私自霸占或者藏匿公司印章。因此,当公司印章被某个股东或者实际控制人单独藏匿或霸占时,如果公司或其他股东不采取进一步措施,往往会给公司或者其他股东的利益造成重大损失,导致公司不能正常运行。司法实践中,能够在此种纠纷中代表公司主张印章返还的主体主要有以下几个:

1. 公章证照返还之诉的诉讼主体是公司,法定代表人有权代表公司,以公司名义提起诉讼。

在黄某与九观国际咨询(北京)有限公司公司证照返还纠纷案[案号:(2014)三中民终字第04174号]中,关于宋某是否有权以九观咨询公司的名义提起本案诉讼,北京市第三中级人民法院经审理认为,黄某及宋某一致认可宋某为九观咨询公司执行董事,黄某为九观咨询公司监事。《九观咨询公司章程》第十九条规定:执行董事为公司的法定代表人,由股东会选举产生,任期3年,任期届满,可连选连任。宋某作为九观咨询公司的执行董事,根据公司章程,同时应为公司的法定代表人,且宋某确为九观咨询公司工商登记的法定代表人。黄某主张公司章程签订于2011年5月12日,宋某当日成为九观咨询公司的执行董事,现3年任期已满,宋某不再是九观咨询公司的执行董事,亦无权作为公司的法定代表人。执行董事是不设董事会的有限责任公司正

常经营不可缺少的重要职能机关，参照《公司法》[①]第四十五条第二款“董事任期届满未及时改选，或者董事在任期内辞职导致董事会成员低于法定人数的，在改选出的董事就任前，原董事仍应当依照法律、行政法规和公司章程的规定，履行董事职务”，宋某执行董事任期虽满，在未及时改选产生新任执行董事前，为维护公司的正常经营、保护公司利益，由宋某继续履行执行董事职务并无不当。公司章程既已规定执行董事为法定代表人，黄某虽不认可宋某的法定代表人身份，但并未就其主张提供充分的事实及法律依据；宋某为维护公司利益，作为法定代表人，以公司名义提起本案诉讼并无不当。关于黄某是否应当返还其持有的公司证照，法院认为，根据《物权法》第三十四条规定，无权占有不动产或者动产的，权利人可以请求返还原物。公司营业执照、印章等证照为法人履行职责、行使职权、维护公司正常运营所需，公司当然拥有上述证照的所有权。黄某主张其持有公司相关证照系根据与宋某之间的约定及公司的规章制度，但其并未就此提供充分证据，法院对其该项主张不予采信。

2. 在工商登记的法定代表人与公司决议确定的法定代表人发生冲突时，应以公司决议确定的法定代表人作为公司的诉讼代表人，要求返还公司印章。

在上海旺盛企业发展有限公司与张某公司证照返还纠纷案［案号：(2014)姑苏商初字第0583号］中，苏州市姑苏区人民法院经审理认为，公司法定代表人变更属于公司意志的变更与公司内部人事关系的变化，应遵从公司内部自治原则，只要公司内部形成了有效的变更决议，就应在公司内部产生法律效力，新选任的法定代表人可以代表公司的意志。公司作为商事主体，对法定代表人变更事项进行登记，目的是向社会公示公司代表权的基本状态，属于宣示性登记而非设权性登记，因此股东会决议变更法定代表人的，即使工商登记未变更，也不影响公司内部变更新法定代表人意志的确定。综上，在谁有权代表公司进行诉讼的问题上，应以公司章程、股东会决议等内部有效决议

① 指2013年《公司法》。——笔者注

文件来确定公司意志代表。在本案中,全体股东形成的选举黄某銮为公司法定代表人兼执行董事、张某不再担任公司法定代表人兼执行董事的决议合法有效,虽然工商登记的法定代表人未变更,但并不影响公司新选任法定代表人的资格和职权……被告张某已无权保管公司公章和营业执照,其负有返还上述公司证照的义务。法院支持了原告的相应诉讼请求。

3. 在公章控制人与法定代表人不一致时,应当由法定代表人行使公司意志的代表权。

在盛某与北京日邦印刷有限公司公司证照返还纠纷案[案号:(2014)三中民终字第08670号]中,北京市第三中级人民法院经审理认为,在公章控制人与法定代表人不一致时,法定代表人有权代表公司提起诉讼。本案中,法定代表人与公司公章控制人并非同一人,根据《民事诉讼法》第四十八条第二款的规定"法人由其法定代表人进行诉讼",法定代表人是公司意志的代表机关,在公章控制人与法定代表人不一致时,应当由法定代表人行使公司意志的代表权。在无相反证据证明时,法定代表人以公司名义作出的行为应当视为公司的行为,詹某晴作为日邦公司法定代表人,有权代表公司提起诉讼,诉请公司证照返还。公司相关证照的所有权人为公司,其他人占有或控制公司的证照应当有公司的授权。盛某主张其系依据职权具有日邦公司证照的管理和控制权,但未能提交充分证据证明其对证照的管理和控制有章程规定或董事会决议等公司的有效授权,所以在日邦公司与盛某就证照返还问题产生纠纷后,其无权继续控制或管理相关证照。詹某晴作为日邦公司的法定代表人代表公司诉请返还相关证照,盛某作为相关证照的实际控制人具有返还义务。

4. 在公司公章缺位时,法定代表人签字可代表公司意志。

在于某新与北京有朋同创科技发展有限公司公司证照返还纠纷案[案号:(2016)京02民终8037号]中,北京市第二中级人民法院经审理认为,有朋公司作为独立民事权利主体,对公司的公章、发票专用章、营业执照副本等依法享有保管、使用的权利,并且在上述权利受到侵害时，有权请求返还相关证照。本案中，有朋公司登记在案的法定代表人为冯某，故冯某代表公司提起本案诉讼不违反法律规定。在公司公章缺位时，法定代表人的签字可以代表公司意志。根据已查明的事实，于某新认可其作为有朋公司股东及监事，自2015年7月开始实际控制和使用有朋公司公章、发票专用章、营业执照副本等，有朋公司起诉要求于某新返还相关印章、证照及财务账簿、财务凭证的诉讼请求，于法有据，一审法院予以支持，处理并无不当。

如果法院连法定代表人的身份也无法确定，相关人员就暂时无法以法定代表人的身份代表公司向法院提起诉讼、主张返还印章。

在军安投资集团有限公司与彭某胜、陈某公司证照返还纠纷案［案号：(2016)鲁01民终5005号］中，济南市中级人民法院经审理认为，代表军安公司提起本案诉讼签署起诉状及授权委托书等相关诉讼材料的均系边某奎。根据已有证据，边某奎不能证明其作为军安公司法定代表人的身份得到了进一步确认。且在陈某二审提交的其他诉讼执行文书中关于军安公司的代表人亦多次出现不同的记载，对于边某奎是否具有军安公司合法的法定代表人身份，本案双方当事人仍存有争议，故法院尚无法作出边某奎是军安公司合法的法定代表人的认定，也无法确认由边某奎签署起诉状、授权委托书等诉讼材料而提起的本案诉讼系军安公司的真实意思表示。根据《民事诉讼法》第四十八条第二款“法人由其法定代表人进行诉讼”、最高人民法院《关于适用〈中华人民共和国民事诉讼法〉的解释》第五十条“法人的法定代表人以依法登记的为准，但法律另有规定的除外”的规定，边某奎签署起诉状代表军安公司提起本案诉讼不符合法定条件。

5.公司依照法定程序变更公司的法定代表人后，被变更的原法定代表人有义务返还公司印章。如果原法定代表人拒绝返还公司印章，新法定代表人可以在起诉状上以签字的形式代表公司起诉。

在苏龙(沭阳)畜牧苗猪市场有限公司与郑某华公司证照返还纠纷案［案号：(2015)宿中商终字第00185号］中，宿迁市中级人民法院经审理认为，苏龙苗猪公司监事顾某根提前15日通知了全体股东召开股东会,以2/3有表决权的多数股东表决通过本案股东会决议,并将股东会决议内容书面通知了全体股东,无论是程序还是决议内容,均符合公司章程以及法律的规定,合法有效,因此该股东会决议对公司全体股东具有法律约束力。苏龙苗猪公司原法定代表人郑某华被罢免法定代表人职务后,无权占有公司公章。顾某根作为新的法定代表人,是代表公司真实意思表示的实质法定代表人,其当然有权签署文件并以公司的名义提起诉讼,即本案原告主体资格适格。据此,本案中,郑某华在苏龙苗猪公司2014年10月8日股东会决议后,已不再担任该公司的法定代表人,无权持有公司的证照。公司作为证照的所有权人,有权要求其立即返还。郑某华应当根据股东会决议要求向公司移交营业执照原件、公章、财务章、合同专用章、税务登记证、组织机构代码证和财务资料等公司证照。

下述案例也体现了与前述法院一致的裁判观点。

在严某华与上海昌城实业有限公司公司证照返还纠纷案[案号:(2014)沪二中民四(商)终字第885号]中,上海市第二中级人民法院经审理认为,昌城公司要求严某华返还公章的诉请能否成立,首先需要判断昌城公司的诉讼主体资格是否适格。昌城公司依照法定程序召开股东会会议并于2013年11月15日形成《临时股东会决议》,决议内容包括将昌城公司的法定代表人由严某华变更为王某华等。严某华未对该决议的效力提起过诉讼,该决议合法有效,昌城公司的法定代表人依法变更为王某华。由王某华签字可以代表昌城公司提起本案诉讼。严某华承认昌城公司的公章仍由其保管,故昌城公司有权要求其返还公章。据此,法院判决严某华返还昌城公司公章。

三、印章返还纠纷的管辖和其他问题

1. 印章返还纠纷的管辖问题

对于公司印章返还纠纷,实践中存在两种观点。

第一种观点认为,本类案件的请求权基础是基于侵权法律关系,故由侵权行为实施地、侵权结果发生地或被告住所地法院管辖。

第二种观点认为，根据最高人民法院《民事案件案由规定》，“公司证照返还纠纷”位于“二十一、与公司有关的纠纷”之列，故不适用《民事诉讼法》及其司法解释关于侵权责任纠纷管辖的规定，应由公司住所地的人民法院审理。

笔者认为，2020年《民事案件案由规定》已经明确规定“公司证照返还纠纷”属于“与公司有关的纠纷”。故，“公司证照返还纠纷”不适用关于侵权责任纠纷管辖的规定，而是适用公司住所地的人民法院管辖规则。此规则更有利于公司提起诉讼，也更有利于审判程序的进行以及裁判文书的执行。

在郑某龙与上海宸聿装饰设计工程有限公司公司证照返还纠纷案[案号:(2020)沪02民辖终241号]中，上海市第二中级人民法院经审理认为，本案系公司证照返还纠纷。根据相关法律规定，因公司设立、确认股东资格、分配利润、解散等纠纷提起的诉讼，由公司住所地人民法院管辖。另，根据相关司法解释规定，因股东名册记载、请求变更公司登记、股东知情权、公司决议、公司合并、公司分立、公司减资、公司增资等纠纷提起的诉讼，依照《民事诉讼法》第二十六条的规定确定管辖。本案系公司证照返还纠纷，属于与公司有关的纠纷，应当由公司住所地人民法院管辖。

再来看下述案例，最高人民法院的观点与前述法院的裁判观点一致。

在恒富创业投资企业、利迅投资(香港)有限公司损害公司利益责任纠纷案[案号:(2017)最高法民辖终391号]中，最高人民法院经审理认为，本案系损害公司利益责任纠纷。依照最高人民法院《民事案件案由规定》，损害公司利益责任纠纷已被明文列入“与公司有关的纠纷”，不在“侵权责任纠纷”之列。因此，有关损害公司利益责任纠纷的地域管辖，不适用《民事诉讼法》及其司法解释关于侵权责任纠纷的规定。此外，因本案审理可能涉及收集调取与公司利益相关证据、审查股东代表诉讼的必要性和合法性等，本案由公司住所地人民法院管辖为宜。

2. 公司印章返还纠纷中，不允许债权人运用留置制度进行抗辩

在林敦国际贸易(上海)有限公司与孙某公司证照返还纠纷案[案

号：(2014)浦民二(商)初字第2353号]中，上海市浦东新区人民法院经审理认为，根据我国《物权法》第二百三十一条，债权人留置的动产应当与债权属于同一法律关系，公司证照属于公司所有的财产，虽然员工在职期间作为占有辅助人合法持有公司证照，但离职后即应将公司证照予以返还，此与公司是否为员工缴纳社保费用并无法律上的关联。员工如要求公司缴纳相关费用，应另行通过合法途径解决，扣留公司证照没有法律依据，孙某应当返还案涉公司财物。

四、印章返还纠纷处理方式参考

(一)公司印章返还纠纷之非诉讼途径

解决印章返还难题，无外乎非诉讼途径和诉讼途径两种。非诉讼途径包括协商、举报和报案等。因为解决印章返还纠纷在实践中常常耗时耗力，单位由于正常的生产经营需要，对印章的及时返还通常要求迫切，或者控制权争夺战中双方矛盾尖锐，导致个别单位或者个人采取私力救济的方式来争夺印章。

1. 私力救济的可能性与法律风险

公司印章与法定代表人同为公司控制权的两大要素。如果公司印章被夺走、被盗，或者被他人非法持有，是否可以私力救济的方式恢复公司对印章的支配呢？

“私力救济”是指权利主体在法律允许的范围内，通过实施自卫行为或者自助行为来救济自己被侵害的民事权利。在现代社会中，私力救济依然保持了它自己的领地，与公力救济相辅相成、互为补充。《民法典》第一千一百七十七条对自助行为作出了明确规定：“合法权益受到侵害，情况紧迫且不能及时获得国家机关保护，不立即采取措施将使其合法权益受到难以弥补的损害的，受害人可以在保护自己合法权益的必要范围内采取扣留侵权人的财物等合理措施……”由此可见，自助行为的前提条件是由于情势紧迫，受害人不能及时得到公权力的救助。同时，权利若不及时受到保护，受害人的合法权益可能永远无法实现，或者将使实现难度变得异乎寻常。

在具备了迫不得已需要私力救济的条件时，可以实行自助行为，但不应超过必要限度。自助行为所加于债务人的损害，自助行为人可不承担赔偿责任，即阻却违法性。受害人采取的措施不当造成他人损害的，应当承担侵权责任。采取私力救济方式超过必要限度的，还可能承担其他法律责任，如《治安管理处罚法》第四十条规定："有下列行为之一的，处十日以上十五日以下拘留，并处五百元以上一千元以下罚款；情节较轻的，处五日以上十日以下拘留，并处二百元以上五百元以下罚款：……（三）非法限制他人人身自由、非法侵入他人住宅或者非法搜查他人身体的。"受害人采取私力救济时触犯刑事法律的，还可能会被追究刑事责任。

因此，在公司印章被无权占有人控制、侵夺或者印章被盗时，公司可采取适度的私力救济方式，将印章拿回。公司或者相关人员在采取私力救济手段时，最好能够提前听取法律专业人士的意见，避免出现违法犯罪行为。特别需要强调的是，采取的自助行为不应超过必要的限度，不应该采取限制他人人身自由或非法搜查他人住宅、人身的方式强拿硬要。在通过私力救济无法实现目的时，公司可进一步采取协商、举报、报案以及仲裁或诉讼的方式解决印章返还纠纷。

2. 协商解决印章纠纷的基本要点

第一，协商解决的可行性分析。

公司印章的把持、保管和使用问题，涉及公司内部治理结构和制度。公司印章应由谁把持、保管和使用，属于公司内部的权力分配，公司内部的事务应该由公司股东自己作出决定。因此，在产生印章持有纠纷时，股东之间可以根据案件具体情况协商解决。

通常来说，印章持有和返还纠纷造成的损失随着时间的推移或事件进程的不断发展而不断扩大加深。为了达到止损的目的，公司应尽早形成股东、相关人员之间的合意，在协商过程中可借助专业人士的知识、技能和智慧。专业人士应当根据事实和法律规定，结合公司股东、相关人员的不同意见，提供一个甚至若干个可行的方案，作为大家协商一致或者形成多数意见的参考。

印章遗失、被抢、被盗、损坏的，公司股东可协商一致，重新申请刻制印章，并安排法定代表人处理印章的挂失和重新刻制事宜。在公司想拿回被他人控制的印章时，可以通过改组董事会、重新选举法定代表人等方式，要求非法控制印章的人交回印章。如果协商不成，可以及时寻求政府机关、司法机关等的公力救济。

第二,协商解决的成效。

从普遍性的角度分析,协商是否可以解决公司印章持有和返还纠纷,效果无法预测。具体到个案中,根据每个案件中公司及其相关人员的不同情况,单独使用协商的方式,或者将协商与其他纠纷解决方式相配合,是否可以相对有效地解决纠纷,需要根据个案的复杂程度和矛盾大小、冲突各方人员的特点、需求和博弈力量对比以及解决方式的适配性等因素来综合评估。

通常来说,印章持有和返还纠纷不是一个浅表性纠纷,而是基于深层次的矛盾引发,因此,协商解决的难度不小。并且,协商解决印章持有和返还纠纷,还要面临其他诸多需要关注的问题:(1)协商谈判由于缺乏强制力,可能会导致协商和谈判过程冗长、乏味且毫无成效;(2)由于深层次的矛盾基础,合适的解决方案比较难被提出并被各方接受;(3)专业技术人员的支持会帮助各方达成协议,但是专业技术人员的自身局限性会导致其在协商谈判过程中的影响力较弱。

总之,公司可以通过协商方式解决印章持有和返还纠纷,但是只通过协商和谈判期待解决一个暗藏深层次、重大矛盾的显性冲突,无疑是困难的。

3. 举报、报案解决印章持有纠纷的适用

举报和报案,主要是指机关、团体、企事业单位、各类组织以及公民个人(包括被害人)将发现的有违法(包括党纪国法)和犯罪嫌疑的事实或犯罪嫌疑人向党、政、司法机关报告的行为。现实生活中,狭义的报案一般是向公安机关寻求法律帮助的行为。公安机关既是国家行政机关,又担负着刑事案件的侦查任务,除处理一般行政管理事务外,主要受理刑事案件、治安案件以及需要公安机关迫切处置的紧急求助等,民事纠纷不在公安机关的受案范围之列。实际上,接受报案的机构远不止公安机关,司法机关(法院)、除公安机关之外的行政机关、党的机构(包括但不限于党的纪律检查机构)都可以接受来自各方的涉嫌违法违纪和犯罪的举报。有些接受举报的单位或者机构(包括单位的内部机构)由于自身职权的限制,只能接受相关事项的举报和报案。

关于印章持有纠纷的举报和报案,一般包括两种类型。一种是法律规定应当报案,不报案的话,单位可能承受更多的不利法律后果。比如,印章被盗抢和遗失,单位只有通过向公安机关报案,向社会公众公示印章被盗抢和遗失的情况在何时发生,才能豁免其后与该印章相关的合同纠纷或者其他纠纷引发的法律责任，才可能合法地刻制新的印章。另一种是单位将举报、报案作为可供选择的一种维护权利的手段，或者作为与控制权争夺战中的相对方博弈的一种手段。这种情况下的举报、报案是我们要讨论的核心话题。

抢夺公章如何定性、罪与非罪的界限、此罪与彼罪的区分，众说纷纭，争议巨大。如果是与公司无甚关联的外人，无正当理由抢夺公司公章等财物，则有可能涉嫌触犯刑法的抢劫罪、寻衅滋事罪或聚众哄抢罪等罪名。如果是公司股东，因股东纠纷，以非正常手段抢得公司印章，其获得公司印章的事实上控制权的行为有可能属于自治事项，但是其获得公司印章的手段是否具有违法性甚至构成犯罪，则要看其采取的手段是否触犯了《治安管理处罚法》或《刑法》，即是否存在《治安管理处罚法》规定的情形，或者构成犯罪。如果相对方存在违法乃至犯罪的情形，单位或者相关人员可以举报、报案，通过合法手段，实现将印章取回的目的。

如果控制权争夺的相对方以合法手段将印章拿走，或者本来其是合法持有印章，由于公司决议确定其应当交回印章等，造成其持有印章的行为变成非法，在这种情况下，非法持有印章的行为不构成犯罪，属于民事纠纷。最高人民法院《民事案件案由规定》规定了“公司证照返还纠纷”。公司或者相关人员以印章非法持有人侵占公司各种财物等为由向公安机关报案，立案很难成功。但是可以尝试，印章侵占人因为惧怕公安机关，或许有协商的可能性。万一报案获得受理，对侵占人通常会产生极强的威慑效果，有助于问题的解决。

4. 印章争夺战中，重新刻制印章的方案是否可行

印章争夺战中，公司可以通过形成合法有效的决议变更印章管理人，要求非法占有人返还印章。一旦决议生效，原管理人就丧失了占有公司印章的权利基础，合法占有也随即转变为非法占有。但是公司应将合法有效的决议送达给原管理人，且决议中应载明要求原管理人进行印章移交工作的具体内容。如果原管理人未按照章程规定或决议要求移交印章，在公司印章被原保管人非法占有时，最快捷的办法是公司将失去控制权的印章宣布作废并重新补办。

若公司证照处于失控状态，实践中补刻印章将会面临尴尬境地。一方面，补办营业执照需要提交加盖公章的申请材料，公章遗失的则可提交有全体股东签字、盖章的关于补办营业执照的情况说明予以替代，全体股东签字和盖章不具有可行性；另一方面，补刻印章，营业执照又是必要材料之一，且无法通过其他任何补正材料替代。当印章原管理人同时是公司股东时，显然无法满足以上补办条件。

更为尴尬的是，即便是单位采取某种方式补刻了印章，在多数情况下，补办的印章和之前的印章会形成新旧印章之间的冲突，新印章可能会被法院认定为无效印章。因为法院倾向于认为，公司旧印章实际上并未丢失，只是印章争夺战导致印章被争夺战中的一方所控制。当然，法院也会在特殊情况下认定公司新刻制的印章有效。但是，前者属于类案裁判规则，后者属于特例，后者不能被作为类案来效仿。

由此可见，在印章争夺战中，补刻印章可能并非明智之举。单位决定重刻印章之前要慎重考虑好风险得失，避免由此导致局面更复杂，给单位造成的损失更严重。

（二）公司印章返还纠纷之诉讼途径

如果无法通过非诉途径解决公司印章被非法占有的问题，则需要通过提起公司证照返还之诉解决问题。公司证照返还之诉的本质为侵权之诉，非法占有人侵犯的是公司对印章的所有权。因此，公司作为权利受害人，有权提起公司印章返还之诉。如果股东协议等约定通过商事仲裁解决印章持有纠纷，商事仲裁可能就是股东之间解决印章持有纠纷的必要途径。公司也有可能因为约定成为仲裁当事人之一。鉴于通过仲裁解决印章持有纠纷实践中少见，而且与诉讼相类似，下文将只讨论印章返还的诉讼问题。

1. 主动提起诉讼的困境和问题的解决

公司陷入印章持有纠纷时，若双方经协商无法解决争议，公司有权向人民法院提起诉讼维护自己的合法权益。尽管诉讼可能是一个漫长的过程，但它往往是最终解决问题的方式。当事人可以借助专业人士的帮助，灵活运用诉讼手段，寻求法律救济。

由于公司已丧失对印章的占有，直接起诉将面临无法在起诉状上加盖公章的窘境，所以实践中一般会分两种情形摆脱该困境：侵权人非公司法定代表人的，可由法定代表人代表公司提起印章返还之诉，或者法定代表人签署授权委托书，由受托人代表公司提起印章返还之诉。基于公司工商信息的对外公示制度，公司的法定代表人是唯一受法律认可且为第三人所信赖的公司意志的代表人,在公司公章缺位时,法定代表人即可代表公司对外做出民事行为,法定代表人的签字可代表公司的意志,这样就化解了公司起诉却面临起诉状无法加盖公章的窘境。但是应注意,此时法定代表人是以公司的名义起诉,而非以法定代表人个人的名义起诉。

如果侵权人是法定代表人,为防止其随意使用持有的公司印章做出损害公司利益的行为,公司股东会和董事会可以通过决议罢免原法定代表人并任命新的法定代表人,由新的法定代表人对侵权人提起公司印章返还之诉;或者形成决议授权某一股东代表公司对侵权人提起诉讼。当然,公司需要特别注意会议召集、召开以及作出决议过程中程序的合法性。

2. 侵权人系法定代表人时公司追回印章的大致操作流程

现实永远比理论要精彩得多,因此无法形成一个公司印章追回"公式"。但是,鉴于此类案件的相似度比较高,笔者将大致的、可能发生的诉讼流程概括出来,列举如下:

(1)召开股东会和董事会形成任免、更换法定代表人的决议。此处需要引起重视的是,股东会需要决议的事项除免去原法定代表人外,还需要同时确定新的法定代表人。

(2)修改公司章程。如果公司章程明确了法定代表人的名字,例如,公司章程载明"公司法定代表人由某某担任",建议更换法定代表人时务必同时修改公司章程,否则市场监督部门不一定支持法定代表人的变更。当然,此时股东过半数同意即可修改公司章程此项内容,无须2/3多数通过。

(3)新的法定代表人持公司相关决议到市场监督部门申请变更登记。当然,这个过程是否能顺利完成,得看当地市场监督部门的通常做法和态度。

(4)提起变更公司登记之诉。在原法定代表人拒绝配合进行工商变更登记的情形下,新法定代表人可作为原告,根据有效的股东会决议,以原法定代表人及公司作为被告,提起变更公司登记之诉,要求原法定代表人及公司配合办理变更登记。特别需要注意的是,这个诉讼不是证照返还之诉的前置条件,但是有可能需要发起。

(5)如果股东对于撤换法定代表人的决议效力有异议,则股东会决议的效力就成为股东之间诉争的对象,异议股东可提起确认股东会、董事会决议无效和可撤销之诉,以否定股东会、董事会决议的效力。需要特别提醒的是,在异议股东提起确认股东会决议效力之诉后，作出决议一方的股东应慎重审查作出股东会决议的召集流程、通知程序、表决方式是否符合公司法及公司章程的规定。如果自行筛查过程中发现存在瑕疵，应当进行补救或重新召开股东会并作出有效决议。在公司证照返还之诉中，这个流程是被动的。

(6)新的法定代表人以公司名义与原法定代表人联系或发函，要求其返还公司印章，并保留原法定代表人持有公司印章却不予返还的证据。新的法定代表人在被公司决议确定后，即可要求原法定代表人返还公司印章，无须任何前置条件。

(7)提起公司证照返还诉讼。此诉讼一般不需要以法定代表人变更之诉为前提，只要公司决议变更了法定代表人，即可进行操作。

特别需要公司注意的是，如果原法定代表人持有公司证照，那么，公司应当预见到，在审理过程中，原法定代表人可能会向法院递交加盖公章的撤诉申请书、撤销代理人委托资格申请书等文件。因此，公司应提前向法院提供相关材料表明，根据公司决议，原法定代表人已经不能代表公司发表意见，其所使用的印章因涉诉存在争议，其可能提交的盖有公司公章的撤诉申请书等文件不应具有法定效力。同时，公司还可以将原法定代表人提交的上述申请书等盖章文件作为证据，证明相关印章被原法定代表人持有的事实。因为只有存在原法定代表人持有印章的事实，才有要求其返还的事实基础。

(8)申请法院强制执行。在经由法院作出生效判决后，如果原法定代表人依旧拒绝配合办理法定代表人变更，则可申请法院强制执行。如果印章非法持有人拒绝返还印章，申请强制执行是不可避免的。如果采取强制执行措施也取不回来印章，就只能重新刻制印章了。在这种情况下，法院应当会支持公司重新刻制印章。

公司印章返还纠纷是近来比较常见的诉讼，公司证照代表公司的身份和意志，其实质还常常会涉及公司内部治理中公司控制权的争夺，因此不论是小公司还是大企业，都应当充分重视制定并完善公司印章、证照管理和使用规范，避免此类纠纷的发生。一旦发生纠纷，应采取及时、有效的应对措施，降低单位面临的风险，减少单位的损失。

第十七节　涉印章行政责任

普通印章在刻制、保管、使用等各个环节可能会涉及相关单位和个人的行政法律责任。随着电子印章逐步兴起和越来越广泛地运用,其申请、制作、管理、使用等环节可能涉及的行政法律责任也会越来越受到单位和相关人员的重视。

在行政法理论上,行政法律责任是行政法律关系主体由于违反行政法律义务构成行政违法而应当依法承担的否定性(不利的)法律后果。通俗地讲,就是行为人不依法行事,行政机关就会用行政手段处罚行为人。任何单位都可能成为行政法律关系的主体。在单位日常经营管理过程中,印章是表明单位身份、维护和体现社会诚信制度的基本手段和凭证。那么,作为行政法律关系主体的单位在印章的刻制、保管、使用、销毁等环节中可能会涉及哪些行政法律责任的承担呢?

一、印章在刻制过程中可能涉及的行政法律责任

由于印章种类较多,功能各异,且不同用印主体对印章需求不同,针对印章刻制、保管、使用、销毁,目前全国性、专门性的法律规范很少,印章管理法律规定更多地散见于法规和各地的各类规范中。

关于印章,国家相继出台了《国务院关于国家行政机关和企业、事业单位印章的规定》(国发〔1993〕21 号)、《国务院关于国家行政机关和企业事业单位社会团体印章管理的规定》(国发〔1999〕25 号)以及《社会团体印章管理规定》《民办非企业单位印章管理规定》等规范性文件。但是,这些文件的规定都比较原则,对印章违法违规行为的行政法律责任直接规定很少。只有公安部会同民政部、教育部等部门出台的《社会团体印章管理规定》《民办非企业单位印章管理规定》专门针对私刻、伪造印章的行为设置了 500 元及以下的罚款、警告、收缴非法刻制印章等行政法律责任。

《社会团体印章管理规定》"四、印章的管理和缴销"规定:"……(二)对社会团体非法刻制印章的,由公安机关视其情节轻重,对其直接责任者予以 500 元以下罚款或警告;造成严重后果的,对其主管负责人或直接责任人追究法律责

任。(三)社会团体应建立健全印章管理制度,印章应有专人保管,对于违反规定使用印章造成严重后果的追究保管人和责任人的行政或法律责任……"

《民办非企业单位印章管理规定》"四、印章的管理和缴销"规定:"……(二)民办非企业单位应当建立健全印章使用管理制度,印章应当有专人保管。对违反规定使用印章造成严重后果的,应当追究保管人或责任人的行政责任或法律责任……(八)民办非企业单位非法刻制印章的,由公安机关处以500元以下罚款或警告,并收缴其非法刻制的印章……(九)对未经公安机关批准,擅自承制民办非企业单位印章的企业,由公安机关按《中华人民共和国治安管理处罚法》的规定予以处罚。"

《治安管理处罚法》对伪造、变造和买卖印章的行政处罚方式作出了明确的规定。该法第五十二条规定:"有下列行为之一的,处十日以上十五日以下拘留,可以并处一千元以下罚款;情节较轻的,处五日以上十日以下拘留,可以并处五百元以下罚款:(一)伪造、变造或者买卖国家机关、人民团体、企业、事业单位或者其他组织的公文、证件、证明文件、印章的……"

二、印章在保管、使用过程中可能涉及的行政法律责任

在印章刻制完毕之后,印章如何保管和使用属于单位内部事宜,如何进行用印审批、保管,除特别单位外,都应当由单位自身决定。从现行的规范性文件来看,存在"在内部建立印章管理的规章制度,对印章的使用进行严格审批""应当建立健全印章使用管理制度,印章应当由专人保管。对违反规定使用印章造成严重后果的,应当追究保管人或责任人的行政责任或法律责任"等类似条款,但是都没有明确规定行政法律责任的具体内容。实践中,在印章保管环节出现问题,一般单位都会通过内部的规章制度对责任人给予相应的处罚,但难以找到统一的法律依据由行政机关对责任人进行行政法律责任的追究。

在印章使用过程中,还涉及印章更换、遗失、被抢、被盗等特殊情况。根据《社会团体印章管理规定》的规定,需更换印章的,应交回原印章,重新提出申请,经核准后,刻制新的印章;社会团体印章丢失,经声明作废后,按程序申请重新刻制。但是,现行法律规范并未对违反前述规定导致的行政法律责任作出明确规定。

在地方的法规、规范性文件中对此亦有所规定。比如,《上海市印章刻制业

治安管理办法》规定，未按规定更换印章的，可能面临“缴销其公章，处警告、500元以上1000元以下罚款”的行政处罚。因而，各单位在具体的印章使用、保管过程中应注意所在地方的规范，避免遭受行政处罚。

三、印章在销毁过程中可能涉及的行政法律责任

各种印章在完成其使命之后，单位需要将该印章上缴至主管机关，进行封存或销毁。比如，《民办教育促进法》规定，终止的民办学校，由审批机关收回办学许可证和销毁印章，并注销登记。对于这一环节的行政法律责任，现行规范性文件也未作出明确规定。

四、电子印章申请、制作、管理、使用过程中可能涉及的行政法律责任

2019年发布的《国务院关于在线政务服务的若干规定》确认了在政务服务中推广使用电子印章，肯定了电子印章与实物印章具有同等法律效力。随着技术手段的发展与社会主体便捷开展活动的需要，电子印章在越来越多的场合得以运用。但是，目前电子印章相关规范仍在不断地完善过程中，关于电子印章申请、制作、管理、使用可能涉及的行政法律责任在全国性层面并无明确规定。

《天津市电子印章管理暂行办法》第二十三条第二款规定：“对伪造、变造、冒用、盗用电子印章或者提供虚假申请材料申请电子印章的，应当依法予以处罚；对国家和他人造成损失的，应当承担相应赔偿责任。”

《广东省电子印章管理暂行办法》第二十三条规定：“对伪造、变造、冒用、盗用电子印章、提供虚假申请材料申请电子印章等非法行为，按照《中华人民共和国电子签名法》《中华人民共和国刑法》《中华人民共和国治安管理处罚法》《中华人民共和国网络安全法》等法律法规有关印章管理规定予以处罚。”

《西安市政务电子印章管理办法（试行）》第二十九条规定：“因使用或管理不当导致政务电子印章丢失、篡改等后果的，由使用单位依法承担相关责任。”第三十七条规定：“政务电子印章应当有专人保管，严禁买卖、出租、出借印章。对违反规定使用政务电子印章的，应当根据情节轻重追究保管人、责任人的责任；构成犯罪的，依法追究刑事责任。因使用人员自身原因导致政务电子印章密钥丢失，并造成损失的，按照相关法律法规的规定追究其责任。”第三十八条规定：“提供虚假申请材料申请政务电子印章或伪造、变造、冒用、盗用政务电子

印章的，应依法予以处罚；给国家和他人造成损失的，应承担相应法律责任。”

上述及类似的地方性法规、规范性文件对于电子印章可能涉及的行政责任均有所规定，但是又语焉不详，这应该与全国性电子印章法律规定的缺乏直接相关。尽管如此，行政执法者依然可以适用相关规定对违法者施以相应的行政处罚。

在泰州市振泰高级中学与台州市教育局、江苏省教育厅教育行政管理行政处罚及行政复议案［案号：(2020)苏01行终503号］中，江苏省南京市中级人民法院经审理认为，振泰高中未依照发放普通高中毕业证书的规定制作、发放毕业证书，而是在其制作的毕业证书上采用彩色打印方式加盖伪造的“泰兴市教育局学籍管理专用章”，发放给其违规招收的学生，该情况由包括已经为相关刑事案件采信的证据等予以证明，故泰州市教育局以《民办教育促进法》《江苏省普通高中学籍管理规定》等相关规定为依据对振泰高中伪造毕业证书的行为予以认定并处罚并无不当。因振泰高中违规招收的计划外学生未在泰州市教育行政主管部门取得学籍，其发放给该部分学生的毕业证书系伪造，相关学生不能在因个人需要时以该毕业证书证明其学历而向教育行政主管部门投诉，振泰高中伪造毕业证书的行为显然不仅侵害了相关学生的合法权利，亦扰乱了正常的普通高中招生秩序。在卷证据证明，振泰高中自2012年至2016年案发时伪造毕业证书达2000余份，故泰州市教育局作出的1号《行政处罚决定书》认定振泰高中伪造毕业证书时间长、数量大亦无不当。

上述案例虽然没有引用关于电子印章的具体规定，但是也可以依据法律和行政法规的相关规定行使行政处罚权力。

综上所述，对于单位在印章的刻制、保管、使用、销毁等环节中可能面临的行政法律责任，现行法律规范并未作出十分全面且具体的规定，且多数规范出台时间相对较早，已无法适应当代社会对于印章管理规范的现实需求。鉴于印章在我国的政治、经济和其他社会活动中一直发挥着极其重要的作用，为确保印章的合法刻制、保管、使用和销毁，保障各个社会主体正常开展经济和社会活动，顺利实现相应的社会目的和价值，印章法律规范有待不断充实和完善。

第十八节　涉印章犯罪

《刑法》规定的与印章直接相关的罪名主要包括伪造、变造、买卖国家机关公文、证件、印章罪，伪造公司、企业、事业单位、人民团体印章罪，伪造、变造、买卖武装部队公文、证件、印章罪，盗窃、抢夺、毁灭国家机关公文、证件、印章罪。《刑法》规定的与印章间接相关的其他罪名主要包括骗取贷款、票据承兑、金融票证罪，合同诈骗罪，提供虚假证明文件罪，出具证明文件重大失实罪，等等。

一、刑事处罚的影响

印章犯罪的主体包括个人和单位。在个人或单位构成与印章相关的各类犯罪后，对个人或单位都会产生重大的影响。

1. 对个人的影响

首先，对个人从事特定职业的资格限制。一是对从事公务员的限制。二是对从事公共事业在特定时间上的限制，如因受刑事处罚，在特定时间内不得担任注册会计师或者执业医师。三是对在企业中从事特定职业的资格限制。如因特定经济犯罪被判处刑罚，或者因犯罪被剥夺政治权利，执行期满5年内不得成为公司的董事、监事、高级管理人员；因故意犯罪受过刑事处罚，不能担任破产管理人等。四是对从事特定行业资格的限制，如禁止从事律师行业。其次，个人因犯罪受刑事处罚对其亲属也会产生不利影响，如子女在入学、就业、征兵、公安政法院校招生等方面会受到影响。

2. 对单位的影响

第一，单位犯罪对单位的直接影响是，单位会受到经济上以及其他方面的处罚；第二，犯罪单位直接负责的主管人员和其他责任人员将面临牢狱之灾，从而影响公司的正常经营，影响公司在社会上的信誉和形象，对公司造成无法估量的损失；第三，根据最高人民法院《关于在审理经济纠纷案件中涉及经济犯罪嫌疑若干问题的规定》第五条第二款"行为人私刻单位公章或者擅自使用单位公章、业务介绍信、盖有公章的空白合同书以签订经济合同的方法进行的犯罪行为，单位有明显过错，且该过错行为与被害人的经济损失之间具有因果关系的，单位对该犯罪行为所造成的经济损失，依法应当承担赔偿责任”的规定，单位在特定条件下需要对利用印章进行的犯罪承担赔偿责任。

因此，无论从哪个角度来看待涉印章犯罪问题，其严重性都是不言而喻的。下面将探讨印章犯罪的具体情形，并简要阐述对印章犯罪的预防。

二、《刑法》规定的与印章直接相关的罪名及刑事责任

《刑法》对涉印章犯罪的规定主要集中在下列两个条文中。

《刑法》第二百八十条规定：“伪造、变造、买卖或者盗窃、抢夺、毁灭国家机关的公文、证件、印章的，处三年以下有期徒刑、拘役、管制或者剥夺政治权利，并处罚金；情节严重的，处三年以上十年以下有期徒刑，并处罚金。伪造公司、企业、事业单位、人民团体的印章的，处三年以下有期徒刑、拘役、管制或者剥夺政治权利，并处罚金……”

《刑法》第三百七十五条规定：“伪造、变造、买卖或者盗窃、抢夺武装部队公文、证件、印章的，处三年以下有期徒刑、拘役、管制或者剥夺政治权利；情节严重的，处三年以上十年以下有期徒刑……”

1. 伪造、变造、买卖国家机关公文、证件、印章罪

当行为人未经国家机关授权，擅自制作国家机关印章或在原有印章的基础上加以改变，侵害了社会公众对于国家机关公务活动的合理信赖和国家秩序，就会构成伪造、变造国家机关印章罪。国家机关既包括行政机关（政府和相关部门），也包括立法机关、司法机关与军事机关，还包括中国共产党的各级机关和中国人民政治协商会议的各级机关。

伪造、变造印章的行为往往与伪造、变造国家机关公文的行为同时出现。现实中，伪造印章与伪造公文、证件之间存在先后关系，先存在伪造印章的行为，后又使用伪造的印章在伪造的公文、证件上盖章，伪造印章及伪造证件、公文的两个行为均入罪。如没有伪造印章的行为，而要求他人伪造国家机关公文、证件的，构成伪造国家机关公文、证件罪。

在周某伪造、变造、买卖国家机关公文、证件、印章案［案号：(2019)甘02刑终28号］中，自2017年至2018年，被告人周某在未取得甘肃省文化厅同意举办“魅力甘肃”青少年才艺大赛暨关爱留守儿童爱心

义演活动批复文件的情况下，在甘肃多地联系、协调、指导承办方举办该项赛事。后又通过电脑扫描制作“甘肃省文化厅”电子印章一枚，且将该印章大量拓印在比赛颁发的荣誉证书上，在收取承办方工本费后，由承办方颁发给参赛选手。2018 年 9 月 21 日，周某被嘉峪关市公安局刑事拘留，同年 9 月 30 日被逮捕。一审法院认为，被告人周某伪造国家机关印章，妨害社会管理秩序，侵犯国家机关的正常管理活动和信誉，其行为已构成伪造国家机关印章罪，应当承担刑事责任。二审甘肃省嘉峪关市中级人民法院维持原判。

本案中，被告人周某在未取得甘肃省文化厅电子印章印文权限的情况下，擅自通过电脑扫描制作“甘肃省文化厅”电子印章一枚，使用于荣誉证书之上，其行为构成伪造国家机关印章罪。

在黄某庆等伪造国家机关公文、证件、印章案[案号：(2019)京 03 刑终 474 号]中，一审法院认定，黄某庆的行为构成伪造国家机关公文、证件、印章罪，伪造公司、事业单位印章罪，伪造身份证件罪；姜某杰的行为构成伪造国家机关公文、证件、印章罪，伪造公司印章罪，伪造身份证件罪；李某亮的行为构成伪造国家机关公文、印章罪，伪造公司印章罪；刘某的行为构成伪造国家机关证件罪。二审法院维持原判。

该案中，由于刘某仅存在购买假证件的行为，法院认定其行为构成伪造国家机关证件罪，其余几人因为同时涉及购买、制作假印章、假证件公文，被同时认定为伪造国家机关印章罪与伪造国家机关公文、证件罪，特别是黄某庆伪造的印章是专门用于其伪造证件、公文服务的，两个行为具有先后顺序，但都能独立构成犯罪。

2. 伪造公司、企业、事业单位、人民团体印章罪

根据《刑法》第二百八十条第二款的规定，伪造公司、企业、事业单位、人民团体的印章的，处 3 年以下有期徒刑、拘役、管制或者剥夺政治权利，并处罚金。

伪造公司印章是以一个现存的公司印章为模板，刻制一个几乎一模一样的印章，包括自己伪造以及委托别人伪造。伪造公司、企业、事业单位印章的行为可由单位员工、单位以外的人实施，因此单位员工伪造本单位的印章，同样可能构成犯罪。编造出一个公司名称刻制印章后利用各种合同欺骗他人的,则可能构成合同诈骗罪等。

规定伪造印章罪是为了维护真实印章的有效性和信用度,维护印章的管理秩序,同时保护公司对第三人的商业信用,所以,伪造印章的行为侵犯了真实印章的管理秩序,伪造的印章既包括公司的公章、专用章,也包括公司内部机构、派出机构、分支机构的印章。如果行为人伪造印章的目的仅为个人欣赏,而不作其他用途,这样的行为很难产生明显的社会危害性,不能认定为犯罪。

在张某伐诈骗、伪造事业单位印章,张某伪造事业单位印章案[案号:(2011)湘高法刑二终字第21号]中,自2005年8月以来,张某伐长期从事合作办学工作,在为中国人民解放军空军工程大学招收地方生过程中,利用欺骗手段骗取学校和学生家长信任,经手收取中介费用1164.8万元。此外,2005年下半年至2006年上半年,张某伐指使张某私刻“湖南长沙市田家炳实验中学”“长沙市麓山国际实验中学”等印章,并用私刻的印章伪造刘某某等11名学生的居住、学籍档案,协助该批学生假冒华侨生身份参加联考以入读国内名牌大学。一审法院认为,被告人张某伐的行为构成诈骗罪、伪造事业单位印章罪;被告人张某的行为构成伪造事业单位印章罪。张某伐不服提起上诉。二审法院维持了一审判决。

本案中,行为人在没有制作权限的情况下,实施了伪造学校印章的行为,并利用伪造的印章制作其他虚假材料以获得利益。学校作为受政府管理领导的社会服务组织,属于事业单位。因此,行为人伪造学校印章的行为构成伪造事业单位印章罪。

在马某其、周某龙伪造公司、企业、事业单位、人民团体印章案[案号:(2016)苏刑再1号]中,李某柱为香港新世纪公司原院长,其负责掌管公章,后公司股东、被告人马某其等人向李某柱索要印章,李某柱拒不返还并表示印章遗失,马某其于2009年8月25日召集人员召开董事会,以李某柱保管的香港新世纪公司印章遗失为由,提出刻制公司新印章事宜,董事会决议(该董事会决议先是被香港高等法院作出禁止令禁止生效,随后香港高等法院解除了该禁止令)同意重新刻制印章的请求。但是,由于马某其没有公司有效证件,无法正常刻制新印章,就委托被告周某龙私刻了一枚。李某柱发现后立即报案,公诉机关诉至法院,一审法院认定马某其等人没有证照的情况下私刻印章,构成伪造印章罪。二审法院维持原判。再审改判马某其等人无罪。

江苏省高级人民法院经审理认为,马某其因李某柱谎称印章丢失,决定召开香港新世纪公司董事会并决议重新刻制印章的行为符合《香港新世纪公司章程》,马某其按照董事会决议让周某龙刻制公司印章,主观上是为了公司及股东利益免遭李某柱进一步损害,系公司行为,原审裁判认定事实错误,法院予以纠正。马某其的无罪辩解成立,法院予以采纳。马某其依照董事会决议让周某龙刻制香港新世纪公司新印章,周某龙受公司正当的工作安排刻制公司印章,不属于犯罪行为。周某龙的无罪辩解成立,法院予以采纳。

关于原裁判以马某其明知没有刻制香港新世纪公司新印章的相关有效证件、无法正常刻制印章的问题,江苏省高级人民法院认为,香港新世纪公司在香港注册成立,属于境外公司,根据《国务院关于国家行政机关和企业事业单位社会团体印章管理的规定》第二十三条"国家行政机关和企业事业单位、社会团体刻制印章,应到当地公安机关指定的刻章单位刻制"的规定,该条款所述的企业属于境内成立的企业,不含境外企业,境内公安机关对境外公司申请刻制印章因不在其管辖范围,无论香港新世纪公司手续是否完备,都不能获得境内公安机关批准同意及出具刻章证明。因此,原裁判把境内公司刻章的相关规定适用于境外公司,没有法律依据。

应该说,对于印章的刻制、使用和相关的法律问题,直至涉嫌犯罪的问题,上面的案例(存在涉外因素)是非常经典的。下面的经典案例说明了买卖事业单位印章是否构成犯罪的问题。

在吕某、曹某伪造、变造、买卖国家机关公文、证件、印章案[案号:(2019)冀06刑终159号]中,公诉机关于2018年7月13日指控,吕某于2018年1月花费1000元向被告人曹某购买伪造的河北农业大学毕业证和学位证,公诉机关认定吕某构成伪造事业单位印章罪。一审法

> 院于 2018 年 12 月 18 日以伪造事业单位印章罪判处吕某管制 6 个月，吕某提出上诉。二审法院发回重审，重审于 2019 年 12 月判决吕某犯伪造事业单位印章罪，免予刑事处罚。吕某再次上诉，二审法院于 2020 年 6 月撤销原判发回重审。2020 年 10 月 27 日，公诉机关以证据发生变化为由，申请撤回起诉，法院于 2020 年 11 月 2 日准许撤回起诉。公诉机关于 2020 年 11 月 26 日对吕某作出不起诉决定。

本案中，吕某没有参与伪造印章，也没有利用伪造的印章制作学历证明，只是出资从贩卖者手中购买伪造的学历证明，买卖事业单位印章不构成犯罪，因此吕某的行为不属于刑法规定的伪造事业单位印章罪。

3. 伪造、变造武装部队公文、证件、印章罪

《刑法》第三百七十五条第一款规定，伪造、变造、买卖或者盗窃、抢夺武装部队公文、证件、印章的，处 3 年以下有期徒刑、拘役、管制或者剥夺政治权利；情节严重的，处 3 年以上 10 年以下有期徒刑。本款规定主要针对的是武装部队的公文、证件、印章。武装部队的证件，是指武装部队制作的，一般用于证明单位和人员的身份、资历、授权、许可、权属等事项的各类凭证和依据。武装部队的印章，是指武装部队使用的单位公章、各种特殊用途的专用章及用于公务的个人印章。这里的伪造，是指本来没有制作权，却冒用武装部队名义非法制作；变造，是指采用涂改、擦涂、拼接等方法，改变原来的内容；买卖，是指购进和出售。

> 在张某强伪造武装部队公文、印章案[案号：(2019)冀 0703 刑初 11 号]中，2014 年 6 月，被告人张某强在与中国石油天然气股份有限公司河北张家口市分公司签订加油站租赁合同补充协议时，通过伪造的“中国人民解放军 93786 部队营房处”印章伪造了该部队证明一份。法院认为，被告人张某强伪造武装部队公文、印章，其行为构成伪造武装部队公文、印章罪，判处拘役三个月，缓刑六个月，缓刑考验期从判决确定之日起计算。

本罪的犯罪对象是武装部队的公文、证件和印章，指向国家的国防利益；伪造、变造、买卖、盗窃、抢夺、毁灭国家机关公文、证件、印章罪的犯罪对象是国家机关的公文、证件和印章，指向社会管理秩序。如果伪造、变造、买卖的是武装部队机关的公文、证件和印章，由于军事机关亦为国家机关的组成部分，此时又触犯伪造、变造、买卖国家机关公文、证件、印章罪，但由于本罪属特别规定，因此应当以本罪定罪量刑。如果行为人既实施了伪造、变造、买卖国家机关印章的行为，又实施了伪造、变造、买卖武装部队印章的行为，则应予数罪并罚。

4. 买卖国家机关公文、证件、印章罪，买卖武装部队公文、证件、印章罪

《刑法》第二百八十条中规定，买卖国家机关的公文、证件、印章的，构成买卖国家机关公文、证件、印章罪，处3年以下有期徒刑、拘役、管制或剥夺政治权利，并处罚金；情节严重的，处3年以上10年以下有期徒刑，并处罚金。

《刑法》第三百七十五条中规定，买卖武装部队公文、证件、印章的，构成买卖武装部队公文、证件、印章罪，处3年以下有期徒刑、拘役、管制或者剥夺政治权利；情节严重的，处3年以上10年以下有期徒刑。

在邹某华、邹某平、谭某强、杨某兰、朱某梧伪造、变造、买卖国家机关公文、证件、印章案[案号：(2021)湘13刑终126号]中，2018年8月，谭某强、杨某兰夫妇二人购置了用于制作并销售假证件的手机、打印机、塑封机等工具，购买或伪造制作假证件所需的印章，从邹某华处购入半成品假证件予以制作并销售假证件。2019年6月25日，民警在出租房内抓获被告人谭某强，从该房内扣押手机、打印机、塑封机等制作假证的工具若干、各类半成品假证件278个，还扣押假印章234枚，其中甘肃省人事厅、常宁市规划局等国家机关印章109个，各类大学、学院、学校、残疾人联合会等事业单位、人民团体印章124个，中国人民解放军武装部队印章1个。法院认为邹某华、邹某平伙同上诉人谭某强、杨某兰伪造、买卖身份证件和伪造、买卖武装部队证件、印章，其行为分别构成伪造、买卖身份证件罪和伪造、买卖武装部队印章罪。

不论是国家机关还是武装部队，其公文、证件、印章具有极高的严肃性，既不允许私自伪造、变造，也不允许为某种目的将其作为交易的对象，即不允许出卖和购进。单位在使用印章过程中，一定要按照正规程序获得和使用，不能通过非法途径买卖印章使用。

5. 盗窃、抢夺、毁灭国家机关印章罪

行为人如果实施了盗窃、抢夺、毁灭国家机关印章的行为，则构成盗窃、抢夺、毁灭国家机关印章罪。《刑法》第二百八十条规定，盗窃、抢夺、毁灭国家机

关的公文、证件、印章的,构成盗窃、抢夺、毁灭国家机关公文、证件、印章罪,处 3 年以下有期徒刑、拘役、管制或者剥夺政治权利,并处罚金;情节严重的,处 3 年以上 10 年以下有期徒刑,并处罚金。

> 在陈某某盗窃、毁灭国家机关印章案[案号:(2016)闽 0924 刑初 86 号]中,2016 年 5 月 27 日,被告人陈某某到寿宁县平溪镇政府党政办签到,发现钥匙插在办公桌抽屉锁孔上,其因对镇政府领导不满,为泄愤报复,趁无人之机,将抽屉内"寿宁县平溪镇人民政府"印章及插在锁孔的钥匙盗走,藏于裤子口袋内,带回其位于寿宁县东区的家中。当晚,陈某某害怕事情败露,将印章、钥匙丢弃于寿宁县东区冯梦龙广场附近的河里,致镇政府经申请重新刻制"寿宁县平溪镇人民政府"印章一枚。寿宁县人民法院认为,被告人陈某某为泄愤报复,采取秘密手段窃取国家机关印章后将之丢弃,其行为已构成盗窃、毁灭国家机关印章罪,公诉机关指控罪名成立。

以上罪名的犯罪主体仅指自然人。如果单位实施了上述行为,不能当然对单位定罪处罚,但对策划、实施犯罪的单位主管人员和其他直接责任人员,应当按照上述规定依法追究刑事责任。

三、《刑法》规定的与印章相关的其他罪名及刑事责任

实践中,单位印章在保管、使用过程中出现的犯罪行为往往作为其他犯罪行为的手段行为出现,从而与其他犯罪行为构成牵连犯。例如,以伪造印章的方式骗取贷款、票据承兑或者金融票证,或者以伪造印章的方式进行合同诈骗等,两种犯罪形成了目的与手段上的牵连关系,构成牵连犯。对此,我国刑法的处理原则是从一重罪处罚,即以行为人实施的重罪定罪处理。

1. 骗取贷款、票据承兑、金融票证罪

《刑法》第一百七十五条之一规定,以欺骗手段取得银行或者其他金融机构贷款、票据承兑、信用证、保函等,给银行或者其他金融机构造成重大损失的,构成骗取贷款、票据承兑、金融票证罪,处 3 年以下有期徒刑或者拘役,并处或者单处罚金;给银行或者其他金融机构造成特别重大损失或者有其他特别严重情节的,处 3 年以上 7 年以下有期徒刑,并处罚金。单位犯前款罪的,对单位判处罚

金,并对其直接负责的主管人员和其他直接责任人员,依照前款的规定处罚。

在陈某旺、施某某骗取贷款、票据承兑、金融票证案[案号:(2017)闽01刑终1346号]中,2012年12月,时任冠都国际集团公司董事长的陈某旺为了解决资金短缺困难问题,与许某、施某某签订《合作备忘录》,约定陈某旺负责与贷款银行高层的沟通和协调、提供融资运作的相关费用;施某某和许某以董事长助理身份介入资金和财务体系运作。之后,陈某旺、施某某、许某合谋利用陈某旺实际控制的公司骗取银行贷款,并安排被告人林某、梁某等人伪造财务报表、购销合同、纳税证明、审计报告等资信证明材料以及采购合同、增值税发票等资金用途材料,加盖公司印章后提交给银行。陈某旺利用其控制的公司以欺骗手段取得银行贷款共计人民币3.848亿元。一审法院审查后认为,被告人陈某旺、施某某、许某、林某、陈某某、梁某的行为均构成骗取贷款、票据承兑、金融票证罪,情节特别严重。二审维持原判。

该案的被告人在实施骗取贷款、票据承兑、金融票证的行为过程中,加盖了公司的印章。虽然公司印章是真实的,但是资信证明材料、合同、发票等均是虚假的,加盖印章只是伪造合同的一种手段,目的是欺骗银行获得贷款。

本案中,以董事长为首的被告人通过利用伪造加盖印章的合同骗取了银行的贷款。因此,在公司运营过程中,要注重对公司内部人员的监督,防止其利用职权便利,用公司印章从事违法行为。

2. 合同诈骗罪

《刑法》第二百二十四条第一项规定,以虚构的单位或者冒用他人名义签订合同的,以非法占有为目的,在签订、履行合同过程中,骗取对方当事人财物,数额较大的,构成合同诈骗罪,处3年以下有期徒刑或者拘役,并处或者单处罚金;数额巨大或者有其他严重情节的,处3年以上10年以下有期徒刑,并处罚金;数额特别巨大或者有其他特别严重情节的,处10年以上有期徒刑或者无期徒刑,并处罚金或者没收财产。

在张某武、步某忠合同诈骗案[案号:(2015)冀刑二终字第49号]中,2012年4月至12月,张某武采取借用、冒用其他单位资质的方式,分别从唐山福洋房地产开发有限公司、唐山凤辉房地产开发有限公司取得两项工程的承包权，又以上述两项工程的名义，冒用红阳建设集团有限公司等公司资质，伪造浙江万里建设工程有限公司授权委托书，私刻公司印章，与唐山森磊商贸有限公司等单位或个人签订货物供应合同、工程分包合同，骗取他人钢材、模板后变卖，骗取工程保证金。一审法院认定，张某武以非法占有为目的，冒用其他公司的名义，伪造其他公司的授权委托书，私刻公司印章，与他人签订合同，骗取施工保证金，以先履行部分货款的方式骗取他人建筑材料，再低价变卖，其行为已构成合同诈骗罪，且数额特别巨大，应当依法惩处。二审法院维持原判。

本案中，行为人通过私刻公司印章、伪造相关材料从而获得对方信任继而与之签订合同，骗取对方财物。伪造印章是实施合同诈骗的常用手段之一，本案中行为人虽然没有被认定构成伪造印章罪，但伪造的印章被用于骗取巨额财物，因此构成合同诈骗罪。公司在与他人签订合同时要尽可能审查对方所提供的有关资质的真实性，防止出现冒用他人名义签订合同骗取公司财产的情况。

3. 提供虚假证明文件罪、出具证明文件重大失实罪

根据《刑法》第二百二十九条的规定，如果承担资产评估、验资、验证、会计、审计、法律服务等职责的中介组织的人员故意提供虚假证明文件，构成提供虚假证明文件罪；如该类人员严重不负责任，出具的证明文件有重大失实，造成严重后果，则构成出具证明文件重大失实罪。

在战某锦提供虚假证明文件案［案号：(2018) 吉 01 刑终 122 号］中，2012 年和 2013 年，大连港湾谷物有限公司财务总监董某找到战某锦制作 2011 年度和 2012 年度审计报告，被告人战某锦在没有对该公司的财务状况进行审计的情况下，以其实际经营的大连嘉和会计师事务所有限公司的名义，为董某提供了虚假的大连港湾谷物有限公司 2011 年和 2012 年度审计报告，两次收取董某给予的好处费人民币 1.5 万元。大连港湾谷物有限公司利用战某锦提供的虚假审计报告等文件，骗取银行贷款人民币 2.5 亿元。一审法院认定战某锦在经营会计师事务所承担审计业务过程中，故意提供虚假证明文件，其行为已构成提供虚假证明文件罪。二审法院认定一审法院定罪准确，但降低了刑期。

上述案例告诉我们，承担资产评估、验资、会计、审计、法律服务等职责的中介组织或者上述中介组织的人员，在提供相关证明文件时，必须严格按照法律法规的要求实事求是地出具相关证明文件，绝不能故意犯罪，也不能因为疏忽大意而触碰刑法底线。

四、其他涉印章犯罪的法律规定列举

1. 2019 年《商标法》第六十八条第一款第一项规定，商标代理机构在办理商标事宜过程中，伪造、变造或者使用伪造、变造的法律文件、印章、签名的，由工商行政管理部门责令限期改正，给予警告，处 1 万元以上 10 万元以下的罚款；对直接负责的主管人员和其他直接责任人员给予警告，处 5000 元以上 5 万元以下的罚款；构成犯罪的，依法追究刑事责任。

2. 2021 年《进出口商品检验法》第三十四条规定，伪造、变造、买卖或者盗窃商检单证、印章、标志、封识、质量认证标志的，依法追究刑事责任；尚不够刑事处罚的，由商检机构、认证认可监督管理部门依据各自职责责令改正，没收违法所得，并处货值金额等值以下的罚款。

3. 2017 年《境外非政府组织境内活动管理法》第四十五条第二款规定，境外非政府组织代表机构、开展临时活动的境外非政府组织或者中方合作单位有伪造、变造、买卖、出租、出借印章行为的，由设区的市级以上人民政府公安机关给予警告或者责令限期停止活动；没收非法财物和违法所得；情节严重的，由登记管理机关吊销登记证书、取缔临时活动。

4. 2017 年《公证法》第四十四条第三项规定，当事人以及其他个人或者组织伪造、变造或者买卖伪造、变造的公证书、公证机构印章，给他人造成损失的，依法承担民事责任；违反治安管理的，依法给予治安管理处罚；构成犯罪的，依法追究刑事责任。

5. 2009 年《进出境动植物检疫法》第四十三条规定，伪造、变造检疫单证、印章、标志、封识，依照刑法有关规定追究刑事责任。

6.《全国人民代表大会常务委员会关于惩治骗购外汇、逃汇和非法买卖外汇犯罪的决定》第二条规定，买卖伪造、变造的海关签发的报关单、进口证明、外汇管理部门核准件等凭证和单据或者国家机关的其他公文、证件、印章的，依照《刑法》第二百八十条的规定定罪处罚。

五、涉印章犯罪的预防

犯罪行为防不胜防。但是,如果单位和个人有防范意识,就能起到一定的防范作用。例如,单位建立健全规范的印章管理制度并严格执行;单位督促员工个人提高自身的法律意识,严格规范自己的行为,等等。

具体来说,预防涉印章犯罪,单位应当做到以下几点:

1. 制定专门印章管理制度,明确印章刻制、保管、使用及封存、销毁制度,印章各类责任均明确到个人,同时加强对单位内部人员的培训,增强其法律意识和责任意识。

2. 单位印章要按照公安机关的规定到指定地点刻制并备案。

3. 对印章使用流程进行严格限制。例如,建立实名登记、按时归还、特殊情况报备等程序,在借用的程序上严格限制,严禁个人随意使用。

4. 建立统一的印章使用台账,制定印章使用申请表或利用网上办公系统进行用印审批登记工作。

5. 禁止在空白合同书、空白单据、白纸上盖章。

6. 发现伪造、假冒、变造本单位印章的,立即采取应对措施,并向有关部门报告、报案。

7. 有废弃、重刻单位印章等情形的,应及时到相关机关备案,依法进行公示。

8. 印章遗失或者被盗抢,应当在第一时间向公安机关报案,并取得报案证明,同时最好在当地或项目所在地乃至全国范围内发行的报纸上刊登声明。

9. 定期检查印章的保管和使用情况,发现问题及时采取相应措施。

第三章

涉印章诉讼

第一节　合同上加盖的印章与单位备案章不一致的应对

一、问题简述

实践中，我们经常会碰到在对外签订的合同上加盖的印章与单位备案章不一致的情形，造成这种情况的原因通常有以下两种：(1)单位存在多枚同类印章，除了备案章外，还使用过其他同类未备案的印章对外签订合同；(2)单位法定代表人或受委托人伪造印章，对外签订合同。如果合同上的印章与单位备案章不一致，单位能否仅以此为由主张合同对其无约束力呢？

二、观点参考

1. 单位实际上存在并使用多枚同类印章时，不能仅因为合同上加盖的印章与备案章不一致就主张合同对单位无约束力，如果相对方有理由相信合同代表了单位的真实意思表示，法院倾向于合同对单位有约束力。

2. 即使合同上加盖的印章与单位备案章不一致，但只要合同相对方能够证明单位在日常经营活动中或者其他活动中使用过该印章，法院倾向于认为该合同对单位具有约束力。

3. 单位法定代表人或者其他有权的受托人对外签订合同时，虽然合同上加盖的印章与单位备案章不符,但是对方有理由相信合同内容及其签订是单位的真实意思表示,此时构成有效代理,单位法定代表人或其他有权的受托人的行为倾向于被认定为代表单位对外实施的民事法律行为。

三、应对方案和流程设计

1. 单位应迅速查明合同上加盖的印章是否为单位曾经使用过的印章,包括在日常经营活动中使用过,或者在向政府有关部门、银行等机构递交材料时使用过,等等。

2. 如果合同上加盖的印章并非为单位曾经使用过的印章,单位应当迅速查明"代表"单位签订合同的行为人及其所作所为。如果存在行为人伪造印章的情形,单位可及时报警,争取立案。如无法立案,力争公安机关出具不予立案通知书,证明印章存在被伪造的事实。这些立案材料有可能会在单位维护权益的诉讼中成为有价值的证据。单位力争举证证明印章是伪造的,加盖该印章的合同并非单位的真实意思表示,对单位没有约束力。

3. 单位应当设法证明签订合同不是单位的真实意思表示,主观上无此意愿,客观上从未对外签订过该合同。单位同时要尽可能向法院表明,如果认定单位对此承担责任,对单位是极不公平的。

4. 单位可以举证证明法定代表人或者授权代表以单位的名义对外签订合同时没有代表权或者代理权、超越了代表权或者代理权,且相对人对此情况是知情的,其不具有善意。

5. 在诉讼过程中,单位可以提供证据证明单位不存在使用多枚同类印章的情况。然而,"自证其无"这种举证难度相对较大,尤其是在对方证明单位存在多枚同类印章的情况下更是如此。

6. 一旦涉及诉讼,单位除对已经收集的证据进行分析、举证外,还可根据具体案情申请司法鉴定,如对印章的真实性、印章的加盖时间与打印时间、文字与印章形成的先后顺序等情况进行鉴定、比对等。

四、防范措施

1. 单位对内对外用印应确保印章使用的唯一性。单位应该加强印章管理,在日常经营活动中只使用备案印章对外签订合同,并尽可能杜绝非备案印章的存在。单位应当尽量避免使用多枚同类印章。一定要有多枚同类印章时,务必备案。

2. 单位应当建立健全印章管理制度,包括印章刻制、保管、使用等一系列制度,并且严格执行。如果印章管理过程中存在问题,应该及时妥善解决,并时刻注意解决问题过程中留痕。

3. 对外签订合同,不建议"认章不认人"。鉴于交易文本上加盖了单位印章便具有推定为单位意思表示的法律效力,单位对外签订重要合同、往来函件使用公章、法人章、合同专用章时,可以要求同时有法定代表人或者授权代表签字。重大合同采取"盖章+法定代表人签字"等"见章"也需要"见人"的签约方式,这样既不失效率,也更加安全稳妥。

4. 单位可以向已形成稳定关系的交易对手发出书面通知,告知本单位对外签约时的印章使用须知和注意事项,使交易对手知悉本单位的印章管理情况,同时尽可能避免出现违规用印、用假印的情况。这样出现意外的概率比较低;即便是出现意外,如果交易对手知道本单位的用章方式,本单位最终需要承担责任的概率也会相对降低不少。

五、经典案例

案例一:薛某盟与山东兴康医疗器械有限公司、陈某旺等民间借贷纠纷案

1. 案件信息

再审申请人(一审被告、二审上诉人):山东兴康医疗器械有限公司(以下简称兴康公司)

再审被申请人(一审原告、二审被上诉人):薛某盟

一审被告:陈某旺

审理法院:最高人民法院

案号:(2016)最高法民再194号

2. 案情简介

2013年10月7日,薛某盟与陈某旺签订《借款担保合同》,兴康公司作为陈某旺的担保人,向薛某盟出具《不可撤销担保函》。后陈某旺未按照约定履行还款义务,薛某盟向山东省济南市中级人民法院起诉,要求兴康公司承担连带责

任。一审中,兴康公司对担保函上加盖的“兴康公司”印章的真实性予以否认,称与其在公安机关备案的印章不一致,主张担保函不发生法律效力。一审法院查明陈某旺在向相关部门提交的文件中及与案外人进行经营活动时均使用过其私刻的兴康公司的公章,兴康公司及法定代表人刘某未予以否认。故原审法院认为薛某盟主张兴康公司承担连带责任,符合法律规定。后兴康公司提起上诉,二审法院认为该《不可撤销担保函》真实有效,驳回上诉,维持原判。兴康公司不服,向最高人民法院申请再审。

最高人民法院经审理认为,兴康公司向薛某盟出具《不可撤销担保函》,同时提供了公司营业执照副本等公司资料以及时任法定代表人刘某的身份证复印件,且在上述资料中加盖了兴康公司的公章,对于薛某盟来讲,其已经尽到了应尽的注意义务,其对于兴康公司的公章及刘某的个人名章的真伪无法从形式上辨别是否与在公安机关备案的一致。虽然在该担保函上有法定代表人签字并加盖公章生效的约定,但是法定代表人的人名章与其签名应具有同等的法律效力,所以该《不可撤销担保函》约定的生效条件已经成就。

3. 律师说法

在本案中,法院认定担保函有效的原因在于:虽然担保函上所加盖的章是陈某旺私刻的,且与兴康公司在公安机关备案的公司印章不一致,但是兴康公司曾经使用过担保函中的印章,说明兴康公司亦认可该印章的效力。薛某盟作为公司外的人员,与其签订合同的人不仅持有公司法定代表人的人名章,还持有公司印章,薛某盟有理由相信合同是公司的真实意思表示,并且薛某盟也无法从形式上辨别该合同印章与公司备案印章是否具有一致性。因此,兴康公司并未有效证明该担保函违背其真实意思。这种情况下,该合同对兴康公司具有约束力,兴康公司应当承担相应的合同责任。

案例二:青海创新矿业开发有限公司、洪某等民间借贷纠纷案

1. 案件信息

再审申请人(一审被告、二审上诉人):青海创新矿业开发有限公司(以下简称青海创新公司)

再审被申请人(一审原告、二审被上诉人):洪某

审理法院:最高人民法院

案号:(2015)民申字第2537号

2. 案情简介

2011年4月28日,洪某与西宁国新公司签订《借款合同》,约定西宁国新公司向洪某借款5000万元。2012年3月26日,洪某与西宁国新公司再次签订《借款合同》,西宁国新公司向洪某借款2100万元。上述两次借款,青海创新公司均出具《担保保证书》,同意为西宁国新公司的借款提供连带保证。后西宁国新公司未偿还借款,洪某向青海创新公司主张承担保证责任。青海创新公司认为《担保保证书》上加盖的青海创新公司的公章经青海省公安厅鉴定是虚假的,不是青海创新公司的备案公章,主张该担保无效。

此案经过深圳市中级人民法院一审、广东省高级人民法院二审以及最高人民法院再审,各级法院均认为该《担保保证书》对青海创新公司具有法律约束力,青海创新公司应承担连带保证责任。法院认为,青海创新公司向洪某出具的《担保保证书》上加盖有青海创新公司印章并有青海创新公司法定代表人臧某涛签字,该签字行为应被认定为代表公司对外实施的法律行为。虽然保证书上的印章与其在西宁市公安局备案的印章不符,但青海创新公司确认其曾使用过的公司印章不止一枚,洪某难以有效识别《担保保证书》上加盖的印章是否为青海创新公司曾使用过或正在使用或在公安局备案登记的印章。因此,洪某有理由相信案涉两份由臧某涛签署并加盖青海创新公司字样印章的《担保保证书》系青海创新公司的真实意思表示。

3. 律师说法

本案中,青海创新公司败诉的原因有二:其一,公司使用的印章不止一枚,即在备案的印章之外还使用过其他的同类印章,虽然《担保保证书》上加盖的公章不是公司备案的公章,但是公司实际使用过的印章不止一枚,作为公司外的人员,洪某无法辨别公章的真假。其二,《担保保证书》经法定代表人签字,因此洪某有理由相信签订保证书是公司的真实意思表示。公司虽然主张保证书上的法定代表人签字虚假,但是未提供有效证据让法官信服。据此,合同对青海创新公司有约束力,青海创新公司应当承担责任。

案例三:湖南宏欣投资有限公司与湖南鑫都大酒店有限公司、湖南腾福实业有限责任公司物权保护纠纷案

1. 案件信息

再审申请人(一审原告、二审上诉人):湖南宏欣投资有限公司(以下简称宏欣公司)

再审被申请人(一审被告、二审上诉人):湖南鑫都大酒店有限公司(以下简称鑫都公司)

再审被申请人(一审被告、二审被上诉人):湖南腾福实业有限责任公司(以下简称腾福公司)

审理法院:最高人民法院

案号:(2016)最高法民申519号

2. 案情简介

2010年11月11日,宏欣公司经拍卖取得长沙市火焰开发区二片1栋部分房屋的所有权。就该房屋,鑫都公司早在2001年与原电力开发公司(后更名为腾福公司)签订了为期20年的租赁协议。上述房屋拍卖后一直由鑫都公司和原电力开发公司占有使用,宏欣公司主张2005年4月20日之前原电力开发公司使用的公章为中间五角星空心的公章,与《房屋租赁协议》中的五角星为实心的公章不一样,《房屋租赁协议》明显系原电力开发公司、鑫都公司伪造,双方之间不存在租赁关系。宏欣公司起诉要求腾福公司和鑫都公司腾退房屋并赔偿房屋占用损失。湖南省高级人民法院(二审法院)认为,鑫都公司与腾福公司之间在案涉房产拍卖之前就已经形成了房屋租赁法律关系,驳回宏欣公司的诉讼请求。宏欣公司不服,向最高人民法院申请再审。

最高人民法院经再审认为,案涉《房屋租赁协议》系鑫都公司与电力公司之间签订,各方对于意思表示真实性均无异议,存在争议的是公章的真实性问题。由于该租赁协议上所加盖的公章与原电力开发公司在2000—2005年工商管理部门备案的两枚公章从表面上看确实存在差异,但同时证明在该协议签订期间,使用的公章不具有唯一性,在宏欣公司没有证据证明租赁协议上电力公司所加盖的公章系伪造印章的情形下,不能排除该公章系原电力开发公司在此段期间使用的两枚以上的公章之一,因此宏欣公司关于公章系伪造的再审申请,法院不予支持。

3. 律师说法

如果案涉公章具有唯一性,宏欣公司关于案涉租赁协议上所盖公章系伪造的再审申请是有可能获得法院支持的。但是,根据本案中法院认定的事实,案涉租赁协议上所加盖的公章与原电力开发公司在工商管理部门备案公章之间的差异性可以证明,在该协议签订期间,电力公司使用的公章不具有唯一性,因此宏欣公司关于印章伪造的说法无法得到法院的支持。本案给出了很重要的两个提示:一是由于非备案印章客观上大量存在,因此不要轻易对印章的真伪作出判断;二是要充分关注印章唯一性的事实认定和举证责任分配问题。

案例四:中信银行股份有限公司南宁分行、中国建筑第五工程局有限公司广西分公司金融借款合同纠纷案

1. 案件信息

再审申请人(一审原告、反诉被告,二审上诉人):中信银行股份有限公司南宁分行(以下简称中信银行南宁分行)

再审被申请人(一审被告、二审被上诉人):中国建筑第五工程局有限公司广西分公司(以下简称中建五局广西分公司)、中国建筑第五工程局有限公司(以下简称中建五局)

二审被上诉人(一审被告):徐某婷

原审被告(反诉原告):广西联发建设投资有限责任公司(以下简称联发公司)

原审被告:陈某章

审理法院:最高人民法院

案号:(2020)最高法民申2822号

2. 案情简介

2014年6月27日,中信银行南宁分行与联发公司签订《国内保理业务合同》,约定联发公司将2250万元应收账款本金及孳息等转让给中信银行南宁分行,转让价款为2220万元,拟转让的应收账款对应的商务合同买方为中建五局广西分公司。

中信银行南宁分行于2014年6月27日向联发公司支付债权转让价款2220

万元。同日,中信银行南宁分行与联发公司签署《债权转让通知书》,通知债务人前述债权转让事宜,落款时间为2014年6月27日。《债权转让通知书回执》及《承诺函》上加盖中建五局广西分公司字样的印章,载明其承诺向中信银行南宁分行承担和履行商务合同项下的债务,并将全部应付款项支付至中信银行南宁分行指定账户。后中信银行南宁分行起诉,请求判决联发公司、中建五局广西分公司共同清偿债权本金及罚息,陈某章、徐某婷、中建五局承担连带清偿责任(陈某章、徐某婷为保证人)。

诉讼中,中建五局广西分公司称其支付款项已超过合同约定金额,与联发公司不存在应付账款,其未收到过《债权转让通知书》,更未出具过《承诺函》,并对前述文件上所盖印章的真实性提出异议。

最高人民法院经审理认为,债权人转让权利的,应当通知债务人。未经通知,该转让对债务人不发生效力。据查,案涉《债权转让通知书回执》《承诺函》上加盖的印文与中建五局广西分公司的备案印文不是同一印章所盖,中建五局广西分公司之前多次使用的印文均与备案印文一致;《债权转让通知书回执》《承诺函》上没有中建五局广西分公司负责人或授权经办人的签字认可;中信银行南宁分行无法提供证据证明其曾派何人持《债权转让通知书回执》《承诺函》到中建五局广西分公司项目部当场盖章、找项目部何人盖章等事实。因此,中建五局广西分公司、中建五局不应对联发公司的案涉债务向中信银行南宁分行承担清偿责任。

3. 律师说法

本案中,诉争协议上加盖的中建五局广西分公司印章与其备案印章不一致,鉴定意见亦表明无证据证明该公司使用多枚同类印章。但需要注意的是,法院认定协议对公司不发生效力不仅仅是因为"虚假印章",法院还结合了诉争协议上无公司负责人、授权人签字等事实。一般来说,法院不会仅凭印章真假、是否与备案印章一致就贸然确认或者否定协议的效力和约束力。

案例五:赵某英与江苏骏龙建设有限公司、黄某民间借贷纠纷案

1. 案件信息

上诉人(原审被告):江苏骏龙建设有限公司(以下简称骏龙公司)

被上诉人(原审原告):赵某英

原审被告:黄某

审理法院:安徽省高级人民法院

案号:(2015)皖民二终字第00732号

2. 案情简介

骏龙公司于2011年5月18日成立江苏骏龙建设有限公司淮北分公司(以下简称骏龙淮北分公司),并承建淮北市城市广场二期工程(以下简称案涉工程),由黄某实际施工。黄某以案涉工程需要资金为由,向赵某英借款,款项汇入黄某账户。2012年5月2日,黄某在案涉工程办公室向赵某英出具借条一张,载明借款金额及借款人为黄某。借条上加盖骏龙公司印章。现赵某英主张黄某和骏龙公司承担共同还款责任,而骏龙公司否认自己和赵某英之间存在借贷关系。

安徽省高级人民法院从以下三个方面论述和判定借条上骏龙公司的印章是否具有代表骏龙公司意志的效力。

关于借条上加盖的骏龙公司印章真实性的问题。经鉴定,案涉借条上骏龙公司印章并非其备案印章。并且,没有证据证明骏龙公司同时持有上述两枚印章。

关于黄某出具案涉借条的行为是否在其职权范围内的问题。骏龙公司法定代表人及骏龙淮北分公司负责人均为张某银而非黄某,已有证据亦不能认定黄某向赵某英借款得到骏龙公司的授权,黄某的借款行为不是履行职务行为或有权代理行为。

关于黄某出具案涉借条的行为是否构成表见代理的问题。骏龙公司的住所地在江苏省靖江市,其设立的骏龙淮北分公司营业场所及案涉项目所在地在安徽省淮北市,黄某在项目地持有骏龙公司印章,并当场在案涉借条上加盖骏龙公司的印章,显然不符合常理,赵某英对此未尽到一般人的合理注意义务。此外,赵某英理应知晓对单位而言应有完备的财务管理制度,其本应将出借的款项汇入单位账户,却按黄某的指令将案涉借款汇入黄某个人银行卡内,主观上亦有明显的过失。故黄某出具案涉借条的行为不构成表见代理。综合以上分析,法院判决该笔40万元借款本息应由实际借款人黄某偿还。

3. 律师说法

本案是一个典型的合同印章与公司备案印章不符的案例。值得注意的是,法院作出借条上的印章不能代表骏龙公司的意志的判决,并非仅仅根据“相对人不能证明公司同时使用多枚印章进而印章是不真实的”，还综合考虑了签约人是否履行职务行为、是否构成表见代理等多方面的因素。对于交易相对人来说，合同上加盖的印章是否经过备案并非合同对当事人有约束力与否的唯一因素，重要的是相对人是否有足够的理由相信与其签约人的行为是否代表单位的意志。如果相对人有足够理由认定签约人的行为代表单位意志，该合同对单位就会产生约束力，反之，则对单位不具有约束力。

六、相关法规和指导性文件

1.《民法典》

第一百四十三条　具备下列条件的民事法律行为有效：

（一）行为人具有相应的民事行为能力；

（二）意思表示真实；

（三）不违反法律、行政法规的强制性规定，不违背公序良俗。

第一百七十二条　行为人没有代理权、超越代理权或者代理权终止后，仍然实施代理行为，相对人有理由相信行为人有代理权的，代理行为有效。

第五百零二条第一款　依法成立的合同，自成立时生效，但是法律另有规定或者当事人另有约定的除外。

2.《刑法》

第二百八十条第二款　伪造公司、企业、事业单位、人民团体的印章的，处三年以下有期徒刑、拘役、管制或者剥夺政治权利，并处罚金。

第二节　未备案印章被使用过的应对

一、问题简述

单位刻制印章应该在公安机关或者法律规定的机构备案。实践中，一些单位使用未备案印章对外开展经济活动的情况时有发生，引发了印章效力的争议。单位在既往的经济活动中使用并认可了此类印章，能否在之后否认该印章的效力呢？

二、观点参考

法院的倾向性意见是，未备案印章一经单位使用便对单位产生法律约束力。单位使用过未备案印章便具有了公示效力，单位通常不能否认之后使用该未备案印章的行为的效力。

至于相关协议能否约束单位，还需要看协议中的权利义务关系是否为双方当事人的真实意思表示，签署协议的行为人有无代表权或者代理权，合同相对方是否已经尽到了合理的注意义务。

三、应对方案和流程设计

1. 单位应当迅速查明未备案印章的来源以及该印章加盖在文件上的原因。如有相关证据能够证明印章是伪造的，如公司相关人员伪造印章，甚至是单位之外的人员伪造印章，应当及时收集相关证据。

2. 单位应当举证证明合同不是双方当事人真实的意思表示。也就是说，单位不存在签订该合同的意愿。在此基础上，单位还要说服法院，如果认定了合同有效，由单位承担责任将会产生极大的不公平，甚至非常严重的不利社会影响。

3. 单位如果能证明行为人的行为构成犯罪，即便是单位曾经使用过未备案印章，鉴于单位的举证责任降低，单位摆脱责任的可能性也会大大提高。

4. 单位若最终承担败诉的结果，应当根据单位的内部管理制度追究行为人的法律责任，要求行为人承担侵权责任以弥补公司损失。

四、防范措施

1. 单位应该建立严格规范的用章管理制度，加强印章管理，委派诚实可靠的人管理印章。有了可靠的制度和“靠谱”的人，出现问题的概率相对会比较小一些。

2. 对外签订重要合同，最好做到“认章又认人”。虽然一般而言，盖章或者有权代表签字均可有效，但是重大合同我们建议设计条款让“盖章 + 法定代表人签字”才有效，这样比较稳妥一些。

3. 单位应该杜绝刻制未备案印章，杜绝使用未备案印章的情况发生。单位只使用经备案的印章,可以有效降低印章使用方面的风险。

4. 在日常经济活动中,单位应定期检查印章的使用情况。万一出现了“使用未备案印章”的情况,也应当对使用未备案印章的情形及时跟踪,根据具体情况,迅速妥善处理,以绝后患。

五、经典案例

案例一:中国工商银行股份有限公司景德镇分行与中国航空技术珠海有限公司、上海中皇置业投资有限公司等金融借款合同纠纷案

1. 案件信息

再审申请人(一审原告、二审上诉人):中国工商银行股份有限公司景德镇分行(以下简称景德镇工行)

再审被申请人(一审被告、二审被上诉人):中国航空技术珠海有限公司(以下简称中航技公司)、上海中皇置业投资有限公司(以下简称中皇公司)

一审被告:景德镇市鑫桥公路开发有限公司(以下简称鑫桥公司)

审理法院:最高人民法院

案号:(2013)民提字第248号

2. 案情简介

2004年3月12日,鑫桥公司与景德镇工行签订贷款3亿元的借款合同,中航技公司作为鑫桥公司的担保人,签订了02号保证合同。后因鑫桥公司欠息,景德镇工行提起诉讼,请求鑫桥公司还钱,中航技公司在保证合同范围内承担保证责任。审理中,中航技公司对02号保证合同的真实性提出异议。

在景德镇市中级人民法院审理过程中,经中航技公司申请并经鉴定,02号保证合同上中航技公司印章印文和备案公章印文不是同一枚印章所盖印,该保证合同中中航技公司法定代表人处张某军签名与样本上张某军签名字迹不是同一人书写。经景德镇工行申请并调取衡阳案相关文件,并经鉴定,本案02号保证合同在内的检材上中航技公司印章印文和衡阳案《贷款文本》《保证合同》中航技公司印章印文是同一枚印章盖印。因为景德镇工行不能证明02号保证合同中保证人印章的真实性,景德镇市中级人民法院没有支持景德镇工行的诉讼请求。

江西省高级人民法院在审理过程中查明，另案广州案相关材料上“张某军”的签名字迹是张某军所写，另案衡阳案《贷款文本》《保证合同》上“张某军”的签名字迹是张某军所写；中航技公司公章印文与02号保证合同上的中航技公司公章印文是同一枚印章盖印形成。江西省高级人民法院经审理认为，衡阳案、广州案系间接证据，如运用间接证据来证明案件事实，其应与其他证据构成关联、充分、排他、合法的完整证明体系，才能作为证据使用。即使张某军的签名与02号保证合同上的公章同时出现在衡阳案、广州案的证据上，也只能证明中航技公司对该交易行为予以认可，其效力仅限于该项代理行为。上述证据不能产生充分的排他的证明力。且景德镇工行是在本案诉讼过程中才收集到上述证据，并未将该公章的使用作为其相信该公章可以代表中航技公司意思表示的理由。

最高人民法院经审理认为，首先，中航技公司对于衡阳案和广州案两案中的保证合同上的公章的真实性、有效性均未提出异议，应视为承认和认可上述公章的真实性和有效性。其次，中航技公司对于衡阳案和广州案两案保证合同中非备案公章使用效力的认可，其效力不应该仅仅限于衡阳案和广州案，同样也应当延展到本案。最后，企业使用或者认可使用自己的非备案公章，其行为效力同样具有公示效力。对于使用或者认可使用非备案公章效力的企业，无权对其非备案公章的使用效力作出选择性认可。因此，中航技公司对于广州案和衡阳案两案中使用案涉公章的效力已经予以承认和认可，应当对本案02号保证合同有效，中航技公司应依据本案02号保证合同向景德镇工行承担保证责任。中航技公司承担保证责任后可以向鑫桥公司追偿。

3. 律师说法

本案中，中航技公司的公章虽未经备案，但中航技公司对曾经使用该公章的行为未提出过异议，说明中航技公司认可该公章的真实性、合法性和有效性，所以，该公章能够代表中航技公司的真实意思表示。也就是说，中航技公司不能以公章未备案为由否定担保合同的有效性，或者认为公章的效力仅仅限于相关案件。只要保证合同上所加盖的中航技公司的公章曾经为其使用过，法院就倾向于认定保证合同为中航技公司的真实意思表示。景德镇工行已经完成公章真实性的证明责任，能够高概率证明保证合同是中航技公司真实的意思表示，中航技公司却拿不出证据证明保证合同不是自己的真实意思表示，景德镇工行的胜诉就是理所当然的事情了。

案例二:汪某雄与重庆群洲实业有限公司、朱某德建筑工程施工合同纠纷案

1. 案件信息

再审申请人(一审被告、二审上诉人):重庆群洲实业(集团)有限公司(以下简称重庆群洲公司)

再审被申请人(一审原告、二审被上诉人):汪某雄

再审被申请人(一审被告、二审被上诉人):朱某德

审理法院:最高人民法院

案号:(2016)最高法民申255号

2. 案情简介

2013年10月20日,汪某雄与重庆群洲公司的委托代理人朱某德签订《重庆群洲实业(集团)有限公司尚水鸿城国际花园二期基坑支护施工合同》,该合同上加盖的印章为"重庆群洲实业(集团)有限公司尚水鸿城国际花园合同专用章"(以下简称375印章),朱某德本人签字。汪某雄施工完成的大理尚水鸿城国际花园二期基坑支护工程系自行垫资,重庆群洲公司未支付过工程款。

因工程款支付事宜,当事人协商未果,原告汪某雄提起诉讼,主张依据施工合同,重庆群洲公司应支付工程价款。重庆群洲公司则否认375印章的真实性。一审法院判令重庆群洲公司、朱某德连带支付汪某雄工程款和利息。重庆群洲公司遂提起上诉。二审法院驳回上诉后,重庆群洲公司又提起再审。

最高人民法院经审理认为,重庆群洲公司对云南分公司的存在、梁某某代表该分公司进行经营活动明知且认可。375印章在重庆群洲公司的经营活动及诉讼活动中均曾使用过,重庆群洲公司对该印章的存在、使用是知晓的。尽管重庆群洲公司主张公章伪造,但其在明知该公章存在并使用的情况下,未采取措施防止相对人的利益损害,朱某德使用375印章签订、履行合同的行为应当认定为重庆群洲公司的行为。重庆群洲公司对于不同编号的若干印章同时存在并使用也不能作出合理解释。最终,最高人民法院驳回了重庆群洲公司的再审申请。

3. 律师说法

本案中,法院审理确认汪某雄作为自然人,对合同上所盖印章已经尽了合理的注意义务,并且其完成的工程质量经检测合格。重庆群洲公司拒绝支付汪

某雄工程价款的主要依据有两点：一是梁某某已经构成伪造公司印章罪。因此，梁某某利用伪造的公章出具的授权委托书委托朱某德签订工程施工协议及相关结算协议，行为后果应当由梁某某及朱某德自行承担。二是主张375印章系伪造，不予认可。但是，法院查明375印章在重庆群洲公司的经营活动及诉讼活动中均曾使用过，因此梁某某是否构成犯罪、印章是否伪造，均不影响本案的裁判结果。

案例三：邹某金与陈某深、海南鲁泉实业有限公司、王某英、崔某珍、陈某峰建设用地使用权纠纷案

1. 案件信息

再审申请人（一审第三人、二审上诉人）：邹某金

再审被申请人（一审原告、二审上诉人）：陈某深

再审被申请人（一审被告、二审上诉人）：海南鲁泉实业有限公司（以下简称鲁泉公司）

再审被申请人（一审被告、二审被上诉人）：王某英，崔某珍，陈某峰

一审第三人：张某荣

审理法院：最高人民法院

案号：(2013)民提字第184号

2. 案情简介

鲁泉公司于2000年5月30日成立，法定代表人为王某英。鲁泉公司成立后先后使用两枚公章，两枚公章均未在公安机关登记备案，但在工商部门年检时，两枚公章均有备案。资料显示，2000年5月30日公司成立时起鲁泉公司使用第一枚公章，从2008年6月11日起鲁泉公司使用第二枚公章。后经司法鉴定，鲁泉公司先后使用的两枚公章在公司年检、经营管理时，均先后使用过该两枚印章。

2009年5月3日，经鲁泉公司全体股东集体研究形成以下决议：第50号、第51号两块土地使用权可一次性转让处置，处置价格为600万元，谁联系谁负责；处置价格超出600万元以上部分，全归联系人所有，风险由联系人承担；该两宗土地使用权转让或鲁泉公司股权转让，只要纯收益超过600万元，股东及联系人即可拍板成交，其他股东不得反悔和提出异议；同时出现客户时，以签订合同时

间早的为准。2009 年 5 月 18 日，鲁泉公司与陈某深签订《土地使用权转让合同》，约定第 50 号、第 51 号两块土地使用权由鲁泉公司转让给陈某深。2011 年 2 月 11 日，陈某深向海南省第一中级人民法院起诉，请求判决确认陈某深与鲁泉公司签订的《土地使用权转让合同》有效，继续履行，判决鲁泉公司及股东王某英、崔某珍、陈某峰承担继续履行合同的法律责任。

最高人民法院经审理认为，鲁泉公司成立后没有向行政主管部门申请公章备案，但鲁泉公司的两枚公章在公司年检、经营管理中均先后使用过。鲁泉公司主张合同上加盖的该枚公章系刘某亭私刻使用，但没有充分证据证实，且与案件证据反映的内容不相符，最高人民法院不予采信。况且，陈某深作为与鲁泉公司签订合同的相对人，根据经济交往常理，客观上也有充分理由相信合同上加盖的公章系鲁泉公司使用的印章。至于鲁泉公司使用公章不规范的问题，不属于本案审查的范围。因此，两枚公章对外均代表鲁泉公司，合同上加盖哪一枚公章，不影响合同的效力。同时，根据鲁泉公司的股东会决议，鲁泉公司的签约人具有签约权限。因此，最高人民法院认为海南省高级人民法院的二审判决对合同效力问题认定正确。

3. 律师说法

本案中，鲁泉公司实际经营过程中，先后使用两枚公章，该事实能在公司年检、经营管理形成的文件中体现；上述两枚印章均不属于私刻，鲁泉公司无证据证明其缺乏效力；陈某深作为善意相对人，客观上有充分理由相信《土地使用权转让合同》上加盖的公章系鲁泉公司使用的公章。结合上述三点，最高人民法院认定《土地使用权转让合同》上加盖的公章有效。尽管印章没有备案，但是因为鲁泉公司多次使用过上述公章，因此法院认定公章对鲁泉公司具有约束力。

六、相关法规和指导性文件

1.《民法典》

第四百九十条　当事人采用合同书形式订立合同的，自当事人均签名、盖章或者按指印时合同成立……

2.《国务院关于国家行政机关和企业事业单位社会团体印章管理的规定》

二十三、印章制发机关应规范和加强印章制发的管理，严格办理程序和审批手续。国家行政机关和企业事业单位、社会团体刻制印章,应到当地公安机关指定的刻章单位刻制。

二十四、国家行政机关和企业事业单位、社会团体的印章,如因单位撤销、名称改变或换用新印章而停止使用时,应及时送交印章制发机关封存或销毁,或者按公安部会同有关部门另行制定的规定处理。

3.《全国法院民商事审判工作会议纪要》

41. 司法实践中,有些公司有意刻制两套甚至多套公章,有的法定代表人或者代理人甚至私刻公章,订立合同时恶意加盖非备案的公章或者假公章,发生纠纷后法人以加盖的是假公章为由否定合同效力的情形并不鲜见。人民法院在审理案件时,应当主要审查签约人于盖章之时有无代表权或者代理权,从而根据代表或者代理的相关规则来确定合同的效力。

法定代表人或者其授权之人在合同上加盖法人公章的行为,表明其是以法人名义签订合同,除《公司法》第16条等法律对其职权有特别规定的情形外,应当由法人承担相应的法律后果。法人以法定代表人事后已无代表权、加盖的是假章、所盖之章与备案公章不一致等为由否定合同效力的,人民法院不予支持。

代理人以被代理人名义签订合同,要取得合法授权。代理人取得合法授权后,以被代理人名义签订的合同,应当由被代理人承担责任。被代理人以代理人事后已无代理权、加盖的是假章、所盖之章与备案公章不一致等为由否定合同效力的,人民法院不予支持。

第三节 使用私刻私用单位印章对外签订合同的效力

一、问题简述

个别单位在实际经营过程中,缺乏印章风险管理意识,除了备案印章外,单位或相关人员又私刻了一至数枚同类印章并使用,在印章刻制和使用环节的管理方面混乱不堪。单位人员拿着私刻印章对外签订合同,单位能否主张加盖私刻印章的合同对单位不发生效力呢?

二、观点参考

签约人如果具有单位的代理权，或者没有代理权的签约人的行为构成表见代理，法院倾向于不过多考虑印章是否备案、私刻的问题，直接认定合同对单位发生约束力。另外，单位在其他文件中加盖过该印章并认可该印章效力的，法院一般不会采信单位的各种辩解。

三、应对方案和流程设计

1. 单位应当及时查明是否与合同相对人签订过该合同。同时，如果可能的话，与合同相对人进行沟通，调查确定对外签订该合同的行为到底为何人所为，能否代表单位的真实意思。

2. 单位应当尽快核实合同上印章的真实性。单位虽然存在多枚印章，但是合同上的印章是否为该多枚同类印章中的其中一枚所加盖需要确定，另外，还需确定该印章是单位自有还是员工私刻。

3. 如果对外签订的合同系员工私自所为，单位应当及时找到该名员工进行询问并核实真实情况，或者通过其他更加合理、有效的方式来核实真实情况（如必要）。在这样的环节中，一定注意寻找和固定员工私自对外签订合同、盗用或者私刻印章的相关证据，进行分析整理，协同专业法律人士，一起考虑处理事情的方案和具体措施。

4. 合同相对方对于员工私刻或者偷盖印章的情况是否知情，单位是否有合同相对方与单位员工相互串通的证据？上述材料单位想方设法是可以拿到的。

5. 如果事态严重，涉嫌刑事犯罪，单位应当及时报案。

四、防范措施

1. 单位的防范措施

首先，在内部管理上，单位应该建立科学规范的印章管理流程，加强印章管理与监督，指派诚实可靠的员工管理印章。同时，对于重要文件的签署，要设置专人管理、单位内部决议前置和高级别用印审批权限三重保障机制。其次，在对外的民事活动中，特别是经常与单位有业务往来的客户（包括潜在的客户）尽可能多进行及时的沟通，让对方提前知道、熟悉本单位对外签约、盖章的流程及相关的签约负责人。随时了解相互之间的合作事项,让违法犯罪行为很难有操作空间。最后,单位应当仅刻制一枚同类印章并在备案后使用,避免刻制多枚同类印章。确有必要刻制多枚,务必标明序号并备案。

2. 合同相对方的防范措施

在签订合同时,要尽到合理的审查义务。审查的对象集中在两点:一是印章,二是人。如果是长期合作伙伴,无论是印章,还是签约人,一般都会比较熟悉,核对和审查起来比较容易,一个电话就知道是否真实了。然而,疏忽在熟悉的人和事上更容易发生。如果是新合作伙伴,单位审查合同时的戒备心理会比较强。但是,如果对方比较强势,弱势一方为了努力达成协议,出问题的情况较多见。在这种情况下,建议在签约地点、签约流程以及生效条件等方面更加关注。比如,如果合同比较重要,一般建议在对方单位的公开场所签署协议,尽可能采取"盖章+法定代表人签字"的方式使合同生效。如果实在不能实现"法定代表人"签字,也要严格审查签约代表的授权材料,并且保留好相关的证据。

五、经典案例

案例一:江苏大都建设工程有限公司、江苏大都建设工程有限公司靖江分公司建设工程施工合同纠纷案

1. 案件信息

再审申请人(一审被告、二审上诉人):江苏大都建设工程有限公司(以下简称大都公司),江苏大都建设工程有限公司靖江分公司(以下简称大都靖江公司)

再审被申请人:(一审原告、二审上诉人):中铁建设集团有限公司(以下简称中铁建集团)

一审被告:沙某博

审理法院:最高人民法院

案号:(2019)最高法民申1614号

2. 案情简介

2011年1月,宝瑞公司与中铁建集团签订《建设工程施工合同》,约定由中

铁建集团承建长沙恒大雅苑二、三期主体及配套工程。沙某博找到大都靖江公司的负责人吴某,希望借用大都公司的资质分包案涉工程。2011 年 2 月,大都公司出具授权委托书,授权委托姚某胜为大都公司项目负责人,以大都公司的名义全权负责案涉施工管理以及执行一切与此有关的事项。同日,中铁建集团下属的中铁长沙公司作为甲方与作为乙方的大都公司签订了《联合施工协议》,甲方处有中铁长沙公司的盖章,并有签约代表赵某明的签字,乙方处有大都公司的盖章,并有签约代表姚某胜的签字。2012 年 3 月,双方发生纠纷后诉至法院,大都公司主张《联合施工协议》上的"大都公司"印章系沙某博等人伪造,因此大都公司并非该协议的主体。一审法院认为,沙某博以大都公司名义签订《联合施工协议》的行为可以认定为大都靖江公司的行为,而且大都公司对其公司员工、分公司负责人及公章管理不善,存在过错,且给无法知晓协议书上的"大都公司"印章真伪的善意第三人中铁建集团造成经济损失,大都公司应承担相应的赔偿责任。二审法院经审理也认为沙某博构成表见代理。

最高人民法院经审理认为,首先,综合案涉印章的鉴定情况和全案所存在的印章情况,虽然沙某博提供的资质文件、授权委托书中加盖的印章为吴某私刻形成,但授权委托书中加盖的大都公司法定代表人签章未被鉴伪,其他多份从大都靖江公司获得的资料中的大都公司印章未被证实为私刻,私刻的印章还被大都公司用在其他对外合同中,且效力未被否定。大都公司以部分文件印章不真实为由主张其对案涉工程不知情、不应承担责任,理据不足,法院无法支持。其次,判断表见代理的过失,应以合同签订为时间节点。现实中,一个企业可能存在多枚印章,在民事交易中要求合同当事人审查对方公章与备案公章的一致性过于严苛。本案中,在代理人持有资质文件及授权文书等法人身份证明文件的情况下,要求中铁建集团承担公章审查不严的责任,有失公允。最后,协议形成行为与印章加盖行为在性质上具有相对独立性。协议内容是双方合意行为的表现形式,而印章加盖行为是各方确认双方合意内容的方式,二者相互关联又相对独立。即印章在证明真实性上尚属初步证据,合同是否成立取决于双方当事人意思表示是否真实。大都公司的行为足以证明大都公司参与案涉联合施工协议确系其真实意思表示,其对本案所涉项目经过亦知情并认可。综上所述,中铁建集团基于对加盖大都公司印章的一系列文书的信任,认定沙某博具有代理权,符合表见代理的客观表象。

3. 律师说法

本案是一个典型的加盖伪造印章的合同效力的案件。加盖伪造印章的合同是否具有约束力,关键要看加盖伪造印章的签约行为是否构成表见代理。关于表见代理,需要注意以下两点:其一,在客观上,要具备代理权的表象,即在行为人的身份、职务、接受委托等方面具有让合同相对方信任的权利外观;其二,在主观上,要求相对人善意且无过失。司法实践中,法院在判断合同相对人主观上是否属于善意且无过失时,一般会综合考虑各种因素,比如合同的签订时间、以谁的名义签字、签订人的职务、签字人是否具有授权、是否参与合同履行等。同时,合同一方如果主张对方构成表见代理,应当承担举证责任,不仅应当举证证明代理行为存在合同、公章、印鉴等有权代理的客观表象形式要素,而且应当举证证明其善意且无过失地相信行为人具有代理权。

选择看人、人的权限和人的行为,而不只是看章,是在解决相同或者类似问题时法院更倾向于采纳的观点。

案例二:中建六局土木工程有限公司、中建六局土木工程有限公司宜昌分公司买卖合同纠纷案

1. 案件信息

再审申请人(一审被告、二审上诉人):中建六局土木工程有限公司(以下简称中建六局)

再审被申请人(一审原告、二审被上诉人):宜昌顺腾商贸有限公司(以下简称顺腾公司)

二审上诉人(一审被告):中建六局土木工程有限公司宜昌分公司(以下简称中建六局宜昌分公司)

审理法院:最高人民法院

案号:(2019)最高法民申817号

2. 案情简介

2013年6月7日,中建六局与兴山格林公司签订《建设工程施工合同》时,毕某轩以中建六局委托代理人名义签名并加盖中建六局印章,该合同于2013年6月13日在兴山县住房和城乡建设局备案。2014年,中建六局与顺腾公司签订《钢材购销合同》,毕某轩、李某宇二人在该份合同上签字并加盖中建六局公章。

最高人民法院经审理认为，毕某轩、李某宇二人在与顺腾公司签订的《钢材购销合同》上签字、盖公章的行为，构成表见代理，与中建六局宜昌分公司之间形成钢材买卖合同关系，具有公示效力。虽然中建六局提出，兴山县住房和城乡建设局已于2018年10月16日作出了撤销该合同备案的决定，但案涉《钢材购销合同》签订于2014年2月，远早于合同备案的撤销时间，此时合同备案仍在公示效力期间内，构成顺腾公司相信毕某轩具有代理权的理由。顺腾公司已经尽到了必要的注意义务，有理由相信毕某轩、李某宇的行为能够代表中建六局宜昌分公司。为保护善意方的信赖利益，应认定案涉《钢材购销合同》系顺腾公司与中建六局宜昌分公司签订，宜昌分公司应承担相应的付款义务。鉴于中建六局宜昌分公司不具有法人资格，其民事责任应与中建六局共同承担。

3. 律师说法

在司法实践中，判断公司人员使用私刻印章对外签订的合同是否有效时，关键要判断该公司人员的行为是否构成表见代理。本案中，各级法院均围绕当事人的行为是否构成表见代理这个问题来认定合同效力，均认为当事人在签订合同时，具备表见代理的权利外观，综合考虑了当事人系公司员工、之前就具有代理权限、盖章行为在公司法定住所地等因素，同时认定了合同相对方也尽到了注意义务，法院最终认定毕某轩的行为构成表见代理，其与顺腾公司签约的行为可以代表中建六局宜昌分公司的意志，协议对该公司具有约束力。

案例三：重庆建安建设（集团）有限公司、李某民间借贷纠纷案

1. 案件信息

再审申请人（一审被告、二审上诉人）：重庆建安建设（集团）有限公司（以下简称建安公司）

再审被申请人（一审原告、二审被上诉人）：戴某鸣，隗某波

一审被告、二审上诉人：李某

审理法院：最高人民法院

案号：（2017）最高法民申4375号

2. 案情简介

2012年6月18日，建安三分公司（甲方、借款方）与戴某鸣、隗某波（乙方、出借方）签订《借款协议》，约定甲方因资金周转需要，向乙方借款3420万元。

建安三分公司在协议甲方处加盖印章，负责人李某和经办人吴某签名，戴某鸣、隗某波在协议乙方处签名。同日，建安三分公司（甲方、借款方）、戴某鸣、隗某波（乙方、出借方）、李某（丙方、担保方）、吴某（经办人）签订《保证合同》，约定：李某自愿为建安三分公司向戴某鸣、隗某波借款3420万元提供连带保证担保，建安三分公司在合同上加盖印章，李某、吴某和戴某鸣、隗某波分别在合同上签名。建安三分公司于2013年8月被撤销，其债务由建安公司承担。因建安公司未能按时还款，戴某鸣、隗某波将其诉至法院。重庆市第二中级人民法院一审判决建安公司承担还款责任，建安公司不服该判决，上诉至重庆市高级人民法院。二审中，建安公司称《借款协议》系伪造，建安三分公司的印章系李某私刻，借款关系不成立。

最高人民法院经审理认为，《借款协议》上不仅加盖有建安三分公司印章，还有负责人李某和经办人吴某的签名。经一审法院委托作出司法鉴定，《借款协议》上的印章与另案中建安三分公司与四方混凝土公司签订的两份《补充协议》上的印章相同。且李某2013年3月24日出具的《情况说明》，载明建安三分公司分别使用过两枚印章，两枚不同公章均代表建安三分公司。建安公司对李某系建安三分公司负责人的身份不持异议，李某签订《借款协议》的行为应为职务行为，李某是否私刻印章不影响本案《借款协议》成立并有效。

3. 律师说法

本案中，尽管李某使用的建安三分公司印章为私刻，但鉴于其公司法定代表人的身份以及其签名并为《借款协议》提供担保的行为，各级法院均认定合同相对人有充分理由相信该印章为合法有效印章。同时，根据李某提供的证据，该私刻印章曾被用于其他合同的签订，该合同被另案认定为合法有效，故最高人民法院综合考虑各种原因，认定《借款协议》对建安公司具有约束力，其应当承担相应责任。

案例四：江西宏安房地产开发有限责任公司、南昌县兆丰小额贷款股份有限公司企业借贷纠纷案

1. 案件信息

抗诉机关：江西省人民检察院

再审申请人（一审被告、二审上诉人）：江西宏安房地产开发有限责任公司

(以下简称宏安公司)

再审被申请人(一审原告、二审被上诉人):南昌县兆丰小额贷款股份有限公司(以下简称兆丰公司)

再审被申请人(一审被告、二审被上诉人):罗某福,侯某英,张某生,叶某莲,雷某云,宋某兰,横峰县万嘉国际酒店有限公司,辽宁赣通置业有限公司,弋阳县赣宏房屋建筑工程有限公司,江西宏盛建业集团有限公司

审理法院:最高人民法院

案号:(2017)最高法民再209号

2. 案情简介

2012年4月17日,张某生向兆丰公司借款400万元,签订了借款合同,并约定由自然人叶某莲、雷某云和宋某兰对该债务承担连带保证责任。同日,宏盛公司、宏安公司与赣通公司共同向兆丰公司出具《股东/董事会决议(担保)》,承诺为张某生的债务承担连带保证责任,并签署了保证合同和抵押合同。其中,张某生伪造了宏安公司的印章并签署了担保合同。2012年9月29日,兆丰公司委托胡某娥将400万元的借款汇入张某生在中国建设银行账户上。因张某生未归还上述借款本金及利息,兆丰公司诉至法院,法院支持兆丰公司返还借款本金及利息的诉讼请求,并判令宏安公司等担保人对上述借款本息承担连带清偿责任。宏安公司不服一审判决,向江西省高级人民法院提起上诉,江西省高级人民法院作出二审判决:驳回上诉,维持原判。

最高人民法院经审理认为,兆丰公司是否有理由相信张某生有代理权这一问题,需要从张某生是否具有表征代理权存在的外观、兆丰公司对相关的权利外观的信赖是否合理、宏安公司作为被代理人对该权利外观的存在是否具有可归责性及其程度三个方面进行综合考量。首先,兆丰公司在获得了宏安公司的章程、股东出资信息、组织机构代码证等证据材料后,已经实际知道张某生不是宏安公司的股东、法定代表人或实际控制人,仅凭借张某生持有印章、贷款卡及自称为宏安公司法定代表人的姐夫的口头说明,并不足以证明张某生享有相应的代理权;其次,本案借款、担保合同与138号案件中的借款和担保合同系于2012年4月27日同时签订,而弋阳县房管局办理抵押登记的时间是2012年9月28日,故兆丰公司关于其基于对公权力部门的信任而相信张某生确实能够代表宏安公司提供担保的诉讼理由理据不足,最高人民法院不予采信;最后,虽然

宏安公司在获悉对138号案件的判决后对该案中的抵押担保予以追认，该追认行为系其作为被代理人依法行使权利，不能由此延伸到对本案300万元贷款的担保，更不能以宏安公司另案执行程序中的事后追认行为得出本案贷款担保系有权代理的结论。兆丰公司关于宏安公司在已经认可该枚印章在抵押合同上的效力就不能选择性地主张本案担保合同上的印章无效的诉讼理由，并无相应的事实和法律依据，最高人民法院不予支持。综上所述，最高人民法院认为，兆丰公司相信张某生有权代理宏安公司为他人作保的诉讼理由不能成立。

3. 律师说法

虽然宏安公司的该枚公章被弋阳县公安机关认定为伪造，但张某生多次使用该枚公章从事经营活动，且该枚公章已经被相关政府职能部门在宏安公司经营活动中确认过。因此，张某生挂靠宏安公司并使用该公司公章的行为对外具有公示效力，应推定宏安公司对于张某生使用该枚公章对外从事民事活动是知晓的，兆丰公司基于对该枚公章的合理信赖而与罗某福签订借款合同，并与宏安公司签订《保证/最高额保证合同》，兆丰公司的合理信赖利益应当得到保护。但是兆丰公司在与张某生签约时，未能按照《公司法》相关规定审查公司机关决议前置程序，即宏安公司是否通过股东会或者董事会决议赋予张某生代表公司签订合同的权利，加之兆丰公司是专业的放贷机构，其在接受张某生控制的其他公司所提供的担保时均要求张某生出具公司内部决议，更加说明兆丰公司完全有理由仔细、严格审查张某生的权限。因此，最高人民法院认为仅“看公章”，不“审权限”，不能构成公司对外担保表见代理的合理信赖，故张某生的行为不能构成表见代理。

六、相关法规和指导性文件

1.《民法典》

第一百七十一条第一款　行为人没有代理权、超越代理权或者代理权终止后，仍然实施代理行为，未经被代理人追认的，对被代理人不发生效力。

2.《公司法》

第十五条　公司向其他企业投资或者为他人提供担保，按照公司章程的规定，由董事会或者股东会决议；公司章程对投资或者担保的总额及单项投资或者担保的数额有限额规定的，不得超过规定的限额。

公司为公司股东或者实际控制人提供担保的，应当经股东会决议。

前款规定的股东或者受前款规定的实际控制人支配的股东，不得参加前款规定事项的表决。该项表决由出席会议的其他股东所持表决权的过半数通过。

3. 最高人民法院《关于在审理经济纠纷案件中涉及经济犯罪嫌疑若干问题的规定》

第五条第一款　行为人盗窃、盗用单位的公章、业务介绍信、盖有公章的空白合同书，或者私刻单位的公章签订经济合同，骗取财物归个人占有、使用、处分或者进行其他犯罪活动构成犯罪的，单位对行为人该犯罪行为所造成的经济损失不承担民事责任。

第四节　单位对加盖非备案印章合同的应对

一、问题简述

现实生活中，单位使用多枚同类印章对外签订合同的情况屡见不鲜。当纠纷发生时，如果加盖于合同上的印章不是单位备案的印章，合同内容能否代表单位的意志成了一个需要判断的问题。文件印章并非单位备案的印章所加盖，单位能否摆脱其约束？

二、观点参考

在遇到上述情况时，法院倾向于不单纯地仅凭合同上加盖的印章不是单位备案的印章就否定合同对于单位的约束力。如果签约人具有代理权，或者签约人构成表见代理，合同对单位就具有约束力，而不论印章是否备案。另外，合同上所盖印章尽管不是单位备案的印章，但是单位之前曾经使用过，公司认可未备案印章的效力或者未曾对未备案印章提出过异议，视为对该未备案印章效力的认可，加盖未备案印章的行为代表着单位的意志，合同应当对单位产生约束力。

三、应对方案和流程设计

1. 作为合同的一方，遇到相对方在合同上加盖非备案印章问题时，应当做好以下几个方面的工作：

(1)尽量收集该印章在其他文件材料或者合同中也使用过的证据，以此证明相对方存在并同时使用多枚同类印章，该印章可以代表相对方的意志。

(2)尽量收集相对方对未备案印章之前的使用行为从未提出过异议，并且对之前加盖未备案印章的合同予以履行的证据，以此证明相对方认可未备案印章的效力。

(3)尽力证明代理权或者表见代理存在。比如，对方是法定代表人或者分公司负责人，属于职务行为；对方是项目负责人，足以让人信任；之前签约都是用同样的方式、在同样的场合，等等。

2. 作为相对方单位，遇到此类问题时，应当做好以下几个方面的工作：

(1)如有必要，可通过鉴定方式确定合同中所加盖印章与单位备案印章是否一致。

(2)备案印章与合同上加盖的印章不一致时，单位需要举证证明合同加盖印章的行为并非单位的真实意思表示，如证明该印章系他人私自刻印并私自使用，或者证明单位在之前已经有效否认过该枚印章的效力，等等。

(3)单位可举证证明合同相对人非善意，例如，合同相对人对该印章存在问题知情、对签约人没有获得授权知情等；或者，合同相对人在签约时具有过错，如未尽合理注意义务，未审查签约人的授权委托书、代理权证明等，以证明签约人的行为属于无权代理，且不构成表见代理。因此，合同对单位不具有约束力。

四、防范措施

1. 合同相对方最好在签约前能查明签约人的身份和职务，如法定代表人、负责人或者经常代表公司对外签约的授权人。签约时，务必要求签约人提供合乎要求的证明文件或授权文件等，并认真审核。

2. 单位在签订重要合同时，可以考虑约定“该合同自双方签字并盖章时起生效”，即合同生效的条件为“签字 + 盖章”，起到双保险的作用。如果代理人拥有代理权限，印章是否备案就相对没有那么重要了。

3. 重要合同的签署，或者长期关系中的合同签署，最好能够让交易相对方留存印鉴，以便相对方在签署合同时进行形式上的核对。尽管不一定能够发现印章问题，但是至少能够证明签约单位尽到了谨慎和合理注意的义务，也能降低发生意外的风险。

4. 在合同磋商、签订过程中，尽量保存好相关的沟通证据，特别是要保留好能够代表公司意志方面的沟通证据（如随时和公司主要负责人核实相关情况的记录），以备发生纠纷时能够举证。

五、经典案例

案例一：廊坊市证合泰房地产开发有限公司、王某贵借款合同纠纷案

1. 案件信息

再审申请人（一审被告、二审上诉人）：廊坊市证合泰房地产开发有限公司（以下简称证合泰公司）

再审被申请人（一审原告、二审上诉人）：王某贵

审理法院：最高人民法院

案号：(2020)最高法民申5321号

2. 案情简介

经朱某与王某贵联系，2017年4月20日，出借方王某贵、借款方证合泰公司、委托收款方侯某琴（证合泰公司财务工作人员）签订借款合同约定，证合泰公司向王某贵借款3000万元，用于归还西藏信托有限公司（以下简称西藏信托）贷款利息，侯某琴作为代收款方收到借款后及时汇到西藏信托指定的账户还款。合同加盖了证合泰公司印章。王某贵因证合泰公司未按时还款诉至法院，请求判决证合泰公司支付本金、利息及违约金。诉讼中，证合泰公司称，朱某非公司负责人，借款合同上加盖的公章与公司备案公章不一致，其与王某贵之间不存在借款关系。

关于案涉借款合同关系的真实性问题，最高人民法院经审理认为，首先，借款合同上印章真实与否不是认定借款关系是否真实存在的唯一证据。虽然鉴定意见不能直接证明案涉借款合同上使用的、与备案公章不一致的印章为证合泰公司使用的多枚印章之一，但现有证据至少可以说明证合泰公司存在刻制多枚印章的事实。其次，在书面借款合同真伪不明的状态下，出借款项的流转过程成为认定本案事实的关键。王某贵在一审、二审中提交了银行流水以及与朱某的聊天记录证明借款合同的签订过程和案涉借款款项曾经转给证合泰公司

的流转过程。在证合泰公司否认朱某代表其公司的情况下,王某贵提交了另三案中朱某代表证合泰公司与其联系借款事宜的相关证据。同时,本案借款合同约定的委托收款人侯某琴时任证合泰公司财务工作人员。因此,原审认定王某贵、证合泰公司与侯某琴之间在2017年订立了借款合同,王某贵已经按照借款合同约定履行了付款义务,并无不当。最终,法院判决证合泰公司偿还借款、利息及违约金。

3. 律师说法

本案中,涉诉合同上所用公章与备案公章不一致,鉴定意见也表明不能确认该枚公章曾在其他场合使用过,但是法院仍认定合同有效,考虑因素如下:第一,证合泰公司存在使用多枚公章的事实,不能排除涉诉合同所用公章曾经使用过;第二,合同签订的相关人员与证合泰公司相关,负责相关工作,相对人有理由相信对方执行的是职务行为;第三,案涉借款款项曾经转给证合泰公司。法院认为,合同上印章真实与否不是认定法律关系是否真实存在的唯一证据,要结合合同签订过程中相对人是否有足够理由相信对方的行为代表的是公司意思加以判断。

案例二:海南远丰实业有限公司、三亚长鑫实业投资有限公司建设用地使用权纠纷案

1. 案件信息

再审申请人(一审被告、二审上诉人):海南远丰实业有限公司(以下简称远丰公司)

再审被申请人(一审原告、二审被上诉人):三亚长鑫实业投资有限公司(以下简称长鑫公司)

一审第三人、二审上诉人:陈某山

一审第三人:黄某梅,郑某,三亚鑫阳实业投资有限公司

审理法院:最高人民法院

案号:(2018)最高法民申2304号

2. 案情简介

2004年10月15日,长鑫公司、远丰公司、黄某梅三方订立《土地转让协

议》①,约定将案涉土地使用权转让给长鑫公司,协议上加盖了长鑫公司、远丰公司印章。长鑫公司依约先后支付土地转让款620万元及滞纳金138万元,除一张数额1万元的收条仅有黄某梅签名,数额757万元的其他收条有黄某梅签名及加盖远丰公司印章,该印章与上述《土地转让协议》上的印章相同。办理案涉土地过户过程中远丰公司与长鑫公司发生纠纷。一审过程中,经远丰公司和黄某梅申请,鉴定机构对《土地转让协议》中加盖的远丰公司印章进行了鉴定,鉴定结果为《土地转让协议》与黄某梅向长鑫公司出具的收据上的印章系同一枚印章,但非备案印章。一审三亚市中级人民法院、二审海南省高级人民法院经审理认为,尽管《土地转让协议》上"海南远丰实业有限公司"印文确实来自非备案印章,但是不能排除该印章并非远丰公司持有,且远丰公司时任法定代表人陈某君在该协议上亲笔签字,表明远丰公司对该协议予以确认,因而该协议对远丰公司具有法律约束力。

关于案涉借款合同关系的真实性问题,最高人民法院经审理认为,首先,虽然《土地转让协议》中加盖的远丰公司印章不是该公司备案的印章,但现有证据表明,远丰公司对外除了使用备案印章外,还曾使用非备案印章。鉴于没有法律规定公司对外订立合同必须加盖备案的印章,故本案不能仅以《土地转让协议》没有加盖远丰公司备案的印章就认定该协议不能代表远丰公司的真实意思表示。其次,鉴定结果表明《土地转让协议》中陈某君的签名属实,而法定代表人对外订立合同属于职务行为,相应的法律后果由公司承担,故本案可以认定《土地转让协议》代表远丰公司的真实意思。此外,长鑫公司在取得土地使用许可证之前,必然需要远丰公司的协助和配合,远丰公司主张其对长鑫公司受让案涉土地使用权不知情或不同意,明显不符合情理。故应当认定《土地转让协议》合法有效。

3. 律师说法

本案中,远丰公司在《土地转让协议》上所用公章与其备案公章不一致,但法院经综合判断,仍认定上述协议有效,主要有以下原因:第一,鉴定意见虽证明案涉协议中使用的公章与备案公章不一致,但目前证据不能排除案涉协议所用公章曾经使用过;第二,案涉协议上已有远丰公司时任法定代表人的签名,根

① 此处应为《土地使用权转让协议》,下同。

据《民法典》第六十一条第二款“法定代表人以法人名义从事的民事活动,其法律后果由法人承受”的规定,陈某君的签字行为属于职务行为,是远丰公司的真实意思表示;第三,结合案件事实,远丰公司无法证明其对长鑫公司受让案涉土地使用权不知情或不同意。综上所述,协议上印章是否与备案印章一致并不是认定法律关系是否真实存在的唯一证据,需结合案件事实以及其他证据进行综合判断。

案例三:南通金玉米饲料有限公司与秦某兵、耿某志民间借贷纠纷案

1. 案件信息

再审申请人(一审被告、二审上诉人):南通金玉米饲料有限公司(以下简称金玉米公司)

再审被申请人(一审原告、二审被上诉人):秦某兵

再审被申请人(一审被告、二审被上诉人):耿某志

审理法院:江苏省高级人民法院

案号:(2020)苏民再167号

2. 案情简介

自2015年4月起,耿某志开始担任金玉米公司法定代表人。2017年9月至12月,耿某志先后三次向秦某兵(耿某志好友)借款,在3张借条的借款人处均有耿某志签字并加盖了金玉米公司公章。后耿某志等人将金玉米公司转让给陈某琴,2018年1月29日,金玉米公司法定代表人变更为陈某琴。

金玉米公司认为,借条上加盖的公章不是金玉米公司的备案公章,且该公章与交付给现任法定代表人陈某琴的公章亦不同,案涉款项不应由金玉米公司偿还。秦某兵认为,借条上的章是时任公司法定代表人的耿某志所盖,是真实的;且不能排除金玉米公司有其他的公章或公章遗失、存在第二枚印章的情形,但并未提供相关证据。

一审、二审法院均认为应由金玉米公司承担还款责任。对此,江苏省高级人民法院认为:(1)耿某志对3张借条真实性不持异议,且自认收到案涉借款,应承担还款责任。(2)金玉米公司不承担还款责任。具体理由如下:一是耿某志在案涉借条上加盖金玉米公司公章属于恶意转嫁债务。第一,虽然耿某志在出具案涉3张借条时系金玉米公司的法定代表人及股东,但其即将转让金玉米公司股权,此时在借条上加盖公司公章及添加借款用于公司内容,系滥用代表

权行为，损害了金玉米公司的利益。第二，耿某志对外使用多枚公章，案涉借条上加盖的公章与耿某志移交给金玉米公司现任股东的公章不同。第三，案涉借款未汇至金玉米公司账户，亦无原始记账凭证证明其实际用于该公司。第四，在陈某琴成为金玉米公司股东及法定代表人后出具的债务清单（落款为2018年1月22日）载明，公司欠秦某兵5.4万元，与案涉借款不符。二是秦某兵应当知晓耿某志为实际借款人，耿某志的行为存在转嫁债务的恶意。第一，秦某兵是耿某志多年好友，亦称其对金玉米公司的股权更替、经营状况较为了解。第二，案涉3笔借款均在家中交付，未汇至金玉米公司账户。第三，前两张借条未载明借款用途，而第三张借条中"用于金玉米公司机械修理"的内容系事后添加。第四，秦某兵称借条上加盖金玉米公司公章是因为其要求耿某志提供借款担保，亦说明金玉米公司非借款主体。

3. 律师说法

本案一审、二审法院与再审法院裁判结果不同。一审、二审法院认为，公章的刻制、保管及使用均系公司内部管理事宜，在公司法定代表人的行为本身即具有代表公司意志外观的情形下，相对人没有核对公章真伪以及是否备案的高度注意义务。因此，耿某志的职务行为产生的法律后果应当由法人承担。但是，再审法院却综合案件事实进行认定，耿某志具有转移债务恶意且秦某兵亦非善意相对人，最终认定公司并非实际借款人，不承担还款责任。

据此，签订协议所用公章与备案公章不一致不能成为判断公司是否承担相应法律后果的唯一依据。当经办人行为构成职务行为，且相对方为善意时，公司应承担其行为的法律后果。否则，公司是否应当受到相关协议的约束，法院倾向于根据案件的相关证据综合判断。

六、相关法规和指导性文件

1. 最高人民法院《关于适用〈中华人民共和国民事诉讼法〉的解释》

第一百零八条　对负有举证证明责任的当事人提供的证据，人民法院经审查并结合相关事实，确信待证事实的存在具有高度可能性的，应当认定该事实存在。

对一方当事人为反驳负有举证证明责任的当事人所主张事实而提供的证据，人民法院经审查并结合相关事实，认为待证事实真伪不明的，应当认定该事实不存在。

法律对于待证事实所应达到的证明标准另有规定的，从其规定。

2.《国务院关于国家行政机关和企业事业单位社会团体印章管理的规定》

二十三、印章制发机关应规范和加强印章制发的管理，严格办理程序和审批手续。国家行政机关和企业事业单位、社会团体刻制印章，应到当地公安机关指定的刻章单位刻制。

二十四、国家行政机关和企业事业单位、社会团体的印章，如因单位撤销、名称改变或换用新印章而停止使用时，应及时送交印章制发机关封存或销毁，或者按公安部会同有关部门另行制定的规定处理。

3.《全国法院民商事审判工作会议纪要》

41. 司法实践中，有些公司有意刻制两套甚至多套公章，有的法定代表人或者代理人甚至私刻公章，订立合同时恶意加盖非备案的公章或者假公章，发生纠纷后法人以加盖的是假公章为由否定合同效力的情形并不鲜见。人民法院在审理案件时，应当主要审查签约人于盖章之时有无代表权或者代理权，从而根据代表或者代理的相关规则来确定合同的效力。

法定代表人或者其授权之人在合同上加盖法人公章的行为，表明其是以法人名义签订合同，除《公司法》第16条等法律对其职权有特别规定的情形外，应当由法人承担相应的法律后果。法人以法定代表人事后已无代表权、加盖的是假章、所盖之章与备案公章不一致等为由否定合同效力的，人民法院不予支持。

代理人以被代理人名义签订合同，要取得合法授权。代理人取得合法授权后，以被代理人名义签订的合同，应当由被代理人承担责任。被代理人以代理人事后已无代理权、加盖的是假章、所盖之章与备案公章不一致等为由否定合同效力的，人民法院不予支持。

第五节　印章系私刻并非单位不受合同约束的理由

一、问题简述

一般而言，单位对外签订的合同，规范且严格的做法是既包含有权人签字，又加盖单位的备案印章。但是，总有一些单位的做法不够规范，出现只有签字或只有盖章的情况，甚至还会出现真签字假印章或者真印章假签字的情况。如果签约人在合同上签字了，但是加盖的印章是私刻的，单位能否以该印章系私刻为由来主张单位不受合同约束呢?

二、观点参考

法院不会仅以合同上加盖的印章系私刻为由，简单粗暴地认定案涉合同是否有效。即便合同上加盖的单位印章被认定为私刻，如果该合同经过单位授权代表签字，法院也倾向于认可该合同内容属于单位的真实意思表示，单位应受该合同的约束。即使签约人没有单位的合法授权，如果签约人的身份和印章等能够形成善意相对人可以信赖的代理权外观，法院也倾向于认为表见代理成立，单位应当受该合同的约束。

三、应对方案和流程设计

1. 单位如果发现他人私刻本单位印章，并以本单位名义对外签约，应当就此情况立即向公安机关报案，尝试追究私刻人的刑事责任，通过刑事程序认定私刻印章行为构成犯罪后，从而争取在民事诉讼程序中协助单位否认该印章的效力。

2. 如单位内部人员私刻单位印章对外签订的合同已涉诉，单位的以下行为或许能够对案件有所帮助：(1)获取行为人行为为非职务行为和其真实目的的相关证据；(2)获得合同相对人行为非善意的证据；(3)单位在其他的场合有效否认过私刻印章的效力；(4)在得知他人使用伪造印章后即采取合理手段防止相对人利益受到损害，并在诉讼中以此作为抗辩，以减免单位的法律责任。

四、防范措施

1. 加强印章管理，保证单位使用的印章具有唯一性，并加强对签订合同所涉各类印章的管理。除非确有必要，不刻制多枚同类印章。要杜绝多枚同类未备案印章的出现。

2. 严控有权签署合同人员的权限管理。单位应在章程中明确法定代表人以及高级管理人员的职责权限，在单位内部加强对有合同签署权利的人员实行分级授权管理,保证权利人在权限范围内行使权利。

3. 建立有效的印章管理制度,防范负责印章具体管理工作的员工擅自以单位名义对外随意加盖印章。

4. 对于股东认为的重大事项,可以在章程中规定“特定事项必须经过股东会决议,否则任何人不得就该事项以单位名义签署合同”等类似的内容,同时在员工手册等规章制度和劳动合同等协议中体现,以达到规范合同签署程序的目的。

五、经典案例

案例一:九江香炉峰宾馆有限公司、蔡某松等民间借贷纠纷案

1. 案件信息

再审申请人(一审被告、二审上诉人):九江香炉峰宾馆有限公司(以下简称香炉峰公司)

再审被申请人(一审原告、二审被上诉人):蔡某松

再审被申请人(一审被告、二审被上诉人):潘某南,吴某华,九江市圣庐担保有限责任公司

审理法院:最高人民法院

案号:(2022)最高法民再115号

2. 案情简介

2013年5月16日,潘某南以资金周转为由向蔡某松借款1000万元并出具《借据》。潘某南收到该1000万元借款后,按月支付了2个月的利息,后表示其暂无还款能力。2013年9月2日,潘某南向蔡某松出具了《还款保证书》,该保证书落款处有潘某南签名及香炉峰公司印章。因潘某南及各担保人均未向蔡某松还款,蔡某松提起诉讼。

本案一审、二审法院均判令香炉峰公司承担还款责任。香炉峰公司向最高人民法院申请再审。最高人民法院经审理认为,潘某南向蔡某松出具《还款保证书》时,并非香炉峰公司法定代表人,仅持有香炉峰公司5%的股权,也无香炉峰公司相应授权,且香炉峰公司对潘某南的行为不予认可,故潘某南当时并不具有代表或代理香炉峰公司对外提供担保、签订担保合同的权限。但生效的

(2019)赣04刑终578号刑事判决已认定潘某南为香炉峰公司实际经营人,并且,在再审过程中,潘某南提交了新的证据材料,以证明其实际享有香炉峰公司75%的股权,系香炉峰公司的实际控制人。此外,潘某南在《还款保证书》上所使用的公章多次被香炉峰公司在其他场合中使用。蔡某松举证香炉峰公司为天欣公司向银行贷款提供抵押担保并出具《放弃租赁优先权承诺书》,承诺书上加盖的印章与《还款保证书》上加盖的印章为同一枚印章。香炉峰公司没有证据证明其只使用唯一一枚印章,而未使用过在《还款保证书》中加盖的印章。即使《还款保证书》上加盖的香炉峰公司印章是他人伪造的或潘某南私自加盖的,也没有证据证明蔡某松知道或应当知道该事实,故蔡某松有理由相信香炉峰公司在《还款保证书》中加盖印章是香炉峰公司的真实意思表示。鉴于上述新证据载明的基本事实原审法院均未予审理,因此最高人民法院裁定撤销原判决,发回重审。

3. 律师说法

本案目前在公开的材料中还没有查询到定论,但是最高人民法院的态度至少说明一点,单位并不能仅以印章系私刻为由主张单位不受合同的约束。在合同上所盖印章并非单位备案印章的情形发生时,法院会综合考虑多方面的因素对合同约束力进行判断。首先,是签约人/签字人的代理权问题。本案中,潘某南被生效刑事判决认定为香炉峰公司的实际经营人,同时,其举证证明自己实际上是香炉峰公司的实际控制人。一旦潘某南被认定为实际控制人,法院会倾向于认为其具有代理权,印章在案件中的作用就没有那么重要了。另外,未备案印章在其他场合的使用也是法院关注的重要因素。笔者认为,法院在重审过程中很有可能会着重从这两点入手,综合案件相关因素,依法作出裁判。

案例二:株洲金塔房地产开发有限公司、吴某明民间借贷纠纷案

1. 案件信息

再审申请人(一审被告、二审上诉人):株洲金塔房地产开发有限公司(以下简称金塔公司)

再审被申请人(一审原告、二审被上诉人):吴某明

再审被申请人(一审第三人、二审被上诉人):左某安,文某建

审理法院:最高人民法院

案号:(2017)最高法民申2929号

2. 案情简介

凌鹰山庄项目部是金塔公司为了开发凌鹰山庄项目成立的临时机构,没有领取营业执照。左某安、文某建与金塔公司之间内部为承包关系,实际上二人系金塔公司工作人员,凌鹰山庄项目实际为左某安、文某建以金塔公司名义进行开发。左某安、文某建在任职凌鹰山庄项目部期间,以项目部建设等需要为由,向吴某明借款并在借据上加盖该项目部印章。后吴某明起诉至法院要求金塔公司承担还款责任。金塔公司主张左某安、文某建私刻项目部印章对外借款,金塔公司不应承担责任。

最高人民法院经再审认为,凌鹰山庄项目部是金塔公司为了开发凌鹰山庄项目成立的临时机构,该机构非经依法设立,也未领取营业执照,不具备独立承担民事责任的能力,其对外从事民事活动所产生的法律后果应由设立该机构的金塔公司承担。本案已查明事实可以证明金塔公司同意"株洲金塔房地产开发有限公司凌鹰山庄项目部"印章的刻制。可见,左某安、文某建使用项目部印章是经过金塔公司许可和授权的,该二人使用项目部印章的行为属于职务行为。结合左某安、文某建系金塔公司工作人员的身份,左某安、文某建的借款行为具有代表金塔公司之表象,吴某明有理由相信该款项系金塔公司凌鹰山庄项目部所借。因此,原判决认为左某安、文某建向吴某明的借款行为构成表见代理并无不当。金塔公司依法应承担还款责任。

3. 律师说法

本案中,虽然金塔公司主张借据上加盖项目部印章系左某安、文某建私刻,但是法院结合金塔公司同意项目部印章刻制、二人为金塔公司工作人员及项目部负责人身份等事实综合认定二人实施的是职务行为,金塔公司以印章为私刻为由拒绝承担还款责任的抗辩未获支持。

案例三:山西建筑工程(集团)总公司、柴某军与山西建筑工程(集团)总公司石药银湖制药项目部借款合同纠纷案

1. 案件信息

再审申请人(一审被告、二审上诉人):山西建筑工程(集团)总公司(以下简称山西建筑总公司)

再审被申请人（一审原告、二审被上诉人）：柴某军

原一审被告：山西建筑工程（集团）总公司石药银湖制药项目部（以下简称石药银湖制药项目部）

审理法院：最高人民法院

案号：（2015）民申字第2568号

2. 案情简介

石药银湖制药项目部是山西建筑总公司为了给石药公司开发建设而成立的临时机构，刘某贤为石药银湖制药项目部负责人。2012年5月30日、6月1日、7月19日，刘某贤以石药银湖工程项目需要资金为由向柴某军进行借款，并在借据上加盖石药项目部印章，该印章为刘某贤私自刻制但没有得到山西建筑总公司认可，不过山西建筑总公司收取刘某贤缴纳的管理费。

本案经过一审、二审法院审理，法院作出裁判，判令山西建筑总公司承担还款责任。山西建筑总公司不服终审判决，向最高人民法院申请再审。最高人民法院经再审认为，石药银湖制药项目部的印章是否为私刻并不影响该印章在本案借款关系中的效力。一方面，根据原一审、二审判决查明的事实，山西建筑总公司在与石药银湖制药有限公司结算工程款时使用过该印章，也明知刘某贤使用该印章进行借款，但未有证据表明山西建筑总公司对该印章的使用或者效力提出过异议；另一方面，柴某军作为善意相对人，基于刘某贤的项目负责人身份，有理由相信该印章具有法律效力。因此，在本案中，即使该印章为刘某贤私刻，也不影响借款合同的成立和生效。刘某贤具有代理权之表象。实际上，柴某军同意借款给刘某贤，还是基于对山西建筑总公司实力与声誉的信赖，尽管山西建筑总公司否定刘某贤具有对外借款的职权，但山西建筑总公司收取刘某贤缴纳的管理费，应对刘某贤的行为承担相应的风险和管理责任。且山西建筑总公司在财务及公章管理上存在漏洞，未对刘某贤的行为进行约束，说明其在自身管理方面存在一定过错。因此应对刘某贤行为的后果承担相应责任。

3. 律师说法

本案中，法院根据山西建筑总公司与刘某贤存在管理与被管理关系、刘某贤担任石药银湖制药项目部负责人的身份及此前山西建筑总公司未对私刻印章的使用或者效力提出过异议等事实认定刘某贤私刻印章对外借款的行为构成表见代理。鉴于石药银湖制药项目部是山西建筑总公司为了给石药公司开

发建设而成立的临时机构,项目部不具有法人资格、不能独立承担法律责任,因此需要由山西建筑总公司承担还款责任。在裁判说理部分,法院还明确提出,在刘某贤具备权利外观的情形下,其使用印章是否为私刻,均不影响山西建筑总公司承担其行为产生的法律后果。

六、相关法规和指导性文件

1.《民法典》

第一百七十一条 行为人没有代理权、超越代理权或者代理权终止后,仍然实施代理行为,未经被代理人追认的,对被代理人不发生效力。

相对人可以催告被代理人自收到通知之日起三十日内予以追认。被代理人未作表示的,视为拒绝追认。行为人实施的行为被追认前,善意相对人有撤销的权利。撤销应当以通知的方式作出。

……

第一百七十二条 行为人没有代理权、超越代理权或者代理权终止后,仍然实施代理行为,相对人有理由相信行为人有代理权的,代理行为有效。

第五百零四条 法人的法定代表人或者非法人组织的负责人超越权限订立的合同,除相对人知道或者应当知道其超越权限外,该代表行为有效,订立的合同对法人或者非法人组织发生效力。

2.最高人民法院《关于在审理经济纠纷案件中涉及经济犯罪嫌疑若干问题的规定》

第五条 行为人盗窃、盗用单位的公章、业务介绍信、盖有公章的空白合同书,或者私刻单位的公章签订经济合同,骗取财物归个人占有、使用、处分或者进行其他犯罪活动构成犯罪的,单位对行为人该犯罪行为所造成的经济损失不承担民事责任。

行为人私刻单位公章或者擅自使用单位公章、业务介绍信、盖有公章的空白合同书以签订经济合同的方法进行的犯罪行为,单位有明显过错,且该过错行为与被害人的经济损失之间具有因果关系的,单位对该犯罪行为所造成的经济损失,依法应当承担赔偿责任。

第六节　单位对自己有过错的被盗用印章所盖文件的责任

一、问题简述

单位经营管理混乱，或者其他原因，导致单位印章被盗用的情况偶有发生。例如，员工盗用单位印章，以单位名义与相对方签订合同，希望获取非法经济利益；又如，员工盗用印章为自己出具在职证明或收入证明，给自己“发放”高工资。发生纠纷后，合同相对方或者员工拿着盖有单位印章的文件要求单位履行义务，承担责任。如果印章被盗用，单位存在过错，单位是否对被盗用印章所盖的文件负责呢？

二、观点参考

如果印章被盗用且行为人构成犯罪，法院会依据最高人民法院《关于在审理经济纠纷案件中涉及经济犯罪嫌疑若干问题的规定》，在单位存在明显过错且该过错行为与被害人的经济损失之间具有因果关系时，要求单位对该犯罪行为所造成的经济损失依法应当承担赔偿责任。

如果印章被盗用但行为人的行为不构成犯罪，单位对印章被盗用或者其他事项存在过错，此时单位是承担过错责任，还是承担相关文件规定、约定的责任，法院倾向于视具体案情综合研判后确定。

三、应对方案和流程设计

1. 单位应当尽快通过鉴定等方式确定该文件或者合同上印章的真实性，即比对确认该印章是否为本单位印章所加盖。

2. 单位应当尽快确认印章属于先盖章后写字，即“黑压红”；还是先写字后盖章，即“红压黑”。如果是黑压红，有可能存在印章被盗用的情况，此时就需要寻找其他证据证明文件中的印章系盗用，文件不能代表单位的真实意思表示。

3. 要尽快核实本单位是否真实发生过此笔业务。单位可以通过查询已发生过的业务记录、印章使用登记簿、印章使用审批流程等方式来证明此笔业务的真实性。如果单位确实没有发生过此笔业务,应当找出充分的证据予以说明。同时,可以结合单位的业务、客户的范围和特点,证明这个印章的加盖行为完全没有逻辑,并非单位的真实意思表示。

4. 由于单位管理不善导致单位印章被盗用,进而给相对方造成损失,如果单位对该盗用行为存在明显的过错,且过错行为与被害人的经济损失具有因果关系,单位依法应当承担赔偿责任。此时,单位可以选择报警,争取公安机关立案,启动刑事司法程序,确认盗用人的犯罪事实,并以此为依据,减免单位的责任。同时,单位应及时通知交易伙伴,登报公示印章被盗情况,并声明被盗用的印章作废,严格完成法定的印章作废程序。

5. 单位还应当尽可能搜集公司对印章已经做到严格、妥善管理的应尽义务的证据,尽量减轻过错程度,直至证明单位完全无过错。

四、防范措施

1. 单位应当加强对员工的入职培训和劳动关系全流程中的员工培训,强化公司规章制度和劳动纪律教育,从思想源头上遏制员工的违法、犯罪动机。

2. 单位应当建立、完善印章管理制度,包括印章刻制、保管、使用、挂失和销毁等一系列内控流程,规范印章的管理和使用,减少潜在的印章管理风险。

3. 单位应当加强印章管理。对印章管理和使用行为进行定期与不定期核查,检查印章使用、交接登记簿,核对印章使用的事由、数量,是否经过完整的系统用印审批流程,需要盖章的材料备案情况等,保证印章使用的规范性、真实性和合规性。

五、经典案例

案例一:兴业银行广州分行与深圳市机场股份有限公司借款合同纠纷案

1. 案件信息

上诉人(原审被告):深圳市机场股份有限公司(以下简称深圳机场公司)

上诉人(原审原告):兴业银行广州分行

审理法院:最高人民法院

案号:(2008)民二终字第124号

2. 案情简介

2003年7月11日,崔某先(时任深圳机场公司总经理、董事)指使李某海使用私刻的深圳机场公司公章与兴业银行广州分行签订《基本授信合同》。同年7月14日和12月9日,李某海按崔某先的授意,代表深圳机场公司在崔某先办公室与兴业银行广州分行分别签订了两份贷款合同,共贷款2.25亿元。在前述贷款即将到期时,崔某先又亲自用私刻的假公章在其办公室与兴业银行广州分行签订了借新贷还旧贷合同,对贷款进行延期。兴业银行广州分行于2005年1月向法院提起诉讼,请求判令深圳机场公司立即返还借款本金、利息及罚息。

最高人民法院经审理认为,崔某先系深圳机场公司的董事、总经理,在本案发生期间主持公司的日常工作。崔某先伙同李某海等人与兴业银行广州分行人员商谈贷款事宜,提供虚假文件和伪造的董事会决议,指使李某海以私刻的公章代表深圳机场公司签订授信合同和贷款合同,并在其后使用私刻的公章签订了借新还旧的贷款合同,使兴业银行广州分行误以为崔某先是在履行职务行为。崔某先利用其特殊的身份参与骗贷活动是导致前述情形的主要原因,但深圳机场公司也存在规章制度不健全、用人失察、对公司高级管理人员监管不力的明显过错,应依法对兴业银行广州分行的损失承担主要的赔偿责任。

兴业银行广州分行在签订和履行贷款合同的过程中,未尽审慎注意义务,对私刻的深圳机场公司公章、伪造的证明文件和董事会决议未进行必要的鉴别和核实,在贷款的审查、发放、贷后跟踪检查等环节具有明显疏漏。兴业银行未能察觉深圳机场公司从未在上市公司半年报和年报中披露本案所涉贷款,反而与其签订了借新还旧的新合同。故兴业银行广州分行在本案中也存在一定过错,对本案的损失应承担相应的民事责任。

3. 律师说法

根据最高人民法院《关于在审理经济纠纷案件中涉及经济犯罪嫌疑若干问题的规定》,行为人私刻单位公章或者擅自使用单位公章、业务介绍信、盖有公章的空白合同书以签订经济合同的方法进行的犯罪行为,单位有明显过错,且该过错行为与被害人的经济损失之间有因果关系的,单位对该过错行为所造成的损失,依法应当承担赔偿责任。单位规章制度不健全、用人失察、对其高级管理人员监管不力,属于单位具有明显过错的具体表现。

本案中,兴业银行广州分行在签订和履行本案2.25亿元贷款合同的过程中,未尽审慎注意义务,对私刻的深圳机场公司公章、伪造的证明文件和董事会决议未进行必要的鉴别和核实,在贷款的审查、发放、贷后跟踪检查等环节具有明显疏漏。法院最终判决深圳机场公司和兴业银行广州分行应根据各自的过错程度承担相应的民事责任。

案例二:中国华融资产管理股份有限公司河南省分公司、中国建设银行股份有限公司珠海丽景支行票据回购纠纷、买卖合同纠纷案

1. 案件信息

上诉人(原审原告):中国华融资产管理股份有限公司河南省分公司(以下简称华融资管河南分公司)

上诉人(原审被告):中国建设银行股份有限公司珠海丽景支行(以下简称建行丽景支行)

审理法院:最高人民法院

案号:(2017)最高法民终313号

2. 案情简介

建行丽景支行与中国工商银行郑州市华信支行(以下简称工行华信支行)分别于2003年3月31日和4月11日签订了两份回购合同,上述合同主要约定工行华信支行对建行丽景支行所持尚未到期的商业汇票实施限时购买、建行丽景支行于双方约定的时间按票面金额将商业汇票购回的业务。回购期限届满后,工行华信支行请求建行丽景支行按照合同约定进行回购,建行丽景支行拒绝回购,工行华信支行遂提起诉讼。

在案件一审审理过程中,工行华信支行将案涉债权转让给华融资管河南分公司,华融资管河南分公司代替了工行华信支行本案中当事人的地位。

法院查明,回购合同上所加盖的建行丽景支行公章、黄某良印鉴系由建行丽景支行时任行长黄某良伪造的;建行丽景支行填写的该5000万元《贴现凭证(代申请书)》上加盖的建行丽景支行公章、黄某良印鉴也是伪造的;并且黄某良在"中国建设银行珠海市分行"的印章复印件上手绘建行丽景支行的公章样式,提供了建行丽景支行工作人员王某、陈某华的名字和其本人的工作证样本,又提供了建行丽景支行的业务专用章和转讫章的复印件,用于建行丽景支行与工行华信支行办理票据回购业务。在办理上述业务过程中，黄某良在商业承兑汇票上加盖了真实的结算专用章，提供了真实的组织机构代码证等手续，用于开立建行丽景支行银行账户，骗取工行华信支行工作人员张某晖的信任，与工行华信支行签订了回购合同。

最高人民法院经审理认为，回购合同签订之时，黄某良系建行丽景支行行长，也是营业执照记载的企业负责人，其在任职期间以建行丽景支行名义签订回购合同、出具《贴现凭证（代申请书）》、开立账户等行为，足以使工行华信支行相信系其代表建行丽景支行行使职务行为，因此黄某良以建行丽景支行名义与工行华信支行签订履行回购合同的行为后果应由建行丽景支行承受。但是，本案中工行华信支行与建行丽景支行均有通过汇票转贴现业务为他人违法套取银行资金的意思表示和行为，属于无效合同。回购合同无效造成的工行华信支行的损失，依法应当根据双方的过错合理分担。本案中，双方在签订和履行回购合同的过程中均有过错，共同导致了工行华信支行损失的发生。建行丽景支行的过错主要在于用人不善、印章管理不规范，而黄某良的代表行为为信用程度本来较低的商业承兑汇票增加了银行信用，为票据转贴现提供了更高的信用基础；工行华信支行的过错主要在于未尽到办理票据转贴现业务应有的合理的审查义务。

3. 律师说法

本案的争议焦点之一是黄某良作为建行丽景支行行长及对外公示的负责人，盗用印章开立建行丽景支行银行账户，取得相对方工作人员信任后利用伪造印章签订了案涉合同，在合同无效的情况下，建行丽景支行是否需要因黄某良的行为承担赔偿责任？最高人民法院认为，建行丽景支行存在过错，需要承担责任，其过错主要在于用人不善、印章管理不规范。工行华信支行也因审核不严、未尽到合理注意义务存在一定过错，要承担部分责任。

案例三：张某芹、中国人民财产保险股份有限公司唐山市分公司侵权责任纠纷案

1. 案件信息

上诉人（一审原告）：张某芹

被上诉人（一审被告）：中国人民财产保险股份有限公司唐山市分公司（以

下简称人保唐山分公司)

审理法院:河北省唐山市中级人民法院

案号:(2019)冀02民终1999号

2. 案情简介

霍某申原系人保唐山分公司的工作人员,负责保险销售工作。在职期间,霍某申伪造了投资保障型保险单,并盗用了单位的公章,同时在伪造的投资保障型保险单上加盖了人保唐山分公司的公章。自2011年起,霍某申向张某芹多次销售共计11万元的伪造的保险产品——投资保障型保险单。2017年1月1日,霍某申因涉嫌诈骗罪被刑事拘留。同年1月25日,霍某申被检察机关批捕。2018年5月31日,霍某申因犯诈骗罪被法院判处有期徒刑13年。张某芹的投资血本无归。于是,张某芹起诉人保唐山分公司,要求其承担全部损失的赔偿责任。

唐山市中级人民法院经审理认为,霍某申利用其保险公司销售经理的身份,违规使用人保唐山分公司的印章,以骗取张某芹的信任,导致张某芹款项损失,其理应为直接责任人。该事实已为唐山市路北区人民法院(2017)冀0203刑初338号刑事判决所确认。人保唐山分公司对其工作人员管理不严,对印章的保管不善,使霍某申得以完成诈骗行为,对此,人保唐山分公司存在一定的过错。张某芹对于霍某申提供的保险产品和投保流程过于轻信,对于自身财产的处置缺乏必要的谨慎,存在过失,亦是造成其财产损失的重要因素。原审法院综合考量各行为主体的过错程度以及过错对损失产生的原因力,认定人保唐山分公司对张某芹的损失承担30%的赔偿责任并无不当,本院予以维持。

3. 律师说法

如果单位公章被员工盗用,且该员工用此公章与他人签订经济合同及其他文件,给他人造成损失,单位被认定有明显过错,且该过错行为与受损方的经济损失之间有因果关系,单位应当对该过错行为所造成的损失承担过错责任。本案中,张某芹的经济损失虽然是由霍某申的诈骗犯罪行为所致,应由霍某申承担侵权赔偿责任。但是,人保唐山分公司在公司印章的管理上存在疏漏,给霍某申“盗用公章”以可乘之机,对造成张某芹的损失也存在一定的过错,应承担相应的法律责任。

六、相关法规和指导性文件

1.《民法典》

第一百五十七条　民事法律行为无效、被撤销或者确定不发生效力后，行为人因该行为取得的财产，应当予以返还；不能返还或者没有必要返还的，应当折价补偿。有过错的一方应当赔偿对方由此所受到的损失；各方都有过错的，应当各自承担相应的责任。法律另有规定的，依照其规定。

第一千一百六十五条第一款　行为人因过错侵害他人民事权益造成损害的，应当承担侵权责任。

第一千一百七十二条　二人以上分别实施侵权行为造成同一损害，能够确定责任大小的，各自承担相应的责任；难以确定责任大小的，平均承担责任。

2. 最高人民法院《关于在审理经济纠纷案件中涉及经济犯罪嫌疑若干问题的规定》

第五条第二款　行为人私刻单位公章或者擅自使用单位公章、业务介绍信、盖有公章的空白合同书以签订经济合同的方法进行的犯罪行为，单位有明显过错，且该过错行为与被害人的经济损失之间具有因果关系的，单位对该犯罪行为所造成的经济损失，依法应当承担赔偿责任。

第七节　单位对自己无过错的被盗用印章所盖文件的责任

一、问题简述

实践中，单位印章被盗用的情况偶有发生。在印章被盗用的过程中，单位可能不存在任何过错。比如，单位能够证明对被盗用的印章已经尽到谨慎管理义务；又如，单位在发现印章被丢失后已经及时按照法定程序办理了挂失事宜。在上述情况下，盗用的印章所盖印的文件对单位是否具有约束力？

二、观点参考

单位印章被盗用，在行为人的行为不构成或尚未构成犯罪的情况下，如果单位对相对人的损失不存在过错,同时鉴于单位没有签署相关文件的意思表示,法院倾向于认为相关文件对单位不发生效力。否则,单位依据自身过错承担责任的可能性较大。

如果行为人盗用单位印章签订经济合同,骗取财物归个人占有、使用、处分或者进行其他犯罪活动,单位对行为人该犯罪行为所造成的经济损失不承担民事责任。但是,如果单位有明显过错,且该过错行为与被害人的经济损失之间具有因果关系,单位对该犯罪行为所造成的经济损失,依法应当承担赔偿责任。

三、应对方案和流程设计

1. 单位对被盗用的印章及时申请鉴定。常见的鉴定方式有:(1)印章的真伪鉴定。(2)印章加盖与文字形成先后顺序的鉴定,即到底是“黑压红”还是“红压黑”,或者称“先墨后朱”还是“先朱后墨”。有人认为“黑压红”就是有问题,实际上法院仅将“黑压红”作为可能存在问题的一个点,但绝不会单独依据这一点来认定文件有问题。(3)印迹形成时间的鉴定。目前,很多地方法院不支持做这项鉴定,但是偶有例外。

2. 从证据角度来考虑应对方案:(1)细心观察证据的瑕疵。就盗盖财务章、发票章而言,收据、发票是有编号的,如果时间跨度比较大,而编号却是连贯的,那就说明可能存在问题;(2)着重审查加盖盗用印章文件的具体内容的真实性,尽可能找出与该内容相悖的真实情况的证据或者该文件内容不具有真实性的证据,以此来证明文件不属于单位的真实意思。

3. 单位应该努力证明自己不存在过错,至少要证明自己不存在明显过错。

4. 单位如果无法证明自己不存在过错,至少要证明该过错行为与被害人的经济损失之间不具有因果关系。

四、防范措施

1. 单位应当建立健全印章管理制度,包括印章的刻制、保管、使用、挂失等一系列制度及管理流程,减少印章被盗用或丢失的情况。

2. 单位应建立健全印章使用的管理制度。对印章管理和使用行为进行定期与不定期的核查,检查印章使用、交接登记簿,核对印章使用的事由、数量、是否经过完整的系统用印审批流程、需要盖章材料的备案情况等，保证印章使用的规范性、真实性和合规性。

3. 加强与本单位有长期、稳定往来的客户的沟通，让客户知晓本单位签约、加盖印章的基本制度、流程，有助于客户在交易过程中发现异常情况时与本单位进行沟通、核实情况，避免印章被盗用的情况发生。

4. 对印章进行合规管理应当成为单位的常规管理工作。

五、经典案例

案例一：胡某达、慈溪宝恒汽车销售服务有限公司侵权责任纠纷案

1. 案件信息

再审申请人（一审原告、二审上诉人）：胡某达

再审被申请人（一审被告、二审被上诉人）：慈溪宝恒汽车销售服务有限公司（以下简称慈溪宝恒公司）

审理法院：浙江省高级人民法院

案号：(2018)浙民申4269号

2. 案情简介

自2008年始，沈某挺在明知其没有偿还能力的情况下，利用其慈溪宝恒公司副总经理职务的身份，虚构慈溪宝恒公司扩大规模、资金紧张等事实，以慈溪宝恒公司名义出面借款，以余姚宝恒公司或者宁波宝恒公司名义出面担保，并偷盖慈溪宝恒公司公章，或加盖私刻的慈溪宝恒公司、余姚宝恒公司、宁波宝恒公司的公章及慈溪宝恒公司法定代表人乔某辉印章，或以慈溪宝恒公司名义签订汽车预订单约定返利等方式，向他人募集资金。其中，沈某挺自胡某达处实际骗得约4,531,000元。后沈某挺因构成集资诈骗罪、职务侵占罪、诈骗罪，最终数罪并罚被判处无期徒刑，同时判决追缴相关财产并返还被害人。胡某达提起诉讼主张慈溪宝恒公司没有对沈某挺以其名义进行集资诈骗行为尽到监督职责，反而为沈某挺的犯罪行为提供帮助和便利，存在明显过错，因此慈溪宝恒公司承担赔偿责任。

浙江省高级人民法院经审理认为，沈某挺虽然是慈溪宝恒公司的股东及员工，但并非法定代表人，其并不具有以慈溪宝恒公司名义对外实施借款的权力。

案涉借款虽然加盖“慈溪宝恒公司”印章,但该印章为沈某挺偷盖或私刻。因沈某挺是慈溪宝恒公司的股东和员工,其在慈溪宝恒公司内有办公室并不能证明慈溪宝恒公司存在过错。沈某挺虽以慈溪宝恒公司名义借款,但双方并未通过慈溪宝恒公司账户进行交易,而是通过沈某挺个人账户或其指定的其他人的账户进行交易,胡某达作为企业经营者如果稍加注意即可发现前述明显有违常理的情形,胡某达未尽审慎义务,对交易风险疏于防范,自身存在过错。沈某挺对外以慈溪宝恒公司副总身份示人,并虚构慈溪宝恒公司扩大规模、资金紧张等事实向胡某达等多人实施集资诈骗,系其个人实施的犯罪行为,慈溪宝恒公司并无过错,胡某达要求慈溪宝恒公司赔偿损失的理由不能成立。

3. 律师说法

本案中,沈某挺作为慈溪宝恒公司的股东及员工,通过偷盖或私刻印章的方式以慈溪宝恒公司名义借款,构成刑事犯罪,给胡某达等多个被害人造成财产损失。但是,慈溪宝恒公司在本案中无过错,无须对胡某达等人的财产损失承担赔偿责任。

案例二:眉山市东坡区四通劳务派遣有限公司、四川开江利华建筑公司等建设工程施工合同纠纷案

1. 案件信息

上诉人(原审原告):眉山市东坡区四通劳务派遣有限公司(以下简称四通公司)

被上诉人(原审被告):四川开江利华建筑公司(以下简称利华公司),四川上源建设有限公司(以下简称上源公司)

被上诉人(原审第三人):松潘县城乡规划建设和住房保障局(以下简称松潘住建局)

审理法院:四川省高级人民法院

案号:(2017)川民终97号

2. 案情简介

2009年12月4日,松潘住建局对“松潘县行政新区公共建设B标段工程”(以下简称案涉工程)进行招标。同年12月28日,利华公司进行投标。另案刑事判决查明,邱某平与利华公司曾签署承包协议,拟在成都设立一家分公司,由邱某平承包经营,但该公司一直未成立。后邱某平擅自伪造利华公司的行政公章,以利华公司的名义在外承包工程。上源公司建设资质等级不够,为承包案涉项目联系到邱某平。双方于2010年3月13日签订了《工程施工管理目标责任合同书》,约定由邱某平提供利华公司的证照、资质、文件,并在该合同上加盖了其伪造的利华公司公章。后上源公司经理许某平在利华公司及邱某平不知情的情况下,又私刻了利华公司的公章一枚,以利华公司名义和松潘住建局签订案涉工程施工合同。2010年3月16日,上源公司以利华公司名义与四通公司签订了《建筑工程施工劳务分包合同》,约定由四通公司承包案涉工程部分内容。2010年9月及2011年6月,四通公司工程负责人徐某兵代表四通公司与上源公司分别签订了《涂料工程分包合同》《保温工程分包合同》。以上合同签订后,四通公司进场施工。由于施工中存在拖延工期、拖欠工资等问题,2012年6月7日,松潘住建局向利华公司发出《解除合同通知书》,解除了上源公司以利华公司名义签订的施工合同。后松潘住建局将该工程项目未完工部分交由其他施工队完成。另查明,2012年5月5日,利华公司向松潘住建局发函称利华公司从未中标案涉工程项目,也未签订过案涉工程承包合同。因工程款支付纠纷,四通公司向法院起诉请求利华公司、上源公司支付合同保证金、工程劳务款,松潘住建局承担连带清偿责任。

四川省高级人民法院经审理认为,根据最高人民法院《关于在审理经济纠纷案件中涉及经济犯罪嫌疑若干问题的规定》第五条,利华公司承担责任的前提是具有明显过错并且过错与损失具有因果关系。根据生效刑事判决书认定的事实,邱某平利用伪造的利华公司公章与上源公司签订了《工程施工管理目标责任合同书》,上源公司经理许某平私刻了利华公司公章,以利华公司名义和松潘住建局签订了案涉建设工程施工合同。随后上源公司以利华公司名义与四通公司签订了劳务分包合同。本院认为:一是没有证据证明本案中标通知书向利华公司进行了送达,利华公司知晓其中标案涉工程施工;二是利华公司既没有参与工程施工,也没有履行工程管理职能;三是在2012年5月、2012年6月,利华公司向松潘住建局去函,明确表明其不是建设工程施工合同主体。因此,本案现有证据不足以认定利华公司具有明显过错。此外,根据本案查明事实,四通公司知晓上源公司有可能系借用他人资质与其签订劳务分包合同,并非善意相对人,未尽到合理注意义务,邱某平的行为不能构成表见代理。因此,利华公司不应就本案的工程款、保证金承担共同责任。

3. 律师说法

虽然本案中邱某平伪造印章、上源公司经理许某平私刻利华公司公章主要是借用利华公司名义及相关资质承包工程项目，并非直接用于骗取财物或其他犯罪活动，法院仍引用该条规定认定利华公司在本案中无过错、无须承担责任。从法院裁判倾向来看，单位是否存在明显过错是判断其是否需要承担责任的核心。在单位能够证明其没有明显过错或者没有证据表明其存在明显过错的情况下，单位往往无须对行为人盗用、私刻印章实施的违法行为造成的损失承担责任。

六、相关法规和指导性文件

1.《民法典》

第一百七十一条 行为人没有代理权、超越代理权或者代理权终止后，仍然实施代理行为，未经被代理人追认的，对被代理人不发生效力。

相对人可以催告被代理人自收到通知之日起三十日内予以追认。被代理人未作表示的，视为拒绝追认。行为人实施的行为被追认前，善意相对人有撤销的权利。撤销应当以通知的方式作出。

行为人实施的行为未被追认的，善意相对人有权请求行为人履行债务或者就其受到的损害请求行为人赔偿。但是，赔偿的范围不得超过被代理人追认时相对人所能获得的利益。

相对人知道或者应当知道行为人无权代理的，相对人和行为人按照各自的过错承担责任。

第一百七十二条 行为人没有代理权、超越代理权或者代理权终止后，仍然实施代理行为，相对人有理由相信行为人有代理权的，代理行为有效。

2. 最高人民法院《关于在审理经济纠纷案件中涉及经济犯罪嫌疑若干问题的规定》

第五条 行为人盗窃、盗用单位的公章、业务介绍信、盖有公章的空白合同书，或者私刻单位的公章签订经济合同，骗取财物归个人占有、使用、处分或者进行其他犯罪活动构成犯罪的，单位对行为人该犯罪行为所造成的经济损失不承担民事责任。

行为人私刻单位公章或者擅自使用单位公章、业务介绍信、盖有公章的空白合同书以签订经济合同的方法进行的犯罪行为，单位有明显过错，且该过错行为与被害人的经济损失之间具有因果关系的，单位对该犯罪行为所造成的经济损失，依法应当承担赔偿责任。

第八节　盖有单位公章的文件涉嫌造假，单位的应对方案

一、问题简述

公章被莫名其妙地盖在某个文件上，主要可能存在以下两种情况：(1)公章因单位管理不善被偷盖；(2)单位为办事便利，对外提供加盖单位公章的空白纸张，被他人恶意利用，出现“黑压红”（先盖章后打印）的文件。公章加盖在涉嫌造假的借款合同、付款协议书、买卖合同、借条、欠条上，单位该如何应对？

二、观点参考

如果单位不愿意承担责任，对方有可能去法院“讨说法”。法院需要根据具体情况来确定相关责任。

相对方拿出盖有单位真实公章的文件主张权利，法院倾向于直接推定相关文件的真实性，除非法院认定相关的主要证据确有瑕疵。如果存在以下情形，法院会倾向于认定相对方证据存在瑕疵，全面考察全案证据之后再综合作出判断：公司能证明文件内容缺乏基本的逻辑、不符合常理或交易习惯；通过鉴定能够证明“黑压红”，且协议的签订、履行确实存在问题；能证明公章被盗用且有其他辅助证据证明文件缺乏可信度。

三、应对方案和流程设计

1. 单位迅速查明公章加盖在涉嫌造假文件中的原因，如有相关证据能够证明印章被偷盖，及时收集相关证据。

2. 如无法核实印章被偷盖的原因（单位未建立规范的用章管理制度，无法

从用章登记表、审批表中查找偷盖印章的人；单位未建立合同档案管理制度、合同审批制度，无法查找涉嫌造假者的信息；单位从监控录像中查找不到是何人偷盖了公章，等等），单位可及时报警，争取立案。如不能立案，可要求公安机关出具不予立案通知书，自行记录印章被“偷盖”的事实，这些立案材料有可能会在诉讼中作为证据，帮助到单位。

3. 单位举证证明欠债事实根本不存在，如涉嫌造假文件中所涉及的交易与单位的经营范围相矛盾。

4. 单位举证证明与涉嫌造假者建立债权债务关系的合意不存在。也就是说，单位从来没有与涉嫌造假者签署任何协议的意愿。如单位现金流充沛，不可能签订借款协议。而且，单位还要说服法院，在不存在合意的基础上，认定单位要承担责任会产生极大的不公平。

5. 一旦涉及诉讼，单位除对已经收集的证据进行举证、分析外，还可根据具体案情申请司法鉴定，对印章加盖时间与涉嫌造假文书的打印时间等事项进行鉴定、比对。

四、防范措施

1. 单位应加强印章管理，委派诚实可靠的人管理印章，建立科学规范的用章管理流程。

2. 单位应及时解决印章管理过程中存在的问题，以杜绝公章在保管或者使用过程中被偷盖的情形发生，杜绝他人持有盖有单位公章的空白合同书、空白法律文书的情形出现。

3. 对外签订合同，不能“认章不认人”。虽然盖章或法定代表人签字一般而言均可促成合同生效，但是重大合同建议“盖章＋法定代表人”签字，在不影响效率的情况下降低法律风险。

五、经典案例

案例一：厦门元华资产管理有限公司、林某民间借贷纠纷案

1. 案件信息

再审申请人（一审被告、二审被上诉人）：厦门元华资产管理有限公司（以下

简称元华资产公司)

再审被申请人(一审原告、二审上诉人):林某

一审被告(二审被上诉人):林某华,福建泛华矿业股份有限公司(以下简称泛华公司),厦门元华发展股份有限公司(前身为福建标镍股份有限公司),林某妍

审理法院:最高人民法院

案号:(2017)最高法民再210号

2. 案情简介

2012年10月至2013年2月,林某与林某华分别签订三份借款担保协议,林某华共计借款5100万元,泛华公司、标镍公司、林某妍分别为借款提供连带担保责任。2014年3月26日,林某与林某华、泛华公司、标镍公司、元华资产公司、林某妍签订了《债权债务确认书》,确认截至2014年3月26日,林某华尚欠林某本金2700万元、利息172.2万元,泛华公司、标镍公司、林某妍、元华资产公司在确认书中确认自愿以其各自名下所有财产对上述借款承担连带保证责任。另外,2014年1月8日,厦门市工商行政管理局核准标镍公司变更名称为元华发展公司。元华资产公司成立于2014年1月27日,法定代表人为洪某煌。司法鉴定意见认定《债权债务确认书》中元华资产公司的印文非厦门市公安局批准刻制的印章所盖。林某华与林某明同为福建省福清籍商人,林某华拥有泛华公司80%的股权,实际控制泛华公司等多家企业,林某明实际控制上海融锦投资集团有限公司等多家企业。林某华与林某妍系父女关系,林某系林某明的侄女。本案借款系林某华向林某明所借,双方商定林某明以其侄女林某的名义向林某华出借案涉款项。案涉三份借款担保协议签订后,林某华向林某出具了付款确认书。

最高人民法院经审理认为,在诉争《债权债务确认书》签署之时,工商登记显示洪某海持有元华资产公司90%的股权,林某妍持有10%的股权并担任公司的法定代表人。但根据2014年1月29日泛华公司和林某妍出具《承诺函》所载明的内容,洪某海实际是泛华公司和林某妍的债权人,其持有90%的股权是为了担保债权实现。如果允许林某妍不经其同意即以公司资产对外提供担保,可能损及担保财产的价值,从而导致该担保目的不能实现。林某妍私刻印章、以公司名义为其父林某华的个人债务提供担保,该行为超出了其担任法定代表人

的特定目的范围，违反《公司法》①第十六条的规定，应当认定该担保行为系越权行为，亦系故意损害洪某海利益的侵权行为。元华资产公司所担保的债务本息源于2012年10月8日、2012年12月26日、2013年2月8日的三份借款担保协议。前两份借款担保协议特别约定将泛华公司、标镍公司的股东会决议作为该协议的附件。2013年2月8日的借款担保协议对元华资产公司却未作同样的要求，这种区别对待的做法有违一般的商业理性。且该协议上虽然加盖了“厦门元华资产管理股份有限公司”的印章，但元华资产公司系于2014年1月27日新设成立，林某根本未尽基本的核查义务。因该合同的首部载明的担保人仅为林某妍一人，故林某关于元华资产公司在公司成立后追认担保、公章确系事后补盖的诉讼理由，明显不合常理。结合本案中实际债权人林某明和债务人林某华同为福清籍商人等其他背景事实，足以认定债权人林某在接受元华资产公司提供的担保时，对林某妍实施的损害洪某海利益的担保行为，至少存在应知而未知的重大过失。综上，元华资产公司不应承担担保责任。

3. 律师说法

本案中，2013年2月8日的借款担保协议上加盖了元华资产公司的公章，但是该公司于2014年才注册成立，债权人林某主张在公司成立后追认担保、公章确系事后补盖的诉讼理由，明显不合常理，且结合本案其他事实情况，如债权人无法解释债权人要求其他担保人提供公司决议、不要求元华资产公司提供公司决议等事实，法院最终认定元华资产公司无须承担担保责任。

案例二：东阳市锦宏商贸有限公司与安徽省阜阳汇鑫发展有限公司等借款合同纠纷案

1. 案件信息

上诉人（原审原告）：东阳市锦宏商贸有限公司（以下简称锦宏公司）

被上诉人（原审被告）：安徽省阜阳汇鑫发展有限公司（以下简称汇鑫发展公司）

被上诉人（原审被告）：阜阳汇鑫大市场置业有限公司（以下简称汇鑫置业公司）

① 指2018年《公司法》。——笔者注

审理法院:安徽省高级人民法院

案号:(2010)皖民二终字第00073号

2. 案情简介

2003年4月3日,锦宏公司用汇票汇入阜阳汇鑫大市场有限责任公司(后变更为汇鑫置业公司)750万元,该汇票款注明系钢材款,双方实质上并无钢材交易,仅是以钢材款的名义转款750万元。锦宏公司和汇鑫置业公司对750万元转款的事实不持争议,但在750万元款项的性质上,各持不同的主张。锦宏公司认为是借款,汇鑫发展公司和汇鑫置业公司(以下合称汇鑫公司)认为是其公司股东王某娣、程某勇的投资款回笼。2007年3月30日,锦宏公司向原审法院提起诉讼,请求依法判令汇鑫公司偿付借款本金750万元及利息82.8万元。

安徽省高级人民法院经审理认为,案件的争议焦点是锦宏公司与汇鑫公司之间的750万元借款关系是否真实存在。本案中,锦宏公司主张750万元系借款,提供了借条、转款凭证、姜某和葛某义的电话录音及在公安机关的陈述、《资金到位明细表》等主要证据。对于上述证据,一方面,借条上加盖的印章虽然真实,属于汇鑫公司所有。但借条是打印在汇鑫发展公司的信笺上,且借条上印章属于"黑压红",即先盖章后打字,不符合行文习惯。故借条的形成有违常规,本身存在明显瑕疵,不能单独作为认定本案借款关系是否存在的依据,还应结合相关证据来进一步判断。另一方面,锦宏公司的其他证据不能佐证案涉借款关系事实的存在。姜某、葛某义虽陈述存在750万元借款关系,但明确拒绝为锦宏公司出庭作证,该两人的陈述亦无相关证据加以佐证,且与王某忠在公安机关的询问笔录、王某娣的陈述所反映的事实存在明显矛盾。因此,姜某、葛某义的证言不能作为认定案件事实的依据。《资金到位明细表》虽记载汇鑫公司有向锦宏公司借款750万元的事实,但因该证据系复印件,无任何人的签字,亦无其他相关证据印证,不具有证据的资格,亦不能作为认定案件事实的依据。此外,锦宏公司不能提供证据证明其在诉状中陈述的多次催要借款及汇鑫公司偿还了50万元借款回报的事实。从汇鑫公司提交的抗辩证据来看,安徽省高级人民法院认为原审法院综合现有证据,认定锦宏公司转入汇鑫公司的750万元系程某勇、王某娣对汇鑫公司投资款的一部分并无不当;另外,其他相关证据均未显示有本案所涉的750万元借款事实的存在。根据民事证据规则,锦宏公司应承担举证不足导致的对其不利的法律后果。

3. 律师说法

本案中,锦宏公司的借条作为关键证据,被法院认定为存疑的瑕疵证据,原因在于,借条上加盖的印章虽然真实,属于汇鑫公司所有,但是,借条是打印在汇鑫发展公司的信笺上,且借条上印章属于"黑压红",即先盖章后打字,不符合行文习惯。因此,法院认定,借条的形成有违常规,本身存在明显瑕疵,不能单独作为认定本案借款关系是否存在的依据,还应结合相关证据进一步判断。法院的上述认定也成为锦宏公司最终败诉的基础性原因。

案例三:山西利虎玻璃(集团)有限公司、西藏自治区地质矿产勘查开发局第五地质大队等借款合同纠纷案

1. 案件信息

再审申请人(一审原告、二审上诉人):山西利虎玻璃(集团)有限公司(以下简称利虎公司)

再审被申请人(一审被告、二审被上诉人):西藏自治区地质矿产勘查开发局第五地质大队(以下简称地质五队),申扎县人民政府(以下简称申扎县政府),西藏那曲申扎县羌塘贵金属开发有限责任公司(以下简称羌塘公司)

审理法院:最高人民法院

案号:(2021)最高法民申7653号

2. 案情简介

2011年11月9日,羌塘公司与利虎公司签订《合作合同》,约定:申扎县政府、地质五队分别将其对羌塘公司所有的26%的股份,共计52%的股份转让给利虎公司。2012年3月5日,利虎公司与羌塘公司签订借款协议,约定羌塘公司从利虎公司借款用于扩大生产。2012年3月7日至2018年10月8日,利虎公司陆续通过银行转账、承兑汇票、现金等方式向羌塘公司转入资金。2017年9月26日,利虎公司起诉请求解除《合作合同》,经最高人民法院审理,判决解除《合作合同》,股权变更恢复至原状。地质五队、申扎县政府分别于2019年2月19日、2月26日与利虎公司就执行该项判决达成协议,但利虎公司至本案起诉时仍持有羌塘公司公章,未进行移交,法定代表人亦未进行变更。之后,工商登记机关根据羌塘公司申请于2020年3月27日变更羌塘公司营业执照,法定代表人变更为达某。利虎公司向法院起诉请求依法判令地质五队、申扎县政府及羌塘公司连带偿还借款本金7890.659万元及利息,并向法院提交了多份银行转账记录、加盖羌塘公司印章的对账单等证据佐证。

最高人民法院经审理认为:第一,地质五队、申扎县政府不应承担偿还借款责任。地质五队、申扎县政府并非《合作合同》《借款协议》的签约主体,二者也从未明确表示对羌塘公司向利虎公司的借款承担还款责任,且案涉款项的使用人为羌塘公司。地质五队、申扎县政府既无还款义务,也不存在缔约过失责任。第二,关于借款本金的数额认定。(1)对账单的效力问题。案涉对账单形成时间为2018年6月至11月,利虎公司于2017年9月26日起诉请求解除案涉《合作合同》,即各方当事人在对账单形成之前已经产生矛盾纠纷,而利虎公司在本案起诉时仍持有羌塘公司公章。且对账单仅加盖羌塘公司公章却无羌塘公司相关人员签字,利虎公司未能列举相关证据证明对账单通过羌塘公司正常的审批流程后形成,故对账单上加盖公章的行为并不能被确认为羌塘公司的真实意思表示,需要进一步审查确定羌塘公司的具体借款金额。一审法院对银行转账4794.659万元,加盖羌塘公司财务印章的1275万元承兑汇票收据和71万元现金收据予以确认。(2)羌塘公司对借款本金7890.659万元并未自认。(3)关于1750万元借款本金问题。经查,2012年4月11日的200万元银行转账凭证上载明的款项用途是货款而非借款,此时利虎公司已经成为羌塘公司的控股股东,且羌塘公司存在日常对外经营行为,在利虎公司未举证证明该"货款"和案涉借款关联度的情况下,不应认定该200万元属于借款。至于收据上加盖羌塘公司公章而不是财务章的1000万元、收据为复印件并以承兑汇票方式交付的550万元,该两笔款项共计1550万元的银行承兑汇票的收款人均不是羌塘公司,部分出票人不是利虎公司,利虎公司虽主张以背书方式进行支付,但其未能提供背书粘单或承兑银行兑付转账等相关证据,且1000万元收据上加盖的羌塘公司公章而非财务章,550万元收据虽加盖羌塘公司财务章但为复印件,再结合利虎公司单方制作的记账凭证与承兑汇票之间存在一些出入,与相应的金额难以一一对应,故原审认定利虎公司所举示证据的证明力,尚未达到1550万元借款事实存在高度可能性的证明标准,并无不当。

3. 律师说法

本案中,利虎公司虽提供了多份加盖羌塘公司公章的对账单,但是法院并未全部认可其效力,主要考虑因素有借款发生前双方已因《合作合同》发生纠纷,且利虎公司一直持有羌塘公司公章,在部分对账单上加盖羌塘公司财务专用章、部分加盖公章的情况下,利虎公司未能举示相关证据证明对账单通过羌塘公司正常的审批流程后形成,因此法院对于这部分对账单不予认可。在相对方拿出盖有单位真实公章的文件主张权利时,如果单位要否认该文件效力,应当充分举证证明相关的主要证据存在瑕疵,如证明文件内容缺乏基本的逻辑、不符合常理或交易习惯,等等。

案例四:王某成、郭某臣与唐山中桥铁路道岔制造有限公司民间借贷纠纷案

1. 案件信息

再审申请人(一审被告、二审上诉人):唐山中桥铁路道岔制造有限公司(以下简称中桥公司)

再审被申请人(一审原告、二审被上诉人):王某成

一审被告:郭某臣

审理法院:最高人民法院

案号:(2014)民申字第2011号

2. 案情简介

2011年6月1日,郭某臣与王某成就一笔借款事宜进行协商并形成书面协议,主要内容为郭某臣向王某成借款2500万元用于开发唐山铁路道岔厂。2013年8月13日,王某成同意郭某臣该笔借款期限延长,同时郭某臣再次向王某成借款500万元,双方约定由中桥公司为郭某臣的借款提供连带保证责任。郭某臣同时提供了加盖中桥公司公章的空白纸张,王某成、郭某臣在该空白纸张上签字捺印。在将上述协议内容向该空白纸上打印时,该纸张被打破,后双方又同意将该签字(捺印)、盖章部分影印后重新打印,形成了2013年8月13日的三方书面协议打印件(以下简称三方协议)。王某成认可该协议中新约定的500万元借款未实际履行。另外,中桥公司有孙某、郭某臣、张某庆、郭某江(郭某臣之父)、郭某(郭某臣之子)5名股东;郭某江为执行董事,张某庆为监事,孙某为经理兼法定代表人。2012年9月12日,中桥公司股东会作出决议:“一、会议同意郭某江放弃公司经营管理的权利,由股东郭某臣全面接管……”因该借款纠纷,王某成向法院起诉,要求郭某臣偿还借款及利息、中桥公司承担连带责任。诉讼中,郭某臣主张,借款协议不真实,其是在王某成的欺骗下提供了本人签字

的空白纸张，协议内容由王某成自己添加，且王某成未实际提供2500万元借款；中桥公司认为三方协议上是郭某臣私自从中桥公司盖的空白章。

一审唐山市中级人民法院及二审河北省高级人民法院均认为本案借款事实存在，中桥公司具有提供担保的意思表示，判令郭某臣应承担偿还义务、中桥公司承担连带责任。

最高人民法院经审理认为：(1)郭某臣与王某成之间的2500万元债务关系需要进一步查证。在2500万元款项的来源、用途及以何种方式交付郭某臣均不确定的情况下，仅根据借条、借款协议等情形认定郭某臣欠王某成2500万元债务有失严谨。(2)认定中桥公司承担担保责任依据不足。王某成与郭某臣就借款延期及郭某臣再次向王某成借款500万元协商时约定由中桥公司为郭某臣的借款提供连带保证责任。但是，中桥公司并未在协议上盖章，认定借款协议约定了中桥公司为借款提供担保并加盖有中桥公司的印章与查明的事实不一致。最终，最高人民法院指令河北省高级人民法院再审本案。河北省高级人民法院再审时仍认定本案借款事实存在，且认为郭某臣作为中桥公司股东，不仅提供了加盖中桥公司公章的空白纸张，还向王某成提供了股东会决议，证明其全面接管中桥公司，负责公司经营，故在中桥公司不能举证证明王某成存在恶意、知道或者应当知道郭某臣越权的情形下，应认定郭某臣代表中桥公司签约的行为有效。中桥公司需要承担担保责任。

3. 律师说法

本案中，关于中桥公司是否需要承担担保责任，最高人民法院从主债权债务关系是否真实存在、中桥公司是否有提供担保的意思出发对一审、二审判决提出了质疑。河北省高级人民法院再审后仍认定中桥公司需要承担担保责任，最主要的考虑在于郭某臣为中桥公司股东，经股东会决议实际经营接管了中桥公司，并且持有加盖中桥公司印章的空白文件形成了权利外观，且相对人王某成为主观善意。由此可见，单位应保管好印章、谨慎制作空白文件，否则当被股东或其他人利用时，当法院认为相对人对此为善意时，单位需要承担相应责任。

六、相关法规和指导性文件

1.《民法典》

第一百四十三条 具备下列条件的民事法律行为有效：

（一）行为人具有相应的民事行为能力；

（二）意思表示真实；

（三）不违反法律、行政法规的强制性规定，不违背公序良俗。

2. 最高人民法院《关于适用〈中华人民共和国民事诉讼法〉的解释》

第九十条 当事人对自己提出的诉讼请求所依据的事实或者反驳对方诉讼请求所依据的事实，应当提供证据加以证明，但法律另有规定的除外。

在作出判决前，当事人未能提供证据或者证据不足以证明其事实主张的，由负有举证证明责任的当事人承担不利的后果。

3. 最高人民法院《关于民事诉讼证据的若干规定》

第八十五条 人民法院应当以证据能够证明的案件事实为根据依法作出裁判。

审判人员应当依照法定程序，全面、客观地审核证据，依据法律的规定，遵循法官职业道德，运用逻辑推理和日常生活经验，对证据有无证明力和证明力大小独立进行判断，并公开判断的理由和结果。

第九节 无代理权员工伪造印章对外签订的合同亦有可能约束单位

一、问题简述

实践中，个别员工可能出于不法目的，在无单位授权的情况下，伪造单位印章，对外签订合同。这类合同能否约束单位呢？

二、观点参考

司法实践中，面对此种情况，法院往往会着重审查没有代理权的员工对外签约的行为是否构成表见代理。根据《民法典》第一百七十二条“行为人没有代理权、超越代理权或者代理权终止后，仍然实施代理行为，相对人有理由相信行为人有代理权的，代理行为有效”的规定，如果该员工的行为使相对人有理由相信员工有代理权，相对人善意无过错，则构成表见代理，代理行为有效，无论合同上的印章是否为员工所伪造，合同对单位有约束力。

三、应对方案和流程设计

1. 单位应当迅速查明是否与合同相对人签订过该合同，是否在该合同上加盖过公司的公章，在用章登记表中是否有加盖公章的登记记录。如有相关证据能够证明印章系伪造的，应及时收集相关证据。

2. 单位应当及时查明与对方签订合同的员工、合同相对方的身份，并力争查明签约过程的具体情况，以及相对方是否已经履行或者部分履行合同等。

3. 单位应当尽量搜集员工没有代理权限且不构成表见代理的相关证据。例如，单位之前已经告知合同相对方，该人员没有签订合同的权限，或者合同相对方与公司曾多次进行交易，足以认定相对方明知或者应当知道该员工没有代理权限。

4. 单位应当搜集合同相对人不具备“善意”的证据，即合同相对人在签约过程中没有充分履行审查义务，如合同相对方明知员工没有代理权限，或者合同相对方与员工签订的是担保合同，相对方没有依据法律和公司章程的规定要求员工提供公司有效决议，以此来证明对方缺乏善意。

5. 单位如果确定合同上的印章系行为人伪造，应当及时向公安机关报案。

四、防范措施

1. 公司应当建立规范的印章管理制度。公司在制定印章管理制度时，应对公司在某类事务中使用何种类型的印章作出明确规定，对外使用印章类型务必统一，力争减少印章被伪造的风险。

2. 印章管理制度要严格落到实处。一是要做好印章的保管工作；二是要严格执行公司印章使用审批流程，防止印章在未经审批的情况下被非法使用，确保在公司内部系统经过审批的合同与实际签订的合同一致；三是要尽可能委派诚实可靠的人管理印章。

3. 公司应当建立完善的授权管理制度。在相关制度中，明确授权代理事务范围、受托主体条件、授权审批流程、授权内容等重要事项，从而减少和避免公司因授权问题所面临的恶意诉讼。若确有必要，可以向交易相对人通知或者明示该类业务的受托主体、授权范围，避免给交易相对人与公司内部居心不良的人留有恶意串通的机会。

4. 作为合同相对人,除非出于不法目的,否则,在签订合同时,应当认真核实公司员工的身份及权限,可以通过查阅公司网站、要求员工出示工作证件、向多名其他工作人员询问等方式对公司签约人的身份进行核实。

五、经典案例

案例一:游某琼与福建省万翔房地产开发有限公司、翁某金等民间借贷纠纷案

1. 案件信息

再审申请人(一审被告、二审上诉人):福建省万翔房地产开发有限公司(以下简称万翔公司)

再审被申请人(一审原告、二审被上诉人):游某琼

一审被告、二审被上诉人:翁某金

一审被告、二审被上诉人:福建省华鑫房地产开发有限公司

审理法院:最高人民法院

案号:(2016)最高法民申733号

2. 案情简介

翁某金是万翔公司的董事长。2009年8月至2010年2月,翁某金陆续向游某琼借款人民币245万元并立下借条和协议书。2014年下半年,翁某金因资金周转困难,无法按时归还上述借款,又无法按照对方要求找到公司担保,便私自伪造了一枚万翔公司的印章,并在向游某琼出具的上述借条、协议书、借款担保协议上盖此印章,以公司名义提供担保。后翁某金未及时按约还款付息,经游某琼多次催还,翁某金拒不偿还本金及利息。游某琼遂起诉翁某金和万翔公司,要求万翔公司承担担保责任。

一审法院和二审法院均判决万翔公司承担担保责任。万翔公司不服,向最高人民法院申请再审。2016年4月22日,翁某金因为伪造公司印章被判处有期徒刑6个月。最高人民法院经审理认为,翁某金在借条、协议书、借款担保协议上加盖万翔公司印章时系该公司的董事长,但并非公司法定代表人。万翔公司是否应当承担合同义务,应当判断翁某金的行为是否构成我国《合同法》规定

的表见代理。构成表见代理必须符合以下两个条件:一是代理人表现出了其具有代理权的外观,二是相对人相信其具有代理权且善意无过失。从实践情况看,由董事长担任公司法定代表人的情况是普遍现象。并且,董事长虽不一定同时担任公司法定代表人,但相较于公司其他管理人员,董事长显然享有更大的权力,所以在进行交易时相对人有充分理由相信董事长有权代表公司。同时,翁某金还是万翔公司的股东,且持有万翔公司的公章,已经足以让交易相对人游某琼产生合理信赖。因此,最高人民法院认为,翁某金的行为已构成表见代理,万翔公司应对翁某金的案涉债务承担担保责任。最高人民法院驳回了万翔公司的再审申请。

3. 律师说法

本案的争议焦点是万翔公司应否对翁某金以公司名义作出的担保行为承担责任。虽然翁某金在借款担保协议上所盖的万翔公司的章是伪造的,但是并不能一概而论,直接认定担保协议就没有效力,还需要看翁某金的行为是否构成表见代理。本案中,翁某金在万翔公司的身份很特殊,他曾是万翔公司的董事长,还拥有万翔公司的股东身份,综合这两点,法院认为翁某金具备代理权的权利外观,使合同的相对人即本案的游某琼有理由相信翁某金具有代理权限。即使担保协议的公章是伪造的,但是在构成表见代理、相对人已经产生合理信赖的情况下,相对人不再承担对公章的真实性进行实质性审查的严苛义务,有利于维护市场交易安全。

董事长的身份能否作为无权代理人具有的决定性的有权代理的权利外观,在法院的裁判观点中有着不同的认定。笔者认为,表见代理能否构成,董事长的身份是一个重要因素,但是只要董事长不同时是法定代表人,就不能直接认定董事长的行为构成表见代理。

案例二:凯利置业有限公司与聚融(海门)商务城有限公司企业借贷纠纷案

1. 案件信息

上诉人(一审原告):凯利置业有限公司(以下简称凯利公司)

被上诉人(一审被告):聚融(海门)商务城有限公司(以下简称聚融公司)

审理法院:最高人民法院

案号:(2015)民四终字第31号

2. 案情简介

2003年7月至10月，凯利公司通过中国银行（香港）有限公司汇给聚融公司5笔资金，款项共计7,980,461.32美元。以上款项均作为吉斯达公司的出资并经验资程序投入聚融公司。凯利公司为证明案涉款项系聚融公司的借款，提供了一张盖有聚融公司圆形印章、落款时间为2003年11月3日的《借款确认函》。该函的内容是：确认截至2003年11月底，聚融公司向凯利公司借款7,980,461.32美元。

工商档案材料表明，2003年7月以后，聚融公司确已使用椭圆形印章，原圆形印章不再使用。《借款确认函》上加盖的圆形印章不是聚融公司的椭圆形备案印章，鉴定结论表明该章与聚融公司之前在其他协议上使用过的原圆形印章也不一致，根据现有证据不能确认该印章的真实性，更无法由印章的加盖推定《借款确认函》是聚融公司的真实意思表示。

江苏省高级人民法院经审理认为，凯利公司的证据不足以证明其与聚融公司之间存在借贷合意，仅汇款事实不能证明凯利公司与聚融公司之间存在借款合同关系。

最高人民法院经审理认为，《借款确认函》不能代表聚融公司的真实意思表示，对聚融公司无法律约束力，具体理由如下：

凯利公司作为王某控制的公司，应当知道《公司法》关于董事忠实义务的规定，也应当知道聚融公司内部对法定代表人代表权的限制（王某曾作为聚融公司的法定代表人，深知聚融公司内部对法定代表人代表权的限制），凯利公司不属于《合同法》第五十条规定的有正当理由信赖王某代表权外观的善意相对人，因此王某的越权代表行为无效。一审判决认定王某签署《借款确认函》的民事行为无效是正确的。

关于《借款确认函》加盖印章的真实性问题。在2003年11月3日《借款确认函》出具时，聚融公司已经启用了椭圆形的备案公章。凯利公司二审提交的海保公司工商注册登记资料，尚不足以否定《借款确认函》出具时聚融公司已经启动新备案公章的事实。由于《借款确认函》上加盖的圆形印章不是聚融公司的椭圆形备案印章，鉴定结论表明该章与聚融公司之前在其他协议上使用过的原圆形印章也不一致，根据现有证据不能确认该印章的真实性，更无法由印章的加盖推定《借款确认函》是聚融公司的真实意思表示。

3. 律师说法

公司由公司权力机关形成意思表示。公司的法定代表人对外代表权受到法律、章程以及股东和公司内部决议的限制。《民法典》第五百零四条规定:“法人的法定代表人或者非法人组织的负责人超越权限订立的合同,除相对人知道或者应当知道其超越权限外,该代表行为有效,订立的合同对法人或者非法人组织发生效力。”如果合同相对人知道公司内部对法定代表人代表权的限制,其不属于法律规定的有正当理由信赖行为人代表权外观的善意相对人,行为人的越权代表行为无效。

案例三:眉山市东三新城建设有限公司、眉山市东坡区崇礼镇人民政府借款合同纠纷案

1. 案件信息

再审申请人(一审原告、二审上诉人):眉山市东三新城建设有限公司(以下简称东三公司)

再审被申请人(一审被告、二审被上诉人):眉山市东坡区崇礼镇人民政府(以下简称崇礼镇政府)

审理法院:最高人民法院

案号:(2017)最高法民申1662号

2. 案情简介

2012年9月20日,东三公司与崇礼镇政府双方签订《借款协议书》,约定崇礼镇政府向东三公司借款1000万元。东三公司通过麒麟公司银行账户向崇礼镇政府(财政所)银行账户先后转入共500万元。2013年3月6日,东三公司董事长、曾任法定代表人的韦某波、公司股东周某向崇礼镇政府出具《委托书》,《委托书》载明:“兹有东三公司于2012年9~10月委托麒麟公司划至贵政府财政所的500万元资金,现委托退还至麒麟公司账户。”2013年3月6日,崇礼镇政府向麒麟公司账户转款500万元。而后东三公司向法院提起诉讼,请求法院判令崇礼镇政府返还东三公司保证金本金人民币500万元及利息。一审、二审法院均驳回了东三公司的诉讼请求。东三公司不服,向最高人民法院申请再审。

最高人民法院经审理认为,东三公司主张崇礼镇政府作为相对人存在严重过失且非善意，韦某波、周某不构成表见代理，该主张不成立，原因如下：虽然《委托书》上没有载明受托人，也没有法定代表人印鉴和签名，但《委托书》由韦某波、周某持有，而韦某波自东三公司成立以来一直担任东三公司的法定代表人，曾以法定代表人的身份代表东三公司与崇礼镇政府签订《借款协议书》，其于2012年11月12日卸任法定代表人之后仍担任东三公司的董事长，并一直以委托代理人的身份代表东三公司在眉山市国土资源局东坡区分局处办理预申请土地事宜，周某则是东三公司的股东，从2012年11月12日起担任东三公司总经理一职，且《委托书》上又加盖了东三公司的印章，故崇礼镇政府基于对韦某波、周某此前的身份、行为的信任，进而对《委托书》予以信任，并不存在明显过失。综上，在崇礼镇政府已举证证明韦某波、周某的代理行为存在《借款协议书》《委托书》等有权代理的客观表现形式要素，并已证明其系基于对韦某波、周某当时及此前的身份、行为以及对《委托书》等文件的信任，相信韦某波、周某具有代理权。据此，法院认为崇礼镇政府并不存在过错，属于善意无过失情形，故认定韦某波、周某的行为构成表见代理，并无明显不当。

3. 律师说法

本案的争议焦点为韦某波、周某向崇礼镇政府出具《委托书》的行为是否系职务行为或者构成表见代理。法院结合韦某波、周某等人在出具《委托书》时的身份以及二人之前的特别身份，认定崇礼镇政府客观上有理由相信二人可以代表东三公司。韦某波是否伪造东三公司公章并不影响其与周某表见代理行为性质的认定。

案例四：张某连、杜某志借款合同纠纷案

1. 案件信息

再审申请人（一审原告、二审上诉人）：张某连

再审申请人（一审原告、二审上诉人）：杜某志

再审被申请人（一审被告、二审被上诉人）：朝阳建设集团有限公司（以下简称朝建集团）

再审被申请人（一审被告、二审被上诉人）：白某

审理法院：最高人民法院

案号：（2018）最高法民申4278号

2. 案情简介

2011 年 2 月 26 日至 2012 年 12 月 4 日，白某向张某连、杜某志借款 14 笔共计 213 万元。2011 年 4 月 2 日，白某、杜某志签订《混凝土搅拌站买卖合同》（买卖合同上加盖的项目部印章与朝建集团使用的印章不一致），所涉混凝土搅拌站转让款转借款 45 万元。至此白某向张某连、杜某志共借款 258 万元。2012 年 12 月 31 日，白某向张某连、杜某志就上述借款出具 288 万元的总借条一份（258 万元本金 +30 万元利息）。288 万元的总借条上加盖了朝建集团项目部的印章（但总欠条的公章与朝建集团向公安局备案的公章不一致）。朝建集团于 2012 年 12 月 28 日出具《授权书》，授权白某为朝建集团代理人。后张某连、杜某志向法院提起诉讼，请求法院判令确认白某的借款行为为朝建集团的职务行为且构成表见代理，同时要求朝建集团承担连带责任。

最高人民法院经审理认为，288 万元的总借条虽加盖朝建集团项目部的印章，但与朝建集团在公安局备案的项目部印章不一致，朝建集团事后对加盖在总借条上的印章未予追认，且无证据证明朝建集团曾使用过该枚项目部印章，故不能认定该枚印章为朝建集团项目部印章。朝建集团出具给白某的《授权书》并未授权白某对外以朝建集团名义借款，且白某在借款时亦未向出借人出具任何授权文件。张某连、杜某志理应尽到谨慎注意义务，要求白某出具朝建集团的委托授权手续，但张某连、杜某志并未要求白某出具，张某连、杜某志主观上具有一定过失。综上，白某的借款行为不构成代表朝建集团的职务行为，也不构成表见代理。就《混凝土搅拌站买卖合同》涉及的 45 万元借款而言，该买卖合同上加盖的项目部印章亦与朝建集团使用的两枚印章均不一致，且白某并未取得朝建集团的授权，亦未向出借人出示任何授权文件，故该 45 万元的借款亦不构成职务行为和表见代理。综上，无论是总借条的出具，还是分借条的出具，白某的借款行为均不构成代表朝建集团的职务行为，也不构成表见代理，二审判决认定白某承担还款责任，未判令朝建集团承担还款责任，并无不当。

3. 律师说法

本案的争议焦点为白某的借款行为是否系职务行为或者构成表见代理。法院结合白某在出具借条及签订买卖合同时所加盖的朝建集团项目部印章与实际使用及在公安局备案的印章均不一致，且未得到朝建集团追认的情况，认定白某的借款行为不构成对朝建集团的表见代理。另外，白某在向张某连、杜某志借款时并未出具朝建集团的任何授权文件，张某连、杜某志也未要求白某出具，张某连、杜某志未尽到谨慎注意义务，主观上具有一定过失。

案例五：兴龙舟海运集团有限公司、惠州大亚湾中润达海运有限公司船舶经营管理合同纠纷案

1. 案件信息

再审申请人（一审被告、二审上诉人）：兴龙舟海运集团有限公司（以下简称兴龙舟公司）

再审被申请人（一审原告、二审被上诉人）：惠州大亚湾中润达海运有限公司（以下简称中润达公司）

再审被申请人（一审被告，二审被上诉人）：朝阳建设集团有限公司（以下简称朝建集团）

再审被申请人（一审被告）：郑某满

审理法院：最高人民法院

案号：（2020）最高法民申4139号

2. 案情简介

郑某满系“兴龙舟668”轮的实际所有人，该船挂靠在兴龙舟公司名下进行经营，船舶登记证书显示兴龙舟公司为船舶共有人和船舶经营人。郑某满确认，为“兴龙舟668”轮的营运，其自行刻制了6枚印章。2017年10月19日，郑某满以兴龙舟公司的名义与中润达公司签订《船舶合作经营协议》，约定共同经营“兴龙舟668”轮。该协议上加盖的印章字样为“兴龙舟海运集团有限公司合同专用章”，与前述由郑某满自行刻制的印章中的一枚字样一致。2017年11月15日和17日，中润达公司按照协议约定预付部分船舶费用，分别向郑某满银行账户转账支付30万元和5万元。郑某满确认其已收到上述款项合计35万元。但“兴龙舟668”轮未能依约投入使用，郑某满、兴龙舟公司也没有向中润达公司返还前述款项。中润达公司请求法院判令兴龙舟公司、郑某满承担违约责任及连带清偿责任。一审、二审法院均支持了中润达公司的诉请。

最高人民法院经审理认为，郑某满是“兴龙舟668”轮的实际所有人，该船挂靠在兴龙舟公司名下进行经营，船舶登记证书显示兴龙舟公司为船舶共有人和船舶经营人。案涉《船舶合作经营协议》是以兴龙舟公司的名义签订，签章处加盖的印章字样为“兴龙舟海运集团有限公司合同专用章”。一审、二审法院认定该印章字样与兴龙舟公司的备案印章字样不一致，与郑某满自述为进行“兴龙舟668”轮的营运所自行刻制的6枚印章中的一枚字样一致。二审法院亦查明，在兴龙舟公司作为原告提起的另案(2012)甬海法台商初字第133号案件的一审、二审程序以及执行程序中，郑某满均作为兴龙舟公司的代理人，执行申请书签章处加盖的印章字样为“兴龙舟海运集团有限公司”，与郑某满自行刻制的6枚印章中的另一枚字样一致。综合以上兴龙舟公司、郑某满之间的挂靠营运关系以及诉讼委托代理等事实，二审法院认为兴龙舟公司对郑某满以兴龙舟公司名义，使用非备案印章对外从事业务是知道且默许或者放任的，足以使中润达公司相信郑某满有权代表兴龙舟公司签订案涉合同、加盖公司印章，并据此判令兴龙舟公司承担案涉合同责任，理据充分。

3. 律师说法

本案中表见代理的构成，基于兴龙舟公司、郑某满之间的挂靠营运关系和诉讼委托代理，以及兴龙舟公司对郑某满以兴龙舟公司名义使用非备案印章对外从事业务的明知或者默许或放任。在此基础上，作为善意相对人，中润达公司有理由相信郑某满有权代表兴龙舟公司签订案涉合同、加盖公司印章，兴龙舟公司因此被判令承担案涉合同责任。

六、相关法规和指导性文件

1.《民法典》

第一百七十一条　行为人没有代理权、超越代理权或者代理权终止后，仍然实施代理行为，未经被代理人追认的，对被代理人不发生效力。

相对人可以催告被代理人自收到通知之日起三十日内予以追认。被代理人未作表示的，视为拒绝追认。行为人实施的行为被追认前，善意相对人有撤销的权利。撤销应当以通知的方式作出。

行为人实施的行为未被追认的，善意相对人有权请求行为人履行债务或者就其受到的损害请求行为人赔偿。但是，赔偿的范围不得超过被代理人追认时相对人所能获得的利益。

相对人知道或者应当知道行为人无权代理的，相对人和行为人按照各自的过错承担责任。

第一百七十二条 行为人没有代理权、超越代理权或者代理权终止后，仍然实施代理行为，相对人有理由相信行为人有代理权的，代理行为有效。

2.《公司法》

第十条 公司的法定代表人按照公司章程的规定，由代表公司执行公司事务的董事或者经理担任。

担任法定代表人的董事或者经理辞任的，视为同时辞去法定代表人。

法定代表人辞任的，公司应当在法定代表人辞任之日起三十日内确定新的法定代表人。

第十节 行为人伪造单位印章签订合同并（涉嫌）犯罪，单位未必需要担责

一、问题简述

行为人伪造单位印章与其他人签订商事合同，涉嫌犯罪或已被判刑，单位是否需要承担责任呢？

二、观点参考

行为人伪造单位印章与其他人签订商事合同并已被判刑，法院倾向于按照最高人民法院《关于在审理经济纠纷案件中涉及经济犯罪嫌疑若干问题的规定》第五条来处理案件。如果单位有明显过错，且该过错行为与被害人的经济损失之间具有因果关系，单位对该犯罪行为所造成的经济损失，依法应当承担赔偿责任。否则，单位不承担责任。另外，单位不会因为行为人的犯罪行为而犯罪，单位只会因为单位的行为才会构成犯罪。

行为人伪造单位印章与其他人签订商事合同，只是涉嫌犯罪，尚未被定性为犯罪的，则主要看行为人是否能够代表单位，相对方是否属于善意了。

三、应对方案和流程设计

1. 单位应迅速查明伪造印章与他人签订商事合同的人是否属于本单位或

关联公司员工,及时收集、整理并保存好相关证据。同时,单位可以考虑立即对伪造印章的行为人进行报案,毕竟行为人构成犯罪的情形对于单位来说肯定友好一些。

2. 如果行为人构成犯罪,单位应该从两个方面来避免承担民事责任:一是证明单位没有过错,或者没有明显过错;二是证明即便是单位存在过错,该过错行为与被害人的经济损失之间不存在因果关系。当然,单位如果能够证明被害人没有什么经济损失,也是一个应对方案,但是这种可能性相对较低一些。

3. 如果行为人不构成犯罪,单位若想摆脱民事责任,需要从以下两个方面出发,证明单位不应该承担责任:第一,行为人不能代表单位作出相关的行为;第二,合同相对方缺乏善意,不属于善意相对人。

四、防范措施

1. 单位应该建立科学规范的用章管理制度体系,同时应该依法依规加强印章管理,委派诚实可靠的人管理印章。

2. 单位对外签订合同,尤其是重大合同,应当避免"认章不认人"的现象发生。虽然规定盖章或法定代表人签字均可有效,但是重大合同建议制定"盖章+法定代表人签字"等规定,这样更加稳妥。

3. 单位可以通过内部管理规范,限定合同的签订地点、签订方式等与合同签订有关的内容。在签订商事合同前,单位需要以电联等方式与相对方确认是否签订合同,同时做好合同签订前的各项登记工作,力争最大限度地压缩行为人违法犯罪的空间。

五、经典案例

案例一:招商银行股份有限公司郑州二十一世纪支行、马某冬民间借贷纠纷案

1. 案件信息

再审申请人(一审被告、二审上诉人):招商银行股份有限公司郑州二十一世纪支行(以下简称招行郑州支行)

再审被申请人(一审原告、二审被上诉人):马某冬

一审被告:河南省工艺品进出口有限公司(以下简称工艺品公司)

审理法院:河南省高级人民法院

案号:(2018)豫民申4717号

2. 案情简介

2015年3月2日,马某冬与招行郑州支行、工艺品公司签订借款合同一份。合同约定工艺品公司(乙方)向马某冬(甲方)借款500万元。丙方招行郑州支行自愿对乙方此笔借款承担完全连带保证责任。同日,工艺品公司出具授权委托书一份,授权蒋某智代理公司办理商谈、签署借款合同一事。2015年3月3日,马某冬通过平安银行网银向蒋某智的浦发银行账户转账500万元。同日,蒋某智用同一账号将上述款项转至工艺品公司在招行郑州支行的账户。之后,招行郑州支行将上述款项予以扣划。因招行郑州支行、工艺品公司未按约定还款,马某冬不得已提起诉讼。经法院审理查明,借款发生时,彤某营系招行郑州支行行长。蒋某智和彤某营等人因涉嫌骗取金融票证罪被逮捕。

河南省高级人民法院经审理认为,招行郑州支行所提供的证据不足以证明彤某营等人涉嫌犯罪的事实与本案系同一事实,其认为本案不属于经济纠纷的申请理由不能成立。由于招行郑州支行在本案借款合同和还款协议上均加盖有公章,且经鉴定该印章与所提供的样本印文系同一印章所盖印形成,并非完全基于马某冬对工艺品公司支付利息的陈述,何况关于工艺品公司向马某冬支付利息的数额,不仅有马某冬的陈述,而且有相应的银行交易明细予以证明,故原审判令招行郑州支行承担保证责任证据充分。

3. 律师说法

对于合同效力的判断,关键不在于签订合同的过程是否存在违法犯罪行为,而在于当事人作出意思表示的方式及内容。其所依据的法律并非刑法,而是民法中关于法律行为效力及合同效力的规定。案涉借款合同是招行郑州支行时任负责人彤某营及工艺品公司的部门经理及授权代理人蒋某智分别代表该两单位与马某冬签订的,既加盖有该两单位的公章,又有个人的签字,对应当承担的还款及担保义务有明确意思表示。马某冬作为出借人已经尽到审慎审查义务,且实际出借了款项,该借款合同依法成立并生效。

关于招行郑州支行上诉提出的蒋某智、彤某营因骗取、盗用公章涉及刑事犯罪的问题,因公章保管属于单位的内部管理问题,如果公司存在明显的过错,且过错行为与被害人的经济损失具有因果关系的，依法应当承担赔偿责任，公司不能以其用人不当或管理不善而免责。因此，本案中蒋某智、彤某营的行为最终是否构成骗取金融票证罪，没有影响到二人所在单位民事法律责任的承担。

案例二：曹某合同诈骗案

1. 案件信息

上诉人（原审被告人）：曹某

原公诉机关：上海市人民检察院第二分院

审理法院：上海市高级人民法院

案号：（2014）沪高刑终字第10号

2. 案情简介

2012年1月至8月，被告人曹某为维持自己实际控制的上海民申仓储有限公司、上海乾逸物资有限公司、上海质保国际贸易有限公司、上海古合实业有限公司的经营，明知无实际履约能力，仍采用伪造印章、冒用其他公司的名义、签订购销合同、开具虚假仓单等方式，先后从被害单位中信金属有限公司等获取资金共计人民币13,632万余元。上述资金主要用于曹某所在公司归还债务及经营等，至案发，造成上述单位损失共计11,153万余元。

上海市人民检察院第二分院向上海市第二中级人民法院提起公诉。上海市第二中级人民法院认为，上海民申仓储有限公司、上海乾逸物资有限公司、上海质保国际贸易有限公司、上海古合实业有限公司以非法占有为目的，采用伪造印章、假冒其他公司名义签订购销合同、开具虚假仓单等方式，骗取被害单位财物，其行为已构成合同诈骗罪，且数额特别巨大。被告人曹某作为上述单位直接负责的主管人员，其行为亦构成合同诈骗罪，且数额特别巨大，依法应予惩处。被告人曹某不服原判决，上诉至上海市高级人民法院。上海市高级人民法院认定为具有重大立功表现，减轻了对曹某的刑罚。

3. 律师说法

如果公司以非法占有为目的，采用伪造印章的方式与其他公司签订商事合同，骗取权利人财物，给权利人造成损失，其行为构成合同诈骗罪，需要承担刑事责任。本案中检察院提供的证据形成完整的证据链条，足以证明公司的非法目的和行为。公司作为利用伪造印章而实施合同诈骗的犯罪主体，只要具备了相应的犯罪构成要件,且被法院认定为犯罪,亦应当承担刑事责任。

案例三:华安财产保险股份有限公司大庆中心支公司与被申诉人孔某刚借款合同纠纷案

1. 案件信息

申诉人(一审被告、二审上诉人):华安财产保险股份有限公司大庆中心支公司(以下简称华安支公司)

被申诉人(一审原告、二审被上诉人):孔某刚

审理法院:黑龙江省高级人民法院

案号:(2017)黑民再537号

2. 案情简介

2012年1月至2013年7月,左某利用其担任华安支公司总经理的身份,以公司需要资金周转的虚假理由,私刻华安支公司公章与孔某刚等人签订合同,共计诈骗4起,诈骗金额共计人民币201.9万元,所有赃款被左某使用。孔某刚向法院提起民事诉讼,请求华安支公司承担民事责任。一审、二审法院判决华安支公司于判决生效之日偿还孔某刚借款20万元并支付利息。华安支公司向黑龙江省人民检察院申诉,黑龙江省人民检察院提出抗诉。

黑龙江省高级人民法院经审理认为,大庆市萨尔图区人民法院审理的左某犯诈骗罪一案已于2017年12月28日作出(2017)黑0602刑初224号刑事判决,该刑事判决已经认定左某以华安支公司名义向孔某刚借款系合同诈骗罪,即左某以华安支公司名义向孔某刚借款是以非法占有为目的,左某私刻华安支公司公章与孔某刚签订借款合同,所借款项被左某个人支配使用,并未用于华安支公司合法经营。根据上述事实及最高人民法院《关于在审理经济纠纷案件中涉及经济犯罪嫌疑若干问题的规定》第五条第一款"行为人盗窃、盗用单位的公章、业务介绍信、盖有公章的空白合同书,或者私刻单位的公章签订经济合同,骗取财物归个人占有、使用、处分或者进行其他犯罪活动构成犯罪的,单位对行为人该犯罪行为所造成的经济损失不承担民事责任"的规定,孔某刚在原审及再审中提交的证据不足以证实华安支公司对左某的犯罪行为有明显过错的情况下,再审法院予以确认左某以华安支公司名义与孔某刚签订的借款合同系个人行为,不属于职务行为,华安支公司对左某的个人行为不应承担赔偿

责任。

3. 律师说法

行为人盗窃、盗用单位的公章、业务介绍信、盖有公章的空白合同书，或者私刻单位的公章签订经济合同，骗取财物归个人占有、使用、处分或者进行其他活动构成犯罪的，单位对行为人该犯罪行为所造成的经济损失不承担民事责任。只有在单位有明显过错且该过错行为与被害人的经济损失之间具有因果关系的，单位对该犯罪行为所造成的经济损失，依法应当承担赔偿责任。如果属于一般过错或者轻微过错，或者单位的过错行为与被害人的经济损失之间没有因果关系，法院倾向于认为单位无须承担责任。

六、相关法规和指导性文件

1.《刑法》

第二百二十四条 有下列情形之一，以非法占有为目的，在签订、履行合同过程中，骗取对方当事人财物，数额较大的，处三年以下有期徒刑或者拘役，并处或者单处罚金；数额巨大或者有其他严重情节的，处三年以上十年以下有期徒刑，并处罚金；数额特别巨大或者有其他特别严重情节的，处十年以上有期徒刑或者无期徒刑，并处罚金或者没收财产：

（一）以虚构的单位或者冒用他人名义签订合同的；

（二）以伪造、变造、作废的票据或者其他虚假的产权证明作担保的；

（三）没有实际履行能力，以先履行小额合同或者部分履行合同的方法，诱骗对方当事人继续签订和履行合同的；

（四）收受对方当事人给付的货物、货款、预付款或者担保财产后逃匿的；

（五）以其他方法骗取对方当事人财物的。

第二百八十条第二款 伪造公司、企业、事业单位、人民团体的印章的，处三年以下有期徒刑、拘役、管制或者剥夺政治权利，并处罚金。

2. 最高人民法院《关于在审理经济纠纷案件中涉及经济犯罪嫌疑若干问题的规定》

第五条 行为人盗窃、盗用单位的公章、业务介绍信、盖有公章的空白合同书，或者私刻单位的公章签订经济合同，骗取财物归个人占有、使用、处分或者进行其他犯罪活动构成犯罪的，单位对行为人该犯罪行为所造成的经济损失不承担民事责任。

行为人私刻单位公章或者擅自使用单位公章、业务介绍信、盖有公章的空白合同书以签订经济合同的方法进行的犯罪行为,单位有明显过错,且该过错行为与被害人的经济损失之间具有因果关系的,单位对该犯罪行为所造成的经济损失,依法应当承担赔偿责任。

第十一节 员工使用伪造印章对外签订合同,单位需要承担过错责任

一、问题简述

员工使用伪造的印章对外签订合同,主要原因包括但不限于:(1)员工长期从事本单位交易活动,熟识单位印章,其为了个人私利,通过非法途径伪造印章;(2)公司监管不严,未对员工对外签订合同在程序上进行严格的事前监督及审查,导致长期未发现员工使用伪造印章签订合同;(3)合同相对方受利益蒙蔽,或者警惕性低,与员工签订合同时并未认真进行形式上的审查,也未主动向单位求证核实。

员工私刻单位印章并与交易相对人签订合同的行为无论是对单位还是对交易相对人都构成极大的风险。在上述情况下,单位、员工以及合同相对方是否需要就所签订的合同承担责任?承担多大的责任呢?

二、观点参考

出现上述问题,单位不愿意承担责任、主张免责时,法院主要根据各方的过错和过错程度来决定各自应承担的责任:

1. 法院会根据过错程度判决单位承担相应责任。根据最高人民法院《关于在审理经济纠纷案件中涉及经济犯罪嫌疑若干问题的规定》,单位存在明显过错,对该犯罪行为所造成的合同相对人的经济损失,依法应当承担赔偿责任。如果员工行为未被定罪,应当按照一般的民商法原则来处理纠纷。

2. 法院可支持合同相对方承担部分责任。合同相对方需要对合同签订尽

到合理的审查义务，即通过审查授权委托书、合同文本的内容、合同签订等细节，来确保自己与得到合法有效授权的员工签订合同。如果交易相对人在各种诱惑下放松警惕，并将有关款项汇入员工指定的个人账户而非公司账户中，或者对于印章、签章等明显问题不过问，或者存在其他有违理性签约人的异常行为，就很可能会被法院认定为未尽到充分的审慎注意义务而存在过错，从而需要承担相应的责任。

3. 承担责任的比例问题。法院在裁量和判决的时候会根据双方过错的大小、以往签订合同的经历和惯例、合同相对方的商业知识和经验等来认定相对方的注意义务，进而分配单位与相对方之间的责任。

三、应对方案和流程设计

1. 单位发现员工私刻、伪造印章并签署合同的，应当及时报案，并在网站、各经营场所公示该情况；情形严重的，还可以同时在当地或者是特定区域内有影响力的报纸上进行公示。

2. 单位可对加盖私刻、伪造印章的合同签署地点、签署流程、接收资金的账户等信息进行调查，确定员工签署合同的行为是否构成职务行为，评估合同相对人的过错和过错程度，等等。

3. 加强对员工盖章行为的管理，发现员工有私刻、伪造印章签署合同，违反单位盖章流程等行为的，应当按照单位规定对该员工的行为进行处罚；员工行为涉嫌犯罪的，单位应当尽快向公安机关报案。

四、防范措施

第一，从单位角度来说，单位要建立完备的用章管理体系，任命专门的员工管理印章，防止因为印章管理不善而在诉讼过程中被法院认定单位存在过错甚至明显过错。单位还应建立起完善的印章使用流程，专人负责印章的使用，同时对印章的使用情况进行登记，以备将来查询与核对。

第二，在与交易相对人进行业务往来的过程中，尤其是在单位的办公地点，单位应当在醒目处就签约程序等张贴警示性标语，充分说明、提示、公示签约盖章应当由专人进行，单位业务员等非印章管理人无权加盖印章等事项，力争让交易相对人在签约时明确知晓单位加盖印章的流程。

第三，单位应当规范员工用章行为，使员工充分认识印章及其重要意义，充分认识使用伪造印章签约的法律后果。在员工使用印章时做好监督工作，通过完善的印章管理制度来规范涉及印章管理的行为。

五、经典案例

案例一：四川省中普房地产开发有限公司与泸定县国土资源局、中国农业银行股份有限公司泸定县支行合同纠纷案

1. 案件信息

再审申请人（一审原告、二审上诉人）：四川省中普房地产开发有限公司（以下简称中普公司）

再审被申请人（一审被告、二审被上诉人）：泸定县国土资源局（以下简称泸定县国土局），中国农业银行股份有限公司泸定县支行（以下简称农行泸定支行）

审理法院：最高人民法院

案号：（2017）最高法民申306号

2. 案情简介

2008年6月2日，中普公司在农行泸定县支行申请开立名称为中普公司泸桥·龙吟半岛项目部（以下简称泸桥项目部）、账号尾号为2215的专用账户，并预留泸桥项目部签章和王某才个人签章。2009年1月9日，农行泸定县支行收到加盖有中普公司公章的结算业务变更申请书，并根据申请书，将该账户原预留的泸桥项目部签章更换为中普公司财务专用章。2009年2月26日，农行泸定县支行与中普公司、泸定县国土局签订《协议书》，约定农行泸定县支行为“泸桥”项目提供按揭贷款7200万元。2009年3月17日，中普公司在农行泸定县支行再次申请开立名称为泸桥项目部、账号尾号为2678的专用账户，同样预留泸桥项目部签章和王某才个人签章。自2009年5月起，农行泸定县支行开始为“泸桥”项目提供按揭贷款，截至2011年5月共计提供贷款2347万元，并从中普公司账户划款1455万元至泸定县国土局账户（含甘孜州检察院代为收取划款1135万元），划款54,677,138.50元至王某才等个人账户。其中，划至王某才等个人账户的绝大部分资金系2011年11月前划转，之后划转的资金仅有350万元（尾号为2215账户划转251万元，尾号为2678账户划转99万元）。2010年1

月21日及2011年12月21日，农行泸定县支行分别收到加盖有中普公司公章的结算业务变更申请书，并根据申请书，将该账户原预留的中普公司财务专用章更换为新章。

另外，王某才系中普公司“泸桥”项目部负责人，与中普公司属于挂靠关系。双方签订《房地产合作开发协议》约定，中普公司在合同期内协助王某才使用中普公司的公章、合同专用章、财务专用章、银行账户。之后，中普公司不定期派员到“泸桥”项目部管理销售合同专用章。2009年9月左右，王某才未经中普公司授权，私刻中普公司合同专用章、中普公司“泸桥·龙吟半岛”财务专用章各一枚，并使用上述印章对外签订大量商品房买卖合同。中普公司发现后，将上述印章没收并封存。2012年5月，王某才未经中普公司授权，再次私刻中普公司合同专用章、中普公司泸桥项目部章、中普公司财务专用章各一枚，并在销售“泸桥”项目商品房时使用。中普公司发现后，再次将上述印章没收并封存。2013年1月8日，中普公司在《四川法制报》刊登《声明》，对王某才私刻该公司印章事宜进行声明。2014年12月5日，王某才因犯伪造公司印章罪和非法吸收公众存款罪被判刑。中普公司向法院起诉请求判令农行泸定县支行赔偿中普公司主张的损失，其中包含因农行泸定县支行将中普公司账户内部分款项支付给王某才，并主张中普公司数次变更银行预留印鉴系王某才个人伪造。

最高人民法院经审理认为，从中普公司转入王某才等个人账户的支票上，均注明用途为“劳务费”“工程款”等与项目有关的费用，农行泸定县支行据此办理相关转款业务，并未违反银行结算业务相关规定，亦符合《协议书》约定的监督目的，中普公司虽然主张上述资金流入王某才等个人账户给其造成损失，但并未举证证明上述资金没有用于支付与项目有关的费用。且中普公司作为银行账户的权利主体，应对其开户资料以及变更预留印章所提交证明材料的真实性负责。更为重要的是，中普公司在2009年、2012年两次发现王某才伪造公司印章的情况下，未及时通知开户银行以保证其账户资金安全，存在明显过错。故中普公司有关农行泸定县支行未尽相应审查义务给其造成损失的主张缺乏事实和法律依据。

3. 律师说法

本案中，法院认为农行泸定支行对转给王某才个人账户的资金不承担责任的原因主要有两个：一是银行仅负有形式审查义务，二是中普公司在发现王某才曾两次伪造公司印章的情况下却未通知银行。由此可见,当公司发现公司员工或关联人有伪造印章并对外使用伪造印章的情形时,应及时采取措施,以免公司承担相应后果。

案例二:中国银行股份有限公司太原并州支行与太原市大复盛房地产开发有限公司借款担保合同纠纷案

1. 案件信息

再审申请人(一审原告、二审上诉人、原申请再审人):中国银行股份有限公司太原并州支行(以下简称中行并州支行)

再审被申请人(一审被告、二审被上诉人、原被申请人):太原市大复盛房地产开发有限公司(以下简称大复盛公司)

审理法院:最高人民法院

案号:(2011)民提字第316号

2. 案情简介

2003年12月25日,中行并州支行(原中国银行太原市并州支行)与山西土地物产实业有限公司(以下简称物产公司)签订借款合同,金额为1300万元。当日中行并州支行发放了贷款。同日,为担保该笔借款,大复盛公司与中行并州支行签订了抵押合同,合同由大复盛公司法定代表人王某民签名并加盖大复盛公司公章,并于2003年12月29日在山西省太原市国土资源局办理了抵押登记手续。2003年11月10日(上述抵押合同签订前),大复盛公司原股东王某民、魏某作为甲方,魏某华、李文斌作为乙方,山西金港汽车贸易集团有限公司(以下简称金港公司)作为丙方,签订股权转让协议,约定王某民在大复盛公司中95%的股份转让给金港公司,协议上加盖有大复盛公司的两枚公章,其中由王某民、魏某华名下各加盖一枚式样不同的公章。王某民加盖公章与上述抵押合同上所盖公章相似,经辨别(复印件),两枚公章直径明显不一致,相差3毫米。同时,相似公章在王某民任大复盛公司法定代表人期间曾多次使用,经对这几枚公章(复印件)辨别,直径均不一致。金港公司接收上述股份后,于2003年12月16日办理了新的大复盛公司营业执照,法定代表人更换为赵某宏,并在山西省印章厂刻制了新的印章。另,物产公司法定代表人胡某贤为一起金融诈骗案主犯,在逃;王某民亦为共犯之一,业已判刑。借款合同到期后,物产公司未履行还款义务。2004 年 9 月 27 日，中行并州支行提起诉讼，请求判令物产公司支付借款 1300 万元及利息，大复盛公司承担抵押担保责任。

山西省高级人民法院经再审认为：王某民的行为是无权处分，担保合同无效；中行并州支行在签订和履行抵押合同过程中，未尽审慎注意义务，存在明显过错，应承担相应的民事责任；大复盛公司不应承担责任。

最高人民法院经审理认为，本案无证据证明债权人中行并州支行签订本案《抵押合同》时对王某民已不是大复盛公司法定代表人且与大复盛公司没有关系等情况明知或者应当知道。虽然本案《抵押合同》上加盖的是王某民担任大复盛公司法定代表人期间自行刻制的公司公章，大复盛公司成立时原始公章因股权转让款拖欠问题一直为公司原法定代表人魏某华所保管。但王某民担任大复盛公司法定代表人期间对其自行刻制的公章于 2001 年度企业年检时进行了工商备案，并以此办理公司有关业务，对外具有公示公信效力。作为相对人的银行无从知道或者应当知道该公章系王某民私自刻制并使用，应当推定相对人主观善意。此外，王某民等与金港公司签订股权转让协议时，王某民和魏某华分别在协议上加盖了两枚不同式样的大复盛公司公章，说明金港公司接收之后重新办理了工商登记的大复盛公司对王某民掌控着其自行刻制公章的情况是明知的，而大复盛公司对此不采取积极措施，对王某民可能利用其掌控的公章继续对外从事民事活动采取漠视态度，对导致本案抵押合同签订有放任之嫌。大复盛公司自 2003 年 12 月 16 日重新办理工商登记后至刻制和领取新公章期间没有收回相关旧公章并作公示，亦存在严重过错，因此大复盛公司不能以王某民对外从事民事活动所加盖的公章为私刻公章，否定相对人因信赖对其民事行为效力的认可。最后，中行并州支行已尽到了审慎审查的注意义务。王某民签订本案抵押合同时给银行提供了 2003 年 12 月 17 日大复盛公司股东会议决议原件。该决议应当认定系王某民伪造，但中行并州支行无法知晓。要求中行并州支行在大复盛公司 2003 年 12 月 16 日重新领取企业法人营业执照之后到王某民签订本案抵押合同的同月 25 日的短短几天时间内审查到王某民已经无权代表大复盛公司签订本案抵押合同未免苛刻。综上所述，最高人民法院认定本案抵押合同具有法律效力。

3. 律师说法

最高人民法院关于王某民是否构成表见代理、中行并州支行是否尽到审查义务的认定与一审、二审法院的认定不同。由于本案的特殊性,最高人民法院在王某民已不是大复盛公司股东及法定代表人的情形下,认定中行并州支行有理由相信王某民有权代表大复盛公司对外提供抵押担保,与一般裁判思路略有不同。但是,本案中最高人民法院关于伪造印章效力的认定还是十分有代表意义的,在王某民私刻印章且多次对外使用,且大复盛公司及新任股东已经发现有私刻印章行为的情况下,公司未采取措施收回并销毁私刻印章,而放任王某民继续使用该枚印章,进而导致王某民获得机会利用大复盛公司名义对外提供抵押担保,大复盛公司承担相应后果。

案例三:那某斌、苏某华与民生证券股份有限公司、民生证券股份有限公司太原长风街证券营业部侵权责任纠纷案

1. 案件信息

原告:那某斌,苏某华

被告:民生证券股份有限公司(以下简称民生证券公司),民生证券股份有限公司太原长风街证券营业部(以下简称民生证券长风街营业部)

第三人:许某

审理法院:山西省高级人民法院

案号:(2018)晋民初26号

2. 案情简介

原告那某斌与苏某华系夫妻关系。2013年6月至2015年8月,第三人许某在民生证券长风街营业部担任总经理,并代表民生证券公司在山西开展业务。2014年10月许某与常某凡共同向那某斌推荐新三板理财产品并保证本息,苏某华基于许某的职务身份决定购买该产品,并与其签订了《基金委托理财协议》。在《基金委托理财协议》上有民生证券公司作为基金发起人、承担连带责任保证人、合同履行监管人所盖的公章,在缴款凭证上有证券公司所盖财务章。后民生证券举报许某等人私刻公司公章,经公安机关调查并经法院审理,法院认定许某等人通过伪造公司公章的形式进行合同诈骗,许某等人均被定罪处罚。之后那某斌向法院提起诉讼,要求证券公司承担责任。

山西省高级人民法院经审理认为,虽然印章是许某等人私刻、伪造得来的,但那某斌等人作为普通群众,无法通过肉眼识别该章的真伪,且部分协议系在被告营业场所签订，并有人拍照，形式完备。另外，法院查明第三人许某签订协议时是民生证券长风街营业部负责人，民生证券长风街营业部在许某长达几年的犯罪过程中，并未引起警觉，直至第三人许某被太原市公安机关抓获逮捕。上述情形之所以能发生，与二被告规章制度不健全、用人失察、对公司高级管理人员监管不力密不可分。民生证券公司、民生证券长风街营业部内部管理存在疏漏，缺乏预防、制止单位负责人许某犯罪行为发生的内部监督、防范机制，具有管理上的明显过错，由于民生证券公司、民生证券长风街营业部管理上的过错使许某、常某凡有机可乘，以民生证券长风街营业部名义进行合同诈骗，造成二原告巨额损失。因此山西省高级人民法院认定那某斌与苏某华有理由相信第三人许某所称业务的真实性和其提供的盖有民生证券公司公章协议的真实性，并有理由相信第三人许某的行为系职务行为。因此，《基金委托理财协议》对民生证券公司产生效力。

但由于那某斌与苏某华在保本高息的诱惑下，放松警惕，将投资款汇入许某指定的个人账户而非公司账户中，这不符合日常的经验法则，那某斌与苏某华没有尽到充分的审慎注意义务，对其财产损失亦存有过错，法院最终判定民生证券公司、民生证券长风街营业部对85%的损失承担责任。

3. 律师说法

山西省高级人民法院认为，交易相对方是普通群众，仅通过肉眼无法识别印章的真伪，且协议在证券公司签订，有人拍照证明，加上许某为证券公司山西业务的负责人，所以原告有理由相信其有签订合同的代理权限。法院因此认定许某在签订合同时属于履行职务行为，即便印章属于伪造，证券公司也应当对许某犯罪行为造成的损失承担相应的赔偿责任。但是，本案原告听信许某保本高息的说法以及将钱款汇入许某指定的个人账户存在一定的过错（该行为有违社会基本经验），所以法院也判定原告承担一定的责任。

从法律依据上说，最高人民法院《关于在审理经济纠纷案件中涉及经济犯罪嫌疑若干问题的规定》与《民法典》第一千一百六十五条规定的过错原则相一致。

案例四:泸州老窖股份有限公司、中国农业银行股份有限公司长沙开福区支行侵权责任纠纷案

1. 案件信息

上诉人(原审原告):泸州老窖股份有限公司(以下简称泸州老窖公司)

上诉人(原审被告):中国农业银行股份有限公司长沙开福区支行(以下简称农行开福支行),中国农业银行股份有限公司长沙红星支行(以下简称农行红星支行)

审理法院:最高人民法院

案号:(2019)最高法民终1575号

2. 案情简介

2012年下半年,泸州老窖公司推出"公司以5000万元为单位存入银行一年、合作银行通过该存款获取存贷差收入、以团购价购买或推荐客户购买公司指定产品"的营销方案。2012年10月,公司经销商陈某青从时任泸州老窖公司上海片区销售经理谯某民处得知该资源交换业务,即对外进行宣传。案外人朱某珺知悉后,联系陈某青及多名案外人企图利用此机会套用泸州老窖公司存款。袁某鸣、朱某珺以袁某鸣实际控制的宁波额恩思贸易有限公司与陈某青所在的上海鼎祥投资有限公司签订了三份白酒购销合同书,由袁某鸣、朱某珺向陈某青支付2400余万元购酒款,陈某青负责让泸州老窖公司通过协议存款方式,分三次存款2亿元到袁某鸣、朱某珺指定的中国农业银行股份有限公司长沙迎新支行(以下简称农行迎新支行,农行迎新支行已于2019年5月15日办理注销登记,其权利义务由农行开福支行承继)开立的泸州老窖公司账户。签订协议后,2013年4月初,张某华和陈某波身着银行制服并印制名片,冒充农行迎新支行工作人员到泸州老窖公司上门开户,二人将加盖了伪造的农行迎新支行行政公章、业务专用章以及伪造郑某(时任农行迎新支行行长)签名的《中国农业银行协定存款协议》及申请银行开户的其他协议交给了泸州老窖公司财务人员。泸州老窖公司财务人员误认为二人系银行工作人员,即在伪造的存款协议及申请银行开户的其他协议上加盖泸州老窖公司公章,并将印鉴模板以及加盖了公司公章的企业法人营业执照复印件等相关开户资料交给二人。同时,泸州老窖公司还向张某华出具加盖了公司公章以及法定代表人私章的授权委托书与法人授权委托书，委托张某华到农行迎新支行办理开户以及电子银行业务。在此过程中，张某华、陈某波乘泸州老窖公司财务人员不备，窃取了未加盖泸州老窖公司公章的企业法人营业执照复印件等相关开户资料。2013年4月8日，朱某珺、张某华、陈某波以及案外人罗某波等人持泸州老窖公司向张某华出具的真实授权委托书、法人授权委托书以及加盖了伪造的泸州老窖公司印鉴的相关开户资料冒充泸州老窖公司工作人员到农行迎新支行开立账户。郑某向银行工作人员介绍张某华、罗某波系泸州老窖公司财务人员，具体业务由张某华、罗某波等人办理。在郑某的安排下，农行迎新支行工作人员未审核泸州老窖公司的企业法人营业执照等开户资料原件，且在未亲见泸州老窖公司法定代表人授权的情况下在授权委托书上签署"亲见授权人授权面签"的意见，为张某华等人开立了户名为泸州老窖公司的一般结算户。同时，郑某将该账户列为由其管理的账户，该账户所有情况须第一时间向郑某报告，郑某对该账户负责。账户开立后，朱某珺等人又利用诈骗手段开通了网银及骗过了泸州老窖公司派来核查的财务人员。此后，朱某珺、张某华、陈某波等人利用前述类似手段骗取了泸州老窖公司存款1.5亿元。后东窗事发，泸州老窖公司及银行方均向有关机关报案，袁某鸣、朱某珺等人均被判刑。

最高人民法院经审理认为，本案的争议焦点之一是银行方是否应承担责任。根据与本案有关的刑事生效法律文书的内容及一审法院查明的事实，农行迎新支行在未亲见泸州老窖公司法定代表人面签授权委托书、未对经办人员的身份进行有效核实且未依规审核相关资料原件的情况下，即为犯罪分子开立了户名为泸州老窖公司的结算账户并办理挂网银业务。其原行长郑某与犯罪分子共同前往四川，在泸州老窖公司总部洽谈存款业务；在泸州老窖公司财务人员到农行迎新支行存款时，放任犯罪分子冒充银行工作人员在银行营业场所及行长办公室内进行接待而未予揭穿。虽然长沙市中级人民法院(2016)湘01刑初39号刑事判决认为，在案证据不能证明郑某对袁某鸣、朱某珺等人的计划、行为及伪造协议、印章、存单等知情，郑某的行为不属于公司、企业人员利用职务便利，擅自挪用本单位资金归个人或借贷他人的挪用资金的行为，但在民事诉讼中，结合郑某在本案中的一系列行为以及其收受贿赂的犯罪事实，郑某因过错侵害泸州老窖公司财产权益的事实，已达到高度盖然性的民事证明标准。农行红星支行未依规审核相关开户资料原件即为犯罪分子开立账户，原行长私刻泸州老窖公司财务专用章与法定代表人私章并伪造对账单以应对上级考核等情形,均表明案涉银行方未按规定办理业务,疏于管理,主观上存在过错,应对泸州老窖公司案涉财产损失,承担相应的民事侵权责任。

3. 律师说法

本案中,袁某鸣、朱某珺等多名犯罪分子假冒银行工作人员骗取并进而伪造泸州老窖公司印章及有关开户资料向银行开立账户导致泸州老窖公司资金损失。关于银行方的过错,法院主要从以下几个角度来考量:一是对有关开户资料审核不严;二是时任行长对犯罪人借用其办公室、假冒银行工作人员等情况放任不管;三是原行长私刻泸州老窖公司财务专用章与法定代表人私章并伪造对账单以应对上级考核。本案与其他案件相比特殊之处在于,郑某并非伪造本单位公章对外使用,而是伪造对方公章,加上对袁某鸣、朱某珺等人犯罪行为的放任,最终也导致银行方需要承担过错责任。

六、相关法规和指导性文件

1.《民法典》

第一百七十二条 行为人没有代理权、超越代理权或者代理权终止后,仍然实施代理行为,相对人有理由相信行为人有代理权的,代理行为有效。

第一千一百六十五条 行为人因过错侵害他人民事权益造成损害的,应当承担侵权责任。

依照法律规定推定行为人有过错,其不能证明自己没有过错的,应当承担侵权责任。

第一千一百九十一条第一款 用人单位的工作人员因执行工作任务造成他人损害的,由用人单位承担侵权责任。用人单位承担侵权责任后,可以向有故意或者重大过失的工作人员追偿。

2.《刑法》

第二百二十四条 有下列情形之一,以非法占有为目的,在签订、履行合同过程中,骗取对方当事人财物,数额较大的,处三年以下有期徒刑或者拘役,并处或者单处罚金;数额巨大或者有其他严重情节的,处三年以上十年以下有期徒刑,并处罚金;数额特别巨大或者有其他特别严重情节的,处十年以上有期徒刑或者无期徒刑,并处罚金或者没收财产:

(一)以虚构的单位或者冒用他人名义签订合同的;

(二)以伪造、变造、作废的票据或者其他虚假的产权证明作担保的;

(三)没有实际履行能力,以先履行小额合同或者部分履行合同的方法,诱骗对方当事人继续签订和履行合同的;

(四)收受对方当事人给付的货物、货款、预付款或者担保财产后逃匿的;

(五)以其他方法骗取对方当事人财物的。

3. 最高人民法院《关于在审理经济纠纷案件中涉及经济犯罪嫌疑若干问题的规定》

第五条第二款　行为人私刻单位公章或者擅自使用单位公章、业务介绍信、盖有公章的空白合同书以签订经济合同的方法进行的犯罪行为,单位有明显过错,且该过错行为与被害人的经济损失之间具有因果关系的,单位对该犯罪行为所造成的经济损失,依法应当承担赔偿责任。

第十二节　印章存在问题的文件,对双方仍有约束力

一、问题简述

如果合同上的印章存在问题,合同内容却被证明或者被推定为双方的真实意思表示,这样的合同对签约双方有约束力吗?

二、观点参考

法院倾向于以能否查明合同内容系双方真实意思表示为依据,确定合同是否成立并生效。如果印章被确定为是真实的,法院通常会推定合同代表双方的真实意思。即便合同上的印章存在这样那样的问题,但合同内容被证明或被推定为系双方真实意思表示且双方已达成一致,法院倾向于判定合同成立并生效,对双方有约束力。

三、应对方案和流程设计

1. 如果发现合同相对方的印章存在问题,应当及时与相对方沟通,要求其

出具书面确认文件,确认印章的真实性以及所涉合同的效力,或者要求相对方重新在所涉合同上加盖备案印章。

2. 为了防止伪造印章的合同相对方有机会否认合同的效力,应当尽可能地收集双方在合同磋商阶段及订立过程中的沟通记录及往来文件;如果合同已经开始履行,应当收集合同履行的相关文件和履行过程资料。

3. 如果单位有多枚同类印章,就可能出现在经济往来中使用了未备案印章的情况。如果可能,单位可以考虑留存合同相对方在其他业务活动中使用过该印章或者其他未备案印章的证据。

4. 单位自己的印章如果存在问题,应该及时处理与印章相关的合同问题。在无法否定合同效力的情况下,尽可能降低合同给单位带来的负面影响,控制损失。

四、防范措施

1. 签订合同时,一定注意核实签约人的身份以及授权证明文件。原则上法定代表人有权代表单位对外签订合同。其他员工或者人员代表单位签订合同时,务必要求其提供身份证件、授权文件并核实该授权文件的真实性。

2. 预留印章是非常不错的规避签约风险的方式。

3. 做好合同及相关文件的微信聊天记录、邮件往来凭据、履约凭据等的保存及管理工作,防止已签订的合同被相对方主张不成立或者无效的情况下,己方无充分证据证明合同已成立且生效。

五、经典案例

案例一:山东省惠诺药业有限公司、中航信托股份有限公司借款合同纠纷案

1. 案件信息

再审申请人(一审被告、二审上诉人):山东省惠诺药业有限公司(以下简称惠诺公司)

再审被申请人(一审原告、二审被上诉人):中航信托股份有限公司(以下简称中航信托)

再审被申请人(一审被告、二审被上诉人):浙江亦民医药有限公司(以下简

称亦民公司),九江市嘉盛粮油工业有限公司(以下简称嘉盛公司),九江市源丰房地产开发有限公司(以下简称源丰公司),张某1,宁某梅,张某2,贺某娟,黄某平,王某,杨某,申某佶,左某鑫

审理法院:最高人民法院

案号:(2019)最高法民申2796号

2. 案情简介

2015年5月20日,惠诺公司法定代表人王某晶向王某出具《授权书》一份,授予其代为办理在九江银行股份有限公司及中航信托的借款相关事宜。2015年5月26日,亦民公司、嘉盛公司、源丰公司作出股东决定,同意为惠诺公司向中航信托申请信托贷款2亿元提供连带责任保证。2015年7月7日,中航信托与惠诺公司签订了一份《信托贷款合同》,亦民公司、嘉盛公司、源丰公司、张某1、张某2等作为保证人,中航信托与惠诺公司在合同尾页加盖了公章,王某个人签名,中航信托加盖了法定代表人姚某涛的名章。因惠诺公司未偿还借款,中航信托诉至法院。惠诺公司主张落款日期为2015年5月与7月的《信托贷款合同》系伪造,属无效合同,惠诺公司也在2015年3月的《信托贷款合同》上签字、盖章,但该合同内容不完整也没有实际履行。中航信托向法院提交的是落款日期为2015年7月的《信托贷款合同》,经鉴定,合同正文上的骑缝章和签字页的印章不同,而签字页印章是惠诺公司的真实印章。

最高人民法院经审理认为:(1)惠诺公司有向中航信托申请贷款的意思。惠诺公司与中航信托于2015年3月协商并签订《信托贷款合同》,只是缺少一个明确的收款账号;惠诺公司的法定代表人王某晶于2015年5月20日向王某出具了《授权书》,授权王某代为办理中航信托的借款相关事宜;2015年5月26日,惠诺公司作出股东会决议,一致同意并批准惠诺公司向中航信托申请信托贷款2亿元。(2)案涉《信托贷款合同》具有完备的合同要件。《信托贷款合同》双方均加盖了公章且惠诺公司总经理王某亲笔签名,其中借款账户条款空白。2015年5月底,惠诺公司通知中航信托将《信托贷款合同》中的借款账户确定为九银村镇银行南小庄支行账号。中航信托便在《信托贷款合同》中添加了借款账户,重新打印了合同正文(1~18页)且在合同全部页面上加盖了骑缝章。2015年7月7日,双方将借款账户变更为九江银行股份有限公司瑞昌支行账号,并将合同前18页正文重新打印,双方均在合同全部页面上加盖了骑缝章。

虽惠诺公司主张该合同除最后一页为2015年3月合同的最后一页真实外，其余的1～18页均系中航信托和亦民公司伪造拼凑的，但中航信托重新打印合同系惠诺公司补正借款账户行为引起的且合同其他条款无变动。(3)中航信托有理由相信签订的《信托贷款合同》系惠诺公司的真实意思表示。首先，惠诺公司存在使用多枚公章的行为，其对《信托贷款合同》最后一页授权代理人处王某的签字和借款人处加盖的惠诺公司公章不持异议。其次，中航信托有理由相信惠诺公司预留的印章为真实印章。在惠诺公司申请变更借款账户时，中航信托曾要求惠诺公司出具书面申请并指派人员携带公章对合同进行变更且加盖了骑缝章。经鉴定，《信托贷款合同》骑缝章与《账户变更申请书》、九江银行瑞昌支行和九银村镇银行南小庄支行使用的印章属同一枚。最后，王某作为惠诺公司委托办理案涉贷款的受托人，不仅知晓案涉合同订立情况，而且以自然人身份与中航信托签订保证合同对案涉贷款合同项下的债务提供连带责任保证。由于惠诺公司股东、总经理王某是亦民公司股东且亦民公司与惠诺公司之间存在业务关系而持有惠诺公司印章，即使上述骑缝章系亦民公司加盖，中航信托亦有理由相信此系惠诺公司的真实印章。(4)中航信托已发放了贷款，案涉贷款的实际用途并不影响合同的真实性及有效性。

3. 律师说法

本案中，前后出现了3份信托贷款合同，第一份为中航信托与惠诺公司于2015年3月签订，条款完备但借款账户未填写；第二份、第三份落款日期分别为2015年5月、2015年7月，中航信托向法院提交并作为权利主张依据的是落款为7月的合同。惠诺公司仅认可2015年3月签订的合同的效力并主张该合同未实际履行，主张后落款为7月的合同系利用3月合同惠诺公司加盖印章伪造而成。虽鉴定意见表明7月的合同骑缝章与签字页加盖公章不同，但是，法院最终结合惠诺公司有申请贷款的意思及使用多枚印章等事实情况，认定贷款合同成立。

案例二：鹤壁煤业（集团）有限责任公司、李某华民间借贷纠纷案

1. 案件信息

再审申请人（一审被告、二审上诉人）：鹤壁煤业（集团）有限责任公司（以下简称鹤煤集团公司）

再审被申请人(一审原告、二审被上诉人):李某华,河南永兴铝业贸易有限公司(以下简称永兴铝业公司)

审理法院:最高人民法院

案号:(2018)最高法民申2911号

2. 案情简介

2005年9月13日,河南省煤炭铝土矿资源整合领导小组办公室下发文件,由鹤壁煤业公司整合包括浅井乡煤矿在内的11个小煤矿,根据该文件,鹤壁煤业公司与浅井乡煤矿于2005年9月30日签订《煤炭资源整合协议》,约定共同出资组建鹤煤胜利公司。双方进行了多项准备工作。其间,浅井乡煤矿、鹤煤胜利公司向李某华等人借取案涉款项。因借款纠纷,李某华诉至法院。至诉讼时鹤煤胜利公司仍未完成工商登记。鹤煤集团公司主张,李某华提供的收据和记账凭证上加盖的浅井乡煤矿的财务专用章不一致,证据存在严重瑕疵。

最高人民法院经审理认为,虽然部分收据上加盖有"浅井乡煤矿财务专用章",部分收据上加盖有"鹤煤胜利公司财务专用章",但浅井乡煤矿的负责人及鹤煤胜利公司总经理李某江已认可浅井乡煤矿同时有两枚财务专用章。同时,部分收据上仅有作为浅井乡煤矿出纳及鹤煤胜利公司管理人员马某威的签字,但这与拟设立公司鹤煤胜利公司章程中"由浅井乡煤矿负责提供资金"的内容是一致的。对于鹤煤集团公司主张鹤煤胜利公司未实际成立、部分收据和记账凭证上的鹤煤胜利公司财务专用章系伪造的问题,最高人民法院认为,合同是否成立,取决于双方是否有缔约的真实意思表示并达成一致,在合同书上加盖公章只是表达缔约意思的方式之一。即使鹤煤胜利公司使用的印章未经备案,或者系伪造,但合同已成立并发生法律效力,债务人仍应承担合同义务。此外,浅井乡煤矿、鹤煤胜利公司已将本案借款记入本单位财务账,李某江代表鹤煤胜利公司与李某华等人所签还款协议中的金额与记账金额相符,也能证实双方借贷关系真实存在。基于此,对有关印章真实性进行司法鉴定无实质意义,且"鹤煤胜利公司财务专用章"因该公司并未注册成立亦未进行备案,在无鉴定样本的情况下,无法进行鉴定。但更为关键的是,如前文所述,该印章真实与否并不影响本案法律关系的认定。

3. 律师说法

本案中,债权人李某华提供的收据上加盖了"鹤煤胜利公司财务专用章",

而鹤煤胜利公司至诉讼时仍未完成登记,该印章未经过备案,属于“问题”印章,但是法院在判决中通过查明案件事实认定双方借贷关系真实存在,且债权人实际提供了借款,合同已成立并发生法律效力,所涉及印章真实与否不影响对案件法律关系的认定,因此鹤煤集团公司作为鹤煤胜利公司设立人需要承担债务。

案例三:甘肃省徽县青河矿业有限公司、张某才采矿权纠纷案

1. 案件信息

再审申请人(一审被告、二审上诉人):酒泉市奋进矿业有限责任公司(以下简称奋进公司)

再审申请人(原审被告):张某才

再审被申请人(一审原告、二审被上诉人):甘肃省徽县青河矿业有限公司(以下简称青河公司)

审理法院:最高人民法院

案号:(2018)最高法民再179号

2. 案情简介

2004年至2005年,奋进公司与青河公司签订多份协议,约定采矿权转让、矿井转让、矿山开采承包等事宜,后因前述系列合同纠纷,青河公司于2007年向法院提起诉讼。另查明,青河公司系由阳某、贺某瑛于2003年12月发起成立的有限责任公司,阳某为法定代表人。2006年阳某将其持有青河公司90%的股份分别转给甘肃明森投资有限公司、徽县良誉运输有限公司。2008年9月4日,徽县工商行政管理局出具的证明载明,青河公司法定代表人阳某于2006年6月9日变更为丁某明。此后,青河公司法定代表人几经变更。2016年2月1日,青河公司的法定代表人由丁某明变更为王某江,后又由王某江变更为现任法定代表人李某。诉讼中,奋进公司主张阳某在其已不是青河公司法定代表人的情况下,冒用该公司法定代表人身份,私刻青河公司印章,在原一审民事诉状、授权委托书上盖印后向甘肃省高级人民法院提起本案诉讼。

最高人民法院经审理认为,青河公司与奋进公司、张某才之间案涉纠纷,合同主体系青河公司,参加诉讼、提交证据的主体也应为青河公司,诉讼风险也由青河公司承担,至于青河公司新旧股东之间关于新旧债权归属的约定,涉及判决作出后所得财产的分配,并未涉及本案的诉讼主体问题。阳某确实使用了伪

造的印章，该行为已经被生效刑事判决确认。但立案侦查、提起公诉、审理判决等各阶段未涉及张某才控告阳某诈骗、诬告陷害、侵占他人合法财产等内容及酒泉市公安局函中所称合同诈骗罪和诬告陷害罪等内容，前述内容亦未被生效判决确认。结合时任青河公司法定代表人丁某明的陈述，阳某使用伪造印章的行为不涉及侵害青河公司财产权利的问题，另案刑事判决所涉伪造印章的相关内容，可以作为审理本案的参考，但据此认定青河公司对本案的诉讼不是其真实意思，依据不充分。最高人民法院指令甘肃省高级人民法院再审。甘肃省高级人民法院经再审认为，根据本案查明事实，可以认定青河公司时任法定代表人丁某明的调查笔录和丁某明向本院出具声明构成追认，阳某有权代表青河公司参与诉讼，法律后果应由青河公司承担。

3. 律师说法

本案中，青河公司原股东、法定代表人阳某于2007年提起诉讼时已不是公司股东、法定代表人，其使用伪造公章加盖了有关诉讼材料，确属无权代表，但是法院认为，因阳某使用伪造印章的行为不涉及侵害青河公司财产权利，且时任法定代表人多次陈述认可阳某代表青河公司参与诉讼，因此法院最终认定阳某诉讼行为有效，法律后果应该由青河公司承担。

案例四：国电东北（沈阳）燃料有限公司、中国铁路物资西安有限公司买卖合同纠纷案

1. 案件信息

再审申请人（一审被告、二审上诉人）：国电东北（沈阳）燃料有限公司（以下简称国电公司）

再审被申请人（一审原告、二审被上诉人）：中国铁路物资西安有限公司（以下简称中铁西安公司）

再审被申请人（一审第三人）：长春市南桥物贸有限公司，霍林郭勒效高褐煤提质有限公司

审理法院：最高人民法院

案号：（2019）最高法民申4529号

2. 案情简介

2014年6月9日，中铁西安公司作为出卖人与买受人国电公司签订06006

号合同。合同尾部加盖中铁西安公司合同专用章及国电公司合同专用章。后因双方当事人对合同履行情况及货款数额发生争议,中铁西安公司遂诉至法院。在案件审理过程中,国电公司申请对案涉合同及相关铁路运输发运单上加盖的国电公司公章真伪进行鉴定。

经一审法院查明,在中铁西安公司与国电公司之间大量的交易中,案涉合同项下的铁路发运单上加盖有国电公司公章,所有合同项下的铁路发运单都加盖国电公司的公章,因双方实际履行合同过程中已经形成了固定的交易模式和交易习惯,且双方的货款金额大多得到实际履行。

二审法院辽宁省高级人民法院经审理认为,国电公司已经实际履行完毕的与中铁西安公司于2014年8月1日签订的08004号合同中所涉及的铁路运输发运单上也加盖了该枚印鉴。其与中铁西安公司之间08004号合同项下业务中使用该印鉴的民事行为,已经证明其认可该印鉴的效力,且另案已生效判决书中对该印鉴的真实性已经作了确认。

最高人民法院经再审认为,国电公司对该印章真实性提出的异议,其目的在于否定06006号合同已由中铁西安公司实际履行,以及国电公司已对此认可。但是,如前所述,根据一审、二审法院查明的事实,在本案当事人履行情况符合06006号合同约定的情况下,能够认定中铁西安公司已经履行06006号合同义务,国电公司的单方事后否认并不能改变06006号合同已履行的事实。因此,一审、二审法院未予组织对争议印章委托鉴定,并无不当。另外,国电公司主张其以电子邮件的形式向中铁西安公司发送了"结算通知单",证明其不欠货款,但该证据为国电公司单方出具,在性质上为当事人陈述,不能单独作为认定案件事实的依据,对方当事人不予认可,故该证据材料不具有证明力,国电公司并不能据此否定06006号合同已履行、08004号合同尚欠货款的事实。

3. 律师说法

一方当事人提出合同中加盖的印章为虚假,但另一方有证据证明双方在以往的交易中均使用该印章,且案涉合同已经开始履行甚至已经履行完毕的,可以认为该合同是双方真实的意思表示,双方在以往的交易中已经形成固定的交易模式和交易习惯。此时一方主张合同及相关凭证上加盖的印章为虚假并以此否认合同效力的,不能获得法院的支持。

六、相关法规和指导性文件

1.《民法典》

第一百四十三条　具备下列条件的民事法律行为有效：

(一)行为人具有相应的民事行为能力；

(二)意思表示真实；

(三)不违反法律、行政法规的强制性规定，不违背公序良俗。

第四百九十条　当事人采用合同书形式订立合同的，自当事人均签名、盖章或者按指印时合同成立。在签名、盖章或者按指印之前，当事人一方已经履行主要义务，对方接受时，该合同成立。

法律、行政法规规定或者当事人约定合同应当采用书面形式订立，当事人未采用书面形式但是一方已经履行主要义务，对方接受时，该合同成立。

2.《全国法院民商事审判工作会议纪要》

41. 司法实践中，有些公司有意刻制两套甚至多套公章，有的法定代表人或者代理人甚至私刻公章，订立合同时恶意加盖非备案的公章或者假公章，发生纠纷后法人以加盖的是假公章为由否定合同效力的情形并不鲜见。人民法院在审理案件时，应当主要审查签约人于盖章之时有无代表权或者代理权，从而根据代表或者代理的相关规则来确定合同的效力。

法定代表人或者其授权之人在合同上加盖法人公章的行为，表明其是以法人名义签订合同，除《公司法》第16条等法律对其职权有特别规定的情形外，应当由法人承担相应的法律后果。法人以法定代表人事后已无代表权、加盖的是假章、所盖之章与备案公章不一致等为由否定合同效力的，人民法院不予支持。

代理人以被代理人名义签订合同，要取得合法授权。代理人取得合法授权后，以被代理人名义签订的合同，应当由被代理人承担责任。被代理人以代理人事后已无代理权、加盖的是假章、所盖之章与备案公章不一期致等为由否定合同效力的，人民法院不予支持。

第十三节　挂靠人使用伪造的被挂靠人印章对外签订的合同，对被挂靠人不一定有约束力

一、问题简述

“挂靠”，就建筑业而言，主要是指一个建筑施工企业允许他人（个人或企业）在一定期间内以自己企业名义对外承接工程项目的行为。如果挂靠人使用了伪造的被挂靠人印章与合同相对人签订了合同，那么，该合同对于被挂靠人是否有约束力呢？

二、观点参考

挂靠人使用伪造印章与交易相对方签订的合同，通常来说对被挂靠人较难具有约束力，只有挂靠人的行为构成了表见代理，被挂靠人才可能被牵连其中。如果挂靠人的行为构成表见代理，则合同对被挂靠人具有约束力；如果挂靠人的行为不构成表见代理，则合同对于被挂靠人不具有约束力。印章系伪造在本类案件中不一定能起到决定性作用，但是对合同相对人是否构成善意的评估或许有所帮助。

三、应对方案和流程设计

1. 被挂靠人应当迅速查明签订合同的事实情况，包括合同的具体内容和权利义务是什么，是谁与合同相对方签订的，合同上加盖的印章是否为本单位的真实印章，为什么会签订这样的合同。

2. 被挂靠人在查明合同的签订人后，还应当查清该签订人是否有授权？如果有授权，应当查明授权的事项范围、期限、权限等具体情况。

3. 被挂靠人应当尽可能搜集合同签订人无代理权、不具有表见代理表征的证据。同时，被挂靠人也应当全力搜集合同相对方不构成善意的证据，即合同相对方明知或者应知合同签订人无代理权仍与其签订合同的证据。

4. 必要时，被挂靠人应当及时报案，追究合同签订人甚至合同相对人的责任（包括刑事责任在内的各种责任）。

四、防范措施

1. 单位应当加强印章管理，建立严格规范的用章管理制度，委派诚实可靠的人管理印章，建立科学规范的用章管理流程。

2. 单位应当完善授权制度，谨慎授权，每次授权均应明确授权的权限范围、授权期限、授权主体等重要内容，同时防止受托人利用各种法律漏洞、其他机会实施无权代理行为。

3. 同意他人挂靠本单位从事生产经营活动时，不能将对外签订合同、作出承诺、代为结算、代为收款等核心权利授权给挂靠人。确需授权的，绝不能作涵盖多项事务甚至所有事务的概括授权。另外，如具有可操作性，应当函告合同相对方拟挂靠单位的授权范围，并获得合同相对方的回执，避免沟通疏忽、不畅通等问题造成严重的后果。

4. 如果一定要成为被挂靠人，被挂靠人应当与挂靠人签订书面合同，充分明确双方的权利义务和法律责任，防范挂靠人利用被挂靠人的身份实施违法行为，损害被挂靠人的合法权益。

五、经典案例

案例一：晟元集团有限公司、晟元集团有限公司江西分公司借款合同纠纷案

1. 案件信息

再审申请人（一审被告、二审上诉人）：晟元集团有限公司（以下简称晟元公司）

再审申请人（一审被告、二审上诉人）：晟元集团有限公司江西分公司（以下简称晟元江西分公司）

再审被申请人（一审原告、二审上诉人）：韦某

一审被告：徐某生

审理法院：最高人民法院

案号：（2019）最高法民申6303号

2. 案情简介

晟元江西分公司系晟元公司在江西省设立的分公司,在〔2008〕45号文件载明,"……聘请徐某生同志任江西分公司经理"。2012年12月12日始,徐某生多次向韦某借款:以晟元江西分公司名义借款79次,以个人名义借款3次,本息均已结清。2013年12月至2014年6月,徐某生又以晟元江西分公司名义向韦某多次借款共计本金26,990万元,载明借款均用于晟元江西分公司工程项目投标保证金。借条上由徐某生加盖了刻有"晟元集团有限公司江西分公司"字样的印章(后查明印章系徐某生私刻)。韦某依约将所借款项汇入徐某生的个人账户。后所借款项届期无法偿还,韦某诉至法院请求晟元江西分公司、晟元公司共同偿还借款。

最高人民法院经审理认为,本案中,对内,根据徐某生与晟元公司签订的《内部责任制承包协议》,徐某生与晟元公司之间成立以内部承包形式的挂靠关系。对外,徐某生的身份是晟元公司任命的晟元江西分公司的经理,其以晟元江西分公司的名义多次向韦某借款以及还款,使韦某有理由相信徐某生的行为代表晟元江西分公司的行为。自2012年12月起,徐某生就曾经多次以晟元江西分公司名义向韦某借款,并以该分公司名义归还部分借款,本案借款行为符合双方交易习惯。本案所涉借款用途属于《内部责任制承包协议》约定的晟元江西分公司的业务范围。晟元公司虽于2013年5月13日以严格管理为由收回印章,但晟元公司未提交证据证明其已向社会公示上述事宜。自2008年12月至2014年4月,晟元江西分公司与晟元公司之间所涉工程款等资金往来,均通过徐某生个人账户进行。因此,案涉借款根据徐某生的指令进入其个人账户的事实并不能证明该款属于徐某生个人借款。因此,韦某在本案中是善意第三人,徐某生以晟元集团江西分公司的名义向韦某借款构成表见代理,韦某系与晟元江西分公司成立借款合同关系,且借款合同合法有效。

3. 律师说法

被代理人先前的授权行为和相应的交易(交易惯例)是构成表见代理中相对人"有理由相信"的常见认定因素。本案中,徐某生的身份是晟元公司任命的晟元江西分公司的经理,其以晟元江西分公司的名义多次向韦某借款以及还款,足以使韦某相信徐某生的行为属于职务行为而非个人行为。此外,徐某生个人账户经常用于晟元江西分公司资金进出,晟元公司对此知晓。公司将借入款项汇入个人账户并不能被直接理解为个人借款。基于以上原因,徐某生的行为构成表见代理,作为善意相对人的韦某与晟元江西分公司成立借款合同关系,晟元江西分公司及晟元公司应当承担还款责任。

案例二:湛江市第一建筑工程公司与白某江租赁合同纠纷案

1. 案件信息

再审申请人:湛江市第一建筑工程公司(以下简称湛江一建)

再审被申请人:白某江

审理法院:最高人民法院

案号:(2015)民申字第3402号

2. 案情简介

湛江一建承接了内蒙古锋威硅业有限公司阿盟乌斯太福利区公寓楼工程之后,成立了湛江一建内蒙古分公司乌斯太项目部。梁某同系该项目部施工人员,是乌斯太福利区1#、2#公寓楼工程的施工负责人,并取得其负责项目的相应授权。梁某同又以湛江一建的名义承建600MW太阳能电池生产线工程,并以湛江一建的名义与白某江签订《租赁合同》,加盖了湛江一建的印章和600MW项目部的印章。后证实该合同用印为梁某同私刻。

2013年4月27日,白某江诉至沧州市中级人民法院,请求判令湛江一建赔偿租金损失、退还租赁物或支付价款、负担租赁物损坏赔偿费及租赁物维修费并支付违约金。河北省沧州市中级人民法院一审判决支持了白某江的部分诉讼请求。湛江一建不服,上诉至河北省高级人民法院。河北省高级人民法院改判湛江一建赔偿白某江租赁物维修、缺损费。

湛江一建仍不服,向最高人民法院申请再审。最高人民法院经审理认为,湛江一建主张《租赁合同》上湛江一建及600MW项目部的印章均系梁某同私刻,不代表其真实意思表示,合同应无效。但因梁某同与湛江一建之间存在挂靠关系,足以使白某江有理由相信印章的真实性以及梁某同得到了湛江一建的授权,故梁某同的行为构成表见代理,其行为后果应由湛江一建承担。湛江一建主张租赁合同无效、其不应承担相应法律后果,无法律依据,法院不予支持。梁某同私刻印章涉嫌犯罪与本案租赁合同纠纷不属于同一法律关系,本案审理也不以刑事案件的结果为依据,因而本案无须中止审理或驳回起诉。

3. 律师说法

《民法典》第一百七十二条规定:“行为人没有代理权、超越代理权或者代理权终止后,仍然实施代理行为,相对人有理由相信行为人有代理权的,代理行为有效。”挂靠在建设工程、交通运输等多个领域普遍存在。挂靠关系的存在会使交易相对人对挂靠人产生有权代表被挂靠人签订合同产生合理信赖,即挂靠人的行为对被挂靠人可构成表见代理,挂靠人对外签订的合同可直接约束被挂靠人,被挂靠人不得以挂靠人未经授权为由拒不承担相关责任。

案例三:钟某星、安徽三建工程有限公司民间借贷纠纷案

1. 案件信息

再审申请人(一审原告、二审被上诉人):钟某星

再审被申请人(一审被告、二审上诉人):安徽三建工程有限公司(以下简称安徽三建)

一审被告、二审被上诉人:鲍某霞

审理法院:最高人民法院

案号:(2019)最高法民申 3201 号

2. 案情简介

鲍某霞系安徽三建铜陵分公司副经理,亦是实际负责人,挂靠该公司并以公司名义对外承揽工程。出于为其承揽的建设工程进行融资等意图,鲍某霞私自找人刻制了“安徽三建工程有限公司”与“安徽三建工程有限公司铜陵分公司”的印章。2014 年 1 月 26 日,鲍某霞向钟某星出具借据一张,记载:鲍某霞向钟某星借款人民币 280 万元,期限为 90 天,月利率 2%,此项借款由安徽三建自愿提供担保。借据尾部由鲍某霞签名,担保人一栏由“刘某静”签名,并加盖“安徽三建工程有限公司”印章,此印章系鲍某霞伪造。当日,钟某星通过中国工商银行向鲍某霞转账 280 万元,此款鲍某霞一直未向钟某星偿还,安徽三建亦未向钟某星还款。后钟某星向法院起诉,以案涉借据担保人处加盖有安徽三建公章及其法定代表人印鉴章为由,主张安徽三建承担连带清偿责任;安徽三建认为该二枚印章系鲍某霞私刻,其不存在为鲍某霞个人借款提供担保的意思表示,不应承担相应的担保责任。一审法院认为钟某星对借据上的印章形成合理信赖,属于善意相对人且无过失,故安徽三建对借款承担连带责任。后安徽三建

上诉，二审法院认为钟某星在主观上明显存在疏忽，不属于对公章具有合理信赖且善意无过失，认定安徽三建不承担连带责任。后钟某星申请最高人民法院进行再审。

最高人民法院经审理认为，鲍某霞尽管是安徽三建铜陵分公司副经理，而案涉借据上加盖的印章显示为“安徽三建工程有限公司”。出借人钟某星应当知道鲍某霞作为分公司副经理无权代表总公司使用总公司印章。同时，案涉借据的借款人是鲍某霞个人，钟某星应该注意审查在借据担保人处加盖安徽三建印章人员的资格身份，而非过于信赖鲍某霞个人，怠于了解安徽三建是否确实愿意为该笔借款提供担保。同时，钟某星亦未能提交证据证明安徽三建对鲍某霞在借据上加盖其私刻印章的行为同意或追认。尽管钟某星再审主张案涉借据上所盖印章曾在其他场合使用过，如另有刑事判决认定此系鲍某霞作为安徽三建铜陵分公司副经理私自刻制该印章并为承揽工程融资需要而使用，但并无证据表明安徽三建认可该印章。综上，钟某星在为案涉借款合同设立担保的过程中，未尽到审慎注意义务，原审法院认定钟某星所称合理信赖缺乏事实基础、在主观上亦明显存在疏忽，并无不当。

3. 律师说法

本案作为公司对外担保案件，在尚未适用《公司法》①第十六条的基础上，照样连表见代理也无法构成，可见合同相对人是何等疏忽大意。合同相对人钟某星虽举示案涉公章在其他场合使用的相关证据，但不能证明安徽三建对此知情。同时，钟某星应该注意审查在借据担保人处加盖安徽三建印章人员的资格身份，但未尽到审查义务，合理信赖缺乏事实基础，在主观上亦明显存在疏忽，不应认定其对公章具有合理信赖且善意无过失。

案例四：重庆茂昌建筑劳务有限公司与福建省荔隆建设工程有限公司、张某建等建设工程施工合同纠纷案

1. 案件信息

再审申请人（一审原告、二审被上诉人）：重庆茂昌建筑劳务有限公司（以下简称重庆茂昌公司）

---

① 指2018年《公司法》。——笔者注

再审被申请人(一审被告、二审上诉人):福建省荔隆建设工程有限公司(以下简称福建荔隆公司)

再审被申请人(一审被告、二审被上诉人):张某建

再审被申请人(一审第三人):彭水苗族土家族自治县人民法院(以下简称彭水法院)

审理法院:重庆市高级人民法院

案号:(2019)渝民申3356号

2. 案情简介

2014年9月28日,福建荔隆公司(承包人)与彭水法院(发包人)签订《建设工程施工合同》,约定:福建荔隆公司承建彭水法院审判业务用房工程。同年10月13日,福建荔隆公司与张某建签订《内部责任承包合同》,约定:福建荔隆公司将彭水法院审判业务用房工程承包给张某建施工。福建荔隆公司陈述,张某建系挂靠福建荔隆公司施工,是实际施工人。2016年5月9日,张某建以其私刻的福建荔隆公司印章、以福建荔隆公司名义与重庆茂昌公司签订《石材幕墙分包合同》,约定:福建荔隆公司将彭水法院审判业务用房石材幕墙工程分包给重庆茂昌公司。后福建荔隆公司未能按期向重庆茂昌公司结算工程款,重庆茂昌公司诉至法院。

重庆市高级人民法院经审理认为,重庆茂昌公司主张张某建属于职务行为,则应举证证明张某建系福建荔隆公司的法定代表人或系福建荔隆公司任命的彭水法院审判业务用房项目的项目经理或者系有福建荔隆公司授权的公司员工。在本案一审、二审审理中,重庆茂昌公司并未举示充分的证据证明该事实的存在,应承担举证不能的不利后果。虽然《石材幕墙分包合同》明确的合同主体是福建荔隆公司与重庆茂昌公司,张某建作为福建荔隆公司的项目负责人签字,但该合同上加盖的福建荔隆公司印章系张某建私刻。重庆茂昌公司并未举示充分的证据证明张某建在对外行为上能够代表福建荔隆公司或者足以让人认为张某建能够代表福建荔隆公司。重庆茂昌公司在签订《石材幕墙分包合同》时,并未对张某建与福建荔隆公司的关系进行核实,未尽到谨慎审查义务,存在过失。因此,重庆茂昌公司主张张某建构成表见代理的主张亦不能成立。故张某建签字的工程结算清单对福建荔隆公司不发生结算效力,福建荔隆公司对本案工程欠款及利息不承担支付义务。

3. 律师说法

在司法实践中，无权代理构成表见代理的很少见。本案中，由于张某建的公章系私刻并且其不是公司的法定代表人也不是项目经理，张某建本身无对外签订合同的权力，法院认定张某建不具备表见代理的权利外观。并且，合同相对人在签订合同中，未尽到谨慎审查义务，存在过失，不能证明其是善意无过失的。所以，张某建的行为不能构成表见代理，福建荔隆公司无须承担相应的合同责任。

六、相关法规和指导性文件

1.《民法典》

第一百七十一条　行为人没有代理权、超越代理权或者代理权终止后，仍然实施代理行为，未经被代理人追认的，对被代理人不发生效力。

相对人可以催告被代理人自收到通知之日起三十日内予以追认。被代理人未作表示的，视为拒绝追认。行为人实施的行为被追认前，善意相对人有撤销的权利。撤销应当以通知的方式作出。

行为人实施的行为未被追认的，善意相对人有权请求行为人履行债务或者就其受到的损害请求行为人赔偿。但是，赔偿的范围不得超过被代理人追认时相对人所能获得的利益。

……

第一百七十二条　行为人没有代理权、超越代理权或者代理权终止后，仍然实施代理行为，相对人有理由相信行为人有代理权的，代理行为有效。

2. 最高人民法院《关于当前形势下审理民商事合同纠纷案件若干问题的指导意见》

13. 合同法第四十九条规定的表见代理制度不仅要求代理人的无权代理行为在客观上形成具有代理权的表象，而且要求相对人在主观上善意且无过失地相信行为人有代理权。合同相对人主张构成表见代理的，应当承担举证责任，不仅应当举证证明代理行为存在诸如合同书、公章、印鉴等有权代理的客观表象形式要素，而且应当证明其善意且无过失地相信行为人具有代理权。

第十四节　项目人员伪造施工单位印章领取工程款，业主单位的付款未必无效

一、问题简述

业主单位就某个项目向施工单位付款时，通常必须以加盖施工单位印章的相关单据和文件为依据。如果项目人员伪造了施工单位印章向业主单位领取了工程款，是否可以认定业主单位已经向施工单位支付了工程款呢？

二、观点参考

在相关文件中有项目人员签字并盖有施工单位印章，如果项目人员有代表权，或者项目人员的代表行为被施工单位追认，或者项目人员的行为构成表见代理，即便印章存在问题，法院也倾向于推定这些文件能够代表施工单位的真实意思表示。如果施工单位能够提供充分证据证明其并未授权项目人员收取工程款，并有证据可以排除业主单位的合理信赖，那么，法院会倾向于认定项目负责人的行为不构成表见代理。如果项目人员的代理行为被法院认定为有效，业主单位的付款效力就会被肯定。

业主单位对付款存在过错的，法院倾向于按照该过错对于付款产生的影响，确认业主单位是否需要向施工单位承担责任，承担多大的责任。

三、应对方案和流程设计

1. 业主单位应当首先确认支付工程款的文件落款处项目人员的签字以及印章是否真实，并且与之前双方已经签订的合同进行对比，甚至可以单方去鉴定机构作关于印章真伪等方面的鉴定，证明自己有充分的理由相信该份文件在形式和内容上的真实性。

2. 业主单位应当立即查询钱款的去向，如果存在涉嫌诈骗或伪造印章犯罪等情形，应当立即向相关机关报案。

3. 在诉讼中业主单位要举证证明自己对项目人员有合理信赖，可出示之前业主单位同施工单位签订的合同等相关文件予以证明。如果在工程进行的过程中施工单位解除了与项目人员的代理关系，业主单位可以表明对此事并不知情，并可以出示施工单位之前出具的授权委托书、往来的工作邮件等证据佐证。

4. 对施工单位来讲，应当立即报案，立即与业主单位进行沟通协调相关事项。如果只能通过诉讼向业主单位主张权利，施工单位应该努力提供证据证明其并未授权该项目人员收取工程款，努力提供证据排除业主单位的合理信赖，让法院认定项目人员的行为不构成表见代理。另外，施工单位应当努力寻找业主单位在支付工程款项问题上存在过错的证据。

四、防范措施

1. 合同双方在签订工程合同之前，对于项目人员的授权条款（例如，能否代理施工单位行使权利、行使权利的范围、期限等）应当清晰、明确，并将相关材料告知相对方，由相对方签收。所有重要事项最好都能采取书面形式进行交流，既便于严格遵照履行，也便于留存各种证据。

2. 严格管理，严谨用章。施工单位对项目人员签发印章使用权限时，建议出具证明文件，注明"该印章仅限……之用"或者类似的限制授权时间和范围的语句。

3. 如果施工单位要撤销对项目人员的委托代理，或者变更委托权限，一定要第一时间通知业主单位，特别注意发函时间，这是法院认定代理行为是否有效的重要时间节点。施工单位最好能有业主单位的知悉回函。如果发生诉讼，回函可能成为非常有利的证据。

4. 业主单位在付款时，相关工作人员要加强审核，既要"认章"，也要"认人"，必要时要与施工单位再次确认其与项目人员之间是否还存在代理关系，或者和施工单位充分确认是否可以将工程款支付给项目人员，并保存好相关沟通的证据。这通常是最简单、最有效的方法。

5. 建立科学的管理体制，做好项目管理记录，对于每一次与施工单位的往来函件等文件留有备份。

6. 业主单位一定不要将款项支付给任何个人，除非业主单位与施工单位就款项支付给某个自然人有明确的书面约定。

五、经典案例

案例一:湖南建工集团有限公司、宁夏凯悦投资置业有限公司建设工程施工合同纠纷案

1. 案件信息

再审申请人(一审原告、二审被上诉人):湖南建工集团有限公司(以下简称湖南建工公司)

再审被申请人(一审被告、二审上诉人):宁夏凯悦投资置业有限公司(以下简称凯悦公司)

审理法院:最高人民法院

案号:(2020)最高法民申3524号

2. 案情简介

2014年5月10日,湖南建工公司作为承包人与凯悦公司(发包人)签订建设工程施工合同一份,周某华系湖南建工公司案涉项目的负责人及合同签订人。

2014年10月23日,凯悦公司与湖南建工宁夏分公司签订的补充协议约定,以129#、133#商铺抵顶部分工程款6,138,100元。11月20日,湖南建工宁夏分公司向凯悦公司出具的收据记载,收到129#、133#房屋6,138,100元,收款人处有周某华的签名并加盖了"湖南省建筑工程集团宁夏分公司"印章。2015年5月19日,工程竣工。

后,湖南建工公司否认50号129#、133#商铺已经抵顶6,138,100元的工程款,向一审法院提起诉讼,请求判令凯悦公司向其支付工程款,一审法院支持了湖南建工公司的诉讼请求。判决后,凯悦公司不服,提出上诉。二审法院反过来支持了凯悦公司。

最高人民法院经审理认为,本案的再审争议焦点之一在于,关于原判决认定的凯悦公司以两套商铺抵顶工程款问题。湖南建工公司认为收据、声明以及关于周某华的《法定代表人授权委托书》中所加盖的印章系周某华伪造,其行为不能代表湖南建工公司。但是,案涉工程施工合同、补充协议中均有周某华的签名,工程竣工结算定案单中施工单位负责人处也有周某华的签名,周某华参

与了案涉工程相关合同的签订及结算。原审中,湖南建工公司对周某华负责案涉工程并无异议,对该定案单上的结算数额亦认可。故湖南建工公司认为周某华不能代表其公司的申请再审理由不能成立。综上,最高人民法院认为二审法院判决认定凯悦公司已经向湖南建工公司交付案涉抵顶房屋,并无不当。

3. 律师说法

本案中,收据、声明以及《法定代表人授权委托书》中所加盖的印章系周某华伪造,但该分公司相应的印章不具有唯一性;同时,周某华对外签订合同构成对于湖南建工公司的表见代理;并且,周某华在合同上亦有签字且湖南建工公司在合同履行中并未否定其效力。因此案涉补充协议有效,湖南建工公司应受合同约束。

案例二:湖南昌华建设集团有限公司、郴州市祺瑞房地产开发有限责任公司建设工程施工合同纠纷案

1. 案件信息

再审申请人(一审原告、二审被上诉人):湖南昌华建设集团有限公司(以下简称昌华公司)

再审被申请人(一审被告、二审上诉人):郴州市祺瑞房地产开发有限责任公司(以下简称祺瑞公司)

审理法院:最高人民法院

案号:(2016)最高法民再300号

2. 案情简介

2010年4月9日,祺瑞公司(发包人)与昌华公司(承包人)签订建筑工程施工合同。6月26日,昌华公司向祺瑞公司表示案涉工程委托李某胆全权处理。6月28日,李某胆从昌华公司领取“湖南昌华建设集团有限公司山水华庭项目部”印章一枚。后该印章于8月2日被收回并销毁,8月2日以后李某胆使用的项目部印章系伪造。

2011年3月15日,李某胆与祺瑞公司签订《解除施工合同及退场协议书》,上面有祺瑞公司印章及原法定代表人签字,以及昌华公司印章及李某胆签字。3月20日,李某胆与祺瑞公司签订《后续事情处理协议》。约定祺瑞公司支付580万元给李某胆用于支付民工工资及材料款。4月6日,祺瑞公司未经过昌华

公司的同意,也未通过昌华公司账户,向李某胆个人账户支付580万元,李某胆出具了领条。

昌华公司向一审法院提起诉讼,请求判令祺瑞公司支付工程款,一审法院支持了昌华公司的该项诉讼请求。判决后,祺瑞公司不服,提出上诉。二审法院未支持昌华公司请求的580万元工程款。

最高人民法院经审理认为,李某胆签订《后续事情处理协议》,是在昌华公司2011年4月1日向祺瑞公司发函撤销李某胆授权之前,因此李某胆仍有权代表昌华公司处理案涉工程相关事宜,故李某胆所签《后续事情处理协议》对昌华公司具有约束力,祺瑞公司应当支付580万元工程款。但是,关于该580万元工程款如何支付,祺瑞公司与昌华公司在2010年7月27日明确约定全部应付款项均应通过昌华公司设立的工程款专用账户支付,且工程款的支付和付款方式、付款账号的变更均需要昌华公司、李某胆和项目财务负责人签字盖章认可方可生效。2011年3月18日祺瑞公司向法院承诺确认了上述约定。2011年4月1日,昌华公司向祺瑞公司回函再次明确祺瑞公司回函确认工程款汇款账户,同时撤销对李某胆的授权。祺瑞公司与李某胆在未经昌华公司同意的情况下,自行约定将580万元工程款支付给李某胆个人,对昌华公司不产生效力。祺瑞公司向李某胆个人支付580万元,不能免除祺瑞公司应向昌华公司支付580万元工程款的义务。

3. 律师说法

本案中,虽然李某胆伪造昌华公司印章,但在签订支付工程款合同时李某胆依然具有代理权,足以让祺瑞公司对李某胆代表昌华公司产生合理信赖,故法院认为李某胆的行为已构成表见代理,其作出的法律行为对昌华公司具有法律约束力。但是,从工程款支付方式的角度来说,祺瑞公司存在根本错误,没有按照其与昌华公司的约定以及相互之间的往来函件的确认以及其对法院作出的承诺将款项支付给昌华公司指定账户,因此最终承受了不利的法律后果。

案例三:安徽广厦建筑(集团)股份有限公司、安徽梧桐玉文化投资有限公司等建设工程施工合同纠纷案

1. 案件信息

再审申请人(一审原告、二审上诉人):安徽广厦建筑(集团)股份有限公司

(以下简称广厦公司)

再审被申请人(一审被告、二审被上诉人):安徽梧桐玉文化投资有限公司(以下简称梧桐玉公司),陈某奉

原审第三人:朱某青,朱某水

审理法院:最高人民法院

案号:(2021)最高法民申2051号

2. 案情简介

广厦公司法定代表人朱某炳系朱某青和朱某水的伯父,朱某青、朱某水系广厦公司职员。2014年3月5日,广厦公司向梧桐玉公司出具委托书,委托朱某水、朱某青全权代理洽谈桐城市梧桐国际广场工程项目事宜。2014年6月23日,朱某水以广厦公司名义与梧桐玉公司签订《承包补充协议书》一份,约定广厦公司以包工包料方式建设"安徽广厦桐城市梧桐国际广场"。2014年8月12日,梧桐玉公司与广厦公司签订《建设工程施工合同》,合同载明广厦公司的开户银行为中国光大银行合肥合作化路支行,账号为79×××08。在合同履行过程中,广厦公司成立案涉工程项目部,项目部负责人为朱某青、朱某水。朱某青、朱某水刻制"安徽广厦桐城市梧桐国际广场项目部"资料专用章,加盖于工程业务联系单、工程付款联络函以及备案工程技术资料上。梧桐玉公司通过向朱某青、朱某水付款,代付工人工资、材料款,以房抵款等方式支付了工程款,但未通过建设施工合同约定的账户支付工程款。经各方多次核对,朱某青、朱某水认可已收到工程款1.2亿元(以直接收款、以房抵款、梧桐玉公司代付材料款等方式)。广厦公司仅认可收到4450万元,认为尚有7150万元未支付,诉至法院。

最高人民法院经审理认为,朱某青、朱某水参与案涉工程承包合同的签订与履行,实际组织工程施工、验收及价款结算。案涉工程从开工至竣工验收,广厦公司对于朱某青、朱某水前述履约行为未持异议,亦无证据证明其曾就工程价款支付问题向梧桐玉公司提出过不同主张。所以,原审法院认定梧桐玉公司向朱某青、朱某水所付款项属于案涉工程价款,具有相应的事实依据。案涉《建设工程施工合同》虽有记载广厦公司开户银行与账号,但未明确约定工程款必须支付至约定账户。朱某青、朱某水确认以直接收款、以房抵款、代付材料款等方式收到工程款1.2亿元,广厦公司认可收到4450万元。广厦公司所认可的

4450万元工程进度款，梧桐玉公司也未全部支付至前述合同约定的银行账户。所以，在没有相反证据充分支持的情况下，广厦公司否认梧桐玉公司依朱某青、朱某水意见所付款项为工程价款，并请求另行再予支付的主张，依法不应支持。

3. 律师说法

本案中，法院认为，虽然发包方与承包方在合同中记载了承包方银行账户，但未约定工程款必须支付至此账户，在朱某青、朱某水高度参与案涉工程承包合同的签订与履行，实际组织工程施工、验收及价款结算时，广厦公司对此未持异议，应视为认可发包人向项目负责人进行的工程款结算。由此可见，如果承包单位想要确定工程款结算方式，应对此作出明确约定，不能只写明银行账户；此外，对于实际参与工程的项目负责人等，如未授予其收款权限，也应明示其权利范围，并在发现其有收取款项等越权行为时及时采取措施。

案例四：江苏金坛建工集团有限公司、青海新茂祥物资有限公司票据追索权纠纷案

1. 案件信息

上诉人（原审被告）：江苏金坛建工集团有限公司（以下简称金坛公司）

被上诉人（原审原告）：青海新茂祥物资有限公司（以下简称新茂祥公司）

原审被告：北京首开中拓房地产开发有限公司（以下简称首开公司），宁夏金麦房地产开发有限公司（以下简称金麦公司），青海居易实业集团有限公司（以下简称居易公司），中宅建设集团有限公司（以下简称中宅公司）

审理法院：最高人民法院

案号：（2018）最高法民终1223号

2. 案情简介

首开公司负责开发“忻州大剧院”工程项目，金坛公司是承包人，其股东刘某和为项目负责人。2014年3月15日，首开公司向金坛公司出具1500万元的商业承兑汇票。后金坛公司背书转让给金麦公司，经多次背书转让，该票据由新茂祥公司持有。金麦公司成立于2011年12月29日，刘某和为其控股股东。2014年9月11日，首开公司对此出具的拒付说明载明：工程未完工，拒付此款项。银行出具拒付理由书。2014年9月15日和16日，新茂祥公司向前手首开公司、中宅公司、居易公司、金坛公司、金麦公司邮寄发出书面追索通知，主张追索权。随后,新茂祥公司向法院提起诉讼。

经鉴定,案涉商业承兑汇票上加盖的金坛公司财务专用章与案涉商业承兑汇票记载账户的开户银行预留印鉴卡中金坛公司财务专用章印文不是由同一枚印章盖印形成。诉讼中金坛公司以没有收到该商业汇票、其与金麦公司不存在债权债务关系、汇票中的公司财务专用章和法人印章以及法定代表人印章被伪造为由进行抗辩,认为不应该承担票据责任。

最高人民法院经审理认为,金坛公司应承担票据债务人的相关责任,理由如下:第一,本案事实足以证明票据是真实的。第二,在本案中就金坛公司与首开公司该笔工程款而言,刘某和有权代表金坛公司收取案涉汇票及实施相关票据行为,即使其没有金坛公司的明确授权,也得到了金坛公司的默许或放任,其行为效力应当及于金坛公司。(1)刘某和作为"忻州大剧院"工程项目的负责人,在工程款的结算和支付方面有决定权。(2)从案涉票据的承兑过程来说,新茂祥公司在办理托收时因将第一被背书人错误地填写为金坛公司,需要金坛公司出具记载人的签章证明,为此,交通银行青海省分行工作人员联系到金坛公司核实相关情况,金坛公司相关人员表示案涉票据事务由刘某和负责。(3)鉴定结果不足以否定案涉汇票中金坛公司的公司印章、财务章和法人印章的真实性,金坛公司并不能证明实施签章的行为人并非本单位人员。第三,即使刘某和无权代表金坛公司实施票据行为,其在本案中也构成表见代理。工程项目承包人和负责人有权进行工程款的结算支付,金坛公司虽然辩称工程款必须经过公司统一结算,但其并无证据,且其内部管理制度不足以对抗外部第三人。同时,新茂祥公司系通过银行工作人员以正常工作渠道联系到金坛公司进而联系到刘某和。故从刘某和的身份及金坛公司的后续行为来看,足以使刘某和具备表见代理的权利外观。第四,即使金坛公司完全不知情,确系刘某和个人伪造签章、冒领工程款、私自转让票据,但金坛公司明显存在过错,从公平原则和保护票据交易考虑,也应由金坛公司承担责任。

3. 律师说法

本案中,金坛公司以刘某和无权代表公司、案涉票据加盖印章系伪造为由抗辩,未获法院支持。法院在判决中明确指出,刘某和作为"忻州大剧院"工程项目的负责人,在工程款的结算和支付方面有决定权,即使其没有获得明确授权,也获得了金坛公司的放任或默认,此为金坛公司的明显过错。即使金坛公司辩称工程款必须经过公司统一结算，但未提供证据，且其内部管理制度不足以对抗外部第三人。因此，承包单位需要注意对工程项目负责人的管理，对其授权应明确，如有确定的结算方式应与发包人确认，否则项目负责人结算工程款项的行为很有可能需要由承包方承受。

案例五：上海丰达市政管道有限公司诉上海花木经济发展总公司建设工程施工合同纠纷案

1. 案件信息

上诉人（原审原告）：上海丰达市政管道有限公司（以下简称丰达公司）

被上诉人（原审被告）：上海花木经济发展总公司（以下简称花木公司）

审理法院：上海市第一中级人民法院

案号：（2015）沪一中民二（民）终字第431号

2. 案情简介

2012年5月30日，丰达公司（施工方）与花木公司（发包方）签订《工程合同》，合同加盖丰达公司公章，留有"丰达公司方联系人赵某某"的手写字样。9月28日至12月6日，花木公司先后开具收款人为丰达公司的支票共三张，金额共计109,674元，支票签收人均为赵某某。丰达公司表示并未指派赵某某为联系人，认为《工程合同》上"丰达公司方联系人赵某某"系赵某某事后添加。且经鉴定验收单上的丰达公司公章与丰达公司在工商登记留存的公章及丰达公司起诉状和授权委托书上的公章均不一致。2014年1月，丰达公司诉至原审法院，要求判令花木公司立即支付工程款109,674元。

上海市第一中级人民法院认为，从整个工程的洽谈、签约、履约及催款等各个环节来分析，赵某某均参与其中，亦受丰达公司委托向花木公司催讨工程款等，故花木公司有理由相信赵某某是代表丰达公司来催讨、领款，构成表见代理。花木公司向赵某某开具支票并付款的行为对丰达公司具有法律约束力。由赵某某领取的支票已兑付，花木公司已完成了付款义务。

3. 律师说法

本案中的关键问题是赵某某的行为是否构成表见代理。虽然在《单项工程竣工验收单》上加盖的公章经鉴定非上诉人在工商部门的留存印章，但这一事实仅能部分印证上诉人主张赵某某无权代理上诉人领款的诉讼理由，并不能否定赵某某的表见代理行为。法院认定赵某某的行为构成表见代理,因此花木公司作为善意交易相对人,自然要受到法律的保护。而且,丰达公司也没有提出证据证明其与赵某某之间并非委托关系,故其需要承担举证不能的法律后果。

六、相关法规和指导性文件

1.《民法典》

第一百七十二条　行为人没有代理权、超越代理权或者代理权终止后,仍然实施代理行为,相对人有理由相信行为人有代理权的,代理行为有效。

2.《治安管理处罚法》

第五十二条　有下列行为之一的,处十日以上十五日以下拘留,可以并处一千元以下罚款;情节较轻的,处五日以上十日以下拘留,可以并处五百元以下罚款:

(一)伪造、变造或者买卖国家机关、人民团体、企业、事业单位或者其他组织的公文、证件、证明文件、印章的;

……

3.《刑法》

第二百八十条　伪造、变造、买卖或者盗窃、抢夺、毁灭国家机关的公文、证件、印章的,处三年以下有期徒刑、拘役、管制或者剥夺政治权利,并处罚金;情节严重的,处三年以上十年以下有期徒刑,并处罚金。

伪造公司、企业、事业单位、人民团体的印章的,处三年以下有期徒刑、拘役、管制或者剥夺政治权利,并处罚金。

……

第十五节　银行对企业印章真伪的形式审查义务

一、问题简述

企业在银行开立结算账户时,应当按照相关要求预留各类印鉴。银行应当将相关印鉴录入业务系统,以备在办理该企业结算业务时查验。如果有人出具了印有伪造该企业印章所盖印的取款单（或者汇票、支票等）骗走了钱款，企业是否有权要求银行继续支付该笔钱款？

二、观点参考

银行在为企业办理业务过程中，负有对企业印鉴进行查验的义务，但这种义务只是形式上的义务，即银行只对业务材料上加盖的企业印鉴与该企业在银行预留印鉴的一致性进行查验。如果银行未尽到合理的形式审查义务，致使企业在银行的存款被他人利用伪造企业印章等手段取走，银行对此存在过错，或者银行的其他过错导致上述后果的，应承担与其过错程度相当的法律责任。

三、应对方案和流程设计

1. 无论是企业，还是银行，在碰到违法乃至涉嫌犯罪的情形时，除非确有必要采取迂回曲折的方案或者措施，都应该立即向公安机关报案，力争让违法者立即收手并受到法律制裁，力争让犯罪分子尽早归案，力争减少各方的损失。

2. 各方应当寻找和固定对己方有利的证据，寻找和固定相对方存在过错甚至严重过错的证据。作为企业来说，应当努力寻找银行在形式审查及其他方面存在过错的证据；同时，如果有证据证明己方不存在过错，一定注意保留好。作为银行来说，尽到形式审查义务即可，如果不存在其他过错，一般就不会被要求承担责任。

四、防范措施

1. 作为企业，应当建立规范、完善的印章保管制度。印章必须由专岗专人妥善保管，避免损毁、遗失和被盗，防止他人用企业印章实施损害企业权益的违法犯罪行为。

2. 作为银行，应当督促员工不断提升综合业务水平，更加准确地查验客户所提供企业印章与预留印鉴是否一致。同时，银行应当加强对业务经办人员特别是柜员的业务培训，提升柜员印章查验识别操作能力和相关风险意识，更加有效识别与企业预留印鉴不一致的其他印章。

3. 银行应该向员工做好风险防范和预防违法犯罪等方面的教育和培训工作，培养员工保护客户利益的高度责任感，而不仅仅完成形式审查义务等程序性工作。

4. 银行应当防微杜渐，在做好每一份日常工作的同时加强预警机制建设，在存在任何风险的情况下能够及时反应，避免出现问题。

五、经典案例

案例一：哈尔滨市南岗区跃进乡延兴村村民委员会与哈尔滨城郊农村信用合作联社工程信用社储蓄存款合同纠纷案

1. 案件信息

再审申请人（一审原告、二审被上诉人）：哈尔滨市南岗区跃进乡延兴村村民委员会（以下简称延兴村委会）

再审被申请人（一审被告、二审上诉人）：哈尔滨城郊农村信用合作联社工程信用社（原审为哈尔滨市道里区工程农村信用合作社，以下简称工程信用社）

审理法院：最高人民法院

案号：（2011）民提字第178号

2. 案情简介

2001年5月15日，延兴村委会在工程信用社办理了开户手续。同年5月21日，延兴村委会将2000万元存款转入工程信用社。2001年5月25日，工程信用社向延兴村委会出具了"单位定期存款开户证实书"，存款2000万元。2001年5月23日，案外人索某朋私刻延兴村委会及刘某潮印章伪造介绍信以印章遗失为由在工程信用社办理了更换预留印鉴手续，介绍信上载明的日期为2001年5月28日。索某朋用更换后的印鉴分四次提取现金40万元，余款1960万元分四笔以转账支票转出。索某朋在更换印鉴时，工程信用社未依据相关规定要求其出示延兴村委会的书面申请或授权书。存款到期后，延兴村委会要求工程信用社给付存款，发现款项被转出，遂诉至法院。

最高人民法院经审理认为：(1)工程信用社具有明显过错。具体表现为：第一，在为延兴村办理定期存款开户手续时，工程信用社并未按规定让其提交盖有该村公章的开户申请书，致使在索某朋提交私刻延兴村公章伪造的介绍信办理更换预留印鉴时，没有据以核对延兴村公章真伪的依据，使索某朋得以更换预留印鉴、最终骗走存款。第二，在索某朋要求更换预留印鉴时，工程信用社未按规定要求其出示"单位定期存款开户证实书"即为其办理了更换预留印鉴手续。而且,索某朋据以更换印鉴的介绍信系伪造,且该介绍信出具在更换预留印鉴之后。第三,索某朋是以预留印鉴遗失为由请求更换预留印鉴,工程信用社未按照有关规定先办理挂失手续。第四,工程信用社在索某朋提取款项时,未按照有关规定要求其出示证实书,也未在款项支取完毕后将证实书收回。其还违反规定为索某朋提取现金,多次办理转款手续、将款项转入非延兴村账户。(2)索某朋办理银行业务行为不构成表见代理。工程信用社主张构成表见代理的事实是,延兴村的党支部书记刘某潮不仅向该社工作人员介绍索某朋是延兴村的会计,且在办理开户和更换印鉴的过程中,刘某潮均与索某朋在现场,刘某潮与索某朋通谋更换预留印鉴。但是前述主张均为有利害关系或本案当事人陈述,不能单独作为认定案件事实的依据。而且,如前所述,工程信用社具有明显过错。故表见代理的构成要件不具备,索某朋的行为不构成表见代理。(3)延兴村委会对款项的损失具有过错。延兴村在开立本案所涉账户时,由非该单位工作人员的索某朋与其村委会负责人刘某潮共同前去办理开户手续,且由索某朋填写预留印鉴卡片,并加盖人名章,使工程信用社对索某朋有权处理相关账户事宜产生一定的信赖,应认定其对款项的流失具有一定的过错。

3. 律师说法

本案中,工程信用社在办理本案所涉账户的开户手续、预留印鉴更换、存款支取等业务过程中存在违法、违规操作行为,具有明显过错,最终导致延兴村委会款项流失,这也成为法院认定工程信用社对款项流失需要承担主要责任的理由。不过,由于延兴村委会在开户过程中也存在一定过错,最终法院认定延兴村委会对存款损失也需要承担部分责任。

案例二:招商银行股份有限公司大连东港支行与大连振邦氟涂料股份有限公司、大连振邦集团有限公司借款合同纠纷案

1. 案件信息

再审申请人(一审原告、二审上诉人):招商银行股份有限公司大连东港支行(招商银行股份有限公司大连胜利广场原支行,以下简称招行东港支行)

再审被申请人(一审被告、二审被上诉人):大连振邦氟涂料股份有限公司(以下简称振邦股份公司)

原审被告:大连振邦集团有限公司(以下简称振邦集团公司)

审理法院:最高人民法院

案号:(2012)民提字第156号

2. 案情简介

2006年4月30日,招行东港支行与振邦集团公司签订借款合同,借款金额为1496.5万元人民币。2006年6月8日,振邦股份公司出具《不可撤销担保书》,承诺对上述贷款承担连带保证责任并提供了《股东会担保决议》。2006年4月30日,招行东港支行与振邦股份公司分别签订了两份抵押合同,以振邦股份公司土地使用权及房产作抵押并于其后分别办理了抵押登记。2006年6月8日,招行东港支行按照合同约定提供了贷款。贷款到期后,振邦集团公司未能偿还借款本息,振邦股份公司也没有履行担保义务。招行东港支行诉至法院。

另外,振邦股份公司的股东共有8个,振邦集团公司占总股本的61.5%,系振邦股份公司的股东和实际控制人。股东王某刚和泰山绿色产业有限公司未在《股东会担保决议》上签字盖章。经鉴定,《股东会担保决议》上盖有的股东"天津环渤海创业投资管理有限公司""中绿实业有限公司"二枚印章并非二企业经备案的、正在使用的印章。2004年2月26日至2006年8月18日,股东辽宁科技创业投资有限责任公司没有变更企业名称,而《股东会担保决议》中所盖的是辽宁科技创业投资责任公司的印章。股东原大连科技风险投资有限公司于2003年5月23日已变更为大连科技风险投资基金有限公司;且大连科技风险投资有限公司印章有数码,而《股东会担保决议》中的印章没有数码。《股东会担保决议》的决议事项并未经过振邦股份公司股东会的同意,振邦股份公司也未就此事召开过股东大会。

最高人民法院经审理认为:首先,一审、二审法院以案涉《股东会担保决议》的决议事项并未经过振邦股份公司股东会的同意,振邦股份公司也未就此事召开过股东大会为由,根据《公司法》第十六条规定,作出案涉《不可撤销担保书》及抵押合同无效的认定,属于适用法律错误,应予纠正。其次,振邦股份公司法定代表人周某良超越权限订立抵押合同及不可撤销担保书,是否构成表见代表,招行东港支行是否善意,是本案担保主体责任认定的关键。招行东港支行提交的新证据表明,振邦股份公司提供给招行东港支行的股东会决议上的签字及印章与其当时为担保行为提供给招行东港支行的签字及印章样本一致。振邦股份公司提供担保时使用的公司印章真实,亦有其法人代表真实签名,且案涉抵押担保在经过行政机关审查后也已办理了登记。至此，招行东港支行在接受担保人担保行为过程中的审查义务已经完成，其有理由相信作为担保公司法定代表人的周某良本人代表行为的真实性。《股东会担保决议》存在的相关瑕疵必须经过鉴定机关的鉴定方能识别，必须经过查询公司工商登记才能知晓、必须谙熟公司法相关规范才能避免担保公司内部管理不善导致的风险，如若将此全部归属于担保债权人的审查义务范围，未免过于严苛，亦有违合同法、担保法等保护交易安全的立法初衷。因此，招行东港支行在接受作为非上市公司的振邦股份公司为其股东提供担保过程中，已尽到合理的审查义务，主观上构成善意。本案周某良的行为构成表见代理，振邦股份公司对案涉保证合同应承担担保责任。

3. 律师说法

本案中，案涉《股东会担保决议》存在部分股东印章虚假、使用变更前的公司印章等瑕疵，但法院认为招行东港支行在接收担保过程中已尽到合理的审查义务，主观上构成善意，最终判定振邦股份公司对案涉保证合同应承担担保责任。法院作出此认定的一个重要理由是，《股东会担保决议》上的瑕疵非一般注意义务能审查发现，需要经鉴定、查询公司工商登记等过程才可能发现，将此类义务施加于担保债权人未免过于严苛。

案例三：中国工商银行股份有限公司定兴支行与中信银行股份有限公司郑州分行承兑汇票转贴现协议纠纷案

1. 案件信息

上诉人（原审被告）：中国工商银行股份有限公司定兴支行（以下简称工行定兴支行）

被上诉人（原审原告）：中信银行股份有限公司郑州分行（以下简称中信银行郑州分行）

审理法院：最高人民法院

案号：（2003）民二终字第183号

2. 案情简介

2002年3月，范某农请时任工行定兴支行行长的穆某维帮忙筹集资金，双方谈到商业承兑汇票业务。范某农经他人与中信银行郑州分行紫荆支行筹备组组长史某良联系，商量以工行定兴支行为贴现行、中信银行郑州分行为转贴现银行进行商业承兑汇票转贴现业务。2002年6月7日，中信银行郑州分行与工行定兴支行签订商业承兑汇票转贴现（回购）协议，约定工行定兴支行提供8份商业承兑汇票，合计票面金额为8000万元，向中信银行郑州分行申请办理转贴现（回购）；中信银行郑州分行将款项划入工行定兴支行指定的银行账户（户名：工行定兴支行。开户银行：中信银行郑州分行营业部，尾号为0943）。工行定兴支行时任行长穆某维用私刻的工行定兴支行汇票专用章在8张商业承兑汇票上进行了背书，在转贴现协议上加盖了工行定兴支行的公章并签字。2002年6月12日，工行定兴支行向中信银行郑州分行递交开户申请书，并预留了工行定兴支行业务公章、穆某维私章作为印鉴，在中信银行郑州分行开立了协议指定的银行账户（账号是签合同时中信银行郑州分行为其预留的）。2002年6月12日的转账支票显示，工行定兴支行作为付款人开出转账支票，将转贴现款78,846,666.64元从工行定兴支行0943账户转给北京市西联机电经营公司（以下简称西联公司）。因工行定兴支行一直没有回购，中信银行郑州分行提起诉讼。

最高人民法院经审理认为：第一，穆某维是工行定兴支行工商企业档案材料及营业执照上记载的企业负责人，其在任工行定兴支行负责人期间，以工行定兴支行的名义签订商业承兑汇票转贴现（回购）协议，开立账户，出具转账支票和承诺函等行为，应认定为职务行为，由工行定兴支行承受法律后果。第二，本案所涉贴现协议属于无效协议。根据本案证据及另案刑事裁定认定的事实，工行定兴支行的穆某维存在利用商业承兑汇票贴现为范某农融资的主观意图和客观事实；中信银行郑州分行也应当知道工行定兴支行向其申请转贴现之前，并没有实际贴现，转贴现款并非由工行定兴支行自行使用，而是交给范某农使用。双方签订协议的真实目的并非解决工行定兴支行头寸不足问题，而是为范某农违法套取银行资金。穆某维、中信银行郑州分行员工史某良与范某农之间存在以汇票业务套取银行资金的共同意思表示。第三，协议无效造成中信银行郑州分行的损失，依法应根据各方的过错合理分担。在办理票据业务过程中，中信银行郑州分行在发现工行定兴支行在商业承兑汇票上加盖的汇票专用章不是该行真实印章之后，没有去报案，而是找到范某农、穆某维，要求穆某维补盖真实印章。在办理该笔业务的过程中，中信银行郑州分行未按规定将转贴现款通过人民银行转账，而是违规将转贴现款直接划入工行定兴支行开具的转账支票上记载的西联公司账户,违规为工行定兴支行预留银行账号等。中信银行郑州分行及史某良对案涉款项被骗存在过错。最终法院认定,工行定兴支行承担主要责任,中信银行郑州分行承担次要责任。

3. 律师说法

本案中,中信银行郑州分行作为贴现行在开展票据贴现业务过程中存在违规行为,且在发现票据上加盖的是假印章的情况下没有报案而是联系当事人补盖,主观上具有过错,法院据此认定中信银行郑州分行需要对本案中发生的资金损失承担次要责任。

案例四:武汉农村商业银行股份有限公司积玉桥支行、武汉农村商业银行股份有限公司储蓄存款合同纠纷案

1. 案件信息

再审申请人(一审被告、二审上诉人):武汉农村商业银行股份有限公司积玉桥支行(武汉农村商业银行股份有限公司原三角路支行,以下简称三角路支行)

再审被申请人(一审原告、二审上诉人):徐州市顺凯商贸有限公司(以下简称顺凯公司)

二审上诉人(一审被告):武汉农村商业银行股份有限公司

审理法院:最高人民法院

案号:(2016)最高法民再231号

2. 案情简介

2010年2月22日,顺凯公司到三角路支行进行开户申请并留存了相关的印鉴,三角路支行为顺凯公司开立一般存款账户。时任江苏国立投资集团有限公司投资顾问的朱某将其所在公司的下属公司即顺凯公司2000万元分两次存入三角路支行。刘某分别于同月21日至24日,分五次以汇款的形式付给顺凯公司高息109.99万元。为使2000万元资金能顺利转出供自己使用,刘某及唐某明与三角路支行客户经理李某斌联系,要其帮忙将上述款项转出,并承诺给其100万元好处。朱某明知该2000万元资金会被刘某通过伪造金融凭证的方式转出使用,仍将从其单位偷盖出的顺凯公司在银行的预留印鉴通过谢某交给刘某。随后李某斌将三角路支行预留的顺凯公司印模提供给刘某,供刘某用于与朱某提供的预留印鉴进行比对。刘某将朱某提供的顺凯公司印鉴交给唐某明，私刻了顺凯公司的公章、财务专用章、私章等印章。2010年2月25日至3月17日，刘某及唐某明在李某斌的帮助下，使用私刻的印章，分五次转走1992万元。2010年3月22日，顺凯公司到三角路支行取款，发现其账户下的1992万元未经许可被转至他人账户，遂报案并提起诉讼。在案件审理过程中，经鉴定三角路支行据以划款的五份凭证上所盖顺凯公司印鉴及相关印鉴均与顺凯公司开户时留存在三角路支行的印鉴不符。

最高人民法院经审理认为，三角路支行作为专业金融机构，负有在转款时对凭证印鉴与银行预留印鉴是否相符进行核实的义务，依据有关规定，主要采取折角核对印鉴的操作方法。有关司法解释规定，银行采取此方法核对印鉴未发现存在的问题而造成客户存款被骗取的，银行有过错，应当对不能追回的被骗款项承担民事责任。三角路支行柜面人员采取折角核对的审查方式未能有效避免损失发生，且其工作人员李某斌将预留的顺凯公司印模提供给刘某，三角路支行未能尽到对顺凯公司银行结算账户信息资料保密的义务，对案涉款项被骗划并导致顺凯公司损失方面存在过错，应对此承担赔偿责任。此外，顺凯公司对其员工管理和预留印鉴的保管方面亦存在过错，并为牟取高息而对异地存款的危险性存在放任行为，对于案涉款项被骗划并造成的损失同样应根据其过错承担相应的责任。

3. 律师说法

本案中，法院认定三角路支行需要对款项损失承担责任的主要理由是其存在过错，过错具体表现在其工作人员将顺凯公司印模提供给刘某，未能尽到对顺凯公司银行结算账户信息资料保密的义务。尽管三角路支行采取了银行通用的折角核对方法核对印章，但是折角核对方法并非免除银行责任的尚方宝剑，行业内部规范并不能成为银行责任的挡箭牌。同样地，凯顺公司在本案中也存在过错，亦需要承担相应的责任。

案例五：陕西秦农农村商业银行股份有限公司未央支行、未央区未央宫街道枣园村村民委员会追偿权纠纷案

1. 案件信息

再审申请人（一审原告、二审上诉人）：陕西秦农农村商业银行股份有限公司未央支行（秦农银行），西安市未央区原农村信用合作联社（以下简称未央信

用联社)

再审被申请人(一审被告、二审被上诉人):未央区未央宫街道枣园村村民委员会(以下简称枣园村委会)

一审被告:西安市未央区未央宫街道办事处

审理法院:最高人民法院

案号:(2020)最高法民再193号

2. 案情简介

2011年6月18日,刘某代表地利公司与枣园村委会签订《西安市未央区枣园村城中村改造项目合同书》及《补充合同》,约定地利公司向双方共管账户(开户人为枣园村委会)存入1亿元作为定金,用于村民的拆迁、安置。同年6月22日,地利公司向共管账户汇入定金1亿元。双方在该账户设立处西安市未央区农村信用合作联社未央宫信用社(未央宫信用社)各自预留了印鉴,地利公司预留时任公司经理刘某私人印鉴,枣园村委会预留村委会主任李某选私人印鉴,同时预留枣园村委会服务中心财务专用章作为印鉴。

2013年1月,地利公司对账发现账户内的1亿元定金减少了3600万元。枣园村委会称该款系地利公司经理刘某代表公司转出。经查,案涉账户于2011年8月、9月通过转账支票分两次共转出3800万元,均转入刘某私人账户,用途分别是项目用款、周转。后该账户又分两次转入300万元,1亿元定金实际转出3500万元。经鉴定:前述两张转账支票上盖印的"刘某印"与预留印鉴不同。

因共管账户资金损失,地利公司提起诉讼,法院判决枣园村委会将3500万元返还至双方共管账户内,未央宫信用社及未央信用联社(秦农银行)承担连带清偿责任(未央宫信用社系未央信用联社设立,不具有独立法人资格,故未央信用联社对未央宫信用社承担的民事责任负连带清偿责任)。秦农银行支付3500万元后于2017年3月9日提起诉讼行使追偿权。一审、二审法院判决枣园村委会支付秦农银行损失1750万元。

最高人民法院经审理后认为,秦农银行与枣园村委会对地利公司构成共同侵权,二者承担连带责任。本案是连带责任人内部追偿纠纷,焦点在于秦农银行与枣园村委会责任份额的划分。本案中,如枣园村委会严格依照与地利公司的合同审核款项用途,不向秦农银行提示付款,如秦农银行审慎比对刘某印鉴与预留印鉴,审查出两枚印鉴不一致,案涉3500万元就不会流失。原判决综合考虑秦农银行和枣园村委会各自的过错，尤其考虑到需要借助文件检验仪进行显微观察及重叠对比才能确定刘某印鉴与预留印鉴不一致的事实，判决秦农银行承担40%的责任，处理并无不当。

3. 律师说法

本案中，银行在付款时对刘某所持票据印鉴未作审慎核查，存在一定过错，因此需要对本案财产损失承担部分责任。法院在责任分配时考虑了辨别假印章的难度，认定银行承担40%的责任。银行负有审慎审查票据所用印章是否真实的义务，尤其是在当事人存有预留印鉴的情形下，银行未对预留印鉴和票据所用印鉴进行审慎对比，存在一定过错，对资金损失应承担相应责任。

案例六：内蒙古乾坤金银精炼股份有限公司与中国农业银行兰州市七里河区支行票据纠纷案

1. 案件信息

再审申请人（一审原告、二审上诉人）：内蒙古乾坤金银精炼股份有限公司（以下简称乾坤公司）

再审被申请人（一审被告、二审被上诉人）：中国农业银行兰州市七里河区支行（以下简称农行七里河支行）

审理法院：最高人民法院

案号：（2011）民申字第774号

2. 案情简介

乾坤公司与甘肃卡氏商贸有限公司法定代表人卡某龙进行黄金收购合作，从卡某龙处收购黄金。2004年3月9日，乾坤公司在农行七里河支行开立了账户，户名为“内蒙古乾坤金银精炼股份有限公司西北黄金采购部”（以下简称西北采购部），作为开展黄金收购业务的结算专户。乾坤公司通过该账户及乾坤公司工作人员旭某开设在农行七里河支行的个人结算账户与卡某龙进行黄金收购业务的结算。

在与卡某龙的结算过程中，乾坤公司于2005年9月、10月分四次向该账户汇款共计3200万元，付款用途均为采购黄金。卡某龙用事先购买的支票加盖其私自刻制的西北采购部财务专用章，从银行将余款1350万元转入其控制的旭某个人结算账户。经鉴定，卡某龙前述转款过程中所用三张支票印鉴系伪造。

一审法院判决认为,"农行七里河支行对西北采购部账户支付结算环节中的票据未尽谨慎审查义务,该错误与在结算过程中造成款项被骗取的损害结果存有关联,有过错责任"。二审法院同样以农行七里河支行未尽谨慎审查义务为由确认银行对客户存款被骗有过错责任,要求银行承担责任。

最高人民法院经审理认为,一审和二审法院根据过错原则,判决乾坤公司与农行七里河支行对该部分损失各承担50%的责任并无不妥,应予维持。付款人农行七里河支行在其未能识别出伪造印鉴的支票而错误付款的情况下,应与出票人乾坤公司在责任范围内分担责任,依法驳回申请人的再审申请。

3. 律师说法

根据《票据法》等,付款人及其代理付款人以恶意或者重大过失付款的,应当自行承担责任。根据最高人民法院的解释,付款人或者代理付款人未能识别出伪造、变造的票据(票据的伪造可分为票据本身的伪造和票据签章的伪造,本案属于后者)或者身份证件而错误付款,属于《票据法》第五十七条规定的"重大过失"。过错认定的基础应为银行所应负的合理审查义务,即对印章的查验义务。银行履行查验义务的方式为通过电子验印系统对票据或者其他业务资料上的企业印章与预留印鉴进行比对核实,对于票据或者其他业务资料上加盖的印章,只要银行通过正常合规的验收程序进行了查清,且显示查验"通过"的,说明该印章与预留印鉴一致,就应认定银行已经尽到了合理的审查义务。即使被查验的印章是伪造的,也不能苛求银行对该印章的真伪进行实质审查,银行无能力也不可能做到对每个企业、每个印章的真实性核对。在这种情况下,法院通常认定银行无过错。

六、相关法规和指导性文件

1.《民法典》

第五百七十七条 当事人一方不履行合同义务或者履行合同义务不符合约定的,应当承担继续履行、采取补救措施或者赔偿损失等违约责任。

2.《票据法》

第五十七条 付款人及其代理付款人付款时,应当审查汇票背书的连续,并审查提示付款人的合法身份证明或者有效证件。

付款人及其代理付款人以恶意或者有重大过失付款的,应当自行承担责任。

第九十三条第一款　支票的背书、付款行为和追索权的行使，除本章规定外，适用本法第二章有关汇票的规定。

3. 最高人民法院《关于审理票据纠纷案件若干问题的规定》

第六十八条　付款人或者代理付款人未能识别出伪造、变造的票据或者身份证件而错误付款，属于票据法第五十七条规定的“重大过失”，给持票人造成损失的，应当依法承担民事责任。付款人或者代理付款人承担责任后有权向伪造者、变造者依法追偿。

持票人有过错的，也应当承担相应的民事责任。

第十六节　加盖私刻印章的合同对单位是否有约束力

一、问题简述

实践中，有些员工在不(再)具有代理权/授权的情况下，或者超越了代理权限，私刻单位印章并对外签订合同。此时，双方签订的合同对单位是否具有约束力呢?

二、观点参考

上述问题的关键点是看该员工的行为是否构成表见代理。如果相对人是善意的，且有理由相信该员工能够代表单位对外签订合同，即构成表见代理，双方签订的合同应该是有效的，对单位具有约束力。反之，则合同对单位不具有约束力。

另外，如果私刻的印章被单位使用过或者认可过，法院会更倾向于认定合同对单位发生法律效力。

三、应对方案和流程设计

1. 单位在诉讼中可举证证明合同相对人没有尽到合理的注意义务，同时还要考虑案涉合同及其附件的约定内容、标的物的交付方式与地点、签约人的身份、合同目的、标的用途、真正的合同主体的判断难度等事实和因素,以期否定合同对单位的效力。

2. 相对方缺乏善意也是单位可以举证的要点所在。

3. 相对方的工作重心应该是对表见代理存在的论证。单位签约人的身份,签约人与相对方签约、履约的习惯,单位与签约人之间关系的外在表现,都会对表见代理是否存在有影响。

4. 尽管印章系某员工私刻,但是如果印章被单位使用过,或者被单位认可过,事情会倾向于简单化。因为法院会因此倾向于推定合同对单位发生效力。

四、防范措施

1. 相对人与单位员工签订合同时应当判断行为人是否具有“权利外观”,如行为人是否持有单位印章、是否具有单位的真实授权等。

2. 单位应加强印章的管理,在对员工进行授权后,应加强后期的合同签订、合同履行等的管理,切勿出现“真假美猴王”的情况,更要注意处理好授权变更或者取消的问题。

3. 由于表见代理的构成要件要求相对人必须是善意的,所以单位应当加强管理,将单位的授权等情况提前或及时告知可能签订合同的相对方。

4. 单位应当加强授权管理。必要时,应通知与本单位已形成稳定交往关系的合作方,避免出现本单位原代理人(在代理人变更的情况下)继续对外签订合同的情况发生。

5. 单位应当加强合同管理。对外签订合同前,一定要经过有权人审批,方可与相对人签署和用印。合同签订后,务必进行合同登记和建档,以备后续进行业务核对、检查过程中使用。

五、经典案例

案例一:谢某、泗洪县容大房地产开发有限公司保证合同纠纷案

1. 案件信息

再审申请人(一审原告、二审被上诉人):谢某

再审被申请人(一审被告、二审上诉人):泗洪县容大房地产开发有限公司

(以下简称容大公司)

审理法院:最高人民法院

案号:(2016)最高法民申2374号

2. 案情简介

2013年1月21日、7月24日,谢某在与朱某分别订立借款协议后,向朱某借出款项共计650万元。借款时,朱某作为容大公司的股东、副总经理和销售负责人,另以容大公司名义分别于2013年3月21日(此处为谢某签字时间,容大公司盖章处没有签字及时间)及7月24日向谢某作出保证并加盖了该公司印章,承诺对朱某的借款向谢某承担连带责任保证。朱某在另案中供述,其使用的印章系自行刻制,并于2012年、2013年使用;另案检验鉴定书鉴定意见表明,朱某与谢某于2013年7月24日所订协议中容大公司加盖的印章与公安部门提供的五份比对样本中加盖的该公司印章,不是同一枚印章形成。谢某向朱某索还借款未成,诉至原审法院,请求判令容大公司向谢某偿还借款本金和利息。

最高人民法院经审理认为,谢某未能证明容大公司在其他材料上使用的印章与谢某所持担保协议上的印章一致。同时,朱某在对外借款上多次使用其私刻印章并不能证明容大公司知道并承认该印章的真实性。二审法院根据有关单位的鉴定意见认定谢某所持担保协议上的印章与容大公司比对印章不一致的事实,认定担保合同非容大公司真实意思表示,并无不当。关于朱某使用容大公司假印章是否能够构成表见代理的问题,最高人民法院认为亦难以成立,主要理由如下:第一,朱某虽然是容大公司股东、副总经理和销售负责人,但朱某并不是容大公司的法定代表人,在没有法定代表人授权的情况下,依法不能代表公司对外签订协议。无论容大公司在保证协议上加盖的印章是否属于该公司曾使用的印章或属于朱某擅自私刻使用,谢某轻信朱某具有代表权,均存在过错。第二,《公司法》[①]第十六条第二款规定,"公司为公司股东或者实际控制人提供担保的,必须经股东会或者股东大会决议",作为被担保人的谢某没有尽到审慎注意义务。第三,谢某虽提供朱某曾多次使用案涉印章用于民间借贷活动的材料,但依法亦难以证明案涉借款担保是容大公司的真实意思表示。最高人民法院因此认为朱某的行为不构成表见代理。

---

① 指2018年《公司法》。——笔者注

3. 律师说法

最高人民法院从两个方面确认容大公司无须承担责任。第一，因为印章不一致，二审法院和最高人民法院均认为担保合同非容大公司的真实意思表示。第二，朱某的行为也不构成表见代理，因为朱某并不具有代表权，谢某也没有尽到被担保人的审慎注意义务。因此，法院最终确认容大公司不承担担保责任。

笔者认同本案的逻辑推演，但同时认为，如果本案不是涉及公司担保合同纠纷，鉴于朱某的特殊身份，容大公司存在多枚未备案同类印章，朱某曾多次使用案涉印章用于民间借贷活动，综合全案情况，法院的倾向性可能发生变化。

案例二：王某奎、马某里股权转让纠纷案

1. 案件信息

上诉人（原审原告）：王某奎

被上诉人（原审被告）：马某里，陈某，湖北宜顺房地产发展有限公司（以下简称宜顺公司）

审理法院：最高人民法院

案号：(2018)最高法民终298号

2. 案情简介

2011年3月18日，陈某、马某里向王某奎、余某华借款6000万元用于收购港顺公司及宜顺公司股权。马某里、陈某均为宜顺公司董事，马某里担任总经理。2011年3月19日，陈某、马某里与王某奎、余某华签订股权转让协议，约定若陈某、马某里未能按期还款，王某奎、余某华有权收购港顺、宜顺公司相应股权份额。2012年10月18日，王某奎与马某里、陈某约定采用债转股的方式受让港顺、宜顺两公司20%的股权份额，马某里、陈某此时宣称拥有宜顺公司70%的股权。2013年12月15日，马某里与王某奎签订《担保合同》，约定由宜顺公司作为担保人为马某里、陈某提供担保，担保马某里、陈某在约定的期限内完成向王某奎转让股权份额的履行义务。马某里、王某奎在《担保合同》上签名，马某里并在“担保方（丙方）”处加盖了一枚标称为“湖北宜顺房地产发展有限公司”的印章。后马某里、陈某未履行股权份额转让义务，王某奎诉至法院，请求宜顺公司承担担保责任。宜顺公司辩称《担保合同》中的印章并非宜顺公司印章，马某里擅自在《担保合同》上盖章未取得宜顺公司授权或同意，亦未得到宜

顺公司事后追认，宜顺公司无须为此承担担保责任。另经法院查明，王某奎、陈某于2013年5月8日向案外人吴某俭出具《承诺书》，该《承诺书》载明王某奎与马某里在港顺公司和宜顺公司系"实际合伙人"，且保证王某奎与马某里之间的资金往来均属于对港顺公司及宜顺公司的资本投入，不构成任何实质性的债权债务关系。

关于宜顺公司是否应当承担担保责任，最高人民法院经审理认为，王某奎与马某里系合伙人，在判定是否构成表见代理时应从严把握。在签订案涉《担保合同》时，王某奎只知道马某里是宜顺公司的实际控制人，不知道宜顺公司的法定代表人是谁，亦未审查宜顺公司是否有同意该项担保的决议，就轻信马某里有代理宜顺公司提供该项担保的权利，未尽到必要的审慎义务。马某里的行为不构成表见代理，宜顺公司无须承担担保责任。

3. 律师说法

无代理权的行为人以被代理人名义签订合同，相对人有确凿理由相信其有代理权的，该代理行为有效。有证据证明行为人与相对人存在合伙关系，有一定利害关系，法院在判定相对人是否有理由相信行为人有代理权时应从严审查，相对人应谨慎审查行为人是否有同意该项担保的公司决议，行为人没有持公司同意该项担保的决议的代理行为属于无权代理，公司不承担担保责任。

六、相关法规和指导性文件

《民法典》

第一百七十二条 行为人没有代理权、超越代理权或者代理权终止后，仍然实施代理行为，相对人有理由相信行为人有代理权的，代理行为有效。

第十七节 明知或应知对方印章异常，仍与之签约，难逃其责

一、问题简述

单位明知或者应当知道对方印章不属于备案印章、可能是内部工作人员私

刻或者被伪造或变造等，但仍与对方签约交易，合同是否能够约束双方呢？

二、观点参考

在合同签订过程中，单位对对方印章存在的问题并无太高的注意义务。单位如果能确认对方签约人具有授权且其代理权限足以覆盖签约行为，对于对方应提前履行的内部决策程序事项是否完成等情况也尽到了合理注意义务，即使对方以合同上加盖印章存在异常等问题为由主张合同不具有约束力，法院倾向于认定单位是善意的，不支持对方的辩解。相反，如果单位对对方印章明显异常等问题未尽到合理注意义务，法院会倾向于判令对方不对单位遭受的损失承担责任。

三、应对方案和流程设计

1. 单位应当迅速查明对方签约人的身份、职务，查明签约人是否具有对方明确的授权，是否具有可以代表对方单位意志的身份，如是否具有法定代表人、负责人或者经常代表公司对外签约的被授权人身份。另外还需要查明，单位在签约时是否要求对方提供相应的证明文件和授权文件。

2. 单位应当迅速查明是否存在其他影响合同效力/约束力的事由，如合同标的权属是否存在瑕疵，对方单位在签订担保合同时是否通过法律要求的股东会或者董事会的决议程序，等等。如果单位在这些方面未尽到合理注意义务，且合同上加盖的印章存在明显异常，那么单位要求对方承担责任的概率就比较小。

3. 单位要全面搜集和固定己方在签订合同过程中已经尽到合理注意义务的证据。

4. 单位可以力争举证证明对方曾认可或未否认过该印章在其他合同或者文件上加盖和使用的效力，力争举证证明签约时己方已认真审查过对方代理人出具的委托代理手续且该合同未超过代理人的代理权限等肯定合同效力的情形。

5. 单位应尽可能收集与对方单位签订合同时的沟通记录或者其他材料，力争获取并固定对方签约人有合法代理权限的证据或者己方有足够理由相信签约人有对方代理权限的有效证据。

四、防范措施

1. 在合同签订过程中，单位应当对对方签约主体、合同标的、合同相对方应履行的内部决策程序等事项进行认真审查、核实，并要求对方签字人出具书面的授权文件、代理权证明，尽到合理注意义务，同时保存好相关证据。

2. 单位在签订合同时应注意合同的签订时间、签订地点、签约人身份、签约习惯、印章情况、合同主要内容以及合同履行条件等事项，感觉有任何疑点时，一定要高度关注，通过各种方式对相关可疑事项的真实性等问题进行求证，防患于未然。相对方可选择在对方单位的办公室、会客室等场所，在单位营业时间内签订合同。

3. 在签约前后以及签约过程中，单位应注意留存沟通的证据，涉及诉讼时，应当收集己方已经尽到合理审慎注意义务的证据，避免自担损失情形的发生。

4. 即便单位已通过各种途径知晓对方单位存在多枚同类印章，也应当在签订合同时要求对方代理人使用单位已备案的印章，避免对方否认加盖非备案印章的合同的约束力。

5. 在签订重大合同时，最好采用“签字 + 盖章”的方式，起到双保险的作用，避免出现“只有章”“只认章”的情况，从而降低因印章所引起的法律风险。

五、经典案例

案例一：汪某滨、重庆建工第七建筑工程有限责任公司民间借贷纠纷案

1. 案件信息

再审申请人（一审原告、二审上诉人）：汪某滨

再审被申请人（一审被告、二审被上诉人）：重庆建工第七建筑工程有限责任公司（以下简称建工七建公司）

一审被告：李某昌

审理法院：最高人民法院

案号：（2017）最高法民申 4492 号

2. 案情简介

2011 年，建工七建公司承接了重庆医科大学附属大学城医院，组建了建工

七建公司大学城医院工程项目部(未经工商登记),李某昌为该项目部经理。之后,李某昌以前述项目部名义签订《借款合同(代借条)》,向汪某滨借款379.5万元。李某昌在该合同落款甲方处签字、捺印,合同落款甲方处加盖了建工七建公司大学城医院工程项目部印章(在该印章印迹中"重庆第七建筑工程有限责任公司重医大学城医院工程项目部"字样下的横线下端还有模糊字迹),汪某滨在该合同落款乙方处签字。2011年3月7日,汪某滨通过银行转账支付李某昌330万元。2014年3月11日,汪某滨与李某昌对账确认:汪某滨出借借款330万元。由于汪某滨并未收到还款,遂同时起诉李某昌及建工七建公司偿还330万元借款本金及利息。建工七建公司主张借款是李某昌个人行为,对公司不产生效力。

最高人民法院经审理认为,本案双方当事人2011年3月7日签订的《借款合同(代借条)》首部载明"借款人(以下简称甲方):重庆建工第七建筑工程有限责任公司六项目部负责人李某昌";合同第七条约定,"此合同甲乙双方签字生效时,借款人必须提供本人有效身份证复印件";合同尾部有李某昌的签字和捺印,并注明李某昌的身份证号码;且案涉借款支付之后、合同履行过程中的相关利息亦由李某昌个人支付。上述事实表明,本案借款人可以认定为李某昌,不能直接认定为建工七建公司。虽然《借款合同(代借条)》第二条约定,"借款原因及用途:用于重庆第七建筑工程有限责任公司六项目部所承建工程的垫付人工、材料款",但实际借款由汪某滨转账到李某昌个人账户,并未支付到建工七建公司或六项目部,现有证据不足以证实借款确实用于建工七建公司所承建的本案案涉工程。汪某滨在合同印章有明显模糊字迹的情况下未作进一步审查,既未向建工七建公司核实李某昌的权限,也未与医院工程项目部直接发生资金往来,原审认定汪某滨不属于"善意且无过失"的善意相对人,并无不当,不能认为本案李某昌的行为对建工七建公司构成了表见代理。

3. 律师说法

善意且无过失,是指相对人不知道,并且不是因为过失不知道行为人没有代理权。相对人有没有过失,取决于相对人对于代理人有无代理权这样一个问题是否尽到合理注意的义务。本案中有足够多的信息表明,汪某滨应当对李某昌的代理行为产生怀疑,包括印章本身存在的问题,但是汪某滨却视而不见。因此,各级法院不支持汪某滨的诉讼请求具有事实和法律依据。

案例二：杨某、中国工商银行股份有限公司广元市分行民间借贷纠纷案

1. 案件信息

再审申请人(一审原告、二审上诉人)：杨某

再审被申请人(一审被告、二审被上诉人)：中国工商银行股份有限公司广元市分行(以下简称工行广元分行)

审理法院：最高人民法院

案号：(2016)最高法民申2298号

2. 案情简介

2010年7月22日、7月27日、8月10日，案外人张某波以借款经办人名义，向杨某先后三次出具借条，从杨某处借款。借条载明，"我行因业务发展需要，特向杨某同志借到人民币现金(前两次金额各为200万元，第三次金额为100万元)"。借款单位均为"中国工商银行广元市分行营业室"。借款经办人张某波在借条中表明其职务为广元市工行城区营业管理中心主任。三张借条均加盖有"中国工商银行广元市分行营业部业务公章(1)"的印章。通过网上转账方式，杨某将三笔借款共计500万元汇入张某波个人账户。后杨某没有收回借款，遂起诉工行广元分行，要求其偿还借款。法院在审理过程中查明，2005年9月至2009年6月11日，张某波任中国工商银行股份有限公司广元鼓楼支行负责人(行长)。2009年6月11日后，张某波任中国工商银行股份有限公司广元北街支行负责人。

一审法院查明，借条上所加盖的"中国工商银行广元市分行营业部业务公章(1)"均为真实印章。从三张借条内容来看，借款人是工行广元分行，但加盖的却是中国工商银行股份有限公司广元分行营业室的章，并注明经办人张某波的职务为广元市工行城区营业管理中心主任，也就是说，在借条中同时出现的"借款人""经办人任职单位""印章所属的部门"均不是同一单位。一审法院认为，杨某并无证据证实工行广元分行设置有"中国工商银行股份有限公司广元分行营业室"这一机构，且在借款人、经办人任职单位明显不一致的情况下，既无证据证实杨某审查过经办人张某波的真实身份，也无证据证实张某波得到工行广元分行的授权，因此借条所确立的借款关系对工行广元分行不产生效力。另外，杨某均将借款全部汇入张某波个人账户，张某波的行为也不能代表工行

广元分行的行为。最终，一审法院认定，证明本案杨某和工行广元分行之间发生了借款行为的证据不足，驳回杨某的起诉。

至于张某波是否构成表见代理的问题，二审法院四川省高级人民法院及再审法院最高人民法院均认为，表见代理是指被代理人的表见行为引起了善意第三人对无权代理人有代理权的合理信赖。但依据案件事实，得不出张某波构成表见代理的结论：(1)张某波并未取得工行广元分行营业部的授权，其收取借款的行为也未得到工行广元分行授权、委托或事后追认；(2)借条中借款人、印章所示单位、张某波任职单位明显不一致，不构成有代理权的表象；(3)杨某在银行系统工作多年，应当清楚张某波能不能代表工行广元分行；(4)杨某未经核对身份及授权范围，就通过立借条这种简易交易方式出借大额资金，未约定利息，且在双方未明确还款计划的情况下，杨某又多次出借大额资金，未尽到必要的注意义务，并不构成善意无过失。因此，二审法院及最高人民法院均认为张某波不构成表见代理，驳回杨某的上诉及再审请求。

3. 律师说法

本案中，围绕借条是否对广元分行产生效力，法院从借款是否实际在工行广元分行与杨某间发生、张某波是否构成表见代理两个方面进行了分析。首先，张某波没有来自工行广元分行的授权。其次，在张某波没有代理权的情况下，杨某是否有理由相信张某波有代理权。二审法院及最高人民法院均认为，杨某个人在银行有一定的工作经历，理应知道张某波不能代表工行广元分行。综合本案案情，如张某波本人身份、印章存在的问题等，杨某没有理由相信张某波可以代表工行广元分行。法院最终认定工行广元分行与案涉借贷之间没有关系。

案例三：农民日报社诉潍坊新东方艺术学校财产损害赔偿纠纷案

1. 案件信息

抗诉机关：最高人民检察院

申诉人（一审被告、二审被上诉人）：农民日报社

被申诉人（一审原告、二审上诉人）：潍坊新东方艺术学校（以下简称潍坊艺校）

审理法院：最高人民法院

案号：(2011)民抗字第85号

2. 案情简介

付某军在担任中国乡镇企业报青岛记者站站长期间,伪造了原农业部关于预算外资金(国贴息)的文件,虚构了该记者站代管使用原农业部发展资金司预算外资金5000万元的事实,骗取了潍坊艺校校长宁某新的信任。2004年3月30日,付某军以中国乡镇企业报青岛记者站(甲方)的名义与潍坊艺校签订投资协议书,约定:"一、甲方同意将代管使用的农业部预算外资金5000万元(国贴息)投入乙方使用;……四、乙方向中国乡镇企业报青岛记者站交付500万元的风险保证金。"该协议加盖"中国乡镇企业报青岛记者站"字样的印章,并由付某军签字。该协议签订后,潍坊艺校分别于2004年5月19日、5月24日、7月21日、8月9日分4次支付给付某军共计600万元,付某军为潍坊艺校分别开具了收条或收据。其中2004年5月19日转账付款的250万元收条上加盖了刻有"中国乡镇企业报青岛记者站"字样的印章,5月24日汇票付款的250万元收条上加盖了刻有"中国乡镇企业报社青岛记者站"字样的印章,7月21日和8月9日各50万元现金付款收款收据上加盖着刻有"中国乡镇企业报社青岛记者站财务专用章"字样的印章。关于潍坊艺校5月24日支付的250万元,付某军先出具了龙泉公司的收条,但在潍坊艺校的要求下,付某军又向潍坊艺校出具了前述盖有"中国乡镇企业报社青岛记者站"字样印章的收条。后潍坊艺校起诉至法院要求农民日报社承担连带赔偿责任。另外,2002年5月15日,中国乡镇企业报社与农民日报社合并,组建新的农民日报社;2003年4月,付某军与他人共同投资成立龙泉公司,付某军任公司法定代表人。

最高人民法院经审理认为,潍坊艺校在被付某军和龙泉公司诈骗过程中存在重大过错。付某军出具收条和收据上加盖的私刻印章前后不一致,先后为"中国乡镇企业报青岛记者站""中国乡镇企业报社青岛记者站"等,前后时间差距最短的只有5天,财务专用章也存在相应差异。潍坊艺校缺乏应有的警惕和注意,从未向相关部门查询,一味应犯罪分子要求支付款项,甚至违反财会管理制度,以现金方式给付100万元用于投资协议约定内容之外的活动。潍坊艺校被犯罪分子诈骗造成3,929,700元本金和利息损失的主要原因,是受到使用巨额资金异常优惠条件的诱惑,主动放弃了在很多关键环节和重要内容上应当并且可以进行的审查,所以,潍坊艺校对其损失应当承担主要责任。农民日报社对中国乡镇企业报青岛记者站的管理也存在明显过错,以致被犯罪分子利用进行诈骗活动,故农民日报社对于潍坊艺校因被诈骗造成的损失应当承担相应的赔偿责任。

3. 律师说法

本案中,潍坊艺校因为受到使用巨额资金异常优惠条件的诱惑,在与付某军签订合同时没有对付某军加盖多枚印章的情况进行审查核实,主观上存在重大过错,因此对于自己遭受的损失要承担主要责任。因此,无论在何种情况下,单位相关人员应当擦亮双眼,同时应当以理智的心态处理各种内外部事项,如果能再加上专业人士的帮助,犯错误和造成单位损失发生的可能性会大大降低。

案例四:西部证券股份有限公司西安西五路证券营业部与中国农业银行西安昆明路支行存款合同纠纷案

1. 案件信息

上诉人(原审原告):西部证券股份有限公司西安西五路证券营业部(以下简称西部证券)

上诉人(原审被告):中国农业银行西安昆明路支行(以下简称农业银行)

审理法院:最高人民法院

案号:(2005)民二终字第233号

2. 案情简介

2000年8月,李某伟、陈某辉冒充农业银行工作人员,向西部证券许诺高息,骗取西部证券在农业银行开户并先后转入3001.01万元,预留了西部证券财务专用章和负责人私章的印鉴。8月18日,李某伟以预留印鉴不清为由,骗取西部证券在白纸上重新加盖了财务专用章和负责人的私章。李某伟在私刻了西部证券两枚印章后,到农业银行用伪造印章购买了现金支票、转账支票各一本,当场支取现金120万元,转走900万元。9月,农业银行发现李某伟、陈某辉提现和转账支票上的印鉴有问题,即与西部证券要求对账。李某伟、陈某辉得知情况后书面保证印章无问题。同时,陈某辉以私刻的两枚假印章更换了原预留印鉴卡。截至2000年11月,李某伟、陈某辉利用假印章伪造支票的手段又先后从该账户中转出2995万元,其中162.5万元现金以高息的形式付给西部证券。2001年11月7日,西部证券工作人员到农业银行对账,账户仅有余额97,886.16元。农业银行向公安机关报案,破案后有2164.0023万元未追回。

西部证券向陕西省高级人民法院起诉，要求农业银行返还存款3001.01万元及利息。陕西省高级人民法院一审判决农业银行返还存款3001.01万元，但未支持相应利息。西部证券、农业银行均不服，上诉至最高人民法院。

最高人民法院经审理认为，农业银行的过错至少有二：其一，在李某伟购买转账支票时，银行工作人员发现印章有问题，在李某伟等佯装拿错印鉴并重刻印章再次来到农业银行南二环分理处时，工作人员未尽谨慎审查义务，致使李某伟用伪造的印章购买了现金支票和转账支票各一本，并提取现金60万元和转账900万元。其二，工作人员在发现李某伟、陈某辉提现和转账支票上的印鉴与西部证券预留的印鉴不符后，虽然向西部证券提出对账要求，但在李某伟、陈某辉谎称印章是因天气冷热变化造成的差异时，银行工作人员轻信李某伟的介绍而未认真核实陈某的真实身份和证件，又轻信李某伟的辩解，未进一步与西部证券核对印鉴，而是采取让李某伟和陈某辉写保证书、由陈某辉重新在预留印鉴卡上加盖印章并更换印鉴的方法解决，明显违反《银行结算会计核算办法》关于变更印鉴的规定。农业银行作为存款行应该严格履行国家金融管理相关规定，上述事实表明农业银行并未尽到勤勉谨慎之义务，在案涉款项被诈骗并造成损失方面，存在重大过错，因此对损失承担60%的责任。西部证券默许、放任李某伟的行为，向其提供空白的预留印鉴模，向李某伟承诺一年内不对账、不动用存款，委托李某伟而不是亲自去农业银行办理变更预留印鉴手续，在农业银行要求对账时不及时对账而将对账情况告知李某伟，亦构成重大过错，应当承担40%的责任。

3. 律师说法

本案中，农业银行在发现印鉴有问题时，应该按照中国人民银行的金融管理规定，勤勉谨慎地予以审查和识别。农业银行明知或应知对方印章、印鉴存在问题，却没有依法依规进行审查，应当承担相应的法律责任。

案例五：陈某兵与国本建设有限公司、中太建设集团股份有限公司等民间借贷纠纷案

1. 案件信息

再审申请人（一审原告、二审被上诉人）：陈某兵

再审被申请人（一审被告、二审上诉人）：国本建设有限公司（以下简称国本

公司)

再审被申请人(一审被告、二审上诉人):中太建设集团股份有限公司(以下简称中太公司)

再审被申请人(一审被告、二审被上诉人):眭某红

再审被申请人(一审被告、二审被上诉人):徐某

再审被申请人(一审被告):宁夏江峰房地产开发有限公司(以下简称江峰公司)

审理法院:最高人民法院

案号:(2014)民申字第1号

2. 案情简介

眭某红借用中太公司和国本公司的资质承接星海·时代花苑项目(案涉项目),2012年2月2日,眭某红、徐某以星海·时代花苑项目部名义向陈某兵借款,借款协议上加盖"中太公司技术资料专用章"。因眭某红、徐某等均未按时还款,陈某兵诉至法院,请求法院判决眭某红、徐某偿还欠款及利息,国本公司和中太公司承担连带还款责任。

关于国本公司、中太公司是否应对眭某红的借款债务承担连带还款责任,最高人民法院经审理认为,眭某红借用中太公司和国本公司的资质承接案涉项目,无其他证据证明中太公司和国本公司参与工程施工。诉争借款协议是由陈某兵与眭某红、徐某签订,协议借款人栏由眭某红、徐某签字并加盖中太公司项目部资料专用章。该印章具有特定用途,仅用于开工报告、设计图纸会审记录等有关工程项目的资料上。尽管诉争借款用于案涉项目,但借款合同与建设工程施工合同是两个不同的合同关系,实际施工人对外借款不是对案涉项目建设工程施工合同的履行,借款协议也不属于工程项目资料,故在借款协议上加盖中太公司项目部资料专用章超越了该印章的使用范围,在未经中太公司追认的情况下,不能认定借款协议是中太公司的意思表示。再结合中太公司和国本公司未参与借款协议的签订、协议上未加盖国本公司公章以及陈某兵对眭某红、徐某借用资质施工明知等事实,应认定诉争借款是眭某红、徐某的个人债务。

3. 律师说法

单位除了公章外,往往刻有其他专用印章。专用印章有特定使用范围,在超过特定使用范围上加盖专用印章,可能不会被视为单位的意思表示。合同相

对人在签订合同应注意单位使用的印章是否超过特定使用范围,如在借款协议等合同文件上加盖资料专用章,则往往不会被法院视为单位的意思表示。当然,单位内部对于印章使用范围限制的效力一般不能约束不知情的第三人。

六、相关法规和指导性文件

1.《民法典》

第一百七十二条 行为人没有代理权、超越代理权或者代理权终止后,仍然实施代理行为,相对人有理由相信行为人有代理权的,代理行为有效。

第一百四十三条 具备下列条件的民事法律行为有效:

(一)行为人具有相应的民事行为能力;

(二)意思表示真实;

(三)不违反法律、行政法规的强制性规定,不违背公序良俗。

2.《刑法》

第二百八十条第二款 伪造公司、企业、事业单位、人民团体的印章的,处三年以下有期徒刑、拘役、管制或者剥夺政治权利,并处罚金。

3. 最高人民法院《关于在审理经济纠纷案件中涉及经济犯罪嫌疑若干问题的规定》

第三条 单位直接负责的主管人员和其他直接责任人员,以该单位的名义对外签订经济合同,将取得的财物部分或全部占为己有构成犯罪的,除依法追究行为人的刑事责任外,该单位对行为人因签订、履行该经济合同造成的后果,依法应当承担民事责任。

第五条 行为人盗窃、盗用单位的公章、业务介绍信、盖有公章的空白合同书,或者私刻单位的公章签订经济合同,骗取财物归个人占有、使用、处分或者进行其他犯罪活动构成犯罪的,单位对行为人该犯罪行为所造成的经济损失不承担民事责任。

行为人私刻单位公章或者擅自使用单位公章、业务介绍信、盖有公章的空白合同书以签订经济合同的方法进行的犯罪行为,单位有明显过错,且该过错行为与被害人的经济损失之间具有因果关系的,单位对该犯罪行为所造成的经济损失,依法应当承担赔偿责任。

第十八节　行为人持印章超越代理权签约，单位亦有可能担责

一、问题简述

无论基于何种原因，员工都可能有机会持印章超越代理权签订合同，单位印章加盖在了不属于单位真实意思的合同上。在员工超越代理权签约的情况下，该合同对单位产生效力吗？

二、观点参考

《民法典》第一百七十二条规定，行为人没有代理权、超越代理权或者代理权终止后，仍然实施代理行为，相对人有理由相信行为人有代理权的，代理行为有效。也就是说，如果相对人有理由相信行为人有代理权，构成表见代理，相关合同就是有效的，对单位发生效力。如果合同相对人知道或应当知道员工签订合同是超出授权范围的，或者合同相对人并非善意无过失，单位又拒绝追认合同，法院倾向于认定合同对单位不发生效力。

三、应对方案和流程设计

1. 单位应迅速查明加盖在合同中的印章是否为单位印章。如果是真实印章，应当查明单位印章加盖在超越代理权所签订合同上的原因。如有相关证据能够证明印章被偷盖，应及时收集相关证据。

2. 向涉事人员和相关人员了解情况，了解涉事人员为什么超越代理权限签约，相对方是否知晓涉事人员签署合同已逾越代理权限，以及其他问题。

3. 单位应及时收集以下有利证据：证明本单位与合同相对人订立合同的合意不可能存在；证明合法有效的合同根本不存在；证明合同中所涉及的交易与单位日常的经营范围相矛盾；证明合同相对方明知涉事人员属于越权代理；证明涉事人员和合同相对方之间恶意串通，等等。

4. 一旦涉及诉讼，单位除需要对已经收集的证据进行举证、分析外，还可根

据诉讼需要对印章申请司法鉴定，查明印章是否为员工伪造，是否与工商备案登记的印章完全一致，等等。

四、防范措施

1. 单位应当加强印章管理，委派诚实可靠的人管理印章，并建立科学规范的用章管理流程，防止印章被相关人员越权使用的风险。

2. 单位应该及时解决印章管理过程中存在的问题，以杜绝公章在保管或者使用过程中被私自使用，杜绝无权签订合同的人员持有盖有公司公章的空白合同书。

3. 对外签订重大合同，不建议"认章不认人"。虽然规定盖章或法定代表人签字均可有效，但是重大合同我们建议"盖章 + 法定代表人签字"生效，这样更加稳妥。

4. 对外签订合同，单位应该对专门的员工进行授权委托。授权内容应明确具体，明确说明该员工是否有代表公司签约的权利以及该员工对外签订合同的具体权限范围。

五、经典案例

案例一：中铁物资集团湖南有限公司、河北天柱钢铁集团有限公司买卖合同纠纷案

1. 案件信息

再审申请人（一审原告、二审上诉人）：中铁物资集团湖南有限公司（以下简称中铁物资公司）

再审被申请人（一审被告、二审被上诉人）：河北天柱钢铁集团有限公司（以下简称天柱公司）

审理法院：最高人民法院

案号：（2019）最高法民申 5592 号

2. 案情简介

2014 年 3 月 14 日，天柱公司与中铁物资公司签订了一份《工矿产品购销合同》。该合同约定：中铁物资公司向天柱公司购买 145 系列带钢；合同总价款为

30,008,000元。合同签订后,中铁物资公司以承兑汇票形式向天柱公司支付货款3000万元。2014年3月19日,中铁物资公司员工白某勇前往天柱公司,出具了中铁物资公司授权书、加盖了中铁公司印章的白某勇的身份证复印件、加盖了中铁物资公司财务专用章、白某勇签字的2000万元的收据后,天柱公司将2000万元金额的汇票交给了白某勇。

白某勇收到汇票后,相应的汇票金额并未转入中铁物资公司账户。后天柱公司履行交货义务,并要求中铁物资公司支付货款。中铁物资公司认为,白某勇没有退款代理权,因公司未向其出具证明,更未加盖公司印章。白某勇利用伪造手续骗取票据,其办理的退款行为不属于公司行为,因此天柱公司的退款对公司不产生效力,中铁物资公司对2000万元货款不承担责任。发回重审后,一审、二审法院均认为白某勇确实是中铁物资公司员工,提供的书面材料也足以证明其有权代表中铁物资公司。

最高人民法院经再审认为,白某勇在办理退款手续时系中铁物资公司聘用的工作人员,出具了加盖有中铁物资公司财务专用章的收据、加盖中铁物资公司印章的身份证复印件以及中铁物资公司为白某勇出具的委托书,与天柱公司收到案涉票据、开具收款收据的流程相符,且交款时,中铁物资公司员工周某伟也在场。因此,即使白某勇持有的授权书等材料系伪造,天柱公司也有理由相信白某勇能够代表中铁物资公司办理退款或者具有代理权限的外观表征,白某勇办理的退款行为对中铁物资公司产生效力。

3. 律师说法

员工超越职务权限的行为并不一定对公司不能产生效力。一审、二审及再审法院均根据白某勇的员工身份,以及白某勇向天柱公司出具的收据、盖有公司印章的身份证复印件、委托书等材料,认定白某勇具有代理权限的表象,这些足以使天柱公司相信白某勇具有代理中铁物资公司退款的权限,且天柱公司已经尽到应有的注意义务,不存在主观过错,符合法律对表见代理的规定。

案例二:河北裕翔文具用品有限公司与阎某娜、莫某彬借款合同纠纷案

1. 案件信息

再审申请人(一审被告、二审上诉人):河北裕翔文具用品有限公司(以下简称裕翔公司)

再审被申请人(一审原告、二审被上诉人):阎某娜

一审被告、二审被上诉人:莫某彬

审理法院:最高人民法院

案号:(2013)民申字第556号

2. 案情简介

莫某勇是裕翔公司的法定代表人,其个人与莫某彬签订过《委托经营合同》。莫某彬与阎某娜签订了《借款合同》,其中约定裕翔公司为莫某彬的还款义务承担连带担保责任,并在合同文本上加盖了裕翔公司公章及法定代表人莫某勇的个人人名章。由于莫某彬未按期还款,阎某娜将莫某彬与裕翔公司告上法庭,请求裕翔公司对借款承担连带担保责任,裕翔公司表示对借款及担保并不知情,公司并未就《借款合同》的担保进行任何决议,而且《借款合同》上的公章属于莫某彬私自加盖,超越了莫某勇在《委托经营合同》中授予莫某彬的权限,况且合同上法定代表人签名系他人代签,合同不能对裕翔公司产生效力。

一审及二审法院均认为,莫某彬在签署《借款合同》过程中使用了公司公章,根据公章的公信力,相对人阎某娜有理由认定莫某彬具有代理权。

最高人民法院经再审认为,即使莫某彬确实超越了《委托经营合同》所约定的授权范围,也不会影响担保关系的成立。第一,莫某彬掌控裕翔公司公章和莫某勇个人人名章的行为,足以表明公司受莫某彬的控制,阎某娜具有信赖莫某彬的合理基础。第二,由于阎某娜并非《委托经营合同》的当事人,不了解《委托经营合同》中莫某彬的权限,故裕翔文具公司仍应对莫某彬的代理行为承担责任。裕翔文具公司以《委托经营合同》的限制对抗善意第三人阎某娜的主张不能成立。

3. 律师说法

在民商事活动中,加盖公章属于公司意志的基本表现形式,法院一般会认可加盖公章代表公司的意思表示。

本案中,裕翔公司主张莫某彬加盖印章的行为超出了公司的授权,且合同上并无法定代表人签字,所以拒绝承担连带还款责任。法院判决裕翔公司败诉的原因在于:莫某彬在合同上加盖公章的行为已经具备了公司行为的基本形式要件;阎某娜并非《委托经营合同》的当事人,《委托经营合同》对莫某斌权限的限制不得对抗作为善意第三人的阎某娜,且根据现有证据,公司不能证明阎某

娜与莫某彬存在恶意串通或明知莫某彬超越代理权限而提供担保等情形,所以莫某彬以公司名义对《借款合同》提供担保的行为构成表见代理。

当然,公司对外提供担保的效力认定问题,各级法院若干年来一直存在摇摆不定的倾向。本案中法院没有强调公司对外担保的决议问题,应该与裁判年代有关。

案例三:王某与徐州铸诚建筑工程有限公司、常某民等民间借贷纠纷案

1. 案件信息

抗诉机关:江苏省人民检察院

申诉人(一审原告、二审被上诉人):王某

被申诉人(一审被告、二审上诉人):徐州铸诚建筑工程有限公司(以下简称铸诚公司)

一审被告:常某民

一审被告:邹某

审理法院:江苏省高级人民法院

案号:(2014)苏商再提字第0015号

2. 案情简介

为承接中化公司分包工程,常某民挂靠铸诚公司,并以铸诚公司名义承接了该分包工程。2011年1月24日,常某民与王某签订借款协议一份,协议上加盖了"铸诚公司中能四期T106队"印章,约定因承接中化公司的分包工程急需资金,向王某借款。

在交易过程中,王某获得了加盖铸诚公司公章的营业执照、税务登记证、安全生产许可证复印件等七份材料(其中资质证书上有常某民签字)以及授权委托书,其中授权委托书的内容为:"胡某宇系铸诚公司的法定代表人,现授权常某民身份证号××为我的代理人,以本公司名义参加中化六建工程公司承接的中能公司扩建工程的分包工程的投标,授权委托人,所签署的一切文件和处理与之有关的一切事务,我均予以承认。"另查明,"铸诚公司中能四期T106队"印章系铸诚公司刻制,交由常某民使用,后收回。由于借款逾期未还,王某向法院起诉,要求铸诚公司和常某民清偿借款本息。

江苏省高级人民法院经再审认为,不能认定王某作为相对人善意无过失地

相信常某民有代理权。首先,铸诚公司的授权委托书虽然有"授权委托人,所签署的一切文件和处理与之有关的一切事务,我均予以承认"的表述,但这仍应以授权范围为限,不能得出常某民有权以铸诚公司名义对外借款的结论。王某既然持有该授权委托书,就应当知道常某民以铸诚公司名义借款超出了铸诚公司的授权范围。其次,三份借款协议所涉借款共140万元,王某没有将借款交付给铸诚公司。以上事实表明王某借款过程中主观上并非善意无过失,不属于法律规定的"相对人有理由相信行为人有代理权"的情形。此外,王某未能证明铸诚公司中能四期T106队合计130万元入库单及工伤赔偿协议等与案涉借款的关联性,故王某再审中提供的证据不足以证明案涉借款用于铸诚公司承接的工程。

3. 律师说法

在本案中,法院判决主要关注以下几个关键问题:第一,常某民在借款协议上加盖的是"铸诚公司中能四期T106队"印章,并不是铸诚公司公章,其仅能证明常某民是该施工队负责人,很难被认定为铸诚公司的代理行为;第二,授权委托书不能直接给出常某民有权以铸诚公司名义对外借款的结论;第三,王某既然持有该授权委托书,就应当知道常某民以铸诚公司名义借款超出了铸诚公司的授权范围,王某主观上并非善意无过失。从判决书可以看出,法院在表见代理认定方面采取了非常审慎的态度。

六、相关法规和指导性文件

《民法典》

第一百四十三条 具备下列条件的民事法律行为有效:

(一)行为人具有相应的民事行为能力;

(二)意思表示真实;

(三)不违反法律、行政法规的强制性规定,不违背公序良俗。

第一百六十二条 代理人在代理权限内,以被代理人名义实施的民事法律行为,对被代理人发生效力。

第一百七十一条 行为人没有代理权、超越代理权或者代理权终止后,仍然实施代理行为,未经被代理人追认的,对被代理人不发生效力。

相对人可以催告被代理人自收到通知之日起三十日内予以追认。被代理人未作表示的,视为拒绝追认。行为人实施的行为被追认前,善意相对人有撤销的权利。撤销应当以通知的方式作出。

行为人实施的行为未被追认的,善意相对人有权请求行为人履行债务或者就其受到的损害请求行为人赔偿。但是,赔偿的范围不得超过被代理人追认时相对人所能获得的利益。

相对人知道或者应当知道行为人无权代理的,相对人和行为人按照各自的过错承担责任。

第一百七十二条 行为人没有代理权、超越代理权或者代理权终止后,仍然实施代理行为,相对人有理由相信行为人有代理权的,代理行为有效。

第五百零四条 法人的法定代表人或者非法人组织的负责人超越权限订立的合同,除相对人知道或者应当知道其超越权限外,该代表行为有效,订立的合同对法人或者非法人组织发生效力。

第四章

制度和文书

第一节　印章合规管理

一枚或大或小的印章,在外国人看来,除了亮眼的红色(有时也会是蓝色)之外,可能很不起眼。但是,对于中国公司和中国人来说,印章的意义非凡。从积极方面看,一纸支持原告的终审判决文书上盖上法院红章,基本上就意味着纠纷以原告获胜了结,原告可以向执行程序上走,离最终的胜利不远了。诸如此类。从消极方面看,单位需要为盖章的承诺函承担责任,甚至要为根本不代表单位意思表示的、盖着伪造印章的文书承担责任。

其实,本书一直都在强调印章的重要性问题,同时也在强调印章合规管理是避免出现有关印章的各种问题的基本方法这一理念。

一、无处不在的印章法律风险呼唤印章合规管理

(一)涉印章法律风险无处不在

1. 从纵向来看,涉印章法律风险贯穿一枚印章的"生命"全流程。

鉴于这个问题在本书前面的内容中已经有了详尽的论述,此处不再赘述。

2. 从横向来看,法律风险的来源涉及股东、董监高、核心技术人员、普通员工、债权人等。

从股东的角度看,公司、股东、董监高、公司员工以及公司外的人员之间的

矛盾,尤其是股东与其他股东、公司、董监高之间的矛盾,从形式上可能体现为印章争夺战,从实质内容上可能对公司和各相关主体的利益产生颠覆性的影响。

如果没有各种约束规则、合规规范和指引,董监高自我道德约束力也会受到不断冲击,稍有问题,印章管理问题和风险必然随之而至。

其他员工对于印章的影响力稍弱,但是一些特殊的员工因为与印章之间的关系"密切",也难免出现各种利用印章生事从而导致公司法律风险的情况发生。比如,人力资源部门的员工自己给自己"定"了高工资并盖章,可能就会给公司造成实际损失。

债权人代管和共管公司印章等情况发生时,会极大增加公司印章导致的法律风险。

3. 从影响来看,涉印章法律风险可大可小,小的看起来只是一地鸡毛而已,大的可以毁掉大宗交易、债权人、董事、监事、高级管理人员、股东、公司等。

4. 从法律角度来看,各种涉印章风险至少包括以下几种:(表见)代理责任风险、侵权责任风险、业务风险和名誉风险。第一,(表见)代理责任风险。单位印章是单位对内管理、对外交往的信物,只要加盖于某份法律文件上,一般推定为单位意志的体现。甚至于伪造的印章也因为表见代理的成立而使单位受到相关法律文件的约束。第二,侵权责任风险。《民法典》第一千一百九十一条第一款规定:"用人单位的工作人员因执行工作任务造成他人损害的,由用人单位承担侵权责任。用人单位承担侵权责任后,可以向有故意或者重大过失的工作人员追偿。"如果单位对印章管理不当,导致该印章被非法使用,从而引发第三人权益受到损害,单位可能需要向第三人承担损害赔偿责任。至于单位能否向相关责任人要求承担责任,进行追偿,就是另外一个问题。根据《民法典》和《劳动法》的相关规定,单位的这种主张获得支持的实际效果通常并不十分理想,很多时候是竹篮打水一场空。第三,单位违规用章、错误用章、用假章,可能会导致合同无效、可撤销等情形发生,导致交易失败,不仅需要承担赔偿责任,还有可能蕴藏着巨大的业务风险,产生程度不同的各类经济损失。第四,声誉风险。不仅存在对外(公司外)的声誉风险,也存在公司内部的声誉风险。声誉风险和经济风险并不是相互独立存在的,相互之间会产生正相关,公司会因为声誉风险在经济上蒙受不同程度的损失。

（二）健全并执行印章管理制度是管控法律风险的有效手段

企业风险可以分为法律风险和非法律风险两大类。非法律风险包括来自外部的政治风险、社会文化风险、自然环境风险、产业风险、市场风险等，内部风险包括战略风险、运营风险等。法律风险既可以来自外部，也可以来自内部。

来源于内部的法律风险最终与两个方面相关，一方面是人，另一方面是制度。制度再好，也架不住人没有或者丧失底线。但是，有了相对健全的印章管理制度，即便人有问题，出现各种问题的概率也要小得多。来源于外部的法律风险，属于外部原因，但是没有内部原因和基础，外部原因能够对企业起作用的机会并没有那么大，因此单位内部的印章合规管理在内、外部风险的防控中起着举足轻重的作用。

二、建立健全印章管理制度

（一）主要管理制度

从制度性质来看，印章管理制度大体上可以分为两类：一类是制度型的制度，形式上体现为一种制度规范；另一类是协议型的制度，形式上体现为协议或者承诺书等。制度型的制度，主要是指印章管理办法、合同专用章管理办法、印章保密制度、印章管理处分规定等。协议型的制度，包括股东印章保管和使用协议、劳动合同、印章保管协议、携带印章外出承诺、印章保密协议等。

从制度内容来看，印章管理包括印章的刻制、管理、保管、启用、使用、停用、回收、封存和销毁等，其是依据工作流程和环节来进行的分类，如印章刻制制度、印章保管制度、印章使用制度、印章停用制度等。

从制度的制定范式来看，印章管理制度可分为综合性的印章管理制度和专项印章管理办法两大类。有的单位倾向于将所有的印章管理制度放在一个文件中来规范（无论是极简的还是极复杂的管理制度），有的单位喜欢分门别类规范印章相关管理问题，制定各种专项印章管理办法和流程制度。比如，合同专用章管理办法、财务用章管理办法、公章使用流程等。也有的单位会有总的印章管理制度，同时也会对比较重要的专门印章进行专门规范。

从制度流程性的强弱来看，印章管理制度包括流程性比较弱的各类印章管理办法以及流程性强的印章规范操作指南、指引等。

也有单位依据其他方式来制定制度，如有的单位会依据印章管理情况的普遍性制定印章管理制度，于是，印章管理制度可以分为印章常规管理制度和特殊情况下的印章管理制度。印章刻制、保管、使用、停用等制度属于普通管理制度，印章异动等情况就属于特殊情况下的特殊制度。

从流程上来说，印章的刻制、管理、保管、使用和停用制度是非常重要的。从印章类型上来说，公章、合同专用章、财务用章是非常重要的。确定印章的归口管理部门也是非常重要的事项，对于印章的合规管理会产生根本性的影响。有些单位会有针对性地制定一些重要的专项制度。

（二）印章管理制度的合规性和实效性

单位可以考虑从以下诸方面提高印章管理的合规性和实效性。

1. 内部法务部门和外部律师的合规审查

专业的人做专业的事情。合规审查，非专业人士虽然可以提出各种意见和建议，但是否合规，还是由专业人士说了算。因此，如果单位希望自己的印章管理制度是合规的，就一定需要内部法务部门和外部律师进行审查。内部法务部门的审查在很大程度上可以减少印章管理制度不合规问题，但是由于单位法务自身的局限性和专业性相对偏弱的特点，外部专业律师合规审查常常是必要的。一般来说，外部专业律师和内部法务以及单位相关人员的精诚合作，不仅可以将印章管理制度的合规性做好，同时可能会将制度的实效性真正凸显出来。

外部专家的问题在于，外部专家的敬业精神和水平不易评估。另外，还存在两个问题：一个问题是，外部专家如果不能仔细研究单位，整理出来的制度可能与企业实际情况不符，导致印章管理制度缺乏实效性；另一个问题是，外部专家需要费用支持。因此，专业的人做专业的事情，这是肯定的，但是怎么选好外部专家，是一个重要的问题。

2. 民主程序可以促进印章管理制度合规

《劳动合同法》规定了用人单位制定有些制度的时候需要履行民主程序，即“用人单位在制定、修改或者决定有关劳动报酬、工作时间、休息休假、劳动安全卫生、保险福利、职工培训、劳动纪律以及劳动定额管理等直接涉及劳动者切身利益的规章制度或者重大事项时,应当经职工代表大会或者全体职工讨论,提出方案和意见,与工会或者职工代表平等协商确定。在规章制度和重大事项决定实施过程中,工会或者职工认为不适当的,有权向用人单位提出,通过协商予以修改完善"。如果印章管理制度涉及劳动者的切身利益,或者属于重大事项,员工的民主参与是必要的,否则相关制度条款对员工可能是不发生效力的。

完成民主程序,对加强印章管理制度相关条款的合规性是必要的。

3. 内部员工建言献策

对于单位来说,单位内部员工必然是最了解单位各方面情况的。对于印章合规管理和管理制度方面的问题,自然也是单位内部员工最了解。因此,如果能够让单位员工建言献策,自然是非常有针对性的办法。单位内部人员的参与不仅可以加强印章管理规范的合规性,更重要的是,可以增强印章管理规范的实效性。毕竟,最了解单位规章制度好坏和实效性的一定是单位内部人员。

但是,员工建言献策存在两大倾向需要关注:一方面,员工碍于情面或者事不关己高高挂起等,导致员工的建言献策流于形式,缺乏价值。另一方面,员工的建议过于尖锐,导致单位在修改过程中比较尴尬,接受和不接受建议都不太合适。因此,鼓励内部员工建言献策,人员的选择、方向的引导和程度的把控是很有艺术性的。单位哪些内部人员参与印章管理规范的合规性审查,需要单位根据自身情况审慎考虑。

4. 特别事件的处理可以促进印章管理制度的合规

任何单位在运营和管理过程中,可能会出现这样那样的问题。有些特别事件本身,对单位而言,会产生不利的影响。但是从长远看来,如果能够很好地应对不利事件,特别是单位因此对印章管理制度以及相关制度、规范、协议等进行必要的修订、完善,可能会因此扭转局面,让单位管理因此迈上一个新台阶。

例如,一起合同纠纷导致单位领导发现,单位的印章管理和劳动关系管理存在非常大的隐患。于是,单位领导组织开会,讨论这起合同纠纷的应对方案,讨论这起合同纠纷发生的表层原因和根本原因,讨论深层次原因中的印章管理制度和劳动合同制度、协议等方面的漏洞等问题。之后,单位法务和外部律师更加深入地研究,发现各种问题。找到问题之后,单位就知道下一步如何把握相关制度和协议的合规问题。

5. 适时修订印章管理制度

单位的印章管理制度有两种修订方式:一种是定期修订,另一种是临时修订。

每两三年或者更长一个时间段,单位需要修改一次印章管理制度,这不仅是因为单位的生产经营等状况发生了变化,单位的人员也可能发生了一定的变化,相关法律和政策或许也发生了变化,加之制度在使用过程中会不断出现各种问题,因此在一定时间进行印章管理制度修订是必要的。

另外,因为某些特殊事件,或者其他原因,印章管理制度可能需要在常规性的修订时间之外,需要作出临时修订。

(三)打造适合单位的印章管理制度

不同单位性质不同,行业不同,大小不同,发展阶段不同,人员配置不同。各种不同就决定了每个单位的印章管理制度可能在需求上完全不同。一家企业和政府部门的管理制度就会存在极大的差异,大学和小学的印章管理制度也会有非常大的区别,一个几千人的大型企业和一个几十人的小微企业在制度设计上可能相差巨大,劳动密集型和知识密集型企业的管理制度如果一样,会出现重大问题。因此,打造适合自己单位的印章管理制度是非常重要的事情。

举例来说,建筑行业与其他行业在印章管理方面的区别就非常大。一些大型建筑施工行业的印章种类多,印章数量大,印章使用频率高,导致印章保管和使用风险相当大。在印章的实际管理过程中,可能存在诸多印章违规问题,比如,刻印手续混乱,用印手续不健全,违规用印多发,保管和用印监管不力,发生表见代理的风险非常大,印章停用、回收、封存、销毁被忽视,等等。因此,大型建筑施工企业务必建立全面的印章管理体系,同时,应当围绕印章的刻制、启用、领用、保管、使用、登记、停用、回收、销毁等全过程,严格落实相关规定,并全程严格监管。另外,加强全员印章使用和管理风险防范意识绝对是必要的。特别需要强调的是,大型建筑施工企业使用电子印章不仅是信息化时代的要求,也是降低风险的好办法。

三、严格遵守印章管理制度和工作流程，让制度真实有效落地

（一）工作流程和落地文件

第一，工作流程、工作指南必须具备。印章刻制流程的设计、印章审批和使用流程的设计、印章持有和保管流程的设计等，都是进行印章管理所必需的。有的单位将这些流程规范在印章管理制度和办法之中了，有的单位会单独设计和制定印章管理相关事项的工作流程。规范的工作流程、工作指南是管理办法落地的重要保障，否则印章管理制度和办法与实际工作相脱节，各种问题会层出不穷。缺乏实效性，制度就是一纸空文。

第二，各种表单、协议、承诺书等制度落地文件必须具备。这些制度落地文件既包括各种各样的印章文书材料，如印章申请刻制审批单、印章领用申请表、印章启用通知、使用印章申请登记表、紧急使用印章登记表、印章使用台账、印章交接单、印章保管登记表等；也包括与印章相关的协议和承诺书，如印章保管承诺书、印章借用承诺书、印章领用承诺书、印章管理保密协议等。

第三，很多单位构建了线上的工作流程和工作机制，这些工作流程和工作机制应当与线下方式紧密结合，同时要做好线上的档案管理和保管工作。

另外，随着电子印章的逐渐普及，单位的印章管理制度要紧跟时代，更好地利用电子印章的便利，同时防范随之而来的各种法律风险。

（二）分类管理涉印章人员

股东之间的纠纷通常是公司最大的纠纷。尽管股东协议和章程不能实际约束住所有人，但是如果没有相对到位的股东协议和章程，缺乏底线的人更容易随意突破底线，有底线的人也容易被“冲击”“引诱”而突破底线。印章作为公司治理以及对外经营等的基本标志，需要从股东层面制定根本性的规范。

公司董事、监事和高级管理人员是公司日常运营和管理过程中与印章接触最多的群体。从良性发展的角度看，不积跬步，无以至千里；反向来说，千里之堤，溃于蚁穴。因此，不能小看任何一点一滴的印章管理问题：一方面，小问题可能随时转化为大问题；另一方面，小问题的积累也终将成为大问题，甚至成为无法解决的僵局问题。而且，如果作为身居高位或者相对高位的人员故意做一

些与印章有关的违规的事情,结果会非常可怕。因此,对于以上人员的约束是印章管理的核心问题。如果这些人员能够合规管理印章,公司一般员工很难在印章问题上翻出“大浪”来。将公司董事、监事和高级管理人员的任免制度具体化、制度化,同时在制度、协议中确定董监高人员任免与印章持有、管理之间的明确关系,是一种有效的管理方法。

公司中层领导、对外联络中的重要人员、关键岗位上的人员、核心技术人员以及其他特别位置的人员也是印章管理的重点。虽然这些人员的地位没有那么高,但是基于其身份、岗位职责以及其他各种因素,在一些问题上可能会给印章合规管理带来挑战,乃至对公司的存在和发展产生各种影响。因此,要加强上述人员的印章合规管理意识,用有效制度规范上述人员的行为。

印章直接管理人员是一个非常特殊的群体,在单位的位置和层级并不高,但是处于要害位置。印章直接管理人员(通常是印章保管人)具有使用、监督、保管等多重权利与责任,因此选择合适的印章管理者对于一家单位来说,绝非小事。印章直接管理人员不认真履行保管职责、违规加盖印章和泄露印章机密信息等违法违规事项,都能形成巨大的印章管理风险。如果这些人员与单位内外部某些人员勾结,做出损害单位利益的事情,隐蔽性极强,危害性更是无法评估。因此,对于印章直接管理人员,选人是第一位的,忠诚正直是基础品质,毕竟在能力方面,这个岗位的要求其实并不太高。无论是什么人掌管印章,印章管理人都应坚持原则,工作细致,作风正派,严格执行印章管理制度。

(三)印章合规管理意识培养

兵马未动,粮草先行。制度实施,意识先行。如果单位的领导没有认识到印章管理的重要性,就不会认为印章管理制度有什么重要意义,更不会在日常工作中严格要求执行印章管理制度。如果单位的员工对于印章管理的重要性不敏感,在日常工作中对于制度的执行就会打各种折扣,会导致印章管理制度的实际执行和制度本身差距巨大,甚至成为“两层皮”。印章管理混乱,各种法律风险隐藏其中,不知何时就会爆发各种问题。

对于单位领导来说,一方面,应当充分认识到印章对于单位的重要作用,以及印章管理蕴藏的巨大法律风险,应当紧跟时代步伐,随时更新观念,高度重视印章管理工作,将其作为常规管理工作的重要组成部分;另一方面,务必加强对印章管理人员、保管人员以及其他相关人员关于印章刻制、保管、使用、挂失、停用等诸多环节的管理、教育和培训，引导各级各类涉印章人员树立良好的印章管理意识，提升单位印章管理人员的专业水平，确保所有人员都能够严格按照相关制度、办法、流程的要求，规范刻制、使用、保管和处理涉印章的各类事项。

(四)涉印章人员的正负向激励

所谓正向激励，就是做得好，有奖励。所谓负向激励，就是做得不好，有罚则。印章管理的正向激励比较难，因为做得好的体现就是没有多少麻烦和问题出现。麻烦和问题出现少，往往是多方面因素决定的，在极端情况下，大家什么都没有做，也很少出现麻烦和问题。因此，这种正向激励的实际效果会因为关联性差等而不够理想。

因此，对于涉印章人员，负向激励是主要的。比如，印章丢失或者被盗，谁应该承担领导责任，谁应该承担直接责任，谁需要承担过错责任，谁应该承担检查监督不力的责任，等等。这种负向激励的对应性很强，从对相关人员的行为引导上一般会起到不错的效果，从处罚实施的角度来看，对直接人员会起到教育的作用，对其他人员也会起到很好的警示效果。举例来说，违规用印但未造成直接经济损失的，视情节轻重，要求相关人员承担领导责任、直接责任、过错责任、监督不力责任、其他责任。违规用印造成经济损失的，要求相关人员赔偿给公司造成的损失，同时视情节严重程度，对相关责任人员予以处罚。上述规定会对单位合规用印起到一定的甚至很好的负向激励作用。

对于相关人员，首先应当明确职责；同时要求其承诺履行好自己的职责，包括通过签署协议书和承诺书宣誓履行好自己的职责；要实行终身追责的制度。只有这样，才能真正做到责任到人，各司其职，制度的实效性才能真正有保障。

特别需要说明的是，在印章管理制度中，严禁事项和惩罚性规定都是必需的。严禁事项就是绝对禁止的事项，比如，禁止在空白材料以及未填写完整的材料上加盖印章，禁止在未办理印章外出使用登记手续的情况下将印章擅自携带外出，等等。惩罚性规定指的是任何人违反印章管理制度的规定和要求将承担的法律责任。从口头批评、警告、罚款、赔偿损失、其他处罚直至解除劳动/聘用等关系，都可以成为惩罚性规定的罚则。从目前来看，我国并没有专门的法律法规对印章的管理和使用进行规范，仅有行政规章和规范性文件就印章管理使用作了一些规定，但对违反印章管理规定的责任追究十分欠缺，因此相关人员的违规成本几乎没有。因此，单位内部必须结合自身的实际情况，对印章管理制度进行完善，尤其是负向激励机制和制度设计要充分，对涉印章人员的违规罚则要规定清楚，对于单位印章合规管理可以起到很好的制度保障。

（五）定期检查印章合规管理的实施情况

第一，单位在制度上就应当规定印章合规管理的检查和监督部门，比如由合规部或者董事会专门委员会进行管理。印章管理出现问题，检查和监督部门的相关人员必须承担责任。这一点，需要在印章管理制度中明确和落实下来。

第二，应当建立定期和不定期检查机制，检查和监督部门可以随时掌握印章合规管理的状况。一般而言，定期检查监督不超过一个季度。定期检查监督的目标应当明确，方式应当设计得当且有效，检查监督过程务必留痕。不定期检查要根据公司的具体状况确定，一般在领导认为必要时、出现一些不好的苗头时、发生了实际问题等情形时进行印章管理的不定期检查。

（六）印章管理培训常态化

单位应当将对相关领导、印章管理人员、负责公司对外业务的员工以及其他涉印章人员进行印章刻制、管理、使用、保管、回收、停用、封存和销毁等方面的培训常态化。鉴于印章管理并非相关领导的主要工作，随着时间的不断推移，印章管理人员和负责公司对外业务的员工的风险防控意识越来越淡漠，管理素质和技能也会出现各种问题，形式多样的常态化的培训成为单位提升印章管理意识和水平的根本方法。常态化培训的内容包括两个方面：一方面是印章管理意识培训，另一方面是印章管理素质、技能和流程培训。这两方面内容的培训不可偏废，才能实质性地管控好单位的印章管理风险。

（七）印章全流程“留痕”管理

公司应建立并使用统一的印章刻制、保管、使用、封存、销毁、检查监督等各个环节的登记表。印章无论在哪个环节、哪个事情上“亮相”，都应该有完整的、准确的记录。既然印章无小事,就应该处处"留痕",只有这样,才能在出现问题时,找到问题所在,顺藤摸瓜,找到问题产生的原因,既能够更好地解决问题,同时能够对相关人员的过错合法合规地进行追究,也能达到对所有人员的警示和教育的效果。

(八)形成习惯,直至形成印章合规管理文化

习惯成自然。如果一项制度的实施让印章管理行为在单位成为相关人员自然而然的习惯,单位印章的管理成本自然会降低很多,涉印章风险也会小得多。当然,习惯从某种角度来说,可能还存在被动的意味。如果一个单位形成了良好的印章合规管理文化,从领导到员工主动而又合规地进行各种印章相关的操作,差不多就是印章管理的最高境界了。

第二节　印章管理制度①

印章管理办法

第一章　总　　则

第一条　为规范公司印章制发、管理及使用,有效维护公司形象和合法权益,根据《中华人民共和国民法典》《中华人民共和国公司法》等有关法律法规和《公司章程》等内部规范,结合公司实际,制定本办法。

第二条　本办法适用于公司各部门、全资子公司、控股子公司、分公司、非常设机构的印章的使用与管理活动。因为法律法规和相关单位的章程等的限制导致相关单位无法直接适用本办法的,相关单位可以根据本办法制定各自单位的印章管理办法。相关单位的印章管理办法应当与本办法在内容上保持一致。

---

① 本节内容为笔者整理而成,仅供读者参考。

第三条 本办法适用于公司内所有印章的管理和使用中负有责任的部门及个人,适用于对公司权利义务关系的设立、确认、履行、变更、解除和终止等产生作用的所有印章,适用于印章的刻制、留档、保管、备案、使用、挂失、回收和销毁等所有事项。

第四条 本办法所指印章包括公司公章(公司名称章)、法定代表人印章(法定代表人人名章)、合同专用章、财务专用章、发票专用章、董事会印章、监事会印章、部门印章、各类业务专用章等具有法律效力的、用于明确公司对外、对内各种权利义务关系的实物印章及与之相对应的电子印章。除法律法规明确不适用的情形或第三方监管机构明确要求提供纸质盖章文件外,电子印章的适用范围与实物印章一致。

第五条 公司对各类印章实行"统一建档、集中管理、规范使用、专人负责"的管理原则。

第二章 印章的管理主体职责

第六条 公司各类印章均归公司所有。除经授权的印章管理人外,任何人未经许可不得占有印章。公司股东会/董事会可随时要求印章占有人返还印章,占有人应当返还。

第七条 董事会根据股东会授权统一负责公司印章的管理和使用,履行以下职责:

(一)授权有关部门制定和修订印章管理基本制度,审议通过印章管理基本制度;

(二)根据需要,针对特定类别的印章,授权有关部门制定特定类别印章的管理制度,审议通过上述管理制度;

(三)负责或授权有关部门审核、监督公章、法定代表人印章、合同专用章、财务专用章、发票专用章等各类印章的刻制、备案、使用、登记、挂失、停用、废止、销毁等事项;

(四)负责董事会印章刻制的批准、管理和使用;

(五)监督各类印章的管理、使用情况;

(六)审议批准其他与印章管理和使用的重大决策。

第八条 监事会负责监事会印章刻制的批准、管理和使用。

第九条　经理层履行以下职责：

（一）批准各部门印章的刻制、管理和使用；

（二）审核分管部门提出的业务专用章刻制申请。

经理层审核和批准相关印章刻制的，应当将相关资料交由董事会授权的有关部门备案。

第十条　公司法定代表人职责如下：

（一）负责法定代表人印章的管理和使用；

（二）根据董事会授权负责公司公章的管理和使用；

（三）在公司股东会或董事会未明确要求印章占有人返还印章时，可以随时要求任何人向自己交还公司所有印章。

第十一条　各部门职责如下：

（一）行政部门根据批准，负责统一办理印章的刻制、启用、挂失、停用、回收、废止、销毁等手续，根据董事会授权定期组织检查公司各类印章的保管、使用、登记等情况；

（二）财务部门根据授权负责财务专用章、发票专用章等的管理和使用；

（三）法务部门根据授权负责合同专用章的管理和使用；

（四）董事会印章、监事会印章分别由董事长、监事会主席负责管理和使用；

（五）各职能部门因工作需要配置的部门印章由部门负责人负责管理和使用；

（六）电子印章的管理和使用与对应实物印章保持一致，信息化管理部门负责电子印章所涉信息安全与数据保护相关工作。

第十二条　经授权的印章保管人员是具体保管、使用印章的人员，对印章保管和具体使用负直接责任。

第三章　印章的刻制与启用

第十三条　印章的刻制应履行申请程序，经办人应当持申请部门的印章刻制申请表，提交给行政部门，按以下规定经审批后进行刻制：

（一）公司公章、公司法定代表人印章，由行政部门提出，由法定代表人确认，经董事会批准；

（二）合同专用章、财务专用章和发票专用章的刻制，由使用部门提出申请，

经分管领导和总经理审核,报经董事会批准后刻制;

(三)公司董事会印章的刻制,由董事长提出申请,董事会批准;

(四)公司监事会印章的刻制,由监事会主席提出申请,监事会批准;

(五)各部门内部印章的刻制,由使用部门提出,经分管领导审核,由总经理批准;

(六)印章刻制完成后,行政部门应当立即将新印模进行备案,将报废印模(如有)封存归档或者销毁。

第十四条 印章刻制申请表中应填写刻制印章名称、数量、用途、式样、字体、大小等内容。

第十五条 公司印章的刻制由公司行政部门统一负责,严禁其他任何部门或个人私自刻制公司的任何印章。

第十六条 印章的刻制必须符合国家的相关规定。公司应当在国家法定管理部门指定的印章刻制单位刻制并进行备案。严禁在不合法的印章刻制单位和场所刻制印章。

第十七条 公司印章规格与式样应符合国家的有关规定,一般按如下规范执行:

(一)公司法定名称章(公章),圆形,外径______毫米,中间刊五角星,上部自左而右环形字样为“______________________________”;

(二)公司法定代表人印章,正方形,外径______毫米;

(三)财务专用章,圆形/椭圆形/正方形,外径______毫米,上部自左而右环形字样为“______________________________”,下刊“财务专用章”字样;

(四)发票专用章,椭圆形,长轴为40毫米、短轴为30毫米、边宽1毫米,上部自左而右环形字样为“______________________________”,下刊“发票专用章”字样;

(五)合同专用章,圆形/椭圆形,规格为__________________,上部自左而右环形字样为“______________________________”,下刊“合同专用章”字样;

(六)各部门印章,圆形,外径______毫米,中间刊五角星,上部自左而右环形字样为“______________________________”,下刊部门名称;

(七)公司董事会印章,外径______毫米,中间刊五角星,上部自左而右环形字样为“______________________________”;

（八）公司监事会印章，外径______毫米，中间刊五角星，上部自左而右环形字样为“______________________________”。

第十八条　印章刻制完成后，由公司行政部门填写印章启用登记表并经公司董事长审核批准后，发布印章启用通知后启用。印章启用通知应当明确启用的印章全称、启用日期、启用印模、使用单位、使用范围和审批权限等事项，留存好印模以备查，并做好印章领用登记台账。

第四章　印章的保管

第十九条　公司印章应按照“审用分离、分散保管”原则进行保管。负责审批印章使用的各级负责人原则上不保管印章。

第二十条　公司各类印章必须有专人保管，按以下权限确定保管人：

（一）公司公章、公司法定代表人印章由公司法定代表人保管。经董事会会议决议确定，公司公章、公司法定代表人印章由决议确定的法定代表人之外的专人保管。

（二）财务专用章、发票专用章由财务部门指定专人保管，保管人员应当经董事会批准。

（三）合同专用章由法务部门指定专人保管，保管人员应当经董事会批准。

（四）董事会印章由公司董事会指定专人保管。

（五）监事会印章由监事会指定专人保管。

（六）各部门印章由各部门负责人指定专人保管。

第二十一条　公司建立印章保管记录，注明印章名称、颁发部门、枚数、领取日期、领取人、启用日期、保管人、批准人和图样等信息。

第二十二条　公司印章保管应当安全可靠，存放在保险箱中。印章的保管和使用的区域应当完全处于视频监控范围内。

第二十三条　印章应及时维护，确保其完整、清晰、端正。

第二十四条　印章保管人应当认真学习和贯彻公司的印章管理规定，遵章守法，严格按国家相关法律法规、公司章程和决议、各项管理制度等保管印章。

第二十五条　公司应当定期对印章保管人员进行培训。

第二十六条　印章保管人员要坚守原则，遵守保密规定，严格按照印章管理办法使用印章。用印人申请用印流程不规范或拟用章文件与审批内容不符的,印章保管人员应不予用印。经办人拒绝印章保管人员审核申请用印流程或核对内容的,或者拒绝办理用印登记的,印章保管人员应当拒绝用印。

第二十七条 印章保管人员不得擅自用章,一经发现,公司应当严肃处理。印章保管人员违规使用印章造成法律纠纷等不利后果的,应当承担相应的法律责任。

第二十八条 印章保管人员因事、病、休假等不在岗位时,不可私自委托他人代管印章。印章保管人员应当按照印章管理办法、相关规定或者公司的指令将印章交由他人代管,完整填写印章交接单,注明移交人、接交人、监交人、印章信息和移交时间等信息,并由各方签字确认。

第二十九条 如遇印章保管人员离职或调岗等情形,印章保管人员应当按照规定流程办理印章移交手续,完成印章移交全部事项。印章管理情况应当作为印章保管人员离职时交接工作的一部分。印章保管人员未办理完成分管印章的移交手续的,不得视为办理完成离职交接手续。

第三十条 变更印章保管人员应在公司行政部门办理备案登记手续,并在印章保管档案中予以载明。

第三十一条 印章遗失、损毁、被盗、被抢等情形出现时,印章保管人员应当迅速向公司行政部门、分管领导、总经理等报告,同时按照公司规定,采取紧急、恰当补救措施,以免给公司造成损失或使公司面临的风险扩大。

第三十二条 如公司公章、法定代表人印章、合同专用章、财务专用章、发票专用章等出现遗失、损毁、被抢、被盗等情形导致原印章无法使用,一般应按以下程序处理:

(一)向公安机关报案,领取报案证明;

(二)刊登印章遗失、损毁、被抢、被盗导致作废声明;

(三)按本办法规定办理印章重刻手续;

(四)发布新刻印章启用通知,做好新刻印章移交保管工作。

第五章 印章的使用

第三十三条 各类印章的具体适用范围为:

(一)公司公章:适用于以公司名义上报国家机关、省市区县等政府部门的重要公函和文件,以公司名义出具的证明、函件、下发的各类内部文件以及以公司名义签订的各类合同、协议等具有法律约束力的文件。

(二)法定代表人印章:适用于法定代表人签章的文件、法定代表人身份证明书、法定代表人授权委托书、财务报表等。

(三)财务专用章、发票专用章:适用于财务部门对外开具发票、银行票据及其他财务凭证等。

(四)合同专用章:适用于以公司名义签订的,不需要使用公章签署的各类合同、协议以及与交易有关的其他有法律约束力的文件。

(五)董事会、监事会印章:适用于以董事会、监事会名义出具的公告、报告、文件、函件等。

(六)部门印章:适用于以部门名义出具的通知、报告、证明等公司内部管理工作需要。部门印章原则上只限公司内部使用,对公司不产生法律约束力,对外不产生法律效力。

(七)电子印章:公章、法定代表人印章、合同专用章可采用电子印章,并用于签署电子文件,其效力与实物印章相同。

(八)其他根据公司经营需要刻制的印章,根据章程、公司决议和规定确定适用范围。

公司所有印章必须按规定范围使用,不得超出范围使用。

第三十四条 公司印章使用实行事前审批制度,事前均须在公司OA系统填写印章使用申请表,同时提交用印申请文件扫描件,按流程经审批后方可用印。各类印章使用审批权限如下:

(一)公司公章由申请人申请,部门负责人审核,总经理审批后使用。

(二)法定代表人印章由申请人申请,部门负责人审核,法定代表人、总经理审批后使用。

(三)合同专用章由申请人申请,部门负责人审核,法务部门审核,分管领导审批后使用。

(四)财务专用章、发票专用章等财务印章由申请人申请,部门负责人审核,财务负责人审批后使用。经财务负责人授权的财务人员依日常工作权限及常规工作内容使用财务印章的,无须履行上述程序。

(五)董事会印章由董事会秘书审核、董事长审批后使用。

（六）监事会印章由监事会主席审批后使用。

（七）各部门印章由各部门负责人审核后报法务部门审批后使用。

（八）涉及较大法律责任等重要事项和对外的合同、协议需要使用公司印章的，应当依照公司规定经法律顾问审核确认后用印。

第三十五条　印章保管人员用印前必须查验各级审批单位（审批人）的审批意见，审查用印文件的内容和格式，确认无误后方可用印。

印章保管人员应当亲自加盖印章，不得将印章交由他人加盖。

第三十六条　公司应当建立印章使用台账，登记印章使用时间、事由、份数、印章类型、审批人、盖章人和经办人等信息。

第三十七条　公司印章原则上不准携带外出。确因工作需要将印章带出使用的，经办人应事先填写印章借出使用登记表，载明借出印章名称、用途、借出时间、预计归还时间等事项，经批准后由两人以上共同携带和使用。

第三十八条　印章外借使用时，必须由借章人保管，并至少有一人监督保管和使用，严禁单人独自保管和使用。借章人应妥善保管所借印章，并严格按照借章申请中所列的范围使用印章，不得越权使用，更不得私自授权或转借他人使用。

第三十九条　印章保管人应做好印章借用登记，记录借出印章名称、借出日期、借出用途、借用人、批准人、保管人和归还日期等情况，并留存印章借出期间用印的所有相关文件的复制件或扫描件。

印章外借一般应在当日内归还。确因工作需要无法当日归还的，应当报经主管领导批准。印章借用登记表中应当详细记录印章的保管、使用和归还情况。

第四十条　公司员工因私人事宜需要出具证明而使用公司印章的，属于人力资源管理事项（如在职证明、收入证明、招聘录用证明等）的，由公司人力资源部门负责人审批，经法务部门确认，加盖人力资源部门印章。涉及其他事项的，需要提交报告或填写用印申请表，经公司主管领导（重要的报总经理）批准后方可用印。

第四十一条　印章的盖章处，除有特别要求外，一般参照以下固定形式进行：

（一）公司公章和部门印章应当盖在文件最后单位名称落款处，原则上不能压正文。

（二）不漏盖、不多盖，印记要端正清晰，印章的名称与用印件的落款一致（代用章除外）。

（三）用章文件应当打印、填写完毕，字迹应当清晰、正确。

（四）对外签署的合同或协议（含其附件）、各类业务报表（财务报表、统计报表）及其他文本包含多页的，须在合缝处加盖印章（骑缝章）。

（五）介绍信、便函、授权委托书等应当留有存根的文件，要在落款和骑缝处一并加盖印章。

（六）需要公司领导或相关负责人亲笔签字并加盖公司印章的，应当先签名后盖章。

（七）在审批人无法审批用印文件期间，用印事项应当由审批人指定人员审批同意后，并在印章使用申请表上做好记录后方可用印。审批人应当在事后第一时间审核用印的相关情况，并对用印审核相关事项承担责任。

第四十二条　申请用印材料属于下列情形之一的，印章保管人员不得用印：

（一）涉及员工个人财产、经济、法律纠纷等方面的证明文件、材料；

（二）未经公司有权审批部门、审批人审批的文件、材料；

（三）与本公司工作、业务无关的文件、材料；

（四）空白的、存在涂改痕迹的或者内容填写不完整的介绍信、授权书、证明材料、协议、函件、各类表单等；

（五）不符合事实的、将会对公司造成不良影响或损害公司其他合法权益的文件、材料。

第四十三条　已盖章的文件若未被使用，应当立即交回印章保管人员并说明情况，由印章保管人员依照公司规定进行处理。

第四十四条　已用印的文件、材料因内容调整等需要重新盖章的，已经盖章的原文件应当交由印章保管人员依照公司规定进行处理，调整后的文件在经过申请并获得批准后，方可用印。

第四十五条　印章使用登记簿、加盖印章的文件（含携带印章外出期间用印的文件）以及印章审批程序材料均由印章保管人员建立文档并妥善保管，并于每年年底统一整理归档，交由公司行政部门审核，进行归档。

第四十六条 所有与用印相关的材料、文件、资料、档案等至少应当保存三年。

第六章 印章停用及销毁

第四十七条 有下列情形之一的,印章应当停用、废止并经批准后重新刻制:

(一)公司名称、法定代表人或部门名称变动的;

(二)印章损坏的;

(三)印章遗失、被盗或被抢的;

(四)旧印章被新印章代替的;

(五)存在印章应当停用、废止的其他情形的。

第四十八条 印章停用、废止、销毁及重新刻制的审批权限和程序与本办法规定的印章初次刻制的审批权限、程序一致。

第四十九条 公司旧印章作废时,由印章保管人员填写印章废止申请单,经批准后,交公司行政部门统一处理。严禁私自销毁印章,严禁私自留存已经停用或废止的印章。

第五十条 印章封存或销毁由印章保管人员填写印章封存、销毁申请表,分别经部门负责人、总经理批准后将印章封存或销毁,并做好印章封存或销毁登记,注明日期、经办人、监督人、批准人等信息。

第五十一条 公司行政部门应及时将停用的印章收回,并建立印章废止登记台账,注明废止印章名称、时间等具体内容。印章作废时,应当发布印章废止公告。

第五十二条 因印章磨损等需要更换印章时,印章管理部门应当按照要求申请重新刻制印章。新印章刻制完成并启用后,公司应当及时将被替换的旧印章交给公司行政部门,由公司行政部门依照公司规定封存或销毁。

第五十三条 新印章刻制后,按照本办法规定填写印章启用登记表,发布印章启用通知,明确新章启用日期,附启用印模和废止印模,并由保管人领用新印章。

第五十四条 对于因劳动关系、社会保险、涉法涉诉等业务需要保留的印章,在相关事项未处理完成前不得销毁。

第七章 电子印章

第五十五条 电子印章是采用数字密码技术、结合数字证书、模拟传统实物印章的图形化电子签名。电子印章以电子形式存在,依附在电子文件之上,并与其逻辑关联,可用来辨识电子文件签署者的身份,同时能够保证签署的文件内容的完整性,并表示签署者同意电子文件陈述的事实和内容。

第五十六条 公司行政部门是公司电子印章的管理部门,负责公司及部门电子印章的制作、使用和维护等工作。信息化管理部门负责电子印章所涉信息安全与数据保护相关工作,应当定期、不定期抽查电子印章使用情况,以保护信息和数据安全。

第五十七条 电子印章的管理、使用与实物印章的管理、使用保持一致。

第五十八条 加盖电子印章的文件经系统确认后与加盖实物印章的纸质公文具有同等法律效力。但该电子公文的任何形式的电子格式转换稿、非经合法认证的打印稿或复印稿,不具备同等法律效力。

第五十九条 电子印章的使用也应当执行严格的登记制度。电子印章登记的各种记录之间发生冲突的,电子印章使用登记以系统后台自动记录为准。

第八章 责任承担

第六十条 公司各类印章的刻制、保管、存续、使用、登记、停用、销毁和其他所有相关事项,公司法律和合规部门有权进行定期和不定期检查。印章使用和保管部门也应当定期和不定期检查本部门使用和保管的印章状况并核对用印情况。

第六十一条 公司印章保管、使用或者其他情况出现异常的,印章保管人员、知晓相关情况的人员应当及时向行政部门、分管领导、总经理等报告。

第六十二条 所有人必须按照本办法规定保管、使用印章,处理印章相关事项。不当、违规保管、使用行为包括但不限于以下情形:

(一)未执行"审用分离、分散保管"原则的。

(二)印章保管人员未妥善保管印章,导致印章被盗或遗失的。

(三)违反规定,越权审批用印文件的。

(四)未履行规定的审批程序,印章保管人员擅自用印的。

（五）印章保管人员无正当理由，拒绝用印的。

（六）印章保管人员发现审批人越权审批，仍然用印的；或者，印章保管人员发现审批人越权审批，印章保管人员虽拒绝用印但未及时向上级汇报的。

（七）经办人借出印章期间出现私用、遗失、损毁等情况的。

（八）私刻、变造、伪造、盗用印章或者故意毁坏公司印章，以及擅自变更印章用途、范围的。

（九）未建立印章使用登记台账，管理混乱的。

（十）违反本《办法》第六十三条规定的情形的。

（十一）其他违反印章管理制度、办法的情形。

第六十三条 印章管理遵循"谁签字，谁负责""谁管理，谁负责""谁审批，谁负责"的原则。为了规范相关人员的行为，确保印章的有效管理及合法使用，以下情形均被视为严重违反公司规章制度的情形：

（一）私刻印章，或者存在其他非法刻制印章情形的；

（二）伪造、变造、盗用、故意毁坏公司印章的；

（三）没有用印申请和审批，私盖印章的；

（四）利用印章营私舞弊的；

（五）用印没有进行登记的；

（六）在签字不齐全的文件或空白纸张上用印的；

（七）假冒公司领导或者其他人员签字以骗得用印的；

（八）越权审批用印资料的；

（九）借出印章出现私用、遗失、损毁等情况的；

（十）违反规定外借印章的；

（十一）未妥善保管用印资料，导致资料不全甚至灭失的；

（十二）印章保管人员未妥善保管印章，导致印章被盗用或丢失的；

（十三）其他相当、相似情形的。

相关人员存在以上情形的，依照公司相关规定和法律进行处理。情节严重涉嫌犯罪的，将移交有关机关处理，追究法律责任。

第六十四条 公司任何人员在印章相关事项上存在不当、违规行为的，公司有权要求相关人员赔偿公司遭受的全部损失（包括但不限于实际损失、预期收益、其他损失以及维权花费的所有费用）。

第九章　附　　则

第六十五条　本办法未尽事宜，按有关法律、行政法规和规范性文件及《公司章程》、公司决议、相关协议和公司制度等执行。

第六十六条　每一种类印章具体的管理制度不得与本办法及《公司章程》相抵触。

第六十七条　本办法由董事会负责解释和修订。

第六十八条　本办法自发布之日起生效实施。

公司名称章（公章）管理办法

第一章　总　　则

第一条　为保证公司名称章（以下简称公章）的合法和正确使用，防范公章使用中的各种风险，维护公司合法权益，依据《中华人民共和国民法典》《中华人民共和国公司法》等法律法规之规定，制定本办法。

第二条　公章由公司董事会授权专人负责刻制、保管及使用。除法定代表人外，任何人使用公章均应进行申请。

第三条　公章可加盖于公司内外所有文件之上。法律法规另有规定的除外。

第四条　除相关单位另有规定外，本办法适用于公司各部门、全资子公司、控股子公司、分公司、非常设机构的公章的使用与管理活动。

第二章　公章的刻制

第五条　公章由董事会指定专人负责向公安机关申请刻制和备案。刻制完成后，董事会应当委托专人对公章进行管理，公司应当将公章刻制的全部申请材料、批准文件或该类文件的复印件存档。

第六条　公章规格、外形、尺寸和式样等均应符合法律法规规定和主管机关的要求。严禁任何人以任何方式私刻公章。私自刻制的公章、不符合要求的公章均不得使用。

第七条　公章刻制完成后，应当由公司行政部门填写公章启用登记表并经公司董事长审核批准后,发布公章启用通知后启用。

公章启用通知应明确公章全称、启用日期、启用印模、使用范围和审批权限等事项,留存好印模以备查,并做好公章领用登记台账。

第八条 至本办法制定之日,公司现有公章____枚,编号为________,已在公安机关备案。

第三章 公章的保管

第九条 董事会应当在公司员工、董事、股东等中指定专人代为保管公司公章。除非股东会、董事会另有决议,或者章程另有规定外,法定代表人是公章的负责人,可随时要求他人返还公章。

第十条 公章归公司所有。公司股东会、董事会有权要求法定代表人、受委托的保管人或者其他任何人无条件返还公章。公司股东会对公司公章拥有最终决定权。

第十一条 任何人未经合法程序许可或者获得授权,不得占有公章。任何人不再拥有公章持有权限时,不得继续占有公章。公司员工无权占有公章却继续占有公章的,视为严重违反公司规章制度。公司可以要求该人员赔偿由此给公司造成的任何损失。

第十二条 公章的保管必须安全可靠,存放在保险箱中。公章保管和使用的区域应该完全处于视频监控范围内。

第十三条 公章应及时维护,确保其完整、清晰、端正。

第十四条 保管人如因工作变动或者因为其他事宜离开岗位,需要将公章移交他人的,应提前报经董事会批准后,与董事会指定的新保管人员办理公章移交手续,同时移交公章。

第十五条 公章遗失、损毁、被抢、被盗等情形出现时,公章保管人应当即时向法定代表人、公司行政部门、分管领导、总经理、董事长等汇报情况,并应依照公司规定采取紧急措施,避免公司遭受损失。

第十六条 公章遗失、损毁、被抢、被盗等导致原公章无法使用时,应按以下程序处理:

(一)向公安机关报案,领取报案证明;

(二)刊登公章遗失、损毁、被抢、被盗导致作废声明;

（三）按本办法规定办理新公章刻制的内部流程；

（四）依法申请重新刻制公章并备案；

（五）发布新刻制公章启用通知，做好新公章移交、保管和启用工作。

第四章　公章的管理者

第十七条　公司法定代表人是公章管理第一责任人。除非股东会、董事会明确要求外，或者公司章程另有规定外，在没有公司决议变更法定代表人的情况下，任何人均不得要求法定代表人移交印章的管理权和使用权。

第十八条　董事会负责对公章管理、保管和使用进行全面监督，可随时委托专人核查公章的管理、保管和使用情况。

第十九条　公司应对公章的管理、保管和使用情况进行完整、翔实、准确的登记，如公章在管理、保管和使用方面发生任何问题，由公章保管人及其直属领导以及相关人员承担责任。

第五章　公章的使用

第二十条　公章的一般使用范围如下：

（一）以公司名义向主管部门报送的请示、报告、公函等，以公司名义向公司下属或子公司下发的文件，以公司名义向外发出的函件；

（二）公司章程；

（三）以公司名义对外签署的合同、协议等（通常也可以使用合同专用章）；

（四）以公司名义颁发的各种证件、证书、聘书等；

（五）以公司名义开具的介绍信和法律文书等；

（六）以公司名义签署的劳动合同；

（七）公司对外的投标材料（在招标方明确要求的情况下）；

（八）其他可以或者应当使用公章的情形。

第二十一条　包括公司法定代表人在内，任何人使用公章均应当填写公章使用申请表，经公司规定程序获得批准后使用。

公章使用申请表至少应当载明以下内容：用印文件用途，加盖公章材料的名称、编号及份数，申请单位名称及经办人姓名和职务，使用时间，是否需要外出及预计的归还时间，等等。

第二十二条 公司应当建立公章使用登记表(公章登记台账),对公章的使用情况进行详细记录,登记表由董事会指定的公章保管人员保管。登记表应当按年登记造册,交由公司行政部门归档。

第二十三条 严禁员工私自将公章带出公司使用。确因工作需要,必须携带公章外出使用的,应当通过公章使用审批程序,经由董事长签字确认,才可以携带外出使用。

申请借出公章于公司外使用的,应当至少有两名公司员工负责公章的管理和加盖,法定代表人本人也不例外。法定代表人将公章带出的,也应当按照规定履行审批程序。

第二十四条 借出公章的人员应当如期并依照公司规定归还公章。经办人在归还公章时应当提供所加盖文件的复印件、电子版扫描件,公章保管人在审验无误后收回公章,双方应当在公章使用登记表上签署姓名和详细时间。保管人将文件复印件、电子版扫描件存档。

第二十五条 公章被借出使用期间,只可用于申请事项对应的文档和份数,不得用于任何其他事项。

第二十六条 任何人均不得将公章加盖于空白的或有涂改痕迹的文件之上。原则上,不允许在未填写完整的材料上加盖公章。

第六章 公章的补刻及销毁

第二十七条 如公章需要补刻,由公章保管人提供说明材料和补刻公章申请书,交由法定代表人审核后,法定代表人向董事会提交上述书面文件。董事会审查无误后应指派专人前往公安机关指定单位补刻公章。

第二十八条 如需要销毁公章,由行政部门出具书面文件,经由董事会审核通过,指令公章保管人返还公章,由董事会指派专人依照公司公章管理办法负责销毁公章。公章销毁后,已加盖公章的文件继续有效。

公章自停用之日起至少应当封存五年。封存五年期满后,董事会有权销毁公章。对于因劳动关系、社会保险、涉法涉诉等业务需要保留的公章,在相关事项未处理完成前不得销毁。

第七章　责　　任

第二十九条　公司所有人员都必须严格依照本办法使用公章,未经批准,不得擅自使用公章。严重违反公司规章制度的行为,包括但不限于以下情形:

(一)未经申请、批准擅自使用公章的;

(二)拒绝归还公章的;

(三)恶意损坏公章的;

(四)盗用公章的;

(五)在白纸上加盖公章的;

(六)私刻公章对外使用的;

(七)其他不妥善管理、使用公章的行为,与前几项情形类似的。

第三十条　公司的任何人员存在严重违反公司规章制度情形的,公司有权解除其劳动合同,并且有权要求该员工赔偿公司遭受的全部损失(包括但不限于实际损失、预期收益、其他损失以及维权花费的所有费用)。相关人员对公司员工的上述行为存在过错的,应当承担相应的法律责任。

第八章　附　　则

第三十一条　本办法没有规定的,依照公司印章管理办法和其他规定处理。

第三十二条　本办法由公司董事会负责解释,从发布之日起施行。

合同专用章管理办法

第一章　总　　则

第一条　为了防范公司在签订合同过程中的用章风险,规范合同专用章的管理和使用,维护公司合法权益,依据《中华人民共和国民法典》和相关法律规定,结合公司实际情况制定本办法。

第二条　本办法适用于公司对外签订各类商业合同(包括但不限于对外投资、合资、合作、采购、销售等)时使用的合同专用章的规范和管理。

第三条 除相关单位另有规定外,本办法适用于公司各部门、全资子公司、控股子公司、分公司、非常设机构的合同专用章的使用与管理活动。相关单位的规定不得与本办法相违背。

第二章 合同专用章的刻制和启用

第四条 合同专用章系公司对外签订各类商业合同所合法刻制并使用的印章。合同专用章应当遵循法律法规所规定的式样。

第五条 合同专用章由公司董事会决议指定/授权专人负责申请刻制。所有合同专用章应在公安机关进行备案公示。公司严禁任何员工未经允许私自刻制、伪造合同专用章。

公司各部门、分公司、非常设机构有经常性使用合同专用章需求的,可以向公司董事会申请刻制合同专用章。是否准许,由公司董事会决定。

合同专用章因为遗失、损毁等需要补刻的,管理人应向董事会提交书面文件,申请补刻,说明补刻原因。董事会审查无误后应指定/授权专人负责合同专用章的补刻工作。

第六条 合同专用章刻制完成后,应当由公司行政部门填写合同专用章启用登记表并经董事长审核批准后,发布合同专用章启用通知后启用。合同专用章启用通知应明确合同专用章全称、启用日期、启用印模,使用单位、使用范围和审批权限等事项,留存好印模以备查,并做好合同专用章领用登记台账。

第七条 公司现有合同专用章3枚,保管单位如下:

1号章,印章编号:______,公司本部,公司法务部保管;保管人______。

2号章,印章编号:______,公司本部,公司采购部保管;保管人______。

3号章,印章编号:______,公司本部,公司财务部保管;保管人______。

第八条 合同专用章应当依照公司相关规定和本办法进行管理,交由专人进行保管。合同专用章刻制完成后,公司应当保存全部申请材料、批准文件和启用文件的原件,或者上述文件的复印件。

第三章 合同专用章的保管、监督和人员管理

第九条 任何一枚合同专用章均应由公司指定专人进行保管。合同专用章保管人应当经过公司董事会决议确定。董事会可以随时变更合同专用章保

管人。合同专用章保管人在收到董事会变更保管人通知后,应当立即、无条件地向董事会返还其保管的合同专用章。

第十条　公司法务部门负责对合同专用章保管人进行管理。董事会可随时监督和核查合同专用章及其保管、使用情况。

合同专用章保管人每月向法务部门报送一次合同专用章使用情况。法务部门每个季度向董事会报送一次合同专用章保管、使用情况。

第十一条　公司应当对合同专用章保管人进行定期培训。定期培训至少每半年进行一次。临时培训由公司另行决定。

第十二条　公司应当对合同专用章的所有保管人的情况进行备案。如果保管人发生变化,公司在审核合同专用章交接文件和相关材料后变更和增加备案内容。

第四章　合同专用章的使用

第十三条　合同专用章的使用应当符合法律法规、公司章程和公司相关制度以及本办法的规定。

第十四条　合同专用章的使用应当与商业合同的审查、审批挂钩。只有在通过所有的审查、审批流程并获得许可后,才能使用合同专用章。

第十五条　合同专用章应当遵照如下程序进行使用:

(一)如因业务需要申请使用合同专用章,申请人应提交拟签订的合同,并应当按照要求完整填写使用合同专用章申请审批表。如董事会指派的部门或人员申请使用合同专用章,申请人还应提供董事会的指派书面文件,同时应当按照要求完整填写使用合同专用章申请审批表。申请部门领导应当签字。

(二)法务部门从法律方面进行风险评估并进行审核。审核不通过的,由申请部门对合同进行修改完善后再次提交法务部门进行审核。

(三)法务部门审核通过后,根据合同管理相关制度,由分管领导和主管领导等进行审批。审批通过的,由合同专用章保管人严格根据公司规定加盖合同专用章。任一阶段审批未通过的,根据问题修改、调整后再重新履行审批流程。

(四)所有商业合同均应在OA系统中履行上述合同专用章的申请和审批流程。用印申请通过全部审批流程的,经办人可以申请用印。

（五）合同专用章的取出、使用和收回的每次完整过程均应当在无死角视频监控下进行。经办人和合同专用章保管人应当填写合同专用章使用登记表，并严格依照公司规定使用合同专用章。

（六）用印的合同（包括纸质版的合同复印件和电子版扫描件）应当依据公司规定进行存档。

第十六条 合同专用章不得携带外出使用。确因工作需要，必须携带合同专用章外出使用的，应当履行携带合同专用章外出使用审批程序，并经由总经理签字确认。

第十七条 合同专用章的完整借出过程至少应当由公司两名员工负责保管、使用和加盖。相关员工应当根据合同专用章使用登记表，如期并依照公司规定归还合同专用章。经办人在归还合同专用章时应当提供所加盖合同的复印件、电子版扫描件，合同专用章保管人在审验无误后收回合同专用章，双方应当在合同专用章使用登记表上签署姓名和详细时间。保管人应当将合同复印件、电子版以及相关资料存档。

第十八条 合同专用章被借出使用期间，只可用于申请事项所对应的文件及份数，不得用于任何其他事项。

第十九条 不得加盖合同专用章的合同包括：

（一）没有经过编号的合同；

（二）没有经过审批流程并获批可以用印的合同；

（三）空白纸张或者留有空白位置待填充的合同；

（四）缺乏授权委托书或者其他相关文件的合同；

（五）劳动合同或者其他不属于商业合同的文件；

（六）其他不得加盖合同专用章的情形。

第二十条 公司杜绝私自盖章、越权盖章的行为。

第二十一条 员工私自刻制或刻制不符要求的合同专用章不得使用。

第五章 合同专用章的保管

第二十二条 合同专用章应当存放在保险箱中。合同专用章的保管应当安全可靠。

第二十三条 合同专用章保管人员必须切实负责。严禁保管人私自委托他人代管。未经领导批准,不得将合同专用章随意放置或转交他人保管。合同专用章保管人员临时请假,应经分管领导批准后指定临时保管人员,并做好保管人员交接记录。

如因工作变动或其他事宜离开岗位,需要将合同专用章移交他人,应当提前向分管领导、总经理和董事会汇报并获准后与新保管人员办理移交手续,同时移交合同专用章,并做好交接记录。

第二十四条　合同专用章应及时维护,确保其完整、清晰、端正。

第二十五条　商业合同用印结束,合同专用章保管人应依照规定收回合同专用章,严格保管。

第二十六条　合同专用章遗失、损毁、被盗等情形出现时,保管人和相关人员应当即时向分管领导、主管领导和总经理等汇报情况,并应依照公司规定采取紧急措施,降低风险,尽可能避免公司遭受损失。

第六章　合同专用章的停用、封存和销毁

第二十七条　有下列情形之一的,合同专用章应当停用:

(一)公司名称发生变动的;

(二)合同专用章损坏的;

(三)合同专用章遗失或被窃,已经履行挂失程序,声明作废的;

(四)依法或者依照公司规定,出现合同专用章应当停用的其他情形的。

合同专用章停用应当经董事长批准,行政部门应当及时将停用合同专用章封存或者销毁。

第二十八条　不论出于何种原因,公司需要封存或销毁合同专用章的,由董事长签署书面文件,指令保管人返还合同专用章,指派专人负责封存或销毁,并完成公告、变更备案等各项程序。

合同专用章封存时间不应短于五年。封存五年期满后,董事会有权销毁合同专用章。对于因劳动关系、社会保险、涉法涉诉等业务需要保留的合同专用章,在相关事项未处理完成前不得销毁。

合同专用章封存或者销毁后,已加盖合同专用章的合同继续有效。

第七章　责　　任

第二十九条　公司全体人员均应遵守本办法的规定，严格按照本办法管理、保管和使用合同专用章，不得越权或私自使用合同专用章。

第三十条　如因保管人对合同专用章管理不善影响公司业务的正常进行，或者保管人对合同专用章出现上述各类非正常情况存在过错的，保管人即属于违反公司规定，应受处罚。

第三十一条　严重违规使用、保管合同专用章的行为包括但不限于以下情形：

（一）未经申请、批准擅自使用合同专用章的；

（二）在申请材料以外的文件中加盖合同专用章的；

（三）拒绝归还合同专用章的；

（四）恶意损坏合同专用章的；

（五）盗用合同专用章的；

（六）在白纸上加盖合同专用章的；

（七）私刻合同专用章对外使用的；

（八）其他不妥善管理、使用合同专用章的行为，与前述情形类似的。

第三十二条　公司员工存在严重违反公司规定情形的，公司有权解除其劳动合同，并且有权要求该员工赔偿公司遭受的全部损失（包括但不限于实际损失、预期收益、其他损失以及维权花费的所有费用）。其他人员对公司员工的上述行为存在过错的，亦应当承担相应的法律责任。

第三十三条　董事会应当定期或者不定期地检查合同专用章的使用情况，对违反使用规定的行为，董事会有权责令改正；因此给公司造成经济损失的，由法务部门提出处理意见，在听取责任人意见的基础上，依法依规进行必要的调整（如确有必要），报分管领导、主管领导和董事会审批后，对责任人进行相应处理。

第八章　附　　则

第三十四条　合同专用章归公司所有，公司董事会拥有合同专用章的最终管理权，除非公司章程另有规定，或者股东会决议另有规定，任何人均不得要求董事会向其交付合同专用章，亦不得限制合同专用章的使用。

第三十五条　本办法适用于公司全体员工。

第三十六条　本办法由公司董事会负责解释,自发布之日起施行。

财务印章管理办法

第一章　总　　则

第一条　为规范公司财务印章的管理和使用,加强财务管理,防范财务风险,结合公司实际,制定本办法。

第二条　本办法适用于财务、税务、银行等方面业务,代表公司使用相关财务印章的规范与管理。

第三条　除相关单位另有规定外,本办法适用于公司各部门、全资子公司、控股子公司、分公司、非常设机构的财务印章的管理与使用活动。法律法规和相关单位的章程等的限制导致相关单位无法直接适用本办法的,相关单位可以根据本办法制定各自单位的财务印章管理办法。相关单位的财务印章管理办法应当与本办法在内容上保持一致。

第四条　公司财务印章管理与使用遵循"权责明确、审批严格、合规使用、妥善保管"的原则。

第五条　本办法所指财务印章主要指财务专用章,作为同往来单位对账及其他与财务事项相关的证明用章。

第六条　财务部门章不属于本办法规定的财务印章范围。

发票专用章、收款专用章等其他涉及财务事项的印章管理与使用应当遵循本办法的规定。公司也可以另行制定发票专用章等专门管理办法。

第二章　财务印章的刻制和启用

第七条　财务印章由公司统一刻制,按以下程序进行:

(一)因工作需要刻制财务印章,由财务部门填写财务印章刻制申请表,上传 OA 平台,经审批后由行政部门持相关手续到公安部门指定刻章单位刻制;

(二)刻制财务印章,应当经公司财务负责人审核,并经总经理和董事长批准;

(三)财务印章名称应当依法确定,并应当使用全称和法定名称,不得使用简称;

(四)财务印章刻制完毕,财务部门向行政部门申领启用并登记备案;

(五)确有需要的,同一内容财务印章可以刻制多枚,但要标注编号,要有公司明确的授权。

第八条 分公司、非常设机构因业务开展需要刻制财务印章的,可以向公司董事会申请刻制。是否准许,由公司董事会决定。

第九条 财务部门对公司财务印章的保管、使用负责,负责草拟财务印章管理制度/办法,负责对财务印章的刻制、保管与使用进行监督管理。其他部门及个人均无权申请刻制财务印章。

第十条 财务印章刻制完成后,应当由公司行政部门填写财务印章启用登记表并经公司财务负责人、总经理审核批准后,发布财务印章启用通知后启用。财务印章启用通知应明确财务印章全称、启用日期、启用印模,使用单位、使用范围和权限,留存好印模以备查,并做好财务印章领用登记台账。

第十一条 公司现有财务专用章2枚,保管单位如下:

1号章,印章编号:______,公司本部,公司财务部保管;保管人:______。

2号章,印章编号:______,分公司,分公司财务部保管;保管人:______。

公司现有其他财务印章为:______;保管单位:______。

第三章 财务印章的监督、人员管理和培训

第十二条 公司董事会负责对财务印章保管和使用进行监督,可随时核查财务印章的使用情况。

财务印章保管人每月向财务部门报送一次财务印章使用情况。财务部门每个季度向董事会报送一次财务印章使用情况。

第十三条 公司应置备专门的财务印章保管人员名册,说明财务印章刻制时间、内容、领取和启用时间、具体保管人等,由公司行政部门和财务部门各保留一份,保管人、财务印章发生变化时应对名册进行更新。

第十四条 公司应当对财务印章保管人进行定期培训。定期培训至少每半年进行一次。公司可以根据具体情况,随时对财务印章保管人进行不定期培训。

第四章 财务印章的使用

第十五条 使用财务印章应办理批准手续，严格登记。

（一）日常财务活动使用财务印章，实行授权制，由董事会授权相关人员严格按照财务印章管理要求使用；

（二）非日常财务活动使用财务印章，实行审批制，由申请人填写财务印章用印申请表，说明用印的理由、用印材料名称、财务印章类型以及申请人等，经部门领导批准，并经财务负责人和总经理审批后，由财务印章保管人员加盖。

第十六条 财务印章保管人对财务印章的使用情况负责。

（一）使用财务印章必须基于发生的真实、合法、手续完备的财务业务，财务印章保管人加盖印章时，必须认真审查财务业务的真实性和合理性。

（二）财务印章保管人员应当对用印材料内容填写是否完整、是否与审批用印内容一致、一式多份的用印材料内容填写是否一致等进行认真审核，并有权拒绝对不合规定的、不规范的业务文件、票据等加盖印章。

（三）财务印章保管人员应当按照批准的用印文件的份数加盖印章，用印时应当位置恰当、文字端正、图形清晰，错盖的文件一律当场实行销毁处理。

（四）财务印章保管人员保管、领取、使用和放回印章时均应当处于无死角视频监控范围之内，做到章在人在，使用完毕立即妥善保管，禁止随意摆放。

（五）财务部门应当置备专门的财务印章使用登记册，保管人对于财务印章的每一次使用均应置册备案，记载财务印章的使用时间、所加盖的文件、对应的业务内容、用章申请人及实际使用人。

（六）禁止非财务事项加盖财务印章，禁止在各类担保证明上加盖财务印章，禁止在要素不全、内容不完整的文件、材料上加盖财务印章；严禁为空白的支票、发票、收据、函件、表格和合同等文件、材料加盖财务印章。

第十七条 财务印章严禁外借。因特殊事项确需携财务印章外出的，必须办理财务印章借用审批表，应当通过用章使用审批程序，并经由董事长签字确认，才可以携带外出使用。

第十八条 财务印章借出，至少应当由公司两名员工负责财务印章的保管、使用和加盖。相关员工应当根据财务印章使用登记表，如期并依照公司规定归还财务印章。经办人在归还财务印章时应当提供所加盖材料的复印件、电子版扫描件,保管人在审验无误后收回财务印章,双方应当在财务印章使用登记表上签署姓名和日期、具体时间。保管人将有关材料复印件、电子版存档。

财务印章被借出使用期间,只可用于申请事项和批准份数的材料,不得用于任何其他事项,不得有任何越权使用行为。

第五章 财务印章的保管

第十九条 财务印章刻制完成后,由董事会指定财务部门专人保管。

第二十条 财务印章必须安全保管,保存在指定保险柜中。

第二十一条 财务人员离职或者换岗时,应当依照公司规定办理好财务印章交接手续,填写财务印章交接单,交接财务印章及相关资料,交接资料中应记录交接人员、监交人员、交接地点、具体时间、枚数、每个财务印章的名称等相关事项,并在相应位置加盖所交接印章的印模。

第二十二条 财务印章遗失、损毁、被盗等情形出现时,保管人、相关人员应当即时向公司行政部门、分管领导、总经理等汇报情况,并应依照公司规定采取紧急措施,避免公司遭受损失。

第六章 财务印章的停用、更换及销毁

第二十三条 有下列情形之一的,财务印章应当停用:

(一)公司名称发生变动的;

(二)公司财务印章损坏的;

(三)财务印章遗失或被窃,已经履行挂失程序,声明作废的;

(四)依法或者依照公司规定,应当停用的。

财务印章停用应当经董事长批准,行政部门应当及时将停用的财务印章封存或者销毁。

第二十四条 需要更换财务印章时,财务部门应提前做好有关准备工作,确保及时更换银行预留印鉴和通知各有关单位续办与财务印章相关的各类业务。

第二十五条 需要重新刻制财务印章的,应当按照本办法第二章规定申请刻制并启用新印章,原印章应交公司行政部门封存并登记备案。

第二十六条　财务印章需要销毁时，财务部门应填写财务印章销毁申请表，经董事会批准后，由行政部门负责前往公安部门的窗口缴销，或者按照当地的规定处理。

第二十七条　已加盖原财务印章但尚未对外使用的文件等均作废处理，并应当按照公司规定的方式收回销毁。上述文件的销毁记录应当保留完好，销毁人应当签署姓名和日期。

第七章　禁止行为和罚则

第二十八条　在财务印章保管、使用中禁止以下行为：

（一）未经允许，擅自刻制、变更、注销财务印章的；

（二）其他部门和个人以任何名义刻制财务印章的；

（三）任何人以任何名义复制公司财务印章的；

（四）为空白纸张、各种空白文档加盖财务印章的；

（五）未经审批，私自携带财务印章外出的；

（六）其他部门或个人未经审批使用财务印章的；

（七）未按本办法要求及时提供财务印章变动信息的；

（八）其他违反国家法律法规和公司制度的、与前述情形类似的。

第二十九条　保管和使用财务印章的相关人员应当恪尽职守，确保真实严格、规范安全地保管和使用财务印章。对违反本办法的，视情节轻重追究单位负责人、财务负责人和直接责任人的责任，由公司给予相应处理。

第三十条　对违反本办法的情形，且给公司造成经济损失的，相关人员应当按照公司规定按份/连带承担全部或部分赔偿责任。有犯罪嫌疑的，移交有关机关依法追究刑事责任。

第八章　附　　则

第三十一条　本办法自发布之日起生效。

第三十二条　本办法由财务部门负责解释。

发票专用章管理办法

第一章 总 则

第一条 为规范公司发票专用章的使用和管理，保证发票开具符合企业业务开展实际及法律法规规定，防范公司税务和其他各类风险，依据《中华人民共和国发票管理办法》《中华人民共和国发票管理办法实施细则》《关于发票专用章式样有关问题的公告》以及公司章程等，结合企业实际制定本办法。

第二条 发票专用章应加盖于公司所开立的各种发票之上，包括但不限于增值税专用发票、增值税普通发票、增值税电子专用发票、增值税电子普通发票、定额发票以及税务机关发放的各类卷式普通发票等。

第三条 除相关单位另有规定外，本办法适用于公司各部门、全资子公司、控股子公司、分公司、非常设机构的发票专用章的使用与管理活动。法律法规和相关单位的章程等的限制导致相关单位无法直接适用本办法的，相关单位可以根据本办法制定各自单位的发票专用章管理办法。相关单位的发票专用章管理办法应当与本办法在内容上保持一致。

第四条 本办法所称发票专用章是指公司在开具发票时加盖的有公司名称、统一社会信用代码（税号）、发票专用章字样的印章。

第二章 发票专用章的刻制

第五条 发票专用章由财务部门申请，经董事会批准后由公司统一刻制，公司董事会授权专人负责发票专用章的刻制工作。经办人应当在公安部门指定的刻制单位刻制发票专用章。

第六条 发票专用章的式样须符合《关于发票专用章式样有关问题的公告》之规定，且公司使用的全部发票专用章均应当在公安部门进行备案。

第七条 发票专用章刻制完成后，应当由公司行政部门填写发票专用章启用登记表并经公司董事长审核批准后，发布发票专用章启用通知后启用。发票专用章启用通知应当明确发票专用章全称、启用日期、启用印模，使用单位、使用范围和权限、管理人等事项，留存好印模以备查，并做好发票专用章领用登记台账。

第三章　发票专用章的管理

第八条　发票专用章归公司所有，由董事会确定财务部门专人作为发票专用章管理人。非经股东会/董事会的同意，任何人均不得剥夺管理人对发票专用章的管理权。

第九条　公司财务人员负责从税务机关领购并保管发票。任何人不得私自印制、伪造或者变造发票。非经合法途径获得的发票不得使用，在任何情况下均不得申请使用发票专用章。

第十条　发票专用章管理人不得保管发票。发票与发票专用章在保管和使用上应当互相分离，发票专用章的管理人与使用人不应当为同一人。

第十一条　发票专用章的保管必须安全可靠，存放在保险箱中。发票专用章与发票的保管和使用的区域应该完全处于无死角视频监控范围内。

第十二条　发票专用章管理人必须切实负责，严禁管理人私自委托他人代管。未经领导批准，不得将发票专用章随意放置或转交他人保管。管理人因故临时请假，应经分管领导批准后指定临时保管人员，并做好交接记录。发票专用章交接记录（交接单）应当按照规定填充完整。

发票专用章管理人如因工作变动或者其他事由离开岗位，需要将发票专用章移交他人的，应提前向分管领导和主管领导汇报并获准后与董事会指定的新管理人办理移交手续并及时移交发票专用章。发票专用章交接单应当翔实填写，并备案留存。

第十三条　发票专用章应及时维护，确保其清晰、端正。

第十四条　发票专用章遗失、损毁、被盗等情形出现时，保管人、相关人员应当即时向行政部门、分管领导和总经理等汇报情况，并应依照公司规定采取紧急措施，避免公司遭受损失。

第十五条　公司财务部门负责监督发票专用章的管理和使用。董事会可以定期检查或随时指派专人抽查发票专用章的保管和使用情况。

第十六条　公司应当对发票专用章管理人进行定期培训。定期培训至少每半年进行一次。

第四章　发票专用章的使用

第十七条　任何人在需要使用发票专用章时均须在OA办公系统中提交书面申请。

第十八条　使用发票专用章的申请材料应当包括公司与相对方签订合同的复印件或扫描件，合同应注明合同价款支付的时间和方式。如果相对方已经支付价款，申请人还应提供付款凭证的复印件或扫描件，管理人应当妥善保管申请人提交的纸质版或电子版材料。财务部门可以在相对方付款之前开具发票，但是在没有任何基础材料时，财务部门不得开具发票。

第十九条　对于合同未注明合同价款支付时间或方式的，或者申请人提交申请时相对方未满足合同价款支付条件的，申请人应提供其所在部门负责人出具的经过法务部门审核通过的书面说明。不能出具上述书面说明的，财务部门应当拒绝开具发票。

第二十条　在申请材料审查完毕后，财务部门出具载明对方单位、相应产品/服务内容、金额、数量的发票，发票专用章管理人方可盖章。管理人严禁在空白的发票上加盖发票专用章。

第二十一条　如果申请人提交的合同明显不符合公司主营业务，却要求开具发票，发票专用章管理人和发票管理人应当就该合同是否可以开具发票向财务部门负责人进行请示，财务部门负责人应当向申请人所在部门进行确认，并经过法务部门审核和总经理批准后，方可开具发票。

第二十二条　如申请人提交申请时合同相对方并未实际支付账款，在发票开具及盖章之后管理人应予以记录，并就账款未付事宜向财务部门负责人报告，后者应就该笔未付账款进行登记和备案。填开发票必须在发生经营业务、确认营业收入时进行。未发生经营业务一律不准开具发票。

第二十三条　管理人在加盖发票专用章前，应明确审核发票内容，确保发票记载的单位、货物或服务、发票金额、数量与合同约定相符，且发票税率符合法律法规规定。

第二十四条　管理人加盖发票专用章时，应确保盖章位置的正确与合理、印痕清晰明确，不得影响发票金额及税额等相关信息的呈现。

第二十五条　管理人应妥善保管发票专用章，不得擅自出借、携带外出。

确因业务需要，必须携带发票专用章外出使用的，应当通过使用审批程序，并经由董事长签字确认，才可以由二人以上携带外出使用。发票专用章被携带外出期间，不得仅由一人保管和使用，应当始终由二人以上共同保管和使用。

第二十六条　发票专用章被借出使用期间，只可用于申请事项，不得用于任何其他事项，不得在任何方面被越权使用。

第二十七条　公司应当建立发票专用章使用台账，记载每次发票专用章的使用情况，包括但不限于发票编号、金额、税额、应税货物或服务的名称、发票对应的合同名称、对方单位名称及合同编号、发票对应的记账凭证编号。

第二十八条　管理人负责填写发票专用章使用台账，财务人员对发票信息的真实性和准确性承担责任。

第二十九条　公司董事会负责对发票专用章台账进行审核查验，可以进行定期、不定期的核查。

第五章　发票专用章的补刻及销毁

第三十条　如发票专用章需要补刻的，管理人应向财务部门负责人提交书面说明，财务部门向董事会提交补刻发票专用章的申请，并说明原因。董事会审查无误后，应指派专人前往公安机关指定刻章单位办理发票专用章补刻手续。

第三十一条　如出于任何原因，公司需要封存或销毁发票专用章，由董事会出具书面文件，指令管理人返还印章，并指派专人负责封存或销毁。发票专用章封存或销毁后，已开立的发票继续有效。

第六章　责　　任

第三十二条　公司所有人员都必须严格依照本办法使用发票专用章，未经批准，不得擅自使用。使用、保管发票专用章不当的行为包括但不限于以下情形：

（一）未经允许擅自在空白发票上盖章的；

（二）在明显伪造、变造、私自印制的发票上盖章的；

（三）财务人员申请盖章发票的金额、数量、货物/服务与合同规定不符的；

（四）没有合理的基础材料支撑，出具发票的；

（五）所盖章发票记载的服务或货物交易并未实际发生，财务人员对此未尽审查义务的；

（六）拒绝归还发票专用章的；

（七）恶意损坏发票专用章的；

（八）其他未严格保管、使用发票专用章的情形的。

第三十三条 保管和使用发票专用章的相关人员应恪尽职守，确保真实严格、规范安全地使用发票专用章。

第三十四条 对违反本办法的行为，视情节轻重追究单位负责人、财务负责人和直接责任人的责任，由公司给予相应的处理。给公司造成经济损失的，相关人员应当承担全部或部分赔偿责任。涉嫌犯罪的，移交有关机关，依法追究刑事责任。

第七章 附 则

第三十五条 本办法从发布之日起施行。

第三十六条 本办法由公司财务部门负责解释。

电子印章管理办法

第一章 总 则

第一条 为进一步加强公司办公信息化管理，规范电子印章在电子公文及其他材料中的使用和管理，保证文件资料传输的安全、合法、高效，提高办公信息化水平，根据有关法律法规规定，结合实际，制定本办法。

第二条 电子印章是采用数字密码技术、结合数字证书和模拟传统实物印章的图形化电子签名。电子印章以电子形式存在，依附在电子文件之上，并与其逻辑关联，可用来辨识电子文件签署者的身份，同时能够保证签署的文件内容的完整性，并表示签署者同意电子文件陈述的内容。

第三条 本办法所规定的电子印章主要包括公司、公司各部门和下属各分公司公章、法定代表人人名章、合同专用章、财务专用章、发票专用章、各部门印章等实物印章对应的电子印章。

第四条　电子印章既可以用于公司内部往来正式文件、函件、报告、请示及报表资料等,也可以用于对外报送的正式文件、函件及合同文本等。法律法规规定不得使用电子印章的文件,不得使用电子印章。

第五条　电子印章和实物印章具有同等法律效力。加盖电子印章的文件材料合法有效,法律法规明确规定电子印章不适用的情形除外。加盖电子印章的电子材料,经过打印或者其他电子格式转换的,视同复印件。

加盖电子印章的公文经系统确认后与加盖实物印章的纸质公文具有同等法律效力。但该电子公文的任何形式的电子格式转换稿、非经合法认证的打印稿或复印稿,不具备相同法律效力。

第六条　本办法适用于公司各部门、全资子公司、控股子公司、分公司、非常设机构的电子印章的使用与管理活动。法律法规和相关单位的章程等的限制导致相关单位无法直接适用本办法的,相关单位可以根据本办法制定各自单位的电子印章管理办法。相关单位的电子印章管理办法应当与本办法在内容上保持一致。

第二章　电子印章的管理

第七条　公司电子印章均由公司董事会委托或指派专人申请制作,电子印章的式样应当与对应的实物印章保持一致。

第八条　各部门如需新增、变更或销毁电子印章,须向行政部门提出正式申请,经董事会批准后统一办理。

第九条　电子印章密钥盘是电子印章管理系统的重要安全部件,应当指定专人保管,根据电子印章本身的特点,并参照实物印章有关规定加强管理,确保安全。

第十条　电子印章密钥盘应当由电子印章管理人在全程无死角的监控下使用。非经合规审批的文件不得加盖电子印章。电子印章密钥盘在非使用状态时应当被安全地锁定在保险柜或者抽屉中。

第十一条　电子印章管理人应当具备适合的电脑技术。使用电子印章的电脑应当安装杀毒软件等保护程序,不使用时,电脑应当关机。管理人员短暂离开电脑时,应当将电脑锁定。

第十二条　电子印章的保护口令应严格保密,并由持有人或保管人定期修改。电子印章的保护口令应即时提交董事会备案。

第十三条 电子印章相关设备、存储介质等遗失或遭到破坏，电子印章管理人应立即向公司行政部门、分管领导和总经理等报告，并向行政部门提出书面注销和重新办理申请，经董事会批准后按本办法规定重新办理。

第三章 电子印章的使用

第十四条 电子印章的使用应当遵循谨慎使用、严格审批的原则，与对应实物印章使用流程、审批程序保持一致。

第十五条 公司应当根据数字化办公系统操作指引，定期、不定期对行政部门、电子印章管理人和相关人员进行电子印章管理和使用等方面的培训。

第十六条 电子印章应当由电子印章管理人员操作使用。电子印章管理人不在公司的，由董事长/总经理指定两名员工负责暂时管理和操作电子印章。受指派的员工应互相监督，不得修改、盗用电子印章的密码。

第十七条 电子印章应当在安全的环境下使用。电子印章管理人员不得随意将电子印章密钥盘交于他人或放置在不安全之处。严禁将电子印章随意复制到电脑、U 盘、移动硬盘或者存储卡等存储设备中。

第十八条 电子印章使用登记发生冲突的，以系统后台自动记录为准。

第四章 电子印章的监督

第十九条 公司董事会授权法务部门监督电子印章的管理和使用，负责公司电子印章使用的指导和监督工作。

第二十条 各部门应当严格遵守电子印章管理办法，如有软件及硬件方面的问题应立即上报公司。违法、违规处理造成公司损失的，公司有权要求相关人员赔偿损失。

第二十一条 公司法务部门应当定期、不定期对电子印章存储、保管情况进行检查，以防止出现电子印章管理或使用不当等情形发生。

第二十二条 为保障公司各类电子文件传输的安全性，加盖公司电子印章的电子文件一律采用公司内部办公系统或公司邮箱进行传递，不得以微信、短信等形式进行传达。

第五章　信息安全

第二十三条　信息安全实行总经理负责制，由公司行政部和法务部作为电子印章系统信息安全的共同责任部门，各司其职，负责建立完善的信息安全保障制度，采取必要措施，共同确保电子印章相关信息安全。

第二十四条　所有与电子印章相关的信息和数据应当拥有可靠的数据存储、备份、恢复和审计机制。

第六章　责　　任

第二十五条　所有电子印章管理人员应当严格按照相关法律法规及本办法妥善管理和使用电子印章。若因管理不慎造成一切后果，相关人员及部门主要领导承担相应的法律责任。

第二十六条　电子印章及操作软件的所有权/使用权归公司所有，除电子印章管理人外，任何人未经许可不得使用，也不得授权、允许任何第三方使用，或向第三方泄露有关软件知识产权的任何信息，否则即被视为严重违反公司规章制度，除要求相关责任人赔偿外，公司有权解除相关责任人的劳动合同。

第二十七条　公司在软件提供方的协助下，可随时暂停、终止电子印章软件的使用，未经公司允许，任何人均不得复制、删除电子印章软件，否则，被视为严重违反公司规章制度，公司亦有权追究其相应的法律责任。

第七章　附　　则

第二十八条　本办法没有规定的，依照公司印章管理办法和其他规定处理。

第二十九条　本办法自发布之日起执行。

第三十条　本办法由董事会负责解释。

第三节　印章管理文书范本①

印章申请刻制/重新刻制审批表

编号：

<table>
<tr><td>申请部门/单位</td><td></td><td>经办人</td><td></td><td>申请日期</td><td>年　月　日</td></tr>
<tr><td>印章类型</td><td colspan="5">□单位公章 □合同专用章 □财务专用章 □发票专用章 □个人名章
□分公司印章 □部门印章 □电子印章 □其他　　（打√）</td></tr>
<tr><td>印章名称/内容</td><td colspan="5"></td></tr>
<tr><td rowspan="2">印章刻制状况</td><td>□初次
□复次（第　次）</td><td>印章材质</td><td></td><td>印章数量</td><td></td></tr>
<tr><td>印章字体</td><td colspan="2"></td><td>印章形状</td><td></td></tr>
<tr><td rowspan="3">申请理由</td><td colspan="5">□新刻制，刻制原因：</td></tr>
<tr><td colspan="5">□原章损坏，损坏原因：</td></tr>
<tr><td colspan="5">□其他</td></tr>
<tr><td>使用范围</td><td colspan="5"></td></tr>
<tr><td>管理人</td><td colspan="2"></td><td>管理权限</td><td colspan="2"></td></tr>
</table>

① 本节内容为笔者整理而成，仅供读者参考。

续表

部门负责人意见	意见： 签名：　　　　年　月　日
合规部门意见	意见： 签名：　　　　年　月　日
行政意见	意见： 签名：　　　　年　月　日
总经理意见	意见： 签名：　　　　年　月　日
董事会意见	意见： 签名：　　　　年　月　日
备注	

印章领用登记表

<table>
<tr><td colspan="4">一、印章领用人信息</td></tr>
<tr><td>姓名</td><td></td><td>领用日期</td><td></td></tr>
<tr><td>职务</td><td></td><td>联系电话和微信</td><td></td></tr>
<tr><td>领用人签字</td><td>年 月 日</td><td>领用事由</td><td></td></tr>
<tr><td colspan="4">二、领取印章信息</td></tr>
<tr><td>印章类型</td><td>印章名称/内容</td><td>印章编号</td><td>印章保管单位</td></tr>
<tr><td></td><td></td><td></td><td></td></tr>
<tr><td></td><td></td><td></td><td></td></tr>
<tr><td colspan="4">三、领用时间和停用时间</td></tr>
<tr><td colspan="2">开始领用时间：
年 月 日
停止使用时间：
年 月 日
□待定（打√）</td><td colspan="2"></td></tr>
<tr><td colspan="4">四、预留印模</td></tr>
<tr><td colspan="4">五、见证人信息</td></tr>
<tr><td>姓名</td><td></td><td>见证日期</td><td></td></tr>
<tr><td>职务</td><td></td><td>联系电话</td><td></td></tr>
<tr><td>见证人签字</td><td colspan="3">年 月 日</td></tr>
</table>

印章启用通知

印章启用文号：

公司各部门、各分公司及各子公司：

根据《印章管理办法》(________年版)的规定，现公司启用印章________枚,印章入网编号为____________。该印鉴由公司行政部门管理,印章的管理人为____________和____________二人。

自________年____月____日____时起,启用本通知的印章。

启用印章详细情况如下：

印章名称				印模
印章材质		规格		
启用单位				
启用时间				
启用文号				
领用单位				
领取人				
保管人				

特此通知！

公司名称：

年　月　日

使用印章申请和审批表

编号：

<table>
<tr><td>申请单位/个人</td><td colspan="2"></td><td>申请日期</td><td colspan="2">年　月　日</td></tr>
<tr><td>经办人</td><td colspan="2"></td><td>联系方式</td><td colspan="2"></td></tr>
<tr><td>材料名称</td><td colspan="3"></td><td>页码和份数</td><td></td></tr>
<tr><td>材料用途和概要</td><td colspan="5"></td></tr>
<tr><td>印章名称</td><td colspan="3"></td><td>用印张次</td><td></td></tr>
<tr><td>材料送往单位</td><td colspan="5"></td></tr>
<tr><td>用印事由
（详细填写）</td><td colspan="5"></td></tr>
<tr><td>申请部门
负责人签字</td><td colspan="5">年　月　日</td></tr>
<tr><td>法务部门领导
审批签字</td><td colspan="5">年　月　日</td></tr>
<tr><td>单位分管领导
审批签字</td><td colspan="5">年　月　日</td></tr>
<tr><td>单位主管领导
审批签字</td><td colspan="5">年　月　日</td></tr>
<tr><td>备注</td><td colspan="5"></td></tr>
</table>

使用印章申请审批存根

序号	
材料名称 页码及份数	
用印类型	□公章 □合同专用章 □财务专用章 □发票专用章 □人名章 □其他（打√）
申请人	年　月　日
经办人	年　月　日
审核人签字	年　月　日
审核时间	年　月　日

合同会签表

单位：　　　　　　　　　　　　　　　　　日期：

合同名称		合同编号	
甲方			
乙方			
丙方			
丁方			
其他当事人			
项目	合同签署说明和意见		
项目说明	经办人签名： 年　月　日		

续表

项目负责人意见	签名： 年 月 日
财务部门意见	签名： 年 月 日
法务部门意见	签名： 年 月 日
总经理意见	签名： 年 月 日
董事会意见	签名： 年 月 日
股东会意见	签名： 年 月 日

注：1. 项目部门应提前提交审批，保证整个审批流程在16个工作小时内完成。

2. 申请合同会签的相关资料须提交一份复印件/扫描件，留存在法务部门。

3. 项目负责人是本项目第一责任人，必须保证项目合法合规。

4. 所有部门和个人应当严格遵守法律规定，不得有任何违法违规情形。

紧急使用印章登记表

编号：

申请单位/个人		申请日期	年　月　日
经办人		联系方式	
材料名称		页码和份数	
材料用途和概要			
用印事由（详细填写）			
紧急情况说明			
印章名称		用印张次	
材料送往单位			
特别审批程序说明			
申请部门负责人签字	年　月　日		
特别审批程序领导签字	年　月　日		
分管领导补签确认	年　月　日		
主管领导补签确认	年　月　日		
备注			

印章使用登记表（印章使用台账）

序号	日期	印章名称	用章部门/个人	文件（资料）名称	发往单位（部门、个人）	用途	用印份数和张次	用印位置	审批人	用章人/经办人	盖印人	监印人	留存附件（页）	备注

注：1. 本表由申请用章人（单位）/经办人在 OA 系统中履行完整的用章审批流程，并持“申请使用印章审批单（表）”到行政部门签字后方可用印。

2. 本表填写必须准确、清晰、详细。

3. 本表“文件（资料）名称”栏的填写须依申请用印材料内容明细填写，不能笼统归纳。

4. 用章复印件/扫描件应当附随申请使用印章审批单（表）留存归档。

印章和相关资料交接单

单位名称：

<table>
<tr><td colspan="5">一、印章移交人信息</td></tr>
<tr><td>姓名</td><td></td><td>所属部门</td><td colspan="2"></td></tr>
<tr><td>职务</td><td></td><td>联系方式（电话和微信）</td><td colspan="2"></td></tr>
<tr><td>移交人签章</td><td></td><td>移交时间</td><td colspan="2">年　月　日　时　分</td></tr>
<tr><td colspan="5">二、印章接收人信息</td></tr>
<tr><td>姓名</td><td></td><td>所属部门</td><td colspan="2"></td></tr>
<tr><td>职务</td><td></td><td>联系方式（电话和微信）</td><td colspan="2"></td></tr>
<tr><td>接收人签章</td><td></td><td>接收时间</td><td colspan="2">年　月　日　时　分</td></tr>
<tr><td colspan="5">三、印章信息</td></tr>
<tr><td>印章号</td><td>印章名称</td><td>印章类别</td><td>数量</td><td>备注</td></tr>
<tr><td></td><td></td><td></td><td></td><td></td></tr>
<tr><td></td><td></td><td></td><td></td><td></td></tr>
<tr><td></td><td></td><td></td><td></td><td></td></tr>
<tr><td colspan="5">交接印章印样</td></tr>
<tr><td colspan="5"></td></tr>
<tr><td colspan="5">四、印章监交人信息</td></tr>
<tr><td>姓名</td><td></td><td>监交时间</td><td colspan="2">年　月　日　时　分</td></tr>
<tr><td>职务</td><td></td><td>联系方式（电话和微信）</td><td colspan="2"></td></tr>
<tr><td>监交人签章</td><td colspan="4"></td></tr>
<tr><td colspan="5">五、相关资料</td></tr>
<tr><td colspan="5"></td></tr>
<tr><td colspan="5">六、备注</td></tr>
<tr><td colspan="5"></td></tr>
</table>

注：1. 印章保管人变动时应当办理交接手续，并填写此表。
2. 印章保管人办理交接手续时应当将印章所有相关资料与印章同时移交。
3. 印章要填写全称，相关资料要清晰、完整，每份材料应当写明页数、份数等。
4. 本表一式四份，移交双方和监交方各执一份，行政部门存档一份。

印章借出使用登记表

印章名称			
印章类型	□单位公章 □合同专用章 □财务专用章 □发票专用章 □个人名章 □分公司印章 □部门印章 □电子印章 □其他 （打√）		
申请部门		申请日期	年 月 日
外借事由		用途	
借用印章事项摘要			
拟用印文件名称和份数		用印数量	
使用地点		用印文件发送单位	
拟借出时间	年 月 日 时 分	拟归还时间	年 月 日 时 分
经办人签字	年 月 日		
部门审批		分管领导审批	
总经理审批		董事长审批	
借出人	年 月 日 时 分	借出监督人	年 月 日 时 分
印章使用情况说明			
归还时间	年 月 日 时 分	归还人	年 月 日
接收人	年 月 日	接收监督人	年 月 日
备注			

合同用印统计表

序号	合同名称和内容概括	用印类别	用印日期	经办人	经办部门意见	法务部门意见	分管领导意见	总经理意见	份数	备注

注：1. 审批流程应当在 OA 系统中进行。
2. 此表由印章保管人填写。
3. 用印的相关材料应当与此登记表一起存档。

印章保管登记表

<table>
<tr><td>印章名称</td><td colspan="2"></td><td rowspan="7">印模</td><td colspan="2" rowspan="7"></td></tr>
<tr><td>刻制日期</td><td colspan="2"></td></tr>
<tr><td>刻制单位</td><td colspan="2"></td></tr>
<tr><td>印章数量</td><td colspan="2"></td></tr>
<tr><td>备案情况</td><td colspan="2">□市监备案
□公安备案</td></tr>
<tr><td>启用日期</td><td colspan="2"></td></tr>
<tr><td>保管单位</td><td colspan="2"></td></tr>
<tr><td colspan="6">保管人变更登记</td></tr>
<tr><td>变更时间</td><td colspan="2">交章人</td><td colspan="2">监交人</td><td>接收人/保管人</td></tr>
<tr><td>年 月 日
时 分</td><td colspan="2"></td><td colspan="2"></td><td></td></tr>
<tr><td>年 月 日
时 分</td><td colspan="2"></td><td colspan="2"></td><td></td></tr>
<tr><td>年 月 日
时 分</td><td colspan="2"></td><td colspan="2"></td><td></td></tr>
<tr><td>年 月 日
时 分</td><td colspan="2"></td><td colspan="2"></td><td></td></tr>
<tr><td colspan="6">封存和销毁</td></tr>
<tr><td>封存/销毁时间</td><td colspan="2">年 月 日
时 分</td><td>保管人
签字</td><td colspan="2">年 月 日</td></tr>
<tr><td>封存/销毁人签字</td><td colspan="2">年 月 日</td><td>见证人
签字</td><td colspan="2">年 月 日</td></tr>
</table>

印章废止(停用)审批表

申请单位			
经办人		申请日期	年　月　日
印章类别	□单位公章 □合同专用章 □财务专用章 □发票专用章 □个人名章 □分公司印章 □部门印章 □电子印章 □其他　（打√）		
处置方式	□废止　□停用　（打 √ ）		
废止(停用)印章名称			
废止(停用)事由			
废止印章式样			
部门审核	年　月　日		
主管领导审核	年　月　日		
总经理审核	年　月　日		
董事长审核	年　月　日		
备注			

印章封存/销毁登记表

编号：　　　　　　　　　　　　　　　　　　　　　　日期：　　年　月　日

印章名称		数量	
制发日期		启用日期	
保管/使用单位		印章编号	
申请封存/销毁单位意见	年　月　日	印章保管/使用部门意见	年　月　日
总经理意见	年　月　日	董事长意见	年　月　日
审批机关意见	年　月　日	报备机关	年　月　日
交章人签字	年　月　日	接收人签字	年　月　日
封存/销毁原因			
处理方式	□封存　□内部销毁　□外部机构销毁　（打√）		
封存时间	年　月　日	销毁时间	年　月　日
外部销毁机构名称			
印模		封存人/销毁人	签字： 年　月　日
		监督封存人/监督销毁人	签字： 年　月　日

现有印章一览表

序号	印章类型	印章名称	印章编号	申请刻制单位	刻制时间	启用时间	管理部门	管理人	当前状态	备注

注：1. 本表系行政部门对公司现有各种印章汇总制表，对各种印章的保管和使用情况要清楚列明，便于查询。

2. 本表应当配有各种印章的印模。

3. “当前状态”指“正常使用”“丢失”“封存”“销毁”等。

印章作废声明

公司各部门、各分公司及各子公司：

因____________________________原因，自______年____月____日____时起，本公司原________________________章（编号：　　　　　　　　）现声明作废。

作废印章详细情况如下：

印章名称				印模
印章材质		规格		
启用单位				
启用时间				
启用文号				
领用单位				
领取人				
保管人				

特此通知！

公司名称：

年　月　日

印章内部备案登记表

<table>
<tr><td>印章名称</td><td></td><td>备案单位</td><td></td></tr>
<tr><td>制发单位</td><td></td><td>印章类型</td><td></td></tr>
<tr><td>启用日期</td><td></td><td>交章人签名</td><td>年　月　日</td></tr>
<tr><td>保管部门</td><td></td><td>接收人签名</td><td>年　月　日</td></tr>
<tr><td>使用范围</td><td></td><td>监交人签名</td><td>年　月　日</td></tr>
<tr><td>备案类型</td><td colspan="3">□新章启用　□旧章换新　□其他
□更换保管人(打√)</td></tr>
<tr><td>行政部门签名</td><td>年　月　日</td><td rowspan="5">印
模</td><td rowspan="5"></td></tr>
<tr><td>法务部门签名</td><td>年　月　日</td></tr>
<tr><td>分管领导签名</td><td>年　月　日</td></tr>
<tr><td>总经理签名</td><td>年　月　日</td></tr>
<tr><td>董事长签名</td><td>年　月　日</td></tr>
<tr><td>备案日期</td><td></td><td>用章电话</td><td></td></tr>
<tr><td>说明</td><td colspan="3">1. 印章保管人和保管单位应当严格遵守公司印章管理办法。
2. 印章保管人工作变动时，应经董事长审批后办理交接。在交接具体时间之后，印章保管和用印均由接收人负责。
3. 印章内部备案登记表由行政部门保管。</td></tr>
<tr><td>备注</td><td colspan="3"></td></tr>
</table>

印章保管和使用情况检查表

编号：

<table>
<tr><td>被检查单位</td><td></td><td>保管人</td><td></td></tr>
<tr><td>检查印章名称</td><td></td><td>检查时间</td><td></td></tr>
<tr><td>检查事项</td><td colspan="3">1.
2.
3.</td></tr>
<tr><td>检查情况说明</td><td colspan="3">1.
2.
3.
4.</td></tr>
<tr><td>检查单位整改意见</td><td colspan="3"></td></tr>
<tr><td>被检查单位反馈意见</td><td colspan="3"></td></tr>
<tr><td>被检查单位</td><td colspan="2">保管人签字：
年　月　日</td><td>负责人签字：
年　月　日</td></tr>
<tr><td>检查单位</td><td colspan="2">检查人签字：
年　月　日</td><td>主管领导签字：
年　月　日</td></tr>
<tr><td>董事会</td><td colspan="3">意见：
签字：
年　月　日</td></tr>
<tr><td>备注</td><td colspan="3"></td></tr>
</table>

违规使用印章登记表

日期：　　年　月　日

<table>
<tr><td>违规使用印章单位/个人</td><td></td><td>违规用章时间</td><td>年　月　日　时</td></tr>
<tr><td>印章名称</td><td></td><td>违规用章事由</td><td></td></tr>
<tr><td>违规用章情况说明</td><td colspan="3"></td></tr>
<tr><td>责任人确认</td><td colspan="3">年　月　日</td></tr>
<tr><td>用章人确认</td><td colspan="3">年　月　日</td></tr>
<tr><td>审批人确认</td><td colspan="3">年　月　日</td></tr>
<tr><td>其他</td><td colspan="3"></td></tr>
<tr><td>备注</td><td colspan="3"></td></tr>
</table>

印章管理保密协议

甲方:(单位名称)

乙方:姓名: 身份证号码:
所属部门: 岗位名称:
工号: 联系方式:

鉴于乙方是甲方员工,甲乙双方存在劳动关系,根据《中华人民共和国劳动法》《中华人民共和国劳动合同法》等法律法规之规定,为了加强甲方印章管理,规范印章刻制、使用、保管过程中的各种行为,明确印章管理职责和责任,确保印章管理安全、合法、合规运行,甲乙双方在协商一致的基础上,自愿达成以下协议:

第一条 本协议所用术语的定义如下:

印章包括公司公章(公司名称章)、法定代表人印章(法定代表人人名章)、合同专用章、财务专用章、发票专用章、董事会印章、监事会印章、部门印章、各类业务专用章等具有法律效力的、用于明确公司对外对内各种权利义务关系的实物印章及与之相对应的电子印章。

印章管理秘密是指印章管理者在管理印章过程中应当保守的包括但不限于与印章刻制、使用、保管相关的所有被甲方视为秘密的信息,包括印章的刻制信息、使用等经营管理信息、合同信息、业务信息、印章的保管信息等。

印章管理者违反法律法规、公司章程以及印章管理规定等,违反劳动合同、本协议以及其他协议,利用岗位便利或者采取其他各类手段,向不该知悉印章秘密的人员故意或者过失泄露印章管理秘密的行为,属于泄密行为。

第二条 乙方处于印章管理岗位期间,应严格保守以下印章管理秘密:

1. 乙方应当保守甲方的印章刻制方面的全部秘密信息,包括但不限于拟刻制印章的种类、名称信息、形状、材质、规格、印模图样、刻章机构等信息以及其他被视为刻制秘密的信息。

2. 乙方应当保守甲方印章使用方面的秘密信息,包括但不限于用印的相关材料信息、单位经营管理的信息、合同信息、业务信息、印章的使用部门、用印种类、数量、报送对象、审批情况等统计性信息以及其他被视为使用秘密的信息。

3. 乙方应当保守甲方的印章保管方面的秘密信息，包括但不限于印章的存放信息、安全保密信息、印章的各类台账档案管理信息以及其他被视为保管秘密的信息。

4. 乙方应当保守甲方的印章移交、停用、封存、销毁等方面的秘密信息。

5. 乙方应当保守与印章的上述秘密信息相关的其他秘密信息。

第三条　保密期限

甲乙双方确认，乙方的保密义务自甲方与乙方建立劳动关系之日起，至上述秘密信息公开或被公众知悉时止。乙方的保密义务并不因甲乙双方劳动关系的解除而免除。

第四条　乙方应遵循以下保密义务：

1. 乙方非因工作需要，不得查询、复制、拷贝印章管理秘密信息，不得将该信息传递/泄露给无权知悉的其他人员；

2. 乙方应规范使用其所掌握的印章管理秘密信息，不得利用该信息为自己或任何第三方牟利，不得利用该信息损害公司利益；

3. 乙方如发现印章管理秘密信息被泄露或因自己过失泄露，应采取有效措施防止保密信息进一步扩大，并即时向甲方报告。

第五条　乙方应当勤勉尽责，妥善管理印章，不得有私刻、盗用、胡乱使用、变造、毁损、丢失印章及其他影响印章合规使用及安全的行为。

第六条　乙方在职期间，未经甲方授权、批准，不得借助印章管理上的任何便利，擅自使用、转交、出借甲方的任一印章，不得将印章带出单位视频监控的保管、使用区域外使用。

第七条　乙方应当参加甲方组织的印章管理常规培训和临时性培训，认真学习和贯彻公司的印章管理规定，遵章守法，严格按照国家相关法律法规以及公司章程和决议、各项管理制度等管理印章。

第八条　乙方被调整至其他非印章管理岗位或者离职时，应当做好印章管理岗位的工作交接，不得带走任何在岗期间的与印章管理相关的秘密信息和资料。在调岗或者离职后，应当一直保守在岗期间的与印章管理相关的秘密信息。

第九条 乙方违反本协议项下的保密义务,情节较轻且未造成甲方任何损失的,甲方有权视情节选择给予调整岗位、降低职级、降低工资等级、罚款等处理方式。

第十条 乙方违反本协议项下的保密义务,有下列情形之一的,视为严重违反公司规章制度的行为,甲方有权立即与乙方解除劳动关系,并不给予任何经济补偿和赔偿。乙方给甲方造成经济损失、其他损失的,甲方有权要求乙方赔偿甲方遭受的全部损失(包括但不限于实际损失、预期收益、其他损失以及维权花费的所有费用):

1. 向甲方以外的人员泄露、故意向甲方内部其他人员泄露甲方的印章管理秘密信息的;

2. 过失导致印章管理秘密信息泄露给甲方内部人员,影响甲方正常经营管理的,或者给甲方造成损失达 1 万元以上的;

3. 与他人勾结,窃取、刺探甲方的印章管理秘密信息的,或者重大过失导致甲方的印章管理秘密信息被泄露给公司外他人的;

4. 利用职权、工作上的其他便利条件强迫他人违反印章管理保密规定的;

5. 乙方出现本协议第八条约定的情形累计达到两次(含两次)以上的。

乙方涉嫌违法犯罪的,甲方可以依法向有权机关报案。

第十一条 甲乙双方确认,在签署本合同前均已仔细审阅过协议的内容,并完全了解本协议各条款的法律含义。协议内容属于甲乙双方的真实意思表示,甲乙双方均承诺将严格遵守本协议的全部约定。

第十二条 本协议一式两份,双方各执一份,具有同等法律效力。

第十三条 本协议自双方签字盖章之日起生效。

(以下无正文)

甲方(盖章): 乙方(签字):

法定代表人(负责人):

年 月 日 年 月 日

印章领用承诺书

________________公司：

我部门领取的____公司合同专用章一枚（编号：　　　　　　　），只在公司规定的范围内使用，不作其他用途。

领用人郑重承诺，将严格遵守公司的规章制度和印章管理办法，任何违反法律规定、公司规定的用章请求均不予盖章。领用人如违反法律规定、公司规定，给公司造成任何不利后果，所有全部责任均由领用人承担。

附：领用印章式样。

领用人（签名）：

年　月　日

印章长期保管承诺书

姓名：

身份证号码：

住址：

手机号码：

邮箱地址：

微信账号：

本人________（身份证号码：____________________），经批准本人负责长期保管____________________公司印章。现本人就保管公司印章相关事项郑重承诺如下：

一、本人郑重承诺，在保管印章期间，本人为保管和使用印章的第一责任人。

二、本人保管印章的种类和数量：

□公司公章，____枚；

□法定代表人印章，____枚；

□合同专用章，____枚；

□财务专用章，____枚；

□子公司公章，____枚；

□子公司合同专用章，____枚；

□其他，____枚；

□其他，____枚。

三、保管印章期限：________年____月____日____时起至公司变更印章保管人（不包括因为特殊情况，将印章交由临时印章保管人进行临时性保管的情形）时止。

四、本人将严格遵守公司关于印章管理的相关规定，诚实守信，保证不会疏于管理等导致公司利益受损，更不会利用印章损害公司利益。在印章的日常保管和使用中，将印章置于安全的固定位置，未经批准不私自将印章委托他人保管，不擅自将印章带离视频监控区域。

五、本人只对经过符合公司规定且经过审核批准后的文件、材料用印。本人不在不符合公司规定的文件、材料上用印。

六、在日常用印过程中，本人一定仔细审阅、核对盖章纸质件与电子批准件，如发现任何不一致的内容，拒绝施印。同时，仅在文件要求的签章处按照审批内容加盖印章。

七、出现应当交出印章的任何情形时，本人保证立即将所保管的印章及相关材料一并移交给公司指定的接收人。

八、如在保管期间印章毁损或遗失，本人保证立即依据公司规定向相关领导如实汇报并采取相应的应急措施。

如本人违反上述承诺，本人自愿接受公司依据印章管理办法和公司其他规定对本人进行的处罚。如果本人给公司造成各种损失，本人自愿承担相应的法律责任。

特此承诺！

印章保管人：

年　月　日

印章借用承诺书

姓名：
身份证号码：
住址：
手机号码：
邮箱地址：
微信账号：

本人______（身份证号码：________________________），经批准借用公司的印章，所借印章详情如下：

印章种类：________________________________印章数量：________枚；

印章种类：________________________________印章数量：________枚。

使用期限：自________年____月____日____时起至______年____月____日____时止。

在授权使用上述印章期间，本人郑重承诺并保证：

一、本人将严格遵守公司规定，不会让公司因本人借出印章而遭受利益损失，绝不会利用掌握印章的便利条件损害公司利益。

二、印章仅限本人为公司利益、按照公司审批的文件材料和规定用途使用。未经公司审批同意，绝不擅自将印章交由他人保管或使用。

三、外借印章的保管和使用一定一直处于两个人的同时监控之下。

四、外借印章仅用于规定用途和审批的文件材料以及对应的份数。外借印章不用于其他任何文件和材料。

五、除因不可抗力外，印章将按时归还，同时本人将如实填写印章使用登记表，不漏填或少填盖章文件名称、份数及用印个数、次数等所有信息，并依照公司规定将相关材料提交印章保管人。

如违反上述承诺，本人自愿接受公司依据印章管理办法和相关规定对本人进行的处罚。如果给公司造成任何损失,本人自愿承担相应的法律责任。

特此承诺。

印章借用人:

年　月　日

第五章

法律规定

第一节 关于印章的全国性规定

一、零星散落的法律规定

目前,我国并没有一部关于印章的专门法律规定(此处专指全国人民代表大会及其常务委员会制定的法律)。关于印章的规定零星散落在各类法律的具体条款之中,以下是笔者归纳总结出的我国法律对印章的相关规定。

1. 刑法领域

首先,《刑法》第二百八十条和第三百七十五条是关于印章的明确规定。例如,《刑法》第二百八十条规定了伪造、变造、买卖国家机关印章罪,盗窃、抢夺、毁灭国家机关印章罪,伪造公司、企业、事业单位、人民团体印章罪;第三百七十五条规定了伪造、变造、买卖武装部队印章罪,盗窃、抢夺武装部队印章罪。

其次,由于上述伪造、变造、买卖、盗窃、抢夺印章的行为往往是手段而不是目的,因此实践中很多关于印章的犯罪行为并非依《刑法》第二百八十条和第三百七十五条规定的罪名进行处罚,而是依其他诸如诈骗罪、盗窃罪、抢夺罪、抢劫罪、招摇撞骗罪、玩忽职守罪等罪名进行刑事处罚的。例如,为了骗他人签订合同而盗窃公章,此时,盗窃印章的犯罪行为有可能构成盗窃罪或者合同诈骗罪。

2. 民法领域

首先是《民法典》的相关规定。

虽然《民法典》并没有专门的条款对印章进行规定，但是《民法典》第一编第七章代理中的主要内容是整个印章存在和有效运用的民事法律基础，因此，在实践中与印章有关的民事纠纷案件通常会运用到《民法典》第一编第七章中有权代理、无权代理、表见代理等相关法律规定。

其次是其他相关法律规定。

《电子签名法》第十三条规定："电子签名同时符合下列条件的，视为可靠的电子签名：（一）电子签名制作数据用于电子签名时，属于电子签名人专有；（二）签署时电子签名制作数据仅由电子签名人控制；（三）签署后对电子签名的任何改动能够被发现；（四）签署后对数据电文内容和形式的任何改动能够被发现。当事人也可以选择使用符合其约定的可靠条件的电子签名。"第十四条规定："可靠的电子签名与手写签名或者盖章具有同等的法律效力。"

3. 其他领域

例如，《企业破产法》第十五条、第二十五条和第一百二十七条对印章作出了明确的规定。《企业破产法》第十五条规定，人民法院受理破产申请后，债务人的相关人员有妥善保管债务人印章的义务；第二十五条规定，破产管理人有接管债务人印章的职责；第一百二十七条还规定了债务人拒不向管理人移交印章的法律责任。《民事诉讼法》第一百条、第一百五十五条、第一百五十七条规定，调解书、判决书、裁定书应当加盖人民法院印章。《治安管理处罚法》第九十六条规定，决定书应当由作出处罚决定的公安机关加盖印章。《国家赔偿法》第十二条规定，赔偿请求人当面递交申请书的，赔偿义务机关应当当场出具加盖本行政机关专用印章并注明收讫日期的书面凭证。《劳动争议调解仲裁法》第四十二条规定，调解书应当由仲裁员签名，加盖劳动争议仲裁委员会印章，送达双方当事人。

二、有关印章的行政法规和部门规章

国务院颁布过关于印章的行政法规。民政部和公安部也共同颁布过一个关于印章的部门规章。

先来看国务院的两个行政法规。一个是1993年4月1日的《国务院关于国家行政机关和企业、事业单位印章的规定》（国发〔1993〕21号）。另一个是1999年10月31日的《国务院关于国家行政机关和企业事业单位社会团体印章管理的规定》(国发〔1999〕25号)。

2019年4月26日发布的《国务院关于在线政务服务的若干规定》(国务院令第716号)对电子印章的广泛使用起到了推动作用。

《国务院关于在线政务服务的若干规定》第九条规定:"国家建立权威、规范、可信的统一电子印章系统。国务院有关部门、地方人民政府及其有关部门使用国家统一电子印章系统制发的电子印章。电子印章与实物印章具有同等法律效力,加盖电子印章的电子材料合法有效。"第十一条规定:"除法律、行政法规另有规定外,电子证照和加盖电子印章的电子材料可以作为办理政务服务事项的依据。"第十三条规定:"电子签名、电子印章、电子证照以及政务服务数据安全涉及电子认证、密码应用的,按照法律、行政法规和国家有关规定执行。"第十五条对电子签名和电子印章的含义作出了解释:电子签名,是指数据电文中以电子形式所含、所附用于识别签名人身份并表明签名人认可其中内容的数据;电子印章,是指基于可信密码技术生成身份标识,以电子数据图形表现的印章。

民政部和公安部在2000年1月19日共同发布了一个部门规章——《民办非企业单位印章管理规定》。该规定在2010年12月27日进行了修订。

现将上述三个有关印章的全国性专门规定全文抄录如下:

1.《国务院关于国家行政机关和企业、事业单位印章的规定》(国发〔1993〕21号)

各省、自治区、直辖市人民政府,国务院各部委、各直属机构:

一九七九年国务院颁发的《国务院关于国家行政机关和企业、事业单位印章的规定》(国发〔1979〕234号),有些条文应作修订。现对国家行政机关和企业、事业单位印章的规格、制发和管理办法,重新统一规定如下:

一、印章的规格、式样和制发

(一)国家行政机关和企业、事业单位、社会团体的印章一律为圆形。

(二)国务院的印章,直径六厘米,中央刊国徽,国徽外刊机关名称,自左而右环行(图一),由国务院自制。

(三)各省、自治区、直辖市人民政府和国务院各部委的印章,直径五厘米,中央刊国徽,国徽外刊机关名称,自左而右环行(图二),由国务院制发。

(四)国务院各直属机构的印章,直径四点五厘米,中央刊国徽,国徽外刊机关名称,自左而右环行(图三),由国务院制发。

(五)国务院办事机构的印章,直径五厘米,中央刊国徽,国徽外刊机关名称,自左而右环行(图四),由国务院制发。

(六)国务院所属事业单位及国务院直接批准的全国性公司的印章,直径四点五厘米或五厘米,中央刊五角星,五角星外刊机关名称,自左而右环行(图五),由国务院制发。个别国务院所属事业单位的印章,经国务院批准可刊国徽。

(七)国务院有关部委管理的国家局,其印章直径四点五厘米,中间刊国徽,国徽外刊机关名称,自左而右环行(图六),由国务院制发。

(八)国务院有关部委外事司(局)的印章,直径四点二厘米,中央刊国徽,国徽外刊机关名称,自左而右环行(图七),由国务院制发。

(九)国务院设置的议事机构、非常设机构的印章,直径五厘米,中央刊五角星,五角星外刊机关名称,自左而右环行(图八),由国务院制发。

(十)自治州、县、自治县、市、市辖区人民政府的印章,直径四点五厘米,中央刊国徽,国徽外刊机关名称,自左而右环行(图九),由省、自治区、直辖市人民政府制发。

(十一)行政公署的印章,直径四点五厘米,中央刊五角星,五角星外刊机关名称,自左而右环行(图十),由省、自治区人民政府制发。

(十二)乡、镇人民政府的印章,直径四点二厘米,中央刊五角星,五角星外刊机关名称,自左而右环行(图十一),由县、自治县、市人民政府制发。

(十三)驻外国的大使馆、领事馆的印章,直径四点二厘米,中央刊国徽,国徽外刊机关名称,自左而右环行(图十二),由外交部制发。

(十四)国务院各部门和地方各级国家行政机关所属的单位,以及工厂、矿山、农场、商店、学校、医院等企业、事业单位、社会团体的印章,直径不得大于四点五厘米,中央一律刊五角星,五角星外刊单位名称,自左而右环行(图十三),或者名称的前段自左而右环行、后段自左而右横行,分别由国务院各部门和地方各级国家行政机关制发,或者由国务院各部门和地方各级国家行政机关另行规定制发办法。

二、印章的名称、文字、字体和质料

(一)印章所刊名称,应为本机关的法定名称。行政公署的印章,冠省(自治区)的名称。自治州、县、自治县、市人民政府的印章,不冠省(自治区、直辖市)的名称。市辖区、镇人民政府的印章和乡人民政府的印章,冠市或县(自治县)的名称。印章所刊名称字数多、不易刻印清晰时,可以适当采用通用的简称。

(二)民族自治地方的人民政府印章,应当并刊汉文和相应的民族文字。

(三)印章的印文,使用宋体字和国务院公布实行的简化字。

(四)印章质料,由制发机关自定。

三、专用印章的制发

(一)国务院各部委、各直属机构和各省、自治区、直辖市人民政府印制文件时使用的套印印章、印模,规格、式样和正式印章等同,由国务院制发。

(二)国务院有关部委外事用的火漆印,直径四点二厘米,中央刊国徽,国徽外刊机关名称,自左而右环行,由国务院制发。

(三)钢印直径量大不得超过四点二厘米,最小不小于三点五厘米,中央刊五角星,五角星外刊机关名称,自左而右环行,经上级领导机关批准后自行刻制。地方外事办公室、驻外使领馆钢印的规格、式样由外交部制定、颁发。

(四)其他专用章,在名称、式样上应与正式印章有所区别,报上级领导机关批准后自行刻制。

四、印章的刻制、管理和缴销

(一)制发印章的机关,对印章的刻制和发送必须加强管理,严格手续。刻制印章的工厂或刻字社,必须取得用章单位的上级委托书和公安部门的准许,才能刻制。对伪造印章和使用伪造印章者,应当依法惩处。

(二)各单位对印章要严格管理,使用印章,必须经本单位领导人批准。对非法使用印章的,应当根据情节给予行政处分直至依法惩处。

(三)各单位的印章,如因机构变动停止使用时,应当将原印章缴回制发机关封存或销毁。

五、过去有关印章的规定,如与本规定不一致的,以本规定为准。

附件:印章规格式样(略)

中华人民共和国国务院

一九九三年四月一日

2.《国务院关于国家行政机关和企业事业单位社会团体印章管理的规定》(国发〔1999〕25 号)

各省、自治区、直辖市人民政府,国务院各部委、各直属机构:

1993 年国务院印发的《国务院关于国家行政机关和企业事业单位印章的规定》(国发〔1993〕21 号),对于规范和加强国家行政机关和企业事业单位、社会团体印章的管理工作,起到了重要的作用。但是,随着政府机构的变化,有些条款已不再适用。为进一步规范和加强国家行政机关和企业事业单位、社会团体印章管理,现对国家行政机关和企业事业单位、社会团体印章的制发、收缴和管理规定如下:

一、国家行政机关和企业事业单位、社会团体的印章为圆形,中央刊国徽或五角星。

二、国务院的印章,直径 6 厘米,中央刊国徽,国徽外刊机关名称,自左而右环行(图一),由国务院自制。

三、各省、自治区、直辖市人民政府和国务院办公厅、国务院各部委的印章,直径 5 厘米,中央刊国徽,国徽外刊机关名称,自左而右环行(图二),由国务院制发。

四、国务院直属机构、办事机构的印章,正部级单位的直径 5 厘米,副部级单位的直径 4.5 厘米,中央刊国徽,国徽外刊机关名称,自左而右环行(图三),由国务院制发。

五、国务院直属事业单位的印章,正部级单位的直径 5 厘米,副部级单位的直径 4.5 厘米,经国家机构编制管理部门认定具有行政职能的单位的印章中央刊国徽,没有行政职能的单位的印章中央刊五角星,国徽或五角星外刊单位名称,自左而右环行(图四),由国务院制发。

六、国务院议事协调机构和临时机构的印章,直径 5 厘米,中央刊五角星,五角星外刊机关名称,自左而右环行(图五),由国务院制发。

七、国务院部委管理的国家局的印章,直径 4.5 厘米,中央刊国徽,国徽外刊机关名称,自左而右环行(图六),由国务院制发。

八、国务院部委的外事司(局)的印章,直径 4.2 厘米,中央刊国徽,国徽外刊机关名称,自左而右环行(图七),由国务院制发。

国务院部门的内设机构和所属事业单位,法定名称中冠"中华人民共和国"

或"国家"的单位的印章,直径4.2厘米,中央刊国徽,国徽外刊单位名称,自左而右环行(图八),由国务院制发。

九、自治州、市、县级(县、自治县、县级市、旗、自治旗、特区、林区,下同)和市辖区人民政府的印章,直径4.5厘米,中央刊国徽,国徽外刊机关名称,自左而右环行(图九),由省、自治区、直辖市人民政府制发。

十、地区(盟)行政公署的印章,直径4.5厘米,中央刊五角星,五角星外刊机关名称,自左而右环行(图十),由省、自治区人民政府制发。

十一、乡(镇)人民政府的印章,直径4.2厘米,中央刊五角星,五角星外刊机关名称,自左而右环行(图十一),由县级人民政府制发。

十二、驻外国的大使馆、领事馆的印章,直径4.2厘米,中央刊国徽,国徽外刊机关名称,自左而右环行(图十二),由外交部制发。

十三、国家行政机关内设机构或直属单位的印章,直径不得大于4.5厘米,中央刊五角星,五角星外刊单位名称,自左而右环行或者名称前段自左而右环行、后段自左而右横排(图十三),分别由国务院各部门和地方各级国家行政机关制发。

十四、企业事业单位、社会团体的印章,直径不得大于4.5厘米,中央刊五角星,五角星外刊单位名称,自左而右环行(图十四)。制发办法由公安部会同有关部门另行制定。

十五、国家行政机关和企业事业单位、社会团体印章所刊名称,应为法定名称。如名称字数过多不易刻制,可以采用规范化简称。地区(盟)行政公署的印章,冠省(自治区)的名称。自治州、市、县级人民政府的印章,不冠省(自治区、直辖市)的名称。市辖区人民政府的印章冠市的名称,乡(镇)人民政府的印章,冠县级行政区域的名称。

十六、实行民族区域自治的地方人民政府的印章,可以并刊汉字和相应的民族文字。

十七、印章所刊汉字,应当使用国务院公布的简化字,字体为宋体。

十八、印章的质料,由制发机关根据实际需要确定。

十九、各省、自治区、直辖市人民政府和国务院各部委、各直属机构印制文件时使用的套印印章、印模,其规格、式样与正式印章等同,由国务院制发。

二十、国务院有关部委外事用的火漆印,直径4.2厘米,中央刊国徽,国徽外刊机关名称，自左而右环行，由国务院制发。

二十一、国务院的钢印，直径4.2厘米，中央刊国徽，国徽外刊机关名称，自左而右环行，由国务院自制。

地方外事机构、驻外使领馆钢印的规格、式样，由外交部制定。

其他确需使用钢印的单位，其钢印直径不得大于4.2厘米，不得小于3.5厘米，中央刊五角星，五角星外刊单位名称，自左而右环行，报经其印章制发机关批准后刻制。

二十二、国家行政机关和企业事业单位、社会团体的其他专用印章（包括经济合同章、财务专用章等），在名称、式样上应与单位正式印章有所区别，经本单位领导批准后可以刻制。

二十三、印章制发机关应规范和加强印章制发的管理，严格办理程序和审批手续。国家行政机关和企业事业单位、社会团体刻制印章，应到当地公安机关指定的刻章单位刻制。

二十四、国家行政机关和企业事业单位、社会团体的印章，如因单位撤销、名称改变或换用新印章而停止使用时，应及时送交印章制发机关封存或销毁，或者按公安部会同有关部门另行制定的规定处理。

二十五、国家行政机关和企业事业单位、社会团体必须建立健全印章管理制度，加强用印管理，严格审批手续。未经本单位领导批准，不得擅自使用单位印章。

二十六、对伪造印章或使用伪造印章者，要依照国家有关法规查处。如发现伪造印章或使用伪造印章者，应及时向公安机关或印章所刊名称单位举报。具体的印章社会治安管理办法，由公安部会同有关部门制定。

二十七、过去有关印章管理的规定，如有与本规定不一致的，以本规定为准。

附件：印章规格式样（略）

中华人民共和国国务院
一九九九年十月三十一日

3.《民办非企业单位印章管理规定》

（2000年1月19日民政部、公安部令第20号发布，根据2010年12月27日《民政部关于废止、修改部分规章的决定》修订）

为了保障民办非企业单位的合法权益，加强对民办非企业单位印章的管理，根据《民办非企业单位登记管理暂行条例》和《国务院关于国家行政机关和企业事业单位社会团体印章管理的规定》（国发〔1999〕25 号），制定本规定：

一、印章的规格、式样

民办非企业单位的印章分为名称印章、办事机构印章和专用印章（专用印章分为钢印、财务专用章、合同专用章等），一律为圆形。

由国务院民政部门核准登记的民办非企业单位，名称印章直径为 4.5 厘米，办事机构的印章直径为 4.2 厘米。由地方各级人民政府民政部门核准登记的民办非企业单位，名称印章直径为 4.2 厘米，办事机构的印章直径为 4 厘米。民办非企业单位的专用印章必须小于名称印章且直径最大不超过 4.2 厘米，最小不小于 3 厘米。

民办非企业单位的印章，中央刊五角星，五角星外刊单位名称，自左而右环行。其中办事机构印章中的办事机构名称及财务专用章、合同专用章中的财务专用、合同专用等字样，刊在五角星下面，自左而右横排。

二、印章的名称、文字、文体

印章所刊的单位名称，应为民办非企业单位的法定名称；民族自治地方的民办非企业单位的印章应当并列刊汉文和当地通用的民族文字；有国际交往的民办非企业单位印章，需要刻制外文名称的，将核准登记注册的中文名称译成相应的外国文字，并列刊汉文和外文。

印章印文中的汉字，应当使用国务院公布的简化字，字体为宋体。

三、印章的制发程序

民办非企业单位刻制印章须在取得登记证书后向登记管理机关提出书面申请及印章式样，持登记管理机关开具的同意刻制印章介绍信及登记证书到所在地县、市（区）以上公安机关办理备案手续后刻制。

四、印章的管理和缴销

（一）民办非企业单位的印章经登记管理机关、公安机关备案后，方可启用。

（二）民办非企业单位应当建立健全印章使用管理制度，印章应当有专人保管。对违反规定使用印章造成严重后果的，应当追究保管人或责任人的行政责任或法律责任。

（三）民办非企业单位因变更登记、印章损坏等原因需要更换印章时，应到登记管理机关交回原印章，按本规定程序申请重新刻制。

（四）民办非企业单位印章丢失，经声明作废后，可以按本规定程序申请重新刻制。重新刻制的印章应与原印章有所区别。如五角星两侧加横线。

（五）民办非企业单位办理注销登记后，应当及时将全部印章交回登记管理机关封存。

（六）民办非企业单位被撤销，应当由登记管理机关收缴其全部印章。

（七）登记管理机关对收缴的和民办非企业单位交回的印章，要登记造册，送当地公安机关销毁。

（八）民办非企业单位非法刻制印章的，由公安机关处以500元以下罚款或警告，并收缴其非法刻制的印章。

（九）对未经公安机关批准，擅自承制民办非企业单位印章的企业，由公安机关按《中华人民共和国治安管理处罚法》的规定予以处罚。

五、本规定发布之前已按国家有关规定成立的民办非企业单位，在民办非企业单位复查登记过程中，通过复查登记的，其印章规格、式样、名称、文字、文体符合本规定的，在登记管理机关备案后可继续使用；不符合的应重新申请刻制；未通过复查登记的应停止活动，向业务主管单位交回原有印章，并由业务主管单位登记造册，送当地公安机关销毁。

六、本规定自发布之日起施行。

第二节　关于印章的其他规定

一、关于印章的全国性行业性规定列举

1. 公安部、国家工商行政管理局关于做好中央管理企业脱钩后印章管理工作的通知（公通字〔1999〕36号）

公安部、国家工商行政管理总局（已撤销）1999年5月20日发布，同日开始施行。

2. 国家外汇管理局关于修订下发《国家外汇管理局系统机构印章管理暂行办法》的通知（汇发〔2001〕68号）

国家外汇管理局2001年4月4日发布，自2001年5月1日起施行。

3. 国家商检局关于下发《进出口商检认可实验室使用印章和挂牌的管理规定》的通知(国检认〔1989〕390 号)

国家出入境检验检疫局(原商检局)1989 年 8 月 1 日发布,同日开始施行。

4. 中国人民建设银行关于印发《中国人民建设银行印章管理的规定》的通知

中国(人民)建设银行 1992 年 5 月 8 日发布,同日开始施行。

5. 中国人民银行关于印发《中国人民银行印章管理规定》的通知(2006 年修订)(银发〔2006〕249 号)

中国人民银行 2006 年 7 月 16 日发布,同日开始施行。

6. 最高人民法院关于地方各级人民法院和专门人民法院印章管理的规定(法发〔2002〕10 号)

最高人民法院 2002 年 5 月 22 日发布,同日开始施行。

7. 最高人民检察院法律政策研究室关于伪造、变造、买卖政府设立的临时性机构的公文、证件、印章行为如何适用法律问题的答复

最高人民检察院 2003 年 6 月 3 日发布,同日开始施行。

8. 最高人民检察院研究室关于买卖尚未加盖印章的空白《边境证》行为如何适用法律问题的答复(〔2002〕高检研发第 19 号)

最高人民检察院 2002 年 9 月 25 日发布,同日开始施行。

9. 教育部办公厅关于启用校外教育培训监管司发文代字及新印章的通知(教办厅函〔2021〕27 号)

教育部 2021 年 6 月 29 日发布,同日开始施行。

10. 国家药监局综合司关于启用首次进口药材行政许可相关印章的通知(药监综药注〔2020〕2 号)

国家药监局综合司 2020 年 1 月 17 日发布,同日开始施行。

11. 退役军人事务部办公厅关于残疾军人证等证件和有关印章使用管理问题的通知(退役军人办函〔2018〕189 号)

退役军人事务部 2018 年 11 月 12 日发布,同日开始施行。

12. 教育部办公厅关于印发《教育部印章使用和管理的暂行规定》的通知(教办厅〔2007〕7 号)

教育部 2007 年 6 月 29 日发布,同日开始施行。

13. 国家税务总局关于《机动车销售统一发票》注册登记联加盖开票单位印章问题的通知(国税函〔2006〕813号)

国家税务总局2006年8月28日发布,自2006年10月1日起施行。

14. 国家林业局行政许可印章刻制、使用管理实施意见

国家林业局(已撤销)2004年8月11日发布,同日开始施行。

15. 司法部机关印章使用管理规定(司发通〔2001〕122号)

司法部2001年12月29日发布,同日开始施行。

16. 司法部关于律师事务所不承担律师私刻印章并私自接受委托行为的相关法律责任的批复(司复〔2001〕9号)

司法部2001年6月26日发布,同日开始施行。

17. 民政部、公安部关于规范村民委员会印章制发使用和管理工作的意见

民政部、公安部2001年6月21日发布,同日开始施行。

18. 民政部办公厅关于印发《民政部印章管理规定》的通知(厅办发〔1999〕3号)

民政部1999年4月13日发布,同日开始施行。

19. 机械部印章使用管理办法(机械部机办〔1993〕36号)

机械工业部(已变更)1993年10月6日发布,同日开始施行。

20. 中国质量检验协会关于启用中国质量检验协会防伪溯源物流管理服务中心印章的通知(中检办发〔2015〕48号)

中国质量检验协会2015年4月29日发布,同日开始施行。

21. 国务院关于国家行政机关和企业、事业单位印章的规定(1993)(国发〔1993〕21号)

国务院1993年4月1日发布,同日开始施行。

22. 中央国家机关住房资金管理中心关于中央国家机关职工异地购房贷款住房公积金缴存使用证明加盖印章的公告

中央国家机关住房资金管理中心2016年3月30日发布,同日开始施行。

23. 中国保险监督管理委员会关于保险中介从业人员资格证书专用印章使用有关问题的复函(保监厅函〔2006〕93号)

中国保险监督管理委员会(已撤销)2006年4月24日发布,同日开始施行。

24. 动植物检疫局关于下发《进出境动植物检疫业务印章使用管理办法》的

通知(动植检综字〔1996〕18号)

国家出入境检验检疫局(原商检局)1996年4月12日发布,自1996年8月1日起施行。

25. 国家商检局关于下发“国家进出口商品检验局进口商品安全质量许可制度审查部”职责及启用印章的通知

国家出入境检验检疫局(原商检局)1992年10月4日发布,同日开始施行。

26. 司法部办公厅关于公证机构印章和公证员签名章规格等事宜的通知(司办通〔2006〕第18号)

司法部2006年4月6日发布,同日开始施行。

27. 国家标准化管理委员会关于印发《全国专业标准化技术委员会换届调整及印章制作工作程序》的通知(国标委计划〔2005〕4号)

国家标准化管理委员会2005年1月24日发布,同日开始施行。

28. 国家外汇管理局关于国家外汇管理局分、支机构印章规格及印章管理权限的通知(汇发〔1998〕第10号)

国家外汇管理局1998年11月27日发布,同日开始施行。

29. 铁道部关于印章的规定(铁办〔1994〕140号)

铁道部(已撤销)1994年11月5日发布,同日开始施行。

二、关于印章的地方性规定列举

(一)省级规定

1. 重庆市国家行政机关和企事业单位印章管理规定(渝办发〔1997〕9号)

重庆市人民政府1997年8月26日发布,自1997年8月26日起施行。

2. 山东省机构编制委员会办公室、山东省公安厅关于印发《山东省事业单位印章管理办法》的通知(鲁编办发〔2012〕14号)

山东省机构编制委员会、山东省公安厅2012年9月3日发布,自2012年11月1日起施行。

3. 甘肃省人民政府关于甘肃省国家行政机关和企业事业单位社会团体印章管理的通知(甘政发〔2009〕10号)

甘肃省人民政府2009年2月4日发布,同日开始施行。

4. 广东省印章刻制管理规定（粤府办〔1987〕111号）

广东省人民政府1987年10月9日发布；1997年12月31日修正，自1998年1月1日起施行。

5. 宁夏回族自治区人民政府办公厅印发《自治区人民政府关于国家行政机关和企业事业单位社会团体印章管理规定》的通知（宁政办发〔2001〕41号）

宁夏回族自治区人民政府2001年3月18日公布，同日开始施行。

6. 青海省国家行政机关和企业、事业单位印章规定（青政〔1997〕101号）

青海省人民政府1997年12月30日公布，同日开始施行。

7. 上海市印章刻制业治安管理办法（上海市人民政府令第62号）

上海市人民政府2018年1月4日发布，同日开始施行。

8. 天津市印章业治安管理办法

天津市人民政府1997年11月25日发布，同日开始施行。

9. 内蒙古自治区人民政府办公厅关于切实加强印章管理工作的通知（内政办字〔2003〕342号）

内蒙古自治区人民政府2003年8月19日公布，同日开始施行。

10. 湖南省人民政府关于印发《湖南省国家行政机关和企业事业单位社会团体印章管理规定》的通知（湘政发〔2001〕26号）

湖南省人民政府2001年11月13日发布，同日开始施行。

11. 江苏省公安厅关于改进和加强全省印章业治安管理工作的通知（苏公厅〔2008〕164号）

江苏省公安厅2008年4月11日公布，同日开始施行。

12. 陕西省人民政府办公厅关于印发陕西省国家行政机关和企业事业单位社会团体印章管理规定的通知（陕政办发〔2001〕45号）

陕西省人民政府2001年4月19日公布，同日开始施行。

13. 河南省人民政府关于国家行政机关和国营企、事业单位印章的制发、规格和管理办法的通知

河南省人民政府1979年11月25日公布，同日开始施行。

14. 广西壮族自治区人民政府办公厅转发自治区公安厅、自治区工商行政管理局、自治区国税局、自治区物价局关于建立印章治安管理信息系统意见的通知（桂政办发〔2003〕162号）

广西壮族自治区人民政府2003年9月27日发布,同日开始施行。

15. 广东省人民政府办公厅关于修订广东省国家行政机关和企业事业单位社会团体印章、衔牌管理规定的通知(粤府办〔2000〕8号)

广东省人民政府2000年2月16日发布,同日开始施行。

16. 北京市人民政府贯彻国务院关于国家行政机关和企业、事业单位印章规定的通知(京政发〔1993〕44号)

北京市人民政府1993年8月31日发布,同日开始施行。

17. 山西省一枚印章管审批条例(山西省人民代表大会常务委员会公告第74号)

山西省人民代表大会常务委员会2021年3月31日发布,自2021年5月1日起施行。

18. 辽宁省人民政府办公厅关于印发《辽宁省人民政府印章使用管理规定(试行)》的通知(辽政办〔2008〕52号)

辽宁省人民政府2008年9月6日公布,同日开始施行。

19. 浙江省印章刻制治安管理办法(浙江省人民政府令第396号)

浙江省人民政府2023年3月20日发布,同日开始施行。

20. 四川省人民政府关于贯彻《国务院关于国家行政机关和企业、事业单位印章的规定》的通知(川府发〔1980〕31号)

四川省人民政府1980年1月7日公布,同日开始施行。

21. 贵州省国家行政机关和企业事业单位社会团体印章管理规定(黔府办发〔2002〕0038号)

贵州省人民政府2002年5月13日公布,同日开始施行。

22. 云南省人民政府办公厅关于进一步规范国家行政机关和企业事业单位社会团体印章管理工作的通知(云政办发〔2007〕187号)

云南省人民政府2007年8月9日公布,同日开始施行。

23. 海南省人民政府办公厅转发省公安厅关于印章治安管理信息系统建设工作意见的通知(琼府办〔2002〕47号)

海南省人民政府2002年8月1日制定,同日开始施行。

24. 上海市优化营商环境条例(2021年修正)(上海市人民代表大会常务委员会公告〔15届〕第91号)

上海市人民代表大会常务委员会2021年10月28日发布，同日开始施行。

25. 湖北省优化营商环境条例（湖北省人民代表大会常务委员会公告第324号）

湖北省人民代表大会常务委员会2022年11月25日发布，自2023年3月1日起施行。

26. 北京市优化营商环境条例（2022年修正）（北京市人民代表大会常务委员会公告〔15届〕第82号）

北京市人民代表大会常务委员会2022年8月29日公布，同日开始施行。

（二）地市级规定

1. 宁波市人民政府办公厅关于印发宁波市人民政府印章管理办法的通知（甬政办发〔2001〕18号）

宁波市人民政府2001年3月7日公布，同日开始施行。

2. 石家庄市人民政府办公厅关于在全市建立实施印章治安管理信息系统的通知（石政办函〔2010〕85号）

石家庄市人民政府2010年8月17日公布，同日开始施行。

3. 太原市人民政府办公厅关于在全市实施印章治安管理信息系统建设的通知（并政办发〔2004〕38号）

太原市人民政府2004年4月13日发布，同日开始施行。

4. 乌海市人民政府办公厅关于启用印章的通知（乌海政办字〔2013〕81号）

乌海市人民政府2013年9月26日公布，同日开始施行。

5. 沈阳市人民政府办公厅关于印发《沈阳市人民政府印章使用管理规定（试行）》的通知（沈政办发〔2008〕69号）

沈阳市人民政府2008年12月20日公布，同日开始施行。

6. 通化市人民政府办公室关于建立印章治安管理信息系统的通知（通市政办函〔2002〕17号）

通化市人民政府2002年4月25日发布，同日开始施行。

7. 南通市政府办公室转发市公安局关于在全市建立印章治安管理信息系统意见的通知（通政办发〔2004〕10号）

南通市人民政府2004年2月5日公布，同时开始施行。

8. 滁州市人民政府办公室转发市公安局关于推进全市印章管理网络系统建设工作意见的通知(滁政办秘〔2013〕57 号)

滁州市人民政府 2013 年 6 月 19 日公布,同日开始施行。

9. 淄博市人民政府办公厅转发市公安局关于在全市推广应用印章治安管理信息系统的意见的通知(淄政办字〔2005〕12 号)

淄博市人民政府 2005 年 4 月 8 日公布,同日开始施行。

10. 株洲市人民政府办公室关于建立全市印章治安管理信息系统的通知(株政办发〔2006〕31 号)

株洲市人民政府 2006 年 11 月 6 日发布,同日开始施行。

11. 宜昌市人民政府关于加强印章管理工作的通知(宜府发〔2002〕14 号)

宜昌市人民政府 2002 年 3 月 20 日公布,同日开始施行。

12. 汕头市人民政府办公室印发汕头市事业单位印章管理规定的通知(汕府办〔2013〕121 号)

汕头市人民政府 2013 年 10 月 21 日发布,自 2013 年 12 月 1 日起施行。

13. 玉林市人民政府办公室关于进一步加快印章治安管理信息系统建设的通知(玉政办发〔2005〕36 号)

玉林市人民政府 2005 年 3 月 21 日发布,同日开始施行。

14. 贵阳市人民政府办公厅关于印发贵阳市国家行政机关和企业事业单位社会团体印章管理规定的通知(筑府办发〔2014〕61 号)

贵阳市人民政府 2014 年 11 月 27 日公布,同日开始施行。

15. 大理白族自治州人民政府办公室关于进一步规范国家行政机关和企业事业单位社会团体印章管理工作的通知(大政办发〔2007〕85 号)

大理白族自治州人民政府 2007 年 10 月 29 日公布,同日开始施行。

16. 拉萨市人民政府办公厅关于进一步加强印章管理工作的通知(拉政办发〔2011〕119 号)

拉萨市人民政府 2011 年 7 月 13 日公布,同日开始施行。

17. 西安市人民政府办公厅转发市公安局关于在全市开展印章治安管理信息系统建设工作的实施意见的通知(市政办发〔2011〕192 号)

西安市人民政府 2011 年 10 月 27 日发布,同日开始施行。

18. 锦州市人民政府办公室关于印发锦州市人民政府印章使用管理规定的

通知(锦政办发〔2018〕64 号)

锦州市人民政府 2018 年 7 月 8 日发布,同日开始施行。

19. 杭州市人民政府办公厅关于印发杭州市人民政府印章管理办法的通知(杭政办函〔2004〕208 号)

杭州市人民政府 2004 年 7 月 23 日发布,同日开始施行。

20. 六安市人民政府办公室关于推进全市印章业治安管理信息系统建设工作的意见(六政办秘〔2016〕28 号)

六安市人民政府 2016 年 3 月 10 日公布,同日开始施行。

21. 东营市人民政府办公室转发市公安局关于进一步完善印章治安管理信息系统的意见的通知(东政办发〔2006〕67 号)

东营市人民政府 2006 年 12 月 25 日发布,同日开始施行。

22. 梅州市人民政府办公室转发市公安局关于在全市推广应用印章治安管理信息系统意见的通知(梅市府办〔2009〕7 号)

梅州市人民政府 2009 年 2 月 1 日公布,同日开始施行。

23. 邯郸市人民政府办公室关于印发邯郸市人民政府印章管理使用规定的通知(〔2019〕—79)

邯郸市人民政府 2019 年 12 月 28 日发布,同日开始施行。

24. 临汾市人民政府办公厅关于进一步规范市直单位印章管理工作的通知(临政办发〔2011〕44 号)

临汾市人民政府 2011 年 7 月 20 日发布,同日开始施行。

25. 鞍山市人民政府办公厅转发市公安局关于在全市推广使用印章治安管理信息系统实施意见的通知(鞍政办发〔2004〕57 号)

鞍山市人民政府 2004 年 10 月 29 日发布,同日开始施行。

26. 盘锦市人民政府办公厅转发市公安局关于全市印章治安管理信息系统建设意见的通知(盘政办发〔2004〕92 号)

盘锦市人民政府 2004 年 10 月 27 日发布,同日开始施行。

27. 绍兴市人民政府办公室转发市公安局关于进一步规范全市印章业治安管理工作若干意见的通知(绍政办发〔2005〕96 号)

绍兴市人民政府 2005 年 7 月 26 日发布,同日开始施行。

28. 淮南市人民政府办公室转发市公安局关于认真做好印章治安管理信息

系统建设实施意见的通知(淮府办〔2006〕46号)

淮南市人民政府2006年5月23日发布,同日开始施行。

29. 张家界市人民政府办公室关于统一建立印章治安管理信息系统推广使用新型网络编码印章的通知(张政办发〔2007〕3号)

张家界市人民政府2007年3月27日发布,自2007年4月1日起施行。

30. 襄樊市人民政府办公室转发市公安局关于在全市范围内推行印章治安管理信息系统报告的通知(襄政办发〔2002〕66号)

襄阳市人民政府(原襄樊市政府)2002年2月19日发布,同日开始施行。

31. 河源市人民政府办公室转发市公安局关于在全市推广应用印章治安管理信息系统的意见的通知(河府办〔2007〕111号)

河源市人民政府2007年12月25日发布,同日开始施行。

32. 桂林市人民政府办公室转发市公安局等部门关于进一步加快全市印章更换工作意见的通知(市政办〔2010〕112号)

桂林市人民政府2010年7月2日发布,同日开始施行。

33. 六盘水市人民政府办公室关于进一步加强和规范印章管理的通知(市府办发〔2009〕91号)

六盘水市人民政府2009年9月15日发布,同日开始施行。

34. 延安市人民政府办公室关于印发《延安市国家行政机关和企业事业单位社会团体印章管理规定》的通知(延政办发〔2011〕190号)

延安市人民政府2011年11月29日发布,同日开始施行。

35. 兰州市人民政府办公厅关于进一步加强对全市政府系统机关印章管理的通知(兰政办发〔2003〕67号)

兰州市人民政府2003年6月10日发布,同日开始施行。

36. 昌吉回族自治州人民政府办公室关于印发《昌吉回族自治州事业单位印章管理办法(试行)》的通知(昌州政办发〔2005〕159号)

昌吉回族自治州人民政府2005年8月26日发布,同日开始施行。

37. 乌鲁木齐市政府办公厅批转市公安局关于进一步加强和规范印章制发和管理工作意见的通知(乌政办〔2005〕3号)

乌鲁木齐市人民政府2005年1月10日发布,同日开始施行。

38. 阿勒泰地区行政公署办公室转发地区公安局关于进一步规范印章制发

和管理工作意见的通知(阿行办发〔2007〕54号)

阿勒泰地区行政公署2007年6月7日发布,同日开始施行。

39. 成都市优化营商环境条例

成都市人民代表大会常务委员会2022年12月2日发布,自2023年1月1日起施行。

40. 广州市优化营商环境条例(广州市第十五届人民代表大会常务委员会公告第68号)

广州市人民代表大会常务委员会2020年12月10日发布,自2021年1月1日起施行。

41. 苏州市优化营商环境条例(苏州市第十六届人民代表大会常务委员会公告第26号)

苏州市人民代表大会常务委员会2021年12月10日发布,自2022年3月1日起施行。

三、电子印章相关规定列举

1. 北京市人民政府办公厅转发市公安局《关于电子印章管理工作意见》的通知(京政办发〔2019〕8号)

北京市人民政府2019年4月19日发布,同日开始施行。

2. 天津市人民政府办公厅关于转发市公安局拟定的天津市电子印章管理暂行办法的通知(津政办发〔2019〕44号)

天津市人民政府2019年12月25日发布,同日开始施行。

3. 山西省人民政府办公厅关于印发山西省一体化在线政务服务平台电子证照和电子印章管理实施办法(试行)的通知(晋政办发〔2020〕34号)

山西省人民政府2020年4月24日发布,同日开始施行。

4. 内蒙古自治区人民政府办公厅关于印发自治区政府系统统一电子印章管理办法(试行)的通知(内政办字〔2018〕56号)

内蒙古自治区人民政府2018年10月30日发布,同日开始施行。

5. 吉林省政务服务和数字化建设管理局关于印发《全省一体化政务服务平台电子印章管理实施办法(试行)》的通知(吉政数共享〔2020〕12号)

吉林省政务服务和数字化建设管理局2020年11月30日发布,同日开始施行。

6. 黑龙江省人民政府办公厅关于印发《黑龙江省一体化在线政务服务平台电子印章管理办法（试行）》的通知（黑政办规〔2021〕32 号）

黑龙江省人民政府 2021 年 11 月 10 日发布，同日开始施行。

7. 上海市人民政府办公厅关于转发市经济信息化委制订的《上海市电子印章管理暂行办法》的通知（沪府办规〔2018〕29 号）

上海市人民政府 2018 年 10 月 29 日公布，自 2018 年 11 月 1 日起施行。

8. 浙江省安全生产监督管理局关于印发《电子印章使用管理办法（试行）》的通知

浙江省安全生产监督管理局 2014 年 9 月 2 日发布，同日开始施行。

9. 江西省人民政府办公厅关于印发江西省电子印章管理暂行办法的通知（赣府厅字〔2021〕61 号）

江西省人民政府 2021 年 8 月 24 日发布，自 2021 年 10 月 1 日起施行。

10. 广西壮族自治区大数据发展局（广西壮族自治区政务服务监督管理办公室）关于印发广西壮族自治区政务服务电子印章管理实施细则（试行）的通知（桂数发〔2020〕29 号）

广西壮族自治区大数据发展局、广西壮族自治区政务服务监督管理办公室 2020 年 11 月 25 日发布，同日开始施行。

11. 四川省人民政府办公厅关于印发《四川省一体化政务服务平台电子证照管理暂行办法》《四川省一体化政务服务平台电子印章管理暂行办法》的通知（川办规〔2022〕3 号）

四川省人民政府 2022 年 4 月 8 日发布，同日开始施行。

12. 西藏自治区人民政府办公厅关于印发《西藏自治区电子印章管理暂行办法》的通知（藏政办发〔2019〕53 号）

西藏自治区人民政府 2019 年 10 月 7 日发布，同日开始施行。

13. 青海省人民政府办公厅关于印发青海省电子证照管理暂行办法和青海省电子印章管理暂行办法的通知（青政办〔2021〕66 号）

青海省人民政府 2021 年 8 月 23 日发布，自 2021 年 9 月 22 日起施行。

14. 中共海南省委办公厅、海南省人民政府办公厅关于印发《海南省电子印章应用管理办法（试行）》的通知（琼办发〔2021〕19 号）

中共海南省委员会、海南省人民政府2021年5月14日发布，同日开始施行。

15. 包头市人民政府办公厅关于启用网上行政审批电子印章的通知（包府办发〔2015〕128号）

包头市人民政府2015年6月18日发布，同日开始施行。

16. 哈尔滨市人民政府办公厅关于印发哈尔滨市政务系统电子印章管理暂行办法的通知（哈政办发〔2014〕7号）

哈尔滨市人民政府2014年6月24日发布，同日开始施行。

17. 宿迁市政府关于印发宿迁市企业电子印章管理暂行办法的通知（宿政规发〔2022〕4号）

宿迁市人民政府2022年8月4日发布，自2022年9月10日起施行。

18. 常州市政府办公室关于印发《常州市电子政务外网电子印章管理办法（试行）》的通知（常政办发〔2020〕108号）

常州市人民政府2020年12月3日发布，同日开始施行。

19. 连云港市政府办公室关于印发连云港市一体化在线政务服务平台电子印章管理办法（试行）的通知（连政办发〔2020〕57号）

连云港市人民政府2020年9月7日发布，同日开始施行。

20. 淮南市人民政府办公室关于印发淮南市电子印章管理暂行办法的通知（淮府办〔2022〕5号）

淮南市人民政府2022年5月23日发布，同日开始施行。

21. 六安市人民政府办公室关于印发六安市电子印章管理暂行办法的通知（六政办秘〔2021〕133号）

六安市人民政府2021年11月18日发布，同日开始施行。

22. 蚌埠市人民政府办公室关于印发蚌埠市一体化电子政务综合应用系统电子印章使用管理暂行办法的通知

蚌埠市人民政府2013年11月19日发布，同日开始施行。

23. 驻马店市人民政府办公室关于印发《驻马店市促进中小企业健康发展的实施意见》等15个文件的通知（附:驻马店市政务数据安全管理暂行办法、驻马店市电子印章管理暂行办法、驻马店市政务信息化项目建设管理办法）（驻政办〔2020〕57号）

驻马店市人民政府2020年12月23日发布,同日开始施行。

24. 鹤壁市政务服务和大数据管理局关于印发《鹤壁市政务服务电子印章管理暂行办法》的通知(鹤大数据〔2020〕52号)

鹤壁市政务服务和大数据管理局2020年11月20日发布,同日开始施行。

25. 深圳市市场监督管理局关于印发深圳市商事主体电子印章管理暂行办法的通知(深市监规〔2021〕2号)

深圳市市场监督管理局2021年1月8日发布,自2021年1月20日起施行。

26. 南宁市人民政府办公室关于启用电子印章的通知(南府办函〔2018〕25号)

南宁市人民政府2018年1月26日发布,自2018年2月1日起施行。

27. 北海市行政审批局、北海市市场监督管理局关于印发《北海市电子印章服务及应用优化完善实施方案》的通知(北审批营商〔2020〕10号)

北海市行政审批局、北海市市场监督管理局2020年10月15日发布,同日开始施行。

28. 西安市人民政府办公厅关于印发《西安市电子印章管理规定》的通知(市政办发〔2005〕120号)

西安市人民政府2005年6月3日发布,自2005年8月1日起施行。

29. 哈密地区行政公署办公室关于印发哈密地区公文电子印章管理暂行办法的通知(哈行办发〔2009〕51号)

哈密地区行政公署2009年5月7日发布,同日开始施行。

30. 喀什地区行政公署办公室关于推行公文无纸化电子印章系统工作的通知(喀署办发〔2009〕148号)

喀什地区行政公署2009年8月25日发布,同日开始施行。

31. 滨州市优化营商环境条例(滨州市人民代表大会常务委员会公告第22号)

滨州市人民代表大会常务委员会2023年1月3日发布,同日开始施行。

32. 重庆市优化营商环境条例(重庆市人民代表大会常务委员会公告〔5届〕第126号)

重庆市人民代表大会常务委员会2021年3月31日发布,自2021年7月1日起施行。

致　　谢

我要感谢北京市中闻律师事务所的戴伟老师，一直以来戴伟老师对我的图书出版给予了大量帮助。

我要感谢法律出版社以及李群老师和张红蕊老师。没有法律出版社的支持，没有李群老师的精心指导和张红蕊老师悉心、大量的工作和帮助，这本书不会有这么好的效果。

我要感谢北京市亿达律师事务所的张彦主任和所有同事。单位领导和同事们所提供的各种支持和帮助，为我的砥砺前行提供了源源不断的基础动力。

我要感谢一克拉公司法沙龙的邵兴全博士、黄献律师和全体召集人，感谢所有一克拉的家人朋友们。在本书成书过程中，大家给我提了很多宝贵的意见和建议，让我收获颇多，也因此惠及到本书所有的使用者。

我要感谢欧阳启迪、秦语谦、陈红炜、王凤琦、龚树强、郑子睿、王瑞禹、李雅君、陈维、陈晨、王欣悦、马荣、付超、吴飞凤、翁慧敏、贺美琪、周学敏、李睿洁、夏勤文、郝彩娥、王沁雪、刘倩、张慧超、原凯伦、李金果、顾春香、吴秀、林俊、汪凯琴、刘小钰、侯天、韩明明、张辰歌、任旭、蔡诗晴、刘永智、洪厦银等人的大力帮助和支持。在资料搜集和整理、内容修改和完善等过程中，小伙伴们的帮助和支持无可替代，居功至伟。

我还要感谢我的爱人和孩子。因为写作本书，我花费了大量的时间的精力，导致我陪伴家人的时间一度少了许多。今后的日子里，我定将努力弥补！

最后，我要衷心感谢本书的所有使用者。你们是我全力写好本书的动力。

北京·金地中心

2024 年 10 月 1 日